Manual de
ARBITRAGEM
E MEDIAÇÃO

Conciliação e Negociação

www.editorasaraiva.com.br/direito
Visite nossa página

Luiz Fernando do Vale
de Almeida Guilherme

Manual de
ARBITRAGEM E MEDIAÇÃO

Conciliação e Negociação

6ª edição
2022

 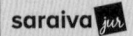

Av. Paulista, 901, 3º andar
Bela Vista – São Paulo – SP – CEP: 01311-100

SAC sac.sets@saraivaeducacao.com.br

DADOS INTERNACIONAIS DE CATALOGAÇÃO NA PUBLICAÇÃO (CIP)
ODILIO HILARIO MOREIRA JUNIOR - CRB-8/9949

G956m Guilherme, Luiz Fernando do Vale de Almeida
Manual de arbitragem e mediação: conciliação e negociação / Luiz Fernando do Vale de Almeida Guilherme. – 10. ed. – São Paulo : SaraivaJur, 2022.
480 p.
ISBN: 978-65-5362-115-2
1. Direito civil. 2. Conflitos. 3. Resolução. 4. Solução. 5. Mediação. 6. Conciliação. 7. Negociação. I. Título.

2021-4666   CDD 347

Índice para catálogo sistemático:
1. Direito civil   347

Diretoria executiva	Flávia Alves Bravin
Diretoria editorial	Ana Paula Santos Matos
Gerência editorial e de projetos	Fernando Penteado
Novos projetos	Aline Darcy Flôr de Souza Dalila Costa de Oliveira
Gerência editorial Edição	Isabella Sánchez de Souza Marisa Amaro dos Reis
Produção editorial	Daniele Debora de Souza (coord.) Cintia Aparecida dos Santos
Arte e digital	Mônica Landi (coord.) Camilla Felix Cianelli Chaves Claudirene de Moura Santos Silva Deborah Mattos Guilherme H. M. Salvador Tiago Dela Rosa
Projetos e serviços editoriais	Daniela Maria Chaves Carvalho Emily Larissa Ferreira da Silva Kelli Priscila Pinto Klariene Andrielly Giraldi
Diagramação	Edson Colobone
Revisão	Daniela Georgeto
Capa	Tiago Dela Rosa
Produção gráfica	Marli Rampim Sergio Luiz Pereira Lopes
Impressão e acabamento	Gráfica Paym

Data de fechamento da edição: 14-1-2022

Dúvidas? Acesse www.editorasaraiva.com.br/direito

Nenhuma parte desta publicação poderá ser reproduzida por qualquer meio ou forma sem a prévia autorização da Saraiva Educação. A violação dos direitos autorais é crime estabelecido na Lei n. 9.610/98 e punido pelo art. 184 do Código Penal.

CL 607691   CAE 791996

Dedico esta edição deste *Manual* à minha querida Isabela Becker do Vale de Almeida Guilherme, que trouxe ao mundo um pouco de paz, além de nos lembrar que o amor e a esperança são armas contra os conflitos. Ao meu querido irmão, Carlos Eduardo do Vale de Almeida Guilherme, ficam sempre os meus votos de que possamos nos amar e compartilhar carinho eterno.

Agradeço aos meus colegas de escritório – Almeida Guilherme Advogados Associados, tanto os de São Paulo, seja do AG1 e do AG2 como os do Rio de Janeiro e de Brasília.

*A justiça atrasada não é justiça,
senão injustiça, qualificada e manifesta.
Porque a dilação ilegal nas mãos do julgador
contraria o direito escrito das partes, e assim,
as lesa no patrimônio, honra e liberdade.*

(Rui Barbosa. *Elogios acadêmicos e orações de paraninfo*.
São Paulo: Ed. da Revista da Língua Portuguesa, 1924, p. 381).

ABREVIATURAS

Ac.   Acórdão
ACNUR   Alto Comissariado das Nações Unidas para os Refugiados
Ag   Agravo
AGU   Advocacia-Geral da União
AGCL   London Cattle Food Association
AgIn   Agravo de Instrumento
AgRg   Agravo Regimental
AgRg na ApCv   Agravo Regimental na Apelação Civil
ANEEL   Agência Nacional de Energia Elétrica
ANTAQ   Agência Nacional de Transportes Aquaviários
ANATEL   Agência Nacional de Telecomunicações
ANVISA   Agência Nacional de Vigilância Sanitária
Ap.   Apelação
ApCv   Apelação Cível
AR   Ação Rescisória
B3   Bolsa de Valores de São Paulo
CCAF   Câmara de Conciliação e Arbitragem da Administração Federal
CCI   Câmara de Comércio Internacional
CEJUSCs   Centros Judiciários de Solução de Conflitos e Cidadania
CIESP   Centro das Indústrias do Estado de São Paulo
CBJD   Código Brasileiro de Justiça Desportiva
CBAR   Comitê Brasileiro de Arbitragem
CLT   Consolidação das Leis do Trabalho
c/c   combinado com
CC   Código Civil (Código Civil de 2002)
CC/1916   Código Civil revogado de 1916

CCom Código Comercial
CComp Conflito de Competência
CDC Código de Defesa do Consumidor
Cf. confronte, conforme
CF Constituição Federal
CLT Consolidação das Leis do Trabalho
CNJ Conselho Nacional de Justiça
CONARE Comitê Nacional para os Refugiados
CONIMA Conselho Nacional das Instituições de Mediação e Arbitragem
CP Código Penal
CPC Código de Processo Civil
CPP Código de Processo Penal
CVM Comissão de Valores Mobiliários
COMECON Conselho de Entreajuda Econômica
Conima Conselho Nacional das Instituições de Mediação e Arbitragem
Des Desembargador
DEJT *Diário Eletrônico da Justiça do Trabalho*
DJ *Diário da Justiça*
DJe *Diário da Justiça eletrônico*
DO *Diário Oficial*
DOU *Diário Oficial da União*
DJU *Diário da Justiça da União*
DF Distrito Federal
EC Emenda Constitucional
EDcl Embargos Declaratórios
ENFAM Escola Nacional de Formação e Aperfeiçoamento de Magistrados
EUA Estados Unidos da América (país)
FIESP Federação das Indústrias do Estado de São Paulo
FPPC Fórum Permanente de Processualistas Civis
GAFTA Grão e Alimentação da Associação Comercial
HC *Habeas Corpus*
IBGE Instituto Brasileiro de Geografia e Estatística
ICANN *Internet Corporation for Assigned Names and Numbers*
INCOTERMS *International Commercial Terms*
ICSID *International Centre for Settlement of Investment Disputes*
IDECON Instituto de Defesa do Consumidor
INPI Instituto Nacional de Propriedade Industrial
j. julgado(a)
LC Lei Complementar

LCTA   London Corn Trade Association
LINDB   Lei de Introdução às Normas do Direito Brasileiro (antiga LICC)
MASCs   Meios Adequados de Soluções de Conflitos
MESCs   Meios Extrajudiciais de Soluções de Conflitos
Min.   Ministro
MS   Mandado de Segurança
CPC/2015   Código de Processo Civil
OAB   Ordem dos Advogados do Brasil
ODR   *Online Dispute Resolution*
OMPI   Organização Mundial da Propriedade Intelectual
ONU   Organização das Nações Unidas
PPP   Parceria Público-Privada
Pl   Projeto de lei
r.   respeitável
rel.   Relator
RemEO   Remessa *ex officio*
REsp   Recurso Especial
RISTF   Regimento Interno do Supremo Tribunal Federal
RISTJ   Regimento Interno do Superior Tribunal de Justiça
RO   Recurso Ordinário
RRv   Recurso de Revista
RT   *Revista dos Tribunais*
RTJ   *Revista Trimestral de Jurisprudência*
RJTJESP   *Revista de Jurisprudência do Tribunal de Justiça do Estado de São Paulo*
SACI-Adm   Sistema Administrativo de Conflitos de Internet
SE   Sentença Estrangeira
SEC   Sentença Estrangeira Contestada
SEBRAE   Serviço Brasileiro de Apoio às Micro e Pequenas Empresas
STF   Supremo Tribunal Federal
STJ   Superior Tribunal de Justiça
t.   tomo
TAESP   Tribunal de Arbitragem do Estado de São Paulo
TCU   Tribunal de Contas da União
TJDFT   Tribunal de Justiça do Distrito Federal e Territórios
TJGO   Tribunal de Justiça do Estado de Goiás
TJRS   Tribunal de Justiça do Estado do Rio Grande do Sul
TJSP   Tribunal de Justiça do Estado de São Paulo
TST   Tribunal Superior do Trabalho
UDRP   *Uniforme Dispute Resolution Policy*

UNCITRAL United Nations Commission on International Trade Law
UNIDROIT Instituto Universal para a Unificação do Direito Privado
Unisal Universidade de Salamanca
UPM Universidade Presbiteriana Mackenzie
v. volume
www *World Wide Web*

SUMÁRIO

ABREVIATURAS 11
NOTA À 6ª EDIÇÃO 29
INTRODUÇÃO 31
1. NOÇÕES GERAIS DE SOLUÇÕES DE CONFLITOS 33
    1.1   O que é um conflito propriamente dito? 38
            1.1.1 Tipos de conflitos 38
    1.2   Distinção entre autocomposição e heterocomposição 40
            1.2.1 Autocomposição 40
            1.2.2 Heterocomposição 41
2. MEIOS EXTRAJUDICIAIS DE SOLUÇÃO DE CONFLITOS – MESCS.. 43
    2.1   Introdução 43
    2.2   Conflitos 44
    2.3   Soluções extrajudiciais 46
            2.3.1 Negociação 46
            2.3.2 Conciliação 47
            2.3.3 Mediação 47
            2.3.4 Arbitragem 48
    2.4   Novos meios extrajudiciais de solução de conflitos 49
            2.4.1 *Rent-a-judge* 49

	2.4.2	*Baseball arbitration*	50
	2.4.3	*High-Low Arbitration*...........................	50
	2.4.4	*Disputes Resolution Board*	50
	2.4.5	*Consensual Building*	50
	2.4.6	*Online Dispute Resolution – ODR*	51
2.5	A inclusão dos meios consensuais de solução de controvérsias como disciplina obrigatória na grade curricular das faculdades de direito no Brasil.........................		54
3. NEGOCIAÇÃO			57
3.1	Definição..		57
3.2	Os principais passos da negociação		59
4. CONCILIAÇÃO			61
4.1	Definição..		61
4.2	Conciliação e transação................................		62
4.3	Classificação da conciliação: judicial e extrajudicial		63
4.4	Conciliação como meio extrajudicial de solução de conflitos		64
4.5	Planejamento da sessão		66
	4.5.1	Momento prévio	66
		4.5.1.1 Atuação do conciliador anteriormente à chegada dos litigantes	67
		4.5.1.2 Recebendo os litigantes	67
		4.5.1.3 Posição das partes à mesa durante a sessão ..	68
	4.5.2	Abertura.......................................	68
		4.5.2.1 Esclarecimento ou investigação das propostas das partes	72
4.6	A negociação perante a conciliação......................		72
4.7	Técnicas		73
4.8	Lavratura de acordo...................................		75

4.9	O uso da conciliação e da mediação como solução para os conflitos de consumidores oriundos de superendividamento	75
4.10	A alteração na Lei de Recuperações e Falências que incluiu a conciliação e a mediação no âmbito das recuperações judiciais de empresas	77
5. MEDIAÇÃO		79
5.1	Definição e alcance do instituto	79
5.2	Modelos de escolas de mediação	82
5.3	Ambientes	85
5.4	Cláusulas que instrumentalizam a mediação	85
	5.4.1 Cláusula padrão	85
	5.4.2 Cláusula padrão escalonada mediação-arbitragem	85
	5.4.3 Cláusula padrão escalonada mediação-Judiciário	86
5.5	Tipos de mediação	86
	5.5.1 Mediação judicial	86
	5.5.2 Mediação extrajudicial	86
	5.5.2.1 Mediação prévia	87
	5.5.2.2 Mediação incidental	88
5.6	Etapas da mediação	89
5.7	Das técnicas da mediação	91
	5.7.1 Comediação	92
	5.7.2 Recontextualização	92
	5.7.3 Identificação das propostas implícitas	92
	5.7.4 Escuta ativa	93
	5.7.4.1 Técnicas para induzir à escuta ativa	93
	5.7.5 Construção de possibilidades	93
	5.7.6 Acondicionamento das questões e interesses das partes	93
	5.7.7 Teste de realidade ou reflexão	94

5.8	Vantagens e princípios da mediação	94
	5.8.1 Autonomia	94
	5.8.2 Preservação dos laços entre as partes	94
	5.8.3 Economicidade	94
	5.8.4 Confidencialidade	95
	5.8.5 Celeridade	95
	5.8.6 Oralidade	96
	5.8.7 Informalidade	96
	5.8.8 Consensualismo	96
	5.8.9 Boa-fé	96
5.9	Princípios do mediador	97
	5.9.1 Independência	97
	5.9.2 Imparcialidade	97
	5.9.3 Aptidão	97
	5.9.4 Diligência	98
5.10	Da mediação familiar	99
	5.10.1 Família: conceito e ordem social e legal	99
	5.10.2 Problemáticas atuais sobre a família	102
	5.10.3 Mediação familiar	103
5.11	O advogado na mediação	105
5.12	Os principais diplomas que regram a mediação no Brasil	106
	5.12.1 A Resolução n. 125/2010 do Conselho Nacional de Justiça – CNJ	107
	5.12.2 A Resolução n. 67/2018 do Conselho Nacional de Justiça – CNJ e a realização da mediação e da conciliação nos cartórios	109
5.13	O uso da mediação em prol dos refugiados	111
5.14	A mediação digital	114

5.15	A Convenção de Singapura..............................	116
6. MEDIAÇÃO – ANÁLISE NORMATIVA.......................		119
6.1	Definição legal..	119
6.2	Princípios da mediação................................	120
6.3	Objeto da mediação...................................	121
6.4	A escolha do mediador	121
6.5	Suspeição e impedimento.............................	126
6.6	Impedimento a partir da realização da mediação	131
6.7	Impedimento do mediador em relação à arbitragem	132
6.8	Responsabilidade penal do mediador	132
6.9	Da capacidade do mediador...........................	132
6.10	Da obrigatoriedade de se utilizar advogados ou defensores públicos...	134
6.11	Da mediação judicial.................................	135
6.12	Do cadastro de mediador atualizado dos tribunais pátrios..	136
6.13	Remuneração dos mediadores judiciais	136
6.14	Procedimento da mediação. Início	137
6.15	Da comediação......................................	137
6.16	Processo judicial ou arbitral e a mediação	138
6.17	Da instituição da mediação. Primeira reunião.............	138
6.18	Reuniões posteriores da iniciação da mediação	139
6.19	Função de mediador	139
6.20	Do encerramento do procedimento	139
6.21	Procedimento de mediação extrajudicial.................	140
6.22	Da previsão contratual	141
6.23	Da cláusula de mediação..............................	142
6.24	Centros judiciários de solução consensual de conflitos	142
6.25	Da mediação judicial. A intimação	143

6.26	Advogados na mediação judicial. Obrigatoriedade.........	143
6.27	Petição inicial. Requisitos..............................	144
6.28	Prazo da mediação judicial.............................	145
6.29	Citação do réu na mediação............................	145
6.30	Da confidencialidade e suas exceções	145
6.31	Da privacidade das informações	146
6.32	Da autocomposição de conflitos em que for parte pessoa jurídica de direito público	147
6.33	Das resoluções de conflitos enquanto não existirem câmaras de mediação	148
6.34	Instauração de procedimento administrativo.............	149
6.35	Da transação por adesão...............................	150
6.36	Da composição realizada pela Advocacia-Geral da União ...	152
6.37	Dos litígios envolvendo órgãos da Administração Pública ..	153
6.38	Casos de controvérsia relativa a tributos administrados pela RFB ou em dívida ativa............................	153
6.39	Da propositura de ação judicial	155
6.40	Da responsabilização de servidores e empregados públicos .	155
6.41	Da criação de dados pela Escola Nacional de Mediação e Conciliação	156
6.42	Da aplicação da norma a outras similares	156
6.43	Da criação de câmaras	157
6.44	Da nova leitura dos arts. 1º e 2º da Lei n. 9.469/97........	157
6.45	Da adição de artigo ao Decreto n. 70.235/72	158
6.46	Da mediação por internet..............................	159
6.47	Da entrada em vigor da lei.............................	159
6.48	Da revogação do art. 6º da Lei n. 9.469/97	160
7. CONSTELAÇÃO SISTÊMICA.................................		161
7.1	A constelação sistêmica	161

		7.1.1	A constelação sistêmica no âmbito familiar	162

    7.2   O Projeto de Lei n. 9.444/2017......................... 163

8. ARBITRAGEM... 165

    8.1   Definição do Instituto................................. 165

    8.2   Histórico da arbitragem 166

    8.3   Natureza jurídica e princípios da arbitragem 171

    8.4   Características da arbitragem 172

            8.4.1   Especialização 173

            8.4.2   Celeridade 173

            8.4.3   Concentração de atos 174

            8.4.4   Irrecorribilidade 174

            8.4.5   Informalidade 174

    8.5   Requisitos da arbitragem 174

            8.5.1   Capacidade 174

            8.5.2   Direito patrimonial disponível 177

                      8.5.2.1   Direito disponível e direito indisponível .. 177

                      8.5.2.2   Direito patrimonial..................... 178

            8.5.3   A arbitragem no direito do trabalho............... 181

    8.6   Classificação da arbitragem 187

            8.6.1   Arbitragem facultativa e arbitragem obrigatória 187

            8.6.2   Arbitragem formal e arbitragem informal 188

            8.6.3   Arbitragem de direito e arbitragem de equidade 189

            8.6.4   Arbitragem interna e internacional 192

            8.6.5   Arbitragem *ad hoc* e arbitragem institucional 193

                      8.6.5.1   Arbitragem *ad hoc* 193

                      8.6.5.2   Arbitragem institucional 194

    8.7   Princípios da arbitragem 195

            8.7.1   Autonomia das partes........................... 195

	8.7.2	Contraditório e ampla defesa	196
	8.7.3	Igualdade das partes............................	197
	8.7.4	Imparcialidade do árbitro.......................	197

        8.7.4.1   Formas de se garantir a imparcialidade do árbitro 197

    8.7.5   Princípio do livre convencimento do árbitro........ 198

    8.7.6   Princípio da conciliação 198

    8.7.7   Princípio do consensualismo 199

    8.7.8   Princípio da obrigatoriedade da convenção (*pacta sunt servanda*) 199

    8.7.9   Princípio da relatividade dos efeitos do contrato ... 199

    8.7.10 Princípio da boa-fé 199

    8.7.11 Princípio da confidencialidade 200

    8.7.12 Princípio da competência-competência (*kompetenz-kompetenz*)..................................... 200

8.8   Instituição da arbitragem pelas partes................... 202

    8.8.1   Convenção de arbitragem........................ 205

        8.8.1.1   Cláusula compromissória............... 205

            8.8.1.1.1   Cláusula compromissória cheia .. 206

            8.8.1.1.2   Cláusula compromissória vazia .. 207

            8.8.1.1.3   Cláusula compromissória patológica 207

            8.8.1.1.4   Autonomia da cláusula compromissória..................... 208

            8.8.1.1.5   Obrigatoriedade do cumprimento da cláusula compromissória... 209

        8.8.1.2   Compromisso arbitral.................. 209

            8.8.1.2.1   Características relevantes do compromisso arbitral........... 210

8.9	O árbitro	211
	8.9.1 A importância da confiança no árbitro	211
	8.9.2 A escolha de um ou de mais árbitros	212
	8.9.3 Quem não pode ser árbitro	213
	8.9.4 A substituição do árbitro	213
	8.9.5 O árbitro equiparado ao servidor público	214
	8.9.6 Os deveres do árbitro	214
8.10	Procedimento	214
8.11	Sentença arbitral	215
	8.11.1 Do prazo para a sentença arbitral	218
	8.11.2 Nulidade da sentença arbitral	218
8.12	Reforma da Lei de Arbitragem	220
	8.12.1 Tutelas cautelares e de urgência – arbitragem antes da promulgação da Lei n. 13.129/2015	221
	8.12.2 Tutelas cautelares e de urgência – arbitragem após a promulgação da Lei n. 13.129/2015	223
	8.12.3 Interrupção da prescrição	225
	8.12.4 Lista de árbitros	226
	8.12.5 Sentenças parciais e complementares	226
	8.12.6 Carta arbitral	226
9. ARBITRAGEM: O USO MULTIDISCIPLINAR DO INSTITUTO		229
9.1	Homologação de sentença estrangeira	229
	9.1.1 Natureza da sentença estrangeira	230
	9.1.2 Teorias da homologação de sentença estrangeira	232
	9.1.3 Processo de reconhecimento perante a Justiça brasileira	233
9.2	A eficácia da arbitragem após mais de duas décadas da "Lei n. 9.307/96"	240
9.3	A arbitragem na recuperação judicial de empresas	246

	9.3.1 Plano de recuperação	247
	9.3.2 Do uso da arbitragem na recuperação de empresas ..	248
9.4	A utilização da arbitragem e dos demais meios extrajudiciais de solução de conflitos em momentos de crise e de esgotamento do sistema................................	251
	9.4.1 A globalização	253
	9.4.2 O ensino jurídico...............................	256
9.5	A arbitragem no mercado de capitais – O novo Mercado da B3 (antiga Bovespa)....................................	258
9.6	Arbitragem nas PPPs (Parcerias Público-Privadas)..........	260
	9.6.1 Arbitragem e o Poder Público	264
	9.6.2 A arbitragem de direito e pautada no princípio da publicidade sempre que envolver a Administração Pública (a inclusão do § 3º no art. 2º da Lei de Arbitragem)..	266
	9.6.2.1 O uso da arbitragem pelas agências reguladoras	268
9.7	Alteração na Lei das S.A. (Lei n. 6.404/76) – utilização da arbitragem	269
9.8	A arbitragem solucionando conflitos na Internet...........	272
9.9	Júri técnico em procedimento de arbitragem	275
9.10	O regime legal da atividade do advogado e a obrigatoriedade de sua atuação no procedimento arbitral	277
9.11	Os meios extrajudiciais de solução de conflitos aplicados ao *Fashion Law*	279
	9.11.1 Disputas judiciais envolvendo o universo da moda ..	286
	9.11.2 Os MESCs e o *Fashion Law*.......................	287
9.12	O uso da arbitragem (e também da mediação) na definição dos valores indenizatórios em caso de desapropriação por utilidade pública	293

9.13 A possibilidade de uso da arbitragem nos contratos de franquia.. 295

9.14 A arbitragem no direito imobiliário..................... 296

    9.14.1 A arbitragem nas promessas de compra e venda 296

    9.14.2 A utilização da arbitragem no âmbito imobiliário envolvendo relação de consumo.................. 298

9.15 O desuso da arbitragem................................ 299

10. ARBITRAGEM – COMENTÁRIOS À LEI DE ARBITRAGEM (LEI N. 9.307, DE 23-9-1996)..................................... 303

10.1 Capacidade das pessoas. Litígios relativos a direitos disponíveis. Inclusão da Administração Pública direta e indireta . 304

10.2 Arbitragem de direito ou de equidade. Regras a serem aplicadas. Princípio da publicidade na arbitragem que envolva Administração Pública................................. 310

10.3 Convenção de arbitragem. Cláusula compromissória e compromisso arbitral................................... 314

    10.3.1 Cláusula arbitral ou cláusula compromissória...... 315

    10.3.2 Compromisso arbitral........................... 318

    10.3.3 Distinção entre compromisso arbitral e cláusula compromissória................................. 319

10.4 Cláusula compromissória. Forma. Contratos de adesão 322

10.5 Órgão arbitral institucional ou entidade especializada. Forma de instituição e processamento da arbitragem...... 327

10.6 Comunicação da intenção de se proceder à arbitragem. Forma. Efeitos.. 330

10.7 Citação para lavrar o compromisso. Pedido em juízo. Requisitos. Processamento do pedido. Nomeação de árbitros. Efeitos da sentença................................... 332

10.8 Nulidade do contrato. Efeitos com relação à cláusula compromissória... 337

10.9 Compromisso arbitral. Conceito. Forma judicial ou extrajudicial. 339

10.10 Requisitos obrigatórios do compromisso arbitral. 341

10.11 Requisitos facultativos do compromisso arbitral 345

10.12 Extinção do compromisso arbitral. Causas 347

10.13 Árbitro. Pessoa capaz e de confiança das partes. Nomeação do árbitro. Pedido inicial. Presidente do Tribunal Arbitral. Desempenho da função. Adiantamento de verbas para despesas e diligências 349

10.14 Motivos de impedimento do árbitro. Recusa do árbitro 356

10.15 Exceção de impedimento ou suspeição. Forma de apresentação 359

10.16 Escusa do árbitro. Substituição. Pedido inicial 360

10.17 Equiparação dos árbitros aos funcionários públicos. 362

10.18 Inexistência de recurso contra a sentença arbitral. Desnecessidade de homologação pelo Poder Judiciário 363

10.19 Instituição da arbitragem. Elaboração de adendo. 364

10.20 Oportunidade para arguir questões sobre a competência, suspeição ou impedimento do árbitro ou nulidade, invalidade ou ineficácia da convenção. Acolhimento de arguição. Efeitos. Não acolhimento da arguição 365

10.21 Observância do procedimento estabelecido pelas partes. Observância dos princípios do contraditório, da igualdade das partes, da imparcialidade e do livre convencimento. Postulação através de advogado. Conciliação das partes 367

10.22 Depoimento das partes. Oitiva de testemunhas. Realização de perícias e outras provas. Providências a serem tomadas. Ausência da parte. Ausência da testemunha. Medidas coercitivas ou cautelares. Substituição do árbitro. Repetição de provas. 369

10.22.1 Das tutelas cautelares e de urgência. 374

10.22.2 Da carta arbitral 378

10.23 Prazo para ser proferida a sentença arbitral. Prorrogação... 379

10.24 Decisão expressa em documento escrito. Decisão por maioria 380

10.25 Controvérsia acerca de direitos indisponíveis. Remessa das partes ao Poder Judiciário. Questão prejudicial. 382

10.26 Requisitos da sentença arbitral. Relatório. Fundamentação da decisão. Dispositivo. Data e lugar em que foi proferida. Assinatura do(s) árbitro(s) 383

10.27 Responsabilidade das partes acerca das custas e despesas. Litigância de má-fé 385

10.28 Conciliação das partes no curso da arbitragem. Providência a ser tomada...................................... 386

10.29 Término da arbitragem com a sentença arbitral. Remessa de cópia às partes. Forma de remessa................... 387

10.30 Correção de erro material. Obscuridade, dúvida ou contradição na sentença arbitral. Pronúncia sobre ponto omitido. Providência a cargo da parte. Prazo para ser requerido. Prazo para ser decidido............................... 388

10.31 Efeitos da sentença arbitral. Título executivo............. 389

10.32 Hipóteses em que a sentença arbitral é nula. Nulidade do compromisso. Sentença emanada de quem não podia ser árbitro. Falta dos requisitos legais. Prolação fora dos limites da convenção de arbitragem. Sentença que não tenha decidido todo o litígio. Prevaricação, concussão ou corrupção passiva. Sentença 391

10.33 Decretação da nulidade da sentença arbitral. Procedimento. Prazo. Efeitos da sentença. Embargos do devedor. Requerimento de prolação de sentença arbitral complementar 396

10.34 Sentença arbitral estrangeira. Reconhecimento e execução no Brasil 400

10.35 Homologação pelo Superior Tribunal de Justiça 402

10.36 Aplicação no que couber do CPC/2015 402

10.37 Requerimento para homologação da sentença arbitral. Requisitos da petição inicial. Documentos que devem acompanhar o pedido. Indeferimento da inicial................. 408

10.38 Hipóteses em que poderá ser negada a homologação. Demonstrações a cargo do réu. Incapacidade das partes na arbitragem. Invalidade da convenção de arbitragem. Falta de notificação da designação do árbitro ou do procedimento de arbitragem. Violação do contraditório, impossibilitando a ampla defesa. Sentença arbitral proferida fora dos limites da convenção. Desacordo da instituição de arbitragem com o compromisso arbitral ou cláusula compromissória. Sentença arbitral que não tenha se tornado obrigatória para as partes. Anulação ou suspensão da sentença ... 410

10.39 Denegação da sentença arbitral. Hipóteses a serem verificadas pelo Superior Tribunal de Justiça. Objeto do litígio insuscetível de ser resolvido por arbitragem. Ofensa à ordem pública nacional 414

10.40 Denegação da homologação por vícios formais. Renovação do pedido 415

10.41 Nova redação dos arts. 267, VII, 301, IX, e 584, III, do CPC. Análise dos artigos com base no CPC/2015............. 416

10.42 Inclusão de mais um inciso ao art. 520 do CPC........... 417

10.43 Entrada em vigor da Lei n. 9.307, de 23-9-1996.......... 418

10.44 Revogação dos arts. 1.037 a 1.048 do CC e 101 e 1.072 a 1.102 do CPC 418

11. ANÁLISE DA EXPOSIÇÃO DE MOTIVOS DO CPC/2015 À LUZ DOS MESCS 419

REFERÊNCIAS 433

ANEXOS... 443

Anexo I – Convenção de Nova Iorque, de 10 de junho de 1958.... 443

Anexo II – Lei-Modelo da UNCITRAL sobre Arbitragem Comercial Internacional, de 21 de junho de 1985 451

Anexo III – Convenção de Singapura......................... 469

Nota à 6ª edição

Desde a primeira edição deste livro a minha ideia sempre foi alertar para a necessidade de oferecimento de uma justiça mais rápida e efetiva; um curso de direito mais pautado no que realmente as corporações e a sociedade almejassem e destacar o conceito máximo de autonomia da vontade em todos os pontos desta matéria.

Este livro tem se transformado constantemente. E por quê? A sociedade brasileira tem mudado muito rapidamente nos últimos 15 anos. A legislação seja constitucional, seja infraconstitucional, se alterou para tentar conter conflitos de toda ordem onde o Poder Judiciário cuida de quase um processo por habitante. O Brasil é, sem sombra de dúvidas, o país em que mais se litiga nos dias atuais, mesmo após a promulgação do CPC/2015 e da Lei de Mediação, e, ainda, com a Reforma da Lei Arbitral já tratada na edição anterior.

Esta edição é publicada depois da conclusão do meu pós-doutorado pela Universidade de Salamanca, onde defendi a Arbitragem na B3 e na BME, além de duas especializações: uma em mediação e outra em prática de mediação de arbitragem. Portanto, com mais bagagem, esta edição contará com o que há de mais moderno nos institutos objeto deste trabalho, e, ainda, com a preocupação prática, já que, seja como árbitro eleito, seja como advogado atuando em arbitragem, ainda vislumbro que a educação brasileira não traz grande abordagem para o trabalho e o exercício desses meios como foram desenvolvidos em outros países. O Brasil, portanto, com Resoluções do CNJ, traz uma forma de trabalhar distinta, abrasileirando os institutos para que seja um canal de politização na Justiça brasileira.

Nesta edição trar-se-á a Convenção de Singapura sobre mediação, um grande avanço mundial sobre o tema de MESCs, já que mais de cinquenta países haviam aderido desde 2019, estando Estados Unidos, China, Índia e Coreia do Sul entre os signatários. O Brasil foi o 54º país signatário da Convenção sobre Acordos de Liquidação Internacional Resultantes de Mediação das Nações Unidas.

Almejo que esta nova edição possa trazer uma base maior e de mais reflexão entre os estudiosos e que se possam utilizar os institutos conforme sua ontologia.

Aguardo críticas e sugestões da academia (lembrando dos gregos), dos colegas e dos estudantes para que só assim, em conjunto, possamos transformar os institutos em perfeitas obras pragmáticas a fim de que seu exercício traga grandes vantagens para a sociedade brasileira, depressiva e ansiosa, à espera da sempre almejada e nunca chegada Justiça.

São Paulo, 14 de janeiro de 2022.

Luiz Fernando do Vale de Almeida Guilherme

INTRODUÇÃO

> *Durante certo tempo, examinei as diferentes ocupações a que os homens se entregam nesta vida, e procurei escolher a melhor entre elas. Mas não é preciso relatar aqui os pensamentos que então me vieram: basta dizer que, de minha parte, nada parecia melhor do que me ater firmemente ao meu propósito, isto é, empregar todo o meu prazo de vida em cultivar minha razão e buscar a trilha da verdade, tal como me havia proposto. Pois os frutos que já tinha provado nesse caminho eram tais que nesta vida, segundo meu julgamento, nada se poderia encontrar de mais agradável e inocente; e depois que me socorri dessa maneira de reflexão, cada dia me fez descobrir algo novo, que tinha alguma importância e não era em absoluto de conhecimento geral. Então minha alma se encheu de tamanha alegria que nada mais poderia incomodá-la* (Friedrich Nietzsche, *Humano, demasiado humano:* um livro para espíritos livres. São Paulo: Companhia das Letras, 2000, p. 314).

A minha opção nesta jornada foi e sempre será estudar direito crítico cultivando o senso de justiça e tentando buscar a verdade almejada. Parece-me que a justiça e a verdade estão na essência da arbitragem, conforme tentei demonstrar nesta obra em todas as suas edições anteriores. Nas primeiras, inclusive, abordando precipuamente as (1) Noções Gerais de Soluções de Conflitos; depois (2) a Arbitragem; (3) os Comentários à Lei de Arbitragem (Lei n. 9.307, de 23-9-1996) – com conceitos para todas as expressões contidas na legislação, bem como breves reflexões ainda não pacificadas pela doutrina; e, em sua última edição, introduzi os Meios Extrajudiciais de Soluções de Conflitos, tais como a (4) a Conciliação, (5) a Mediação, inclusive apresentando a análise normativa de sua lei. Para finalizar, (6) apresentei a minha conclusão e ofereci os Anexos do Manual.

Nesta nova edição, além de oferecer uma ideia "repaginada" acerca de diversos dos assuntos, com impressões mais atuais da jurisprudência quando essa se manifestou acerca dos temas pertinentes, também procurei trazer a temática da Constelação Sistêmica ao leitor.

Tento propor aos operadores do direito, da arbitragem e dos demais institutos listados, assim como aos estudiosos, universitários e interessados, uma linha de cultura dentro de uma órbita de justiça e verdade, trazendo algumas considerações ao estudo e à prática desse instituto.

1.

NOÇÕES GERAIS DE
SOLUÇÕES DE CONFLITOS

> *Trazei-me uma espada, ordenou o rei; e levaram-lhe a espada.*
> *E o rei disse: Cortai o menino vivo em duas partes*
> *e dai metade a uma e metade à outra.*
> *Então a mulher, de quem era o filho vivo, suplicou ao rei, pois suas entranhas se comoveram por causa do filho, dizendo: "Ó meu senhor! Que lhe seja dado então o menino vivo, não o matem de modo nenhum!". Mas a outra dizia: "Ele não seja nem meu nem teu, cortai-o!". Então o rei tomou a palavra e disse: "Dai à primeira mulher a criança viva, não a matem. Pois é ela a sua mãe". Todo Israel soube da sentença que o rei havia dado, e todos lhe demonstraram muito respeito, pois viram que possuía uma sabedoria divina para fazer justiça* (REIS, 3, 24-28).

Não é razoável a ninguém afirmar que o ser humano pode e deve viver isolado. O ser humano é, antes de mais nada, um animal político que para existir necessita da coexistência, principalmente, de seus semelhantes. Agora, tendo dito isso, esse mesmo ser humano precisa igualmente de certos regramentos para que a sobrevivência e a coexistência pacífica se tornem possíveis.

Este *Manual* se dispõe a tratar dos meios extrajudiciais de solução de conflitos, expedientes esses que se dedicam a melhor solucionar os conflitos de interesses entre pessoas de modo a diminuir o período de desajuste com eficiência por vezes ainda maior do que a resolução presenciada no Poder Judiciário.

Porém, antes desse desafio, convém situar o leitor no universo dos conflitos, apresentando – ainda que não em minúcias – as formas que caracterizaram as sociedades e a própria evolução da raça humana perante os litígios para dar origem e perpetuar a via jurisdicional. A partir de então será um avanço mais suave até se chegar aos meios extrajudiciais de solução de conflitos que muitos, assim como esse que vos escreve, acreditam se tratar do caminho mais moderno a ser trilhado.

Muitas são as teorias que retratam a formação da sociedade. Uma pessoa no ambiente atual, antes mesmo de ganhar vida, estando no ventre materno já tem para si assegurados alguns direitos da ordem civil. Outrossim, tendo nascido passa a ter um arcabouço de direitos e deveres que se manterão adstritos a ela até o seu falecimento.

Naturalmente, essa interpretação que pode ser feita da vida só é razoável na medida em que os citados direitos e deveres foram sendo desenvolvidos e ligados ao homem ao longo dos tempos.

Conforme salientado algumas linhas acima, diversas foram as mentes pulsantes e pensantes que se dedicaram a explicar como o ser humano necessitava de outro da mesma espécie para viver. Battista Mondin já afirmara que a sociabilidade do homem ganha prova na medida em que ele "tem propensão para viver junto com os outros e comunicar-se com eles, torná-los participantes das próprias experiências e dos próprios desejos, conviver com eles as mesmas emoções e os mesmos bens"[1]. Continua o autor afirmando ainda que o homem é um ser político e que a politicidade é "o conjunto de relações que o indivíduo mantém com os outros, enquanto faz parte de um grupo social"[2].

Em um dos mais salutares berços da sociedade moderna, Aristóteles entendia que o homem era constituído de corpo e alma de tal modo que não poderia se autorrealizar, devendo criar vínculos com outros homens para satisfazer os seus desejos. Mantendo a mesma linha, São Tomás de Aquino mais adiante cunhou que o homem seria por natureza um animal político e social, devendo viver em sociedade.

---

1 Mondin, Battista. *O homem, quem ele é?* São Paulo: Paulinas, 1986, p. 154.
2 Idem, ibidem.

Pois bem, mais adiante os contratualistas surgiram e se obstinaram a explicar a formatação do Estado e o impulso associativo do homem. Figuras como Hobbes, Spinoza, Rousseau e Locke marcaram a época moderna e o conjunto de pensadores.

Em comum, entendiam que existe a negação do impulso associativo natural, mas também a conjugação de interesses a partir de uma necessidade. O pensador Thomas Hobbes, ao tratar do aparecimento do Estado fundamentou que anteriormente ao Estado havia naquilo que se convencionou intitular "estado natural", segundo o qual não existia o Estado. Isto é, se não existia a figura do Estado como ente federativo igualmente não havia normas e quaisquer formas de regramento. Os indivíduos viviam em um panorama de liberdades totais. Cada pessoa guiava as suas condutas segundo as suas vontades e interesses sem qualquer espécie de freio. Para Hobbes eventualmente o homem teria percebido que se ele era dotado de mais clara liberdade, podendo agir sem qualquer regra ou consequência para os seus atos, todos os demais homens poderiam agir da mesma maneira o que atentaria contra a própria raça humana.

Sentindo medo, a raça humana teria entendido que seria mais razoável abdicar de certas liberdades, gerando um ente superior ao indivíduo em si, e outorgando concessões a tal ente para que este criasse limites, normas e eventuais punições para os abusos realizados pelo homem, a fim de se gerar paz social. Portanto, para Thomas Hobbes, o Estado nasceu justamente da necessidade do homem em criar leis para que a raça humana em seu estado de natureza não atentasse contra si mesma.

De outro giro, Jean Jaques Rousseau, em *O Contrato Social*, afirmou que o homem era essencialmente bom e livre. Seriam a sociedade e o surgimento da propriedade privada que teriam o corrompido, gerando assim conflitos sociais. O pensador entendia que a alternativa vislumbrada pelo homem com os entraves teria sido a organização de um Estado que fosse conduzido pela vontade geral e não por interesses particulares. Desse modo, o modo para que a sociedade ganhasse vida seria por meio do contrato social com cada pessoa transferindo ao Estado os seus direitos e coisas.

Sem adentrar nos pensamentos dos mais diversos teóricos, se por um lado a conclusão seria no sentido de que em verdade não haveria um impulso associativo natural do homem, por outro lado somente a vontade humana justificou a existência em sociedade. O homem teria a necessidade espiritual e material e de conviver com seus iguais, assim como de se desenvolver e de se completar.

Ocorre que mesmo existindo a imposição de limites e regras, o indivíduo também tem por natureza os seus interesses e é plausível a ideia de que mais de um homem tenha o desejo de ter para si um bem para a sua satisfação pessoal. Da mesma forma, além de muitas vezes não ser concebível a disposição de bens e coisas a todos, há também cenário em que o indivíduo simplesmente não atende ao disposto pelo Estado, ofendendo a norma e em última análise a própria sociedade.

Alguns parágrafos atrás, em Noções Gerais de Solução de Conflitos, este *Manual* comentou que desde o passado mais distante até períodos mais próximos, na ocorrência de um conflito de interesse entre os particulares a resposta se dava por meio da força, entre a vítima e o ofensor, de maneira que o Estado, ainda incipiente, intervinha quando o objeto do litígio tratava de aspectos religiosos. Conforme afirmado, a melhor forma de resolver as contendas era pelo uso dos costumes. Já em uma segunda fase foi posta de lado a vingança – coletiva ou individual – para que o ofendido recebesse uma forma de indenização que soasse razoável a ambos. Porém, na medida em que muitas vezes as partes não chegavam a um denominador comum em relação a essa reparação, dando início a uma terceira fase, o Estado teve que intervir obrigando os envolvidos a nomear um árbitro para apontar o valor da indenização.

Ao fim e ao cabo, consagrando uma modalidade de distribuição de justiça que se solidificou, na quarta fase, o Estado afastou o uso da justiça privada passando a ter o poder exclusivo de solucionar conflitos.

De todo modo, o caminho do exclusivismo estatal na resolução de conflitos deixou de ser lógico tendo em vista a saturação da via judicial, em virtude da dificuldade do aparelho estatal em conseguir dar conta de resolver os inúmeros litígios que com o tempo passaram a se avolumar nos cartórios judiciais do País.

Não obstante, outras modalidades de se dirimir litígios foram se mostrando igualmente ou por vezes até mais eficazes e passaram a ser mais bem aceitas por pessoas físicas e entidades.

Valendo como ponderação, Cândido Rangel Dinamarco entende que:

> O crescente repúdio à ideia do monopólio da jurisdição pelo Estado converteu-se, em tempos modernos, em repúdio também à canalização de todos os conflitos às vias jurisdicionais, quer estatais, quer arbitrais. É muito forte a consciência de que não só por atos de terceiros se pode obter a solução de conflitos (juízes, árbitros – heterocomposição), mas também mediante a busca de entendimento pelos próprios sujeitos conflitados, com a participação de certos agentes facilitadores, que são o conciliador e o mediador (autocomposição). A arbitragem, a conciliação, a mediação constituem no direito moderno objeto de muita atenção da doutrina, com reflexos no direito positivo e, em alguma medida, também na experiência cotidiana[3].

Seja como for, antes havidos como meios alternativos de solução de conflitos, os hoje mais corretamente intitulados meios extrajudiciais de solução de conflitos em um primeiro momento foram interpretados como resposta ao Poder Judiciário, atolado e com dificuldades para respirar e, atualmente, devido aos seus próprios méritos, muito mais do que alternativa a esse cenário se consolidaram como efetivos instrumentos de resolução de conflitos, independentemente da situação que alcança o Judiciário.

Bom, em relação à expressão MASCs (Meios Adequados de Solução de Conflitos) em nada altera a sigla MESCs (Meios Extrajudiciais de Solução de Conflitos), já que a primeira tem a ver com a adequação pelo advogado na sua competência em solucionar o problema do seu cliente, que, inclusive, pode ser resolvido e melhor resolvido pelo Poder Judiciário; já os MESCs são meios privados para a solução dos problemas o que não gera conflitos terminológicos.

A doutrina tem se utilizado de várias formas para tratar os MESCs. Já foram lecionados como meios alternativos de solução de conflitos que se tornaram pejorativos, meios distintos também não foram bem aceitos, até

---

3 DINAMARCO, Cândido Rangel. *Instituições de direito processual civil*. 8. ed. São Paulo: Malheiros, p. 483.

a chegada da terminologia MESCs que pode ser utilizada pelo advogado quando ele analisa os MASCs. O grande ponto para o crescimento do curso de direito no país será um currículo onde os operadores do direito poderão ofertar um dos MASCs aos seus clientes ou cidadãos. Para isso o mais importante é entender o que é conflito.

1.1 O que é um conflito propriamente dito?

Quando se tem a presença de duas partes coabitando um mesmo espaço ou, ainda que distantes, interagindo de algum modo entre si, é possível que esses dois universos pensam para um mesmo lado, fazendo resplandecer um todo harmônico e homogêneo. Porém, na prática, isso não é o que geralmente ocorre. É mais comum que eventualmente as pessoas transpareçam posições diferentes, ainda que não completamente antagônicas entre si, mas que guardem distinções.

Entrementes, quando se tem um quadro pintado que oriente interesses completamente diferentes é mais provável que se tenha um conflito real. A rigor, conforme bem reconhece Paulo Antônio Alves de Almeida:

> Conflito é mais que um desacordo, que uma discordância entre os membros de um grupo: implica um elevado envolvimento na situação, a emergência de uma certa intensidade de emoções e a percepção da existência de oposição e de tensão entre as partes[4].

Concordando com o autor, há o conflito quando existe uma clara percepção de divergência de interesses, ou de crença das partes de suas aspirações serem satisfeitas conjunta ou simultaneamente.

1.1.1 Tipos de conflitos

Geralmente, há uma separação mais comum no que concerne às espécies de conflitos. Levando em conta os profundos ensinamentos do mesmo

---

4 Disponível em: <http://www.marketing500.com.br/arquivos_internos/downloads/GESTAODECONFLITOSETECNICASDENEGOCIACAO.pdf>. Acesso em: 20 jul. 2017.

autor, desde logo é feita a macrosseparação entre conflito de natureza afetiva e o conflito de tarefa, sendo certo que o primeiro:

> Envolve situações de incompatibilidade interpessoal entre os membros do grupo; degrada a qualidade das relações e dificulta a circulação da informação, diminuindo, desta forma, o grau de identificação dos membros com o grupo e com as suas decisões. A energia do grupo é dirigida para o desenvolvimento da coesão e para a resolução de problemas interpessoais, o que, pode ter efeitos muito negativos ao nível da eficácia grupal. Por envolver emoções negativas, o conflito socioafetivo se torna ameaçador não apenas para o grupo mas também para o próprio indivíduo que, desta forma, pode ver afetado o seu autoconceito, a sua autoestima ou qualquer outra variável individual[5].

Já os conflitos de tarefa abrangem as situações de tensão vivenciadas em um mesmo grupo em virtude da presença de perspectivas distintas no que se refere ao desenvolvimento de uma tarefa. A presença de desacordos entre os indivíduos de um grupo no que é pertinente ao melhor modo de atingir os objetivos comuns acaba sendo inevitável, uma vez que um grupo é formado por elementos que notam a realidade de formas distintas.

Com efeito, ocorre que geralmente o conflito se origina a partir da diferença de valores e de crenças; de competência ou de escassez de recursos. Nessa situação, é sempre importante que sejam criadas ferramentas para que o conflito, qualquer que seja a sua origem, seja o mais rápido possível dissipado ou desfeito.

Muitas são as formas de lidar com o conflito. As partes podem meramente ignorar a sua presença e fingir que não existe, o que provavelmente significará que ambas ou alguma delas se verá em um quadro danoso, a partir do qual deverá ter de lidar com os prejuízos de seu silêncio. Tomando outro rumo, podem ambas ou qualquer delas bater à porta do Poder Judiciário a fim de procurar receber a tutela legal por conta de seu direito atacado. Essa via ao longo do tempo não tem mais se provado frutífera, dada a

---

5 Disponível em: <http://www.marketing500.com.br/arquivos_internos/downloads/GESTAODECONFLITOSETECNICASDENEGOCIACAO.pdf>. Acesso em: 20 jul. 2017.

insuficiência do Estado de resolver os litígios da forma mais célere e satisfatória a ambas as partes.

Podem também as partes se valer de um instrumento por vezes mais amistoso, portanto, menos beligerante, e, acima de tudo, mais eficiente e veloz, com o uso de técnicas ou de métodos distintos aos executados pela via judicial ordinária. Trata-se de caminhos que muito mais do que alternativos são efetivamente autônomos e independentes. Esses métodos são autocompositivos e heterocompositivos.

Em termos gerais, difícil analisar o que é conflito. Somente um profissional multifacetado com aspectos multidisciplinares e interdisciplinares poderá dissecar o conflito de maneira ampla.

1.2 Distinção entre autocomposição e heterocomposição

Poucas linhas acima foi anunciada, ainda que sem grande detalhamento, a distinção entre autocomposição e heterocomposição. A seguir, serão tecidos mais alguns comentários a respeito para melhor situar o leitor.

1.2.1 Autocomposição

A autocomposição é um meio de solução de controvérsia promovido pelas próprias partes que a vivenciam, que pode ou não ter a participação de outro agente, alheio a ela, na tentativa de pacificá-la. Na hipótese da presença desse terceiro, ele contribui para o deslinde, mas não atua para definir o conflito. Melhor dizendo, significa que há um conflito entre duas partes e elas, sozinhas, por meio de uma negociação, podem resolvê-lo. Mas pode ocorrer, também, que esse conflito não seja dissolvido pelas partes que o vivenciam, passando a haver a presença de um terceiro, alheio a ele, que passa a atuar na tentativa de reaproximar as partes e de melhorar o canal de comunicação entre elas, eventualmente até emitindo sugestões. Ocorre, porém, que embora o terceiro atue na tentativa de contribuir para o fim do conflito, ele não determina o seu fim, tampouco realiza qualquer tipo de julgamento ou de decisão. O que se verifica é que normalmente não existe nenhum exercício de coerção dos indivíduos.

Em relação à sua natureza jurídica, pode ser afirmado que é um negócio jurídico bilateral, sem a existência da jurisdição do mediador ou do conciliador. Não há qualquer intenção de se obter uma sentença, mas sim existe a preocupação com a autonomia de vontade das próprias partes que moldam os seus interesses. Como exemplos clássicos há a mediação e a conciliação.

1.2.2 Heterocomposição

Já na heterocomposição o litígio é resolvido por meio da intervenção de uma pessoa que está fora do conflito original e que, ao fim e ao cabo, efetivamente define o fim do litígio. Em vez de as partes isoladamente ajustarem o deslinde, o conflito é submetido a um terceiro que toma uma decisão.

Como ilustração mais comum, há a jurisdição comum, que se dá por meio da distribuição da justiça feita pelo Estado, e a arbitragem, objeto de estudo deste *Manual*.

2.

MEIOS EXTRAJUDICIAIS
DE SOLUÇÃO DE CONFLITOS – MESCS

> *"A oposição dos contrários é condição da transformação das coisas e, ao mesmo tempo, princípio e lei. O estado de estabilidade, de concordância e de paz é apenas uma confusão das coisas no abrasamento geral... O que é contrário é útil, e é daquilo que está em luta que nasce a mais bela harmonia; tudo se faz pela discórdia... O combate é o pai e o rei de todas as coisas; de alguns, ele fez deuses, de uns escravos, de outros homens livres."*
> *(HERÁCLITO DE ÉFESO, século V a. C.)*

2.1 Introdução

Como é de conhecimento absolutamente comum que as sociedades atuais apresentam elevado grau de transformações em todos os seus aspectos e nas relações entre corporações e pessoas.

Seja como for, na medida em que as pessoas necessariamente precisam coabitar e dividir espaços, é natural que o ser humano de tempos e tempos acabe por concorrer pelos mesmos bens ou tenham apenas interesses semelhantes. Desse interesse comum decorrem em muitas ocasiões a concorrência e o conflito. Sob esse cenário, cabe ao mundo jurídico disponibilizar os instrumentos eficientes e adequados para procurar dar respostas que tenham como resultado o reequilíbrio social. Essa, na verdade, é a razão pela qual o direito existe em sua essência: a implementação de esforços para solver e sanar as contendas que o dia a dia social traz e, ao fim, para profanar a ordem.

Ocorre que ao longo dos tempos, não apenas em solo, águas e ares nacionais, a distribuição de justiça em geral se curvou ao Poder Judiciário em todas as suas instâncias e vicissitudes. Naturalmente, assim como em muitas outras localidades, o que se teve, com o aumento da beligerância social, foi o truncamento e a morosidade na correção de litígios. Como resposta a isso, as mentes pensantes não mediram esforços para procurar encontrar alternativas de modo a gerar outro mecanismo de solução de controvérsias dissociado da justiça pública ordinária.

O primeiro reflexo foi o nascimento de sistemas com certa autonomia e que procuravam trazer conteúdo e aplicabilidade distinta ao Judiciário. Surgiram as modalidades alternativas de solucionar conflitos, cuja característica primordial é o desligamento ao sistema jurídico público. Naturalmente, não apresentavam a maturidade que atualmente já é percebida, mas o seu propósito já era relevante.

Porém, antes de tratar em pormenores sobre os instrumentos alternativos de resolução alternativa – sobretudo acerca das minúcias da Arbitragem –, cumpre destacar a importância de se discorrer brevemente sobre a ideia dos conflitos em si, pois que esses são os elementos ensejadores da própria solução.

2.2   Conflitos

O conflito se dá quando posicionamentos diferentes entendem que suas necessidades não podem ser satisfeitas ao mesmo tempo. Quer dizer: "um conjunto de propósitos, métodos ou condutas divergentes, que estão presentes no cotidiano de todas as pessoas, tanto nas relações interpessoais quanto organizacionais"[1]. Podem ser vistos ainda como "o controle sobre os recursos escassos. Provavelmente estes recursos são identificados no poder, na riqueza e no prestígio"[2].

Entretanto, devem ser visualizadas as formas não apenas para resolver o conflito já lançado, mas, também, os meios para evitar que eles ganhem vida. O direito positivo pressupõe a guerra entre as partes litigantes, que

---

1 FOLBERG, J.; TAYLOR, A. *Mediacíon – resolucíon de conflictos sin litigio*. Buenos Aires: Ed. Noriega, 1984, p. 42.
2 PASQUINO, Gianfranco et al. *Dicionário de política*. Brasília: UnB, 2000.

procuram ao máximo comprovar a existência de uma hipótese fática para a aplicação de uma consequência jurídica. Daí o que geralmente se tem é um dos lados com o resguardo do bem anelado e a parte contrária esvaziada.

Porém, para, em certa medida, contrariar a natureza mais comum ao direito e justificar os meios extrajudiciais de solução de conflitos, elementos comuns ao primeiro como o poder, o uso da força e a autoridade tiveram sua importância suavizada, cedendo espaço aos mecanismos negociais, em que se evidencia o consentimento da parte contrária como forma construtiva para a formação de vínculos à solução do problema. Existiu uma clara "mudança de paradigmas, passando-se da metodologia do confronto e da manipulação para a teoria dos métodos cooperativos"[3].

Mais adiante, conforme os meios alternativos à justiça ordinária atingiram a puberdade e depois a real maturidade, houve não apenas a preocupação com a nomenclatura apropriada, mas, antes de mais nada, a percepção clara dos estudiosos do tema e mesmo da classe jurídica quanto à aplicação de terminologia mais apropriada, deixando de existir o que se convencionou chamar "meios alternativos de solução de conflitos" para "meios extrajudiciais de solução de controvérsias".

E a alteração não poderia ter sido mais justa, conforme será observado adiante, neste *Manual*, porque, acima de tudo, os institutos extrajudiciais que compõem os meios extrajudiciais de solução de conflitos assumiram notoriedade e principalmente autonomia e independência. Isso quer dizer que não são caminhos simplesmente alternativos à justiça ordinária, mas são escolhas reais realizadas pelos interessados dadas as qualidades inerentes aos meios extrajudiciais de solução de conflitos.

Importante, se faz notar, que na época da pandemia muito se utilizou dos meios extrajudiciais de solução de conflitos *on-line*. O que foi trazido pela Lei de Mediação (art. 46 da Lei n. 13.140/2015), na era da Covid-19 se perpetuou. Os conflitos aumentaram, sem sombra de dúvidas, por conta do estado financeiro e emocional das pessoas, mas encontraram nas plataformas *on-line* excepcional ou talvez único meio de solução.

---

3 GARCEZ, José Maria Rossani. *Negociação, ADRS, mediação, conciliação e arbitragem*. Rio de Janeiro: Lumen Juris, 2004, p. 5.

2.3 Soluções extrajudiciais

Os meios extrajudiciais de soluções de conflitos implementam formas de promover a dissolução de entraves de modo límpido e veloz. Basicamente há quatro tipos, a saber: a negociação, a conciliação, a mediação e a arbitragem. Esses institutos, assim como outros não tão difundidos, serão objeto de uma primeira análise para melhor contextualizar o leitor.

2.3.1 Negociação

A negociação, entre todos os sistemas alternativos, é o único instituto que não contém em sua essencialidade o uso de um terceiro, distante das partes litigantes como ente corroborador com a justiça e com a finalização da lide.

Na negociação os conflitantes "se encontram diretamente e, de acordo com as suas próprias estratégias e estilos, procuram resolver uma disputa ou planejar uma transação[4], mediante discussões que incluem argumentação e arrazoamento"[5].

O deslinde é muito dinâmico porque, como afirma José Maria Rossani Garcez, "sendo personalíssimo, preserva a autoria e a autenticidade dos negociadores na solução de seus próprios conflitos, não existindo nada mais adequado e duradouro do que uma solução autonegociada"[6].

Trata-se de um procedimento ágil em que as partes buscam chegar a um acordo que possa ser interessante a ambas, senso primordial a contribuição de cada dos litigantes, possivelmente com concessões até que se seja encaminhada uma composição.

---

4 A transação é o negócio jurídico bilateral *sui generis* (já que é tanto contrato em espécie pelo CC – arts. 840 a 850 – como extinção obrigacional, conforme era tratado pelo CC/1916) pelo qual as partes previnem ou extinguem relações jurídicas duvidosas ou litigiosas, por meio de concessões recíprocas, ou ainda em troca de determinadas vantagens pecuniárias. Ela é classificada de conformidade com o fim a que se destina: prevenir litígio ou terminar litígio. O primeiro, como se poderá facilmente notar, firma residência em sede extrajudicial, pois nenhuma ação, ainda, foi proposta objetivando concretizar o direito. Nesse caso, procura-se prevenir a lide por meio da transação. Na segunda espécie, o tema já foi submetido ao poder jurisdicional do Estado, em que as partes terão todas as possibilidades de demonstrar a existência ou não do direito. O ônus de provar e o estado de angústia das partes poderão ser evitados com a transação que terminará o litígio. Na essência, não existem diferenças entre ambas, apenas na forma. In: Guilherme, Luiz Fernando do Vale de Almeida. *Manual de direito*. 3. ed. (prelo). Barueri: Manole, 2020.

5 Tavares, Fernando Horta, *Mediação e conciliação*. Belo Horizonte: Mandamentos, 2002, p. 42.

6 Garcez, José Maria Rossani. Op. cit., p. 5.

Como não existe a mediação de um terceiro no enlace, é necessário que haja o comprometimento das partes com o objetivo de finalizar a disputa.

2.3.2 Conciliação

A conciliação já passa a oferecer a participação de um terceiro que atua de forma mais decisiva para tentar resolver o conflito. Na verdade, os personagens principais do embate, ou seja, os próprios litigantes determinam que o conciliador deverá promover a orientação das partes e do próprio conflito para que haja o ajuste.

Para o renomado autor César Fiúza, a conciliação é o "processo pelo qual o conciliado tenta fazer com que as partes evitem ou desistam da jurisdição, encontrando denominador comum"[7].

O Conselho Nacional de Justiça[8], ao aduzir a conciliação, interpreta-a como:

> Um meio alternativo de resolução de conflitos em que as partes confiam a uma terceira pessoa (neutra), o conciliador, a função de aproximá-las e orientá-las na construção de um acordo. O conciliador é uma pessoa da sociedade que atua, de forma voluntária e após treinamento específico, como facilitador do acordo entre os envolvidos, criando um contexto propício ao entendimento mútuo, à aproximação de interesses e à harmonização das relações[9].

Bom, muitas são as traduções e conceitos dados à conciliação, onde sempre deverá haver uma transação entre as partes, lembrando do contrato nominado *sui generis* disposto entre os arts. 840 a 850 do CC.

2.3.3 Mediação

A mediação muito se assemelha à conciliação. Com efeito, sobretudo um primeiro olhar poderia suscitar a impressão de que as diferenças entre

---

7 FIÚZA, César. *Teoria geral da arbitragem*. Belo Horizonte: Del Rey, 1995, p. 56.

8 O Conselho Nacional de Justiça é o órgão do Poder Judiciário brasileiro cuja função é controlar administrativa e financeiramente os órgãos desse Poder, assim como deve supervisionar o cumprimento dos deveres funcionais dos juízes.

9 Disponível em: <http://www.cnj.jus.br/programas-e-acoes/forum-da-saude/audiencia-publica/356-geral/125-conciliacao>. Acesso em: 1º mar. 2018.

ambos os institutos são extremamente sensíveis. Na prática, a principal diferença é o poder de atuação do terceiro que atua para tentar auxiliar na melhor resolução do conflito.

Como um primeiro conceito para melhor situar o leitor, nas palavras de Adevanir Tura, a mediação implica: "um processo que envolve a ação de um terceiro – Mediador, estranho ao conflito de interesses, pessoa que procura intermediar e induzir as partes ao elo e um acordo"[10].

Pois bem, é um mecanismo de solução extrajudicial pelo qual o terceiro age procurando ajudar as partes no desfecho mais satisfatório do conflito, mas com principal atribuição de criar um canal de comunicação e de aproximação entre as partes mais latente e vivo. Ficam abastecidas as possibilidades de melhores planos de comunicação e de interação de forma construtiva, a partir de acordos justos que possam respeitar as necessidades de cada um dos polos.

Em suma, bem esclarece a autora Maria de Nazareth Serpa, ao delinear a temática:

> Um processo informal, voluntário, em que um terceiro interventor, neutro, assiste os disputantes na resolução de suas questões. O papel do interventor é ajudar na comunicação através de neutralização de emoções, formação de opções e negociação de acordos. Como agente fora do contexto conflituoso funciona como catalisador de disputas ao conduzir as partes às suas soluções, sem propriamente interferir na substância desta[11].

Na prática, diferentemente da conciliação, a mediação se preocupa com a maior aproximação dos envolvidos, mas com o mediador tendo uma participação menos incisiva na resolução do conflito.

2.3.4 Arbitragem

A arbitragem representa o instituto integrante dos meios extrajudiciais de solução de controvérsias mais representativo e lendário. Toda a formatação do

---

10 TURA, Adevanir. *Arbitragem nacional e internacional*. São Paulo: JH Mizuno, 2007, p. 13.
11 SERPA, Maria Nazareth. *Mediação, processo judicioso de resolução de conflitos*. Belo Horizonte: Faculdade de Direito UFMG, 1997, p. 105.

instituto envolve as principais células indicativas do direito e do mundo jurídico. E se funda, como bem explicam Modesto Carvalhosa e Nélson Eizirik:

> Na autonomia da vontade, que constitui, no plano dos direitos subjetivos, o poder de autorregulamentação ou autodisciplina dos interesses patrimoniais. No plano sociológico, a ontologia do instituto é a de promover melhor distribuição da justiça em decorrência da presteza e aprofundamento técnico que a sentença arbitral pode trazer às partes que convencionarão[12].

Colocando o instituto em posição mais próxima do cotidiano do operador do direito, consiste a arbitragem em um dispositivo alternativo ao sistema jurídico convencional formal em que novamente um terceiro, capacitado tecnicamente, é eleito pelas partes com o intuito de mediar e de dirimir o conflito, estabelecendo aquilo que é o mais justo para o caso em apreço.

2.4 Novos meios extrajudiciais de solução de conflitos

Como bem se sabe, a sociedade está em constante mutação e para atender às transformações e às pressões sociais alguns modelos (por vezes derivados de outros mais consagrados) são criados. Tratar-se-á de alguns extraídos da normativa anglo-saxã.

2.4.1 *Rent-a-judge*

O *rent-a-judge* é visto como um meio-termo entre a arbitragem e a via judicial ordinária, principalmente em relação à formalidade. Aqui, os litigantes apresentam a demanda a um juiz de um tribunal privado, mas com todo o aparelhamento do processo judicial. Os magistrados são normalmente juízes aposentados. Também é intitulado *private judging*. Quem referenda a impressão destacada é a Mediate.com University, ao dizer que o *rent-a-judge* consiste no instrumento que:

> By statute in most states, parties can appoint any person as their judge, with full judicial powers. The private tribunal's decision is entitled to entry as a judgment and may be appealed[13].

---

12 CARVALHOSA, Modesto; EIZIRIK, Nélson. *A nova lei das sociedades anônimas*. São Paulo: Saraiva, 2001, p. 180.

13 Disponível em: <https://www.mediate.com/divorce/pg21.cfm>. Acesso em: 20 nov. 2019.

2.4.2 Baseball arbitration

O *baseball arbitration* é conhecido nos Estados Unidos da América como uma ramificação da arbitragem. Pelo sistema, as partes apresentam ao árbitro uma oferta e depois de uma audiência final o árbitro seleciona uma delas, sem alteração. Portanto, a definição do árbitro fica condicionada ao lançado pelos litigantes.

Curiosamente, o *baseball arbitration* recebeu essa nomenclatura por conta de sua utilização em contratos esportivos nos Estados Unidos, principalmente que tinham como atores os atletas do *baseball*.

2.4.3 High-Low Arbitration

Também ligada à arbitragem, pela *High-Low Arbitration* as partes alcançam a um valor monetário que entendem como mínimo para a demanda objeto do litígio. Se a decisão do árbitro conferir valor menor ao que as partes estipularam, fica estabelecida a limitação dessa decisão, passando a valer aquele dado anteriormente estipulado pelas partes.

2.4.4 Disputes Resolution Board

Na *Disputes Resolution Boards*[14] fica criado um painel decisório, geralmente composto por três especialistas selecionados anteriormente ao procedimento. Os especialistas se reúnem para acompanhar a execução de um contrato, sendo possível antever um conflito e, se de fato ele ocorrer, podem oferecer uma resposta quase instantânea.

2.4.5 Consensual Building

A *Consensual Building* se assemelha a uma mediação, mas envolvendo muitas partes. A rigor, geralmente traz questões bastante complexas e múltiplas, e tem como objeto corriqueiro questões ambientais e situações com disputas públicas em comunidades.

---

14 Quadragésimo Nono Enunciado da I Jornada de Prevenção e Solução Extrajudicial de Litígios: "Os Comitês de Resolução de Disputas (*Dispute Boards*) são método de solução consensual de conflito, na forma prevista no § 3º do art. 3º do Código de Processo Civil brasileiro".

2.4.6 *Online Dispute Resolution – ODR*

Por ODR se entende *Online Dispute Resolution* (também intitulada Resolução *On-line* de Disputas), que significa que, se os mecanismos essenciais que compõem os MESCs são a arbitragem, a conciliação, a mediação e a negociação, os ODRs seriam a possibilidade de uso desses ou de algum desses institutos na forma digital, *on-line*, trazendo ainda mais celeridade e informalidade para o procedimento.

Para ser mais exato, a última década do século XX foi responsável pelo florescimento da internet em lares, empresas e no dia a dia de todos. Nesse ambiente, nada mais natural do que presenciar esse mesmo universo sendo capaz de fazer nascer e resolver negócios. Daí decorre a experiência da resolução de litígios em formato *on-line*. Por isso, bem arremata Joseph W. Goodman que, ao delinear as *online dispute resolution*, diz que "configura uma forma de solução de conflitos que ocorre total ou parcialmente no ciberespaço e concerne a dois tipos de disputa: aquelas que emergem do próprio ciberespaço e aquelas que emergem fora da rede"[15].

Em que pese o fato de já haver experiências positivas fora do Brasil, em território local ainda existem solavancos para a melhor utilização do formato. Mesmo assim, os exemplos bem-sucedidos existem e devem ser prestigiados como forma de fomento ao procedimento.

A primeira ferramenta se trata do *site* consumidor.com.gov, plataforma que promove a resolução alternativa de conflitos de natureza consumerista por meio da internet, gerando a interlocução direta entre as empresas fornecedoras de produtos e de serviços e os consumidores, no outro lado da cadeia produtiva.

O sítio disponibiliza ainda indicadores estatísticos sobre o serviço prestado, com informações e gráficos sobre o tempo médio de resposta das empresas, o grau de satisfação do consumidor e o índice de resolução das reclamações.

Outro serviço de mesma natureza consiste no *site* Reclame Aqui. Por meio da plataforma os consumidores podem depositar suas queixas em relação à prestação de serviços ou à comercialização de produtos pelo fornecedor. Trata-se de um ambiente totalmente virtual, em que as empresas,

---

15 GOODMAN, Joseph W. Os prós e os contras das resoluções online de disputas. Uma leitura da mediação cibernética. *Duke Law and Technology Review*, Durham, v. 2, 2003. Disponível em: The Pros and Cons of Online Dispute Resolution: An As-sessment of Cyber-Mediation Websites (duke.edu).

após a aparição das críticas, podem responder apresentando soluções para os problemas. Ao final, o consumidor ainda pode registrar a sua avaliação ao tratamento recebido e a aplicação não se vale de advogados.

Por fim, merecem destaque as plataformas Sem Processo e eConciliar. O ponto característico da primeira é o fato de que quem pratica atos de negociação são advogados tanto dos consumidores quanto das empresas envolvidas.

Já o eConciliar consiste na tentativa de conciliação em demandas judiciais em andamento. Um mecanismo para tentar desobstruir o Judiciário praticando atos de aproximação, de negociação e de resolução da contenda, com um terceiro praticando tais atos.

Figura 1 – As ondas de acesso à Justiça

ACESSO À JUSTIÇA

1ª Onda
- Adequada representação dos pobres
- Antes do juízo
  - informação
  - assistência extrajudicial
- No juízo: assistência judiciária
  dever honorífico
  dever público
  - remuneração do liberal
  - advogado público
  - solução mista

2ª Onda
- Interesses fragmentados ou difusos
- Pobreza: dificuldade de organização

3ª Onda
- Burocratização
- Construir um sistema jurídico e procedimental mais humano
  - pequenas causas
  - responsabilidade objetiva
  - conciliação
  - mediação
  - arbitragem

Fonte: MORAIS, José Luis Bolzan de; SPENGLER, Fabiana Marion. *Mediação e arbitragem:* alternativa à jurisdição! 2. ed. rev. e ampl. Porto Alegre: Livraria do Advogado, 2008, p. 36.

Figura 2 – Formas de tratamento de conflito

Autocomposição	Heterocomposição	Autotutela
Tomada de decisão pelos indivíduos (consenso)	Tomada de decisão (impositiva) **judicial ou extrajudicial** pelo terceiro imparcial.	**Tomada de decisão Coercitiva (impositiva)** por apenas um indivíduo.
Evitação | Negociação Mediação | Conciliação	Decisão Judicial | Decisão Legislativa Decisão Administrativa | Arbitragem.	Ação direta não violenta | Violência.
INTERESSES	**FATOS E DIREITO**	**PODER**

Fonte: Quadro desenvolvido e adaptado com base na bibliografia referenciada no presente estudo.

Figura 3 – Nomenclaturas utilizadas dos meios de solução de conflitos

Gênero	Meios Adequados de Solução de Conflitos – MASC	
Espécies	Meios Extrajudiciais de Solução de Conflitos – MESC	Meios Judiciais de Solução de Conflitos – MJuSC
Modalidades	Arbitragem (heterocomposição) Conciliação (autocomposição) Mediação (autocomposição) Negociação (autocomposição)	Decisão judicial (heterocomposição) Conciliação (autocomposição) Mediação (autocomposição) Negociação (autocomposição)

Fonte: Quadro desenvolvido e adaptado com base na bibliografia referenciada no presente estudo.

Figura 4 – Quadro dos princípios da mediação

	Código de Processo Civil (Lei n. 13.105/2015)	Lei da Mediação (Lei n. 13.140/2015)	Código de Ética de Conciliadores e Mediadores Judiciais (Resolução n. 125 do CNJ, Anexo III)
1	Independência.	–	Independência.
2	Imparcialidade.	Imparcialidade.	Imparcialidade.
3	Autonomia da vontade.	Autonomia da vontade.	Autonomia da vontade.
4	Confidencialidade.	Confidencialidade.	Confidencialidade.
5	Oralidade.	Oralidade.	–
6	Informalidade.	Informalidade.	–
7	Decisão informada.	–	Decisão informada.

	Código de Processo Civil (Lei n. 13.105/2015)	Lei da Mediação (Lei n. 13.140/2015)	Código de Ética de Conciliadores e Mediadores Judiciais (Resolução n. 125 do CNJ, Anexo III)
8	–	Busca do consenso.	–
9	–	Isonomia entre as partes.	–
10	–	Boa-fé.	–
11	–	–	Competência.
12	–	–	Respeito a ordem pública e as leis vigentes.
13	–	–	Empoderamento.
14	–	–	Validação.

Fonte: Quadro desenvolvido e adaptado com base na bibliografia referenciada no presente estudo.

2.5 A inclusão dos meios consensuais de solução de controvérsias como disciplina obrigatória na grade curricular das faculdades de direito no Brasil

Após a apresentação dos principais meios extrajudiciais de soluções de controvérsias vislumbrados não apenas no Brasil como também em diversas localidades do mundo, interessa olhar a valorização que deve ser dada aos institutos, no mínimo, em território nacional.

E com a edição da Portaria n. 1.350, de 14 de dezembro de 2018, o Ministério da Educação acatou e homologou o Parecer CNE/CES n. 608/2018 da Câmara de Educação Superior do Conselho Nacional de Educação para fazer instituir as Diretrizes para as Políticas de Extensão da Educação Superior Brasileira.

Isso quer dizer que foi aprovada alteração na dinâmica de seleção das disciplinas que compõem a grade curricular do Ensino Superior no Brasil e, no que pertine ao âmbito jurídico, além da inclusão de novas cadeiras à grade curricular que há muito mereciam melhor apreciação por parte das universidades, foi incluída no programa a disciplina de Formas Consensuais de Solução de Conflitos. Com isso, o alunado de direito deverá ter, obrigatoriamente, em seu projeto pedagógico e em sua organização curricular conteúdos e atividades, tanto práticos quanto teóricos, de resolução consensual de litígios. Importante ainda destacar que não existe a determinação de quais seriam, necessariamente, os instrumentos listados e lecionados, ficando a cargo da instituição e de seu projeto a absorção do espírito da portaria para fazer constar na disciplina ensinamentos que versem sobre, por exemplo, a mediação, a conciliação e a negociação.

Seja como for, o fato é que a alteração será de muita valia para instituições, docentes, discentes e, estima-se, para a sociedade brasileira em última análise, que vive assolada em um enquadramento social bélico e de estímulo ao conflito. Nada mais justo e esperado que as faculdades de direito, após décadas de tradição lecionando como litigar, passem a ensinar, também, como evitar e como resolver o conflito da forma menos danosa e mais pacífica.

3.

NEGOCIAÇÃO

Este capítulo se dedicará a tratar de forma mais minuciosa dos institutos notadamente mais destacados no cotidiano dos meios extrajudiciais de solução de conflitos. Poderão ser visualizadas as análises mais profundas a respeito dos mecanismos da negociação, da conciliação, da mediação e da arbitragem, inclusive com a leitura pontual das leis que chancelam os dois últimos institutos.

3.1 Definição

Conforme anunciado, a negociação não apresenta a figura de um terceiro alheio ao conflito que atue de modo a melhor posicionar as partes. O que se tem é a incursão de um conjunto de técnicas praticadas pelas próprias partes que se obstina a remediar uma situação de crise e oferecer a melhor resposta para o caso. Aliás, é bom que se diga, mesmo o mediador e o conciliador se valem de premissas contidas nas técnicas negociais. Ou seja, a negociação sob nenhum aspecto é um fim em si mesma.

Os próximos meios extrajudiciais de solução de conflitos que serão observados lançam mão de instrumentos multidisciplinares para se perfazerem. Na verdade, a técnica negocial transborda ainda mais os aparatos judiciais e são usados também por outros inúmeros profissionais das áreas da psicologia, da administração, da gestão de negócios entre outros.

Conforme bem salienta Humberto Chiesi Filho:

> A negociação é o aspecto central dentro dos métodos autocompositivos, já que a conciliação e a mediação representam meios para viabilizar e assistir

uma negociação, tendo em vista que quando há a presença de terceiros (conciliadores e mediadores), estes não têm o papel e tampouco o poder de decidir[1].

Retornando à discussão dentro de uma linha jurídica, a Escola de Negociação da renomada universidade de Harvard nos Estados Unidos foi uma das pioneiras a estudar a técnica a partir do uso de princípios. Esses se preocupam primeiro em:

- separar os envolvidos do problema;

- focar-se nos interesses das partes e não em seus posicionamentos;

- gerar possibilidades de ganhos mútuos; e

- usar critérios majoritariamente objetivos.

Com efeito, o interessante é notar que o homem, ao tempo todo quando embebido em uma situação de crise, está a negociar. Porém, isso não quer dizer que não existam instrumentos melhores de negociação do que outros, senão poderia se estar incentivando a adoção de medidas que tivessem como finalidade apenas, no caso de um litígio que atingisse elevado grau de insatisfação das partes, a ideia de que "é melhor conciliar porque o processo demora muito". Primeiro que, como se verá adiante, mesmo a conciliação passa muito longe desse tipo de premissa, de tal sorte que consiste em um instrumento hábil e eficaz de resolução de litígio. E depois que a conduta que aplaude a ideia de que "é melhor conciliar porque o processo demora muito" desnatura e é injusta com as práticas que têm em si vigor e independência, com capacidade autônoma de distribuir justiça por elas mesmas, independentemente do tempo que uma resolução pelo Judiciário teria.

Retomando, a negociação é um procedimento involuntário e informal e que pode ter algumas barreiras quando de seu uso. Em um primeiro lugar, deve haver certa preocupação com a descoberta dos interesses compartilhados e a maximização dos resultados conjuntos. Outra problemática se

---

1 CHIESI FILHO, Humberto. *Um novo paradigma de acesso à justiça*. São Paulo: D'Plácido, p. 43.

dá porque em muitos litígios os titulares não negociam por si mesmos, mas sim por intermédio de terceiros que podem ter incentivos diferentes de seus titulares. A terceira barreira tem um "quê" fundado em aspectos de entendimento, visto se tratar de um entrave de âmbito cognitivo que se relaciona com a maneira como a mente do homem processa as informações, sobretudo ao avaliar incertezas e riscos. Por último, funda-se na investigação da psicologia social visto que cada parte está constantemente fazendo inferências acerca da intenção, dos motivos e da boa-fé da parte contrária. Na prática, diga-se, a ideia de barreiras gera um posto útil e vantajoso, e necessariamente interdisciplinar para explorar o porquê de muitas vezes as negociações falharem.

3.2   Os principais passos da negociação

- criação de uma atmosfera efetiva;
- esclarecimento das percepções das partes;
- foco nas necessidades individuais e compartilhadas;
- construção de um poder positivo e compartilhado;
- atenção ao futuro e em seguida reflexão sobre o passado;
- geração de opções;
- desenvolvimento do caminho;
- estabelecimento de acordos mútuos (negócios jurídicos – leia-se arts. 104 a 232 do CC).

A negociação identifica que em vez de reagir, é preciso recuperar o equilíbrio mental e manter a concentração em adquirir o que se almeja, de maneira que o primeiro caminho é o de não reagir.

A negociação também enxerga que é preciso ajudar a parte contrária a recuperar o equilíbrio mental, arrefecendo as emoções negativas, tais como o medo, a desconfiança, a defesa e a hostilidade. Esse tipo de conduta desarma o outro litigante.

Tendo criado um clima de negociação favorável, o negociador deve fazer com que seu oponente pare de regatear posições e comece a procurar um meio de satisfazer os interesses de ambos os lados.

Uma vez envolvida a parte contrária, é relevante ultrapassar o ceticismo do último para tentar conduzi-lo a um acordo mutuamente satisfatório. Deve-se transpor o vácuo que existe entre os interesses de ambos, sendo necessário contribuir para que o resultado atinja uma conquista mútua.

Antes de mais nada, uma negociação justa deve ser aquela que espalha uma conquista e não uma vitória. Na verdade, deve apresentar uma conquista para ambos os lados.

4.

CONCILIAÇÃO

4.1 Definição

A nobre Desembargadora do Tribunal de Justiça do Estado de São Paulo, Dra. Maria Lúcia Pizzotti, já bem salientou a respeito da conciliação:

> Conciliação é uma forma nova, ágil e extremamente diferenciada de prestar-se a jurisdição, trazendo as partes para uma audiência. Na presença do conciliador, conversarão entre si e farão a proposta. Se aceita, a proposta é homologada no mesmo dia pelo juiz, pondo fim ao processo, sem que haja recurso ou qualquer tipo de burocracia.

Além da citação da nobre Desembargadora, o Professor Ruberlei Bulgarelli, entende a conciliação como uma iniciativa a partir da qual os envolvidos empreendem esforços para a solução de litígios se valendo do auxílio de um terceiro que atua como conciliador, agindo de modo imparcial e gerenciando as partes para uma melhor solução, também oferecendo alternativas.

A diferença básica em relação à mediação é a intervenção do conciliador na proposição da solução – expediente este não presenciado na mediação –, em que as partes são responsáveis na determinação das soluções.

De um modo geral, o mediador refaz a comunicação entre as partes. Já na conciliação o conciliador propõe uma transação. Dogmaticamente é fácil dizer, mas, pragmaticamente, necessário se faz estudar as técnicas para o operador do direito ser o mais imparcial e neutro possível no conflito (o que é obviamente muito difícil). A atuação e a atividade dos meios extrajudiciais de soluções de conflitos passam por uma série de valores pessoais que devem ser deixados de lado para se captar e ajudar as partes a acharem o seu caminho.

4.2 Conciliação e transação

Bem, importa dizer que a conciliação e a transação podem parecer apresentar terminologia sinonímica. Em muitas ocasiões, diga-se, é assim que a própria lei se dirige a ambas. Pode-se notar isso com o art. 584, III, do CPC/73, revogado pela Lei n. 11.232, de 2005[1], que ao delinear os títulos executivos judiciais dispõe como um dos títulos a sentença homologatória de conciliação ou de transação[2]. Porém, em outros momentos, parecem os termos ser díspares, já que o art. 487, III, *b*, do CPC/2015[3] assevera que o processo será extinto com julgamento do mérito quando as partes transigirem (e não, conciliarem), enquanto o art. 331, § 1º, do CPC/73 (art. 334 do CPC/2015[4]), ao dispor sobre a audiência preliminar, define que obtida a conciliação (e não a transação) essa será homologada por sentença.

Desse modo, paira a dúvida quanto ao real significado empregado em ambos os termos, já que em muitos episódios o próprio construtor da lei não prima por uma perfeita técnica, usando terminologias iguais com significados diversos e expressões distintas com significado que lhes é comum.

---

1 Estabelece a fase de cumprimento das sentenças no processo de conhecimento e revoga dispositivos relativos à execução fundada em título judicial, além de dar outras providências.

2 Para Francesco Carnelutti, "a transação é a solução contratual da lide, e, por tal razão, equivalente contratual da sentença" (CARNELUTTI, Francesco. Sulla Causa de la Transazione, *Rivista del Dirritto Comerciale*, v. 12, pt. 2, Milano, 1914, p. 580).

3 "Art. 487. Haverá resolução de mérito quando o juiz: (...)

III – homologar: (...)

b) a transação."

4 "Art. 334. Se a petição inicial preencher os requisitos essenciais e não for o caso de improcedência liminar do pedido, o juiz designará audiência de conciliação ou de mediação com antecedência mínima de 30 (trinta) dias, devendo ser citado o réu com pelo menos 20 (vinte) dias de antecedência."

Seja como for, a conciliação é um expediente que tem em vista as partes no propósito de prevenirem ou resolverem um litígio. Refere-se à conduta – as partes se conciliaram.

Já a transação se refere ao conteúdo – aquilo que a transação versou sobre. Sendo assim, é possível se afirmar que no processo a conciliação ocorre mediante uma transação. Os litigantes se conciliam transigindo.

Dito isso, a conciliação é um termo que vai além da transação. Os conflitantes poderiam se conciliar abrindo mão da demanda, por exemplo, ou ainda renunciando a esta após o seu ingresso em juízo. No entanto, o criador normativo entendeu por bem considerar a conciliação por intermédio da transação. O Código de Processo Civil, ao tratar da conciliação, ilustra esta existindo por intermédio de transação (arts. 840-850 do CC).

É por essa razão que o legislador aponta no art. 487, III, *b*, do CPC/2015 que o processo será extinto com julgamento do mérito quando as partes transigirem. Naturalmente, poderia ter afirmado "quando as partes se conciliarem", mas isso seria dizer pouco, já que a conciliação é uma conduta das partes – é o ato de se colocar em harmonia; e a transação é o acordo mediante concessões mútuas.

4.3 Classificação da conciliação: judicial e extrajudicial

A conciliação judicial é o expediente que ocorre no curso de uma demanda judicial e se dá para o processo. Isso quer dizer que ocorre no processo quando as partes atingem um acordo de vontades sobre o objeto do conflito, sendo certo que mais adiante referido acordo é homologado pelo juiz. Na mesma linha, acontece para o processo quando as partes apresentam este acordo de vontades para homologação. Nos dois casos haverá uma sentença homologatória de conciliação que será um título executivo judicial.

Por seu turno, a conciliação extrajudicial é a que se dá por meio de contrato, que a rigor a lei designa como transação. Os sujeitos de uma obrigação em litígio se conciliam mediante concessões de lado a lado. Nascendo esse acordo, será consumado por escrito, com a assinatura dos outrora litigantes e com a presença de duas testemunhas. Por último, também será um título executivo extrajudicial.

4.4 Conciliação como meio extrajudicial de solução de conflitos

É evidente que o objeto deste *Manual* se refere a tratar dos Meios Extrajudiciais de Solução de Conflitos propriamente ditos. Pensando dessa forma, importa nas próximas linhas começar a relatar em minúcias e pormenores muito mais o alvo das discussões. Os expedientes imediatamente anteriores se preocuparam em relatar alguns pontos que são considerados interessantes sobre a conciliação, mas, daqui em diante, enxerga-se com mais afinco o propósito de se discutir sobre a conciliação como um meio extrajudicial de solução de conflitos.

Pois bem, a conciliação ganha vida ao se apresentar como um meio alternativo de solução de conflitos ao Poder Judiciário que apresentava (e que ainda apresenta) dificuldade em lidar com o elevado número de demandas para a sua apreciação.

Além disso, é também importante dizer que a conciliação hoje fica longe de ser um instituto com essa simples finalidade. Isso porque a conciliação tem de fato vida própria e autônoma, e não mais se figura como um sistema alternativo.

Atualmente, muitos são os mecanismos que colocam as suas atividades e os seus esforços tendo como finalidade introduzir a prática da conciliação e, acima de tudo, "graduar" pessoas, tornando-as mais hábeis e capazes para conciliar.

A conciliação significa uma via que mescla os caminhos da mediação com aqueles presenciados na arbitragem também. Na prática, o conciliador não define o conflito (sob nenhuma hipótese). Aliás, é importante destacar esse ponto. Mas mesmo assim, ele tem um papel mais proativo do que o do mediador (conforme poderá ser observado nos capítulos a seguir), podendo e devendo de fato atuar de maneira mais incisiva na questão que atinge os litigantes.

Se na mediação o mediador deve conduzir as discussões, melhorando a comunicação e o diálogo das partes e facilitando para que elas alcancem uma reaproximação, na conciliação o que se tem é um agente que realmente dirige com mais poder as discussões e ao final conduz os litigantes ao melhor desfecho. Ele não apenas media a discussão, mas de fato concilia para que se chegue a um acordo.

Em que pesem as vicissitudes do caso em apreço, a relevância do debate consiste em demonstrar como o expediente conciliatório foi capaz de gerar e formalizar novos atos e obrigações para as partes, sendo que, no caso em apreço, a partir da conciliação se designou a colocação de novas próteses em favor daquele então prejudicado. Isso, de novo, denota a importância do instituto e a sua força para que eventualmente novos destinos sejam traçados.

Portanto, a conciliação oferece acesso a um desfecho a partir de um acordo entre os litigantes, motivado novamente pela figura de um terceiro equidistante, que atua com a finalidade de efetivamente resolver o conflito.

No caso, os autores da disputa selecionam o conciliador e determinam que este deverá orientá-los na obtenção de ajuste.

Corroborando os dizeres relatados, o Conselho Nacional de Justiça – CNJ, ao aduzir a conciliação, interpreta-a como:

> Um meio alternativo de resolução de conflitos em que as partes confiam a uma terceira pessoa (neutra), o conciliador, a função de aproximá-las e orientá-las na construção de um acordo. O conciliador é uma pessoa da sociedade que atua, de forma voluntária e após treinamento específico, como facilitador do acordo entre os envolvidos, criando um contexto propício ao entendimento mútuo, à aproximação de interesses e à harmonização das relações[5].

Para César Fiuza, "conciliação é o processo pelo qual o conciliador tenta fazer com que as partes evitem ou desistam da jurisdição, encontrando denominador comum"[6]. Por uma questão de aceitação às visões distintas, foi trazida essa interpretação de César Fiúza, sendo certo, no entanto, que não é a mais bem abraçada pelos demais estudiosos. Ora, a conciliação é muito mais do que simplesmente um procedimento pelo qual as partes evitam ou desistem da Jurisdição estatal. A conciliação é muito mais do que isso. Trata-se de um instituto com vida própria, que vem sendo largamente estimulado, e que de fato seleciona um terceiro, que não faz parte do conflito, para

---

5 Disponível em: <http://www.cnj.jus.br/programas-e-acoes/pj-numeracao-unica/documentos/356-geral/125-conciliacao>. Acesso em: 5-5-2011.
6 FIÚZA, César. *Teoria geral da arbitragem*. Belo Horizonte: Del Rey, 1995, p. 56.

atuar de modo a contribuir com o seu deslinde. Tal qual o Professor Rodrigo Almeida Magalhães, que entende que no instituto: o terceiro interventor (conciliador) atua como elo. Sua finalidade (...) é levar as partes a um entendimento, através da identificação de problemas e possíveis soluções. Ele não precisa ser neutro [diferentemente do mediador], ou seja, pode interferir no mérito das questões. O conciliador não decide o conflito, ele pode apenas sugerir decisões; a decisão cabe às partes[7].

Destaca-se ainda a forma transacional de finalizar o conflito via elaboração de um negócio jurídico desde que tenha todos os requisitos de validade do art. 104 do CC e autonomia da vontade.

4.5 Planejamento da sessão

Assim como será proposto em relação à mediação, este *Manual* ofertará ao leitor o ambiente anterior e depois as etapas de constituição da conciliação.

4.5.1 Momento prévio

Para introduzir uma atmosfera de respeito entre as partes conflitantes e contribuir para que a reunião a ser iniciada seja bem proveitosa, é relevante que o conciliador adentre ao local da conciliação antes do horário da audiência/sessão para se preparar adequadamente, concentrando-se e imbuindo-se do sentimento de sua função.

O conciliador pode rever as suas técnicas e estratégias, além das demais ferramentas que deseja abastecer durante a sessão. Outrossim, a própria organização prévia do ambiente (mobiliário/material) em muito pode colaborar para que os litigantes se sintam bem acolhidos.

O conciliador deve se centrar no caso em questão buscando conhecer de antemão a natureza do conflito. Isso de fato ajuda para que ele tenha mais segurança na condução da conciliação, podendo, ainda, clarificar possíveis dúvidas com juízes, coordenadores e conciliadores-orientadores.

---

7 MAGALHÃES, Rodrigo Almeida. *Formas alternativas de resolução de conflitos*. Belo Horizonte: RHJ, 2008.

4.5.1.1 Atuação do conciliador anteriormente à chegada dos litigantes

Anteriormente à chegada dos envolvidos, o conciliador deverá:

1. organizar e preparar o ambiente em que será realizada a conciliação: mesa, iluminação, temperatura ambiente, privacidade, água, café, local de espera, materiais de escritório, entre outros;

2. elaborar a revisão de todas as anotações realizadas sobre o caso e memorizar o nome das partes. Aliás, essa questão é de sumária importância. Em outros momentos já se escreveu que seria interessante fazer esse esforço de memorização. Porém, não se trata apenas de um mero esforço: é de fato importante que o conciliador tenha consigo o nome dos agentes envolvidos. É de se relembrar que as partes estão fragilizadas e absolutamente distantes daquele que irá conciliar quando, naturalmente, a conciliação não se iniciou ainda. Por isso, é animador para as partes quando elas notam um elo mínimo, uma aproximação com esse conciliador. Além disso, obviamente qualquer pessoa se sente mais amparada quando deixa de ser um "número" e passa a ter a sua identificação pessoal respeitada. Por último, na hipótese de o conciliador só ter acesso ao nome dos litigantes já durante a sessão – o que é um cenário mais complexo –, ele tem que fazer o esforço de anotá-los para demonstrar o respeito para com as partes e que efetivamente se importa com o que ali ocorre.

Caso exista mais de um conciliador, é fundamental que se preparem quanto à maneira que cada um deverá atuar. É interessante que dividam entre si os dados e as informações a serem apresentadas às pessoas e que estabeleçam que um deles fará a apresentação e o outro completará os demais aspectos. De todo modo, uma divisão igualitária é recomendável, porque diminuirá a possibilidade de haver o direcionamento do diálogo para apenas um dos conciliadores e ainda permitirá uma melhor percepção, pelas partes, da harmonia do trabalho por eles realizado.

4.5.1.2 Recebendo os litigantes

O conciliador deve recepcionar as pessoas sempre procurando estabelecer um ambiente de cordialidade e acolhimento. Além de ser mais educado, é importante cumprimentar cada um dos envolvidos para que se sintam confortáveis e amparados. Entrementes, é salutar que o conciliador não converse de forma demasiada para manter a objetividade.

4.5.1.3 Posição das partes à mesa durante a sessão

É importante que exista certa preparação com o espaço da audiência/sessão de conciliação e com a organização do trabalho. Uma análise prévia das condições físicas da sala de conciliação e conhecimento do conflito a ser trabalhado são itens indispensáveis para o alcance desse êxito.

Na audiência/sessão de conciliação, todos devem se sentir fisicamente confortáveis, concentrados e seguros, dentro de um ambiente que garanta a privacidade das partes.

Mesmo a simples disposição dos assentos e a forma como serão ocupados durante a audiência/sessão transmite mais informações do que se possa inicialmente imaginar. É uma forma de linguagem não verbal que deve ser bem orquestrada a fim de que se possa perceber o que os envolvidos podem esperar da conciliação e como irão se comportar nesse ambiente. A disposição física dos presentes deverá se dar conforme o número de pessoas e o grau de animosidade entre elas.

A posição do conciliador em relação aos litigantes também é de grande relevância, já que a imparcialidade, a aptidão e a liderança podem ser refletidas por esses aspectos. Ele deve se posicionar com igual distanciamento em relação às partes para não transparecer qualquer inclinação a qualquer delas. Com relação à liderança, sua posição deve se dar de maneira a administrar e a controlar todo o desenvolvimento da audiência/sessão.

E se a audiência/sessão de conciliação for conduzida por mais de um conciliador é importante que elas se sentem próximos para facilitar a comunicação entre eles.

4.5.2 Abertura

A abertura da audiência/sessão de conciliação deve ser realizada de forma clara e objetiva, esclarecendo às pessoas sobre a proposta e a dinâmica da conciliação.

É justamente a hora em que se explica como a conciliação se desenvolve; quais as regras que deverão ser seguidas, sempre com o objetivo de deixar as pessoas seguras e confortáveis quanto ao desenvolvimento da conciliação.

O conciliador deve ter o cuidado de não direcionar mais atenção a uma das pessoas do que à outra, evitando conversar mais com uma delas do que a outra, ou se portando mais amigavelmente a uma delas do que em relação a outra. Caso isso venha a acontecer, uma das partes, provavelmente, terá a impressão de que o conciliador está sendo parcial.

É muito importante apresentar algumas palavras de estímulo, por isso é interessante que o conciliador elogie o esforço de cada uma das partes de tentar resolver o conflito. Ao mesmo tempo, ele deve cientificar as partes que, nos processos conciliatórios, em situações semelhantes à que elas estão vivenciando, têm-se logrado êxitos bastante expressivos, uma vez que, além de se solucionar o problema específico, também possibilita uma oportunidade para que as partes saiam satisfeitas com o processo, e até consigam manter um relacionamento posterior satisfatório.

É na fase de abertura que o conciliador coloca a sua presença e também a sua autoridade como condutor da audiência/sessão de conciliação, devendo se mostrar como um auxiliar e facilitador da comunicação entre as partes. Seu objetivo não é o de induzir qualquer das partes a um acordo que não lhe seja satisfatório. Pelo contrário, o que se deseja é que as partes, em conjunto, alcancem um denominador comum que as faça se sentirem contentes com o resultado. Ao mesmo tempo, o conciliador deve deixar claro que buscará fazer com que elas consigam explicitar suas metas e interesses e, desse modo, possam, construtivamente, criar e encontrar suas próprias soluções.

Como se percebe, o conciliador tem muitas atribuições, mas uma de suas principais é justamente a de despertar nas partes o sentimento de confiança em sua pessoa e imparcialidade. Por isso é bastante esperado que ele, ao conversar, olhe para cada um dos presentes de modo equilibrado e calmo. Igualmente, ele deve alertar às partes que um conciliador não é um juiz e que dessa maneira não irá proferir um julgamento em favor de uma ou outra pessoa envolvida no conflito. Ele deve salientar a sua imparcialidade e confiança no sucesso da conciliação que está em curso. Um exemplo de como se expressar:

> É importante rememorar aos Srs. que não sou juiz e, portanto, não irei prolatar uma sentença, ou seja, não darei nenhuma decisão em favor de uma ou outra parte. Minha atuação será imparcial, sempre no intuito de auxiliá-los a terem uma negociação eficiente.

Portanto, o conciliador deve agir como um educador no processo de conciliação e como aquele que conduz as normas que deverão ser utilizadas durante o procedimento de conciliação.

O conciliador precisa detalhar o modo como a conciliação se dará, deixando, de todo modo, bastante claro para as partes que elas terão a oportunidade de se manifestar.

Com tudo isso, é obviamente importante que o discipline o diálogo, tomando as precauções necessárias para que um litigante não interrompa o outro, sempre relembrando que cada parte terá a oportunidade de falar e ouvir.

Se houver a presença de um advogado, o conciliador também deve expor o meio mais adequado de sua participação, tendo em vista que o engajamento de todos é fundamental para a construção do acordo. Ademais, é conveniente que o conciliador desenvolva uma espécie de previsão quanto à duração da audiência/sessão com base em sua experiência ou na política institucional do Tribunal. Agora, por óbvio, ele deve ter em mente e – mais importante –, deverá informar às partes que esse tipo de previsão carece de certeza e que, portanto, poderá haver desvios nesse sentido. Nesse mesmo sentido, existe uma pauta a ser seguida pelas sessões/audiências, de tal sorte que o atraso em um dos procedimentos implicará o atraso das demais sessões/audiências daquele conciliador.

Em relação ao período de desenvolvimento do procedimento de audiência/sessão, a experiência mostra que o tempo considerado razoável é o de 30 a 45 minutos. Isso porque em procedimentos muito mais curtos o conciliador basicamente se apresenta e igualmente apresenta uma proposta de solução, sem criar inclusive qualquer empatia com as partes.

Adentrando mais especificamente ao momento de abertura, há o claro objetivo de posicionar os participantes cientes da dinâmica de trabalho, além de estabelecer um tom ameno para o debate das questões. É o momento de fazer com que o conciliador obtenha de maneira não forçosa a confiança das pessoas, explicitando as expectativas quanto ao resultado do processo que se está a iniciar.

Ilustração que pode servir de exemplo de abertura:

Demonstra-se a seguir o exemplo de uma forma de abertura do procedimento que certamente cria um ambiente muito menos hostil e propício à continuação dos trabalhos.

Bom dia/Boa tarde! Meu nome é... Os senhores poderiam me confirmar por gentileza que os seus nomes são...... e...... Bem-vindos à audiência/sessão de conciliação.

Os senhores me permitem chamá-los de "vocês"?

Vocês já participaram de uma audiência/sessão de conciliação antes?

É bastante importante que tenham em mente que a conciliação é uma prática a partir da qual as pessoas podem elas mesmas dirimir ou mesmo resolver os seus conflitos por meio do diálogo – um diálogo mais calmo e coordenado.

Sou um conciliador e a minha tarefa é a de facilitar o diálogo entre vocês e auxiliá-los a achar uma resposta para o problema que possuem, e que atenda satisfatoriamente a ambos. Eu enfatizo esse ponto porque eu não sou um juiz e não tenho aqui qualquer preferência por algum de vocês. O meu papel é o de procurar ajudar para que ambos se sintam muito melhores do que quando entraram aqui, hoje.

É certo que o acordo é uma melhor opção, não só porque resulta em uma solução mais rápida do problema, mas, principalmente, porque os senhores podem encontrar uma resposta que satisfaça a ambos, já vez que conhecem melhor a questão do que qualquer outra pessoa possa vir a conhecer.

Eu ainda gostaria de acrescentar que aqui não é lugar para se discutir quem está certo ou quem está errado, mas sim para estudar propostas e escolher a que for melhor para vocês.

E para que cheguem a um acordo é preciso conversarmos sobre o quê os trouxe até aqui. Agora, para que esse diálogo para ser positivo a ambos é muito importante que algumas regras básicas sejam seguidas. Ou seja, cada um – reforço –: cada um dos senhores de vocês falará individualmente e o outro o ouvirá sem interromper. Eu asseguro a vocês que todos terão a mesma chance para falar e o que for falado aqui será mantido em sigilo.

Bom, agora creio que seja a hora de conversarmos sobre justamente o que os trouxe aqui nessa data de hoje.

Este tipo de trabalho deve ser realizado entre os operadores do direito antes e durante o estudo de casos para melhor desempenho na resolução do conflito.

4.5.2.1 Esclarecimento ou investigação das propostas das partes

Um elemento substancial a respeito do procedimento é o de se procurar conhecer o que realmente abastece a crise e o aspecto beligerante entre as partes. E aí a escuta atenciosa das partes é condição das mais relevantes para ter ciência do real motivo do conflito e um início de caminho a se percorrer para se alcançar a melhor resposta.

É de suma importância que o conciliador esteja disponível para ouvir as pessoas com toda a sua atenção, sempre realizando um exercício interno para que ele não faça julgamentos enquanto a parte fala.

Por óbvio, após todos os cuidados relatados, deve se conter e evitar uma postura que interrompa a fala da parte, não se precipitando para concluir ou direcionar a discussão.

4.6 A negociação perante a conciliação

A negociação oferta um procedimento de comunicação que tem o fito de construir soluções para um conflito. O conciliador participa dessa interface e o seu papel primário é o de facilitar o diálogo, coordenar a discussão, organizar as propostas apresentadas e elaborar a síntese das propostas apresentadas.

O conciliador sempre procura estimular as partes a conversarem de forma objetiva sobre as alternativas para a redução dos seus conflitos. Isto é, as partes já estão absolutamente cientes das razões para o conflito, de modo que não é de bom-tom o conciliador continuar "batendo nessa tecla".

Pelo contrário. Nesse momento da negociação o conciliador deve ao máximo ser objetivo em relação à resolução do problema, fazendo com que os envolvidos se comprometam com a resolução de suas questões.

A negociação lança mão de técnicas próprias e específicas que ajudam a criar um clima de acordo em que a ética e o respeito mútuos sejam a tônica. O fundamental é que os interesses das partes possam ser abrigados e amparados sem prejuízo de nenhuma delas.

4.7 Técnicas

- **Identificação do problema**

Pode parecer óbvio, mas não o é. Um aspecto dos mais relevantes e que por vezes coloca o conciliador em uma posição complexa se dá quando ele não identifica com clareza o que se pretende resolver. Por essa razão é essencial que o conciliador desde logo se valha das informações que as partes ofertam sobre o problema e o ponto sepulcral de discussão.

Uma vez identificado o cerne da discussão é possível descrever a situação, destacando os dados mais importantes dos irrelevantes, separando os fatos verdadeiros das suposições e interpretações não comprovadas.

- **Reformulação**

Dar uma nova formulação ao problema, mudando a perspectiva conceitual ou emocional em relação à forma como é vivenciado pelas partes. Muda-se o significado atribuído à situação e não aos fatos ocorridos.

- **Conotação positiva do conflito**

Transformar fatos acusatórios em temas positivos e de interesse comum, ressaltando especialmente as características e qualidades positivas das pessoas.

- **Foco nos conflitos e não nas pessoas**

Não é preciso divagar muito a respeito, porque o mais corriqueiro é que as partes, em um conflito, sintam-se adversárias umas das outras, envolvendo-se em questões pessoais que não devem ser objeto da negociação naquele momento. Sob esse cenário as emoções se sobrepõem, aumentando as dificuldades para solucionar o problema.

- **Concentração nos interesses**

Os interesses são as preocupações e os anseios das partes. Na maioria das vezes, em uma negociação, ficam acobertados por posições iniciais rígidas. Naturalmente esse cenário senão inviabiliza dificulta bastante uma negociação na medida em que não proporciona a flexibilidade aos negociadores e a todo o processo da conciliação. Não obstante, em muitas situações pode inclusive encobrir efetivamente o que se pretende atingir.

E aí, como é de se esperar, as posições são sempre muito claras de lado a lado. O que, por outro lado, muitas vezes não é tão claro assim são os interesses, nem sempre expressados ou mesmo coerentes. Logo, uma boa forma de descobri-los e de entendê-los é indagando as partes a respeito o que de fato pretendem e o que realmente almejam.

- **O encontro de critérios objetivos**

A tentativa de se alcançar o melhor acordo possível deve passar pela mais vasta gama de resoluções e de soluções, sempre com a preocupação de procurar interesses comuns que conciliem, de maneira criativa, os interesses divergentes das partes. Contudo, por vezes é difícil de escolher a melhor opção dentro do amplo leque que frequentemente se consegue montar. Nesse sentido, é importante que o acordo reflita algum padrão justo, razoável e que seja consenso entre as partes envolvidas. Por exemplo, pode-se tomar como referência o valor de mercado, uma opinião especializada ou uma lei.

Assim, ao discutir as soluções, nenhum dos lados precisa ceder ao outro. Ambos devem, isto sim, acatar uma solução justa, baseada em critérios previamente discutidos e aceitos.

Para resolver interesses conflitantes, as partes devem acordar buscando sempre aquilo que é tido como justo para ambos os lados.

- **Busca de opções de ganhos mútuos**

É muito comum que as partes envolvidas em uma negociação acreditem que exista haja uma única alternativa para a resolução do entrave e trafegam somente nessa direção ou, no mínimo, com isso como pano de fundo. Isso se deve a alguns fatores como a acomodação; a ausência de criatividade para buscar outras opções e a falta do hábito de buscar soluções distintas. Logo, quanto mais forem estimuladas a criarem alternativas de ganhos mútuos, mais facilmente chegarão a um acordo.

O conciliador deve estar sempre atento à maneira de comunicação criada entre as partes, porque essa pode favorecer ou dificultar o desenvolvimento de uma negociação satisfatória. Posturas como uma espécie de julgamento prematuro; a busca de uma resposta única; a preocupação exclusiva com os próprios interesses podem inibir a criação de opções alternativas para a solução do conflito.

4.8 Lavratura de acordo

Uma vez transposta a composição do acordo, o conciliador deverá fazer o seu registro em um formulário específico (ata/termo de acordo), sempre com uma linguagem clara, contendo as condições e as especificações tal como foram acordadas. É salutar realizar a leitura para todos os envolvidos na conciliação acerca daquilo que está sendo registrado, visando pleno conhecimento e dirimindo dúvidas com relação à sua composição final.

Esse momento também é bastante apropriado para realizar orientações sobre outras questões (quando for o caso: conta bancária, mandado de averbação, encaminhamentos etc.) para que finalizem os trabalhos de conciliação esclarecidos e acolhidos em suas necessidades.

4.9 O uso da mediação e da conciliação como solução para os conflitos entre consumidores oriundos do superendividamento

Em julho de 2021 entrou em vigor no Brasil a Lei Federal n. 14.181. A norma, também conhecida como Lei do Superendividamento, tem alcance para tratar das relações consumeristas, alterando o Código de Defesa do Consumidor e, ainda, o Estatuto do Idoso.

Com efeito, a Lei procura oferecer solução para consumidores que não conseguem adimplir as parcelas dos seus empréstimos e crediários em geral. Assim, a Lei n. 8.078/90 (Código de Defesa do Consumidor – CDC) ganha um capítulo especial intitulado "Da concilialiação no superendividamento", trazendo, a partir do art. 104-A, novos parâmetros dos mais relevantes para o consumidor endividado.

Isso quer dizer que a pessoa superendividada pode requerer a renegociação em bloco de seus débitos junto ao Poder Judiciário, sendo realizada em seguida uma conciliação com os credores para a elaboração de um plano de pagamentos que caiba em seu orçamento, com o pagamento no prazo máximo de cinco anos. A conciliação pode, inclusive, ser feita nos órgãos do Sistema Nacional de Defesa do Consumidor, como o Procon, a Defensoria Pública e o Ministério Público.

Procurando fortalecer a figura do consumidor e o próprio procedimento de conciliação para o caso, o § 2º do mesmo art. 104-A ainda determina que "o não comparecimento injustificado de qualquer credor, ou de seu procurador com poderes especiais e plenos para transigir, à audiência de conciliação de que trata o *caput* deste artigo acarretará a suspensão da exigibilidade do débito e a interrupção dos encargos da mora, bem como a sujeição compulsória ao plano de pagamento da dívida se o montante devido ao credor ausente for certo e conhecido pelo consumidor, devendo o pagamento a esse credor ser estipulado para ocorrer apenas após o pagamento aos credores presentes à audiência conciliatória".

Mais adiante, novamente respaldando o fortalecimento da conciliação nas suas mais variadas vertentes, o § 3º do disposto determina que, havendo a conciliação, com qualquer credor, a sentença que homologar o acordo deverá detalhar o plano de pagamento da dívida, sendo que tal acordo terá eficácia de título executivo e força de coisa julgada.

Vale dizer que a pessoa superendividada consiste naquela que está em situação em que, de boa-fé, não consegue mais garantir o pagamento de suas dívidas, incluindo as vincendas, sem comprometer seu mínimo existencial.

É de se aplaudir o legislador por oferecer resposta à demanda do endividamento, assunto na ordem do dia do brasileiro, que tem parte das mais consideráveis de suas relações jurídicas justamente na condição de consumidor e que, por isso, essencialmente já se vê na posição de vulnerabilidade perante o fornecedor e que, agora, tem um meio relevante de procurar saldar os seus débitos.

Dito isso, além de propiciar caminhos menos penosos e mais alentadores ao consumidor, o legislador se mostrou no mesmo compasso da evolução da solução de conflitos vislumbrada em tantos outros terrenos ao abraçar a ideia de oferecer a conciliação como caminho a ser trilhado.

4.10 A alteração na Lei de Recuperações e Falências que incluiu a conciliação e a mediação no âmbito das recuperações judiciais de empresas

Já de muito se esperava que o ordenamento jurídico pátrio se moldasse à evolução legislativa presente em outras localidades do globo que há alguns anos já promoveu o uso da conciliação e da mediação como medidas a serem adotadas nos procedimentos de recuperação e falência das empresas. De fato, demorou, mas a Lei n. 14.112/2020 foi publicada para efetivamente alterar a norma específica que trata dos processos de recuperação e falência no Brasil (Lei n. 11.101/2005).

Com efeito, a Lei alteradora trouxe uma nova seção, intitulada "Das conciliações e das mediações antecedentes ou incidentais aos processos de recuperação judicial", inclusive também colocando o universo da recuperação de empresas em profunda dificuldade econômica no mesmo compasso evolutivo legislativo nacional que já há alguns anos se viu incluindo a conciliação e a mediação no ambiente das soluções de conflitos de qualquer natureza.

O fato é que nos Estados Unidos, no ano de 2015, a mediação passou a ser usada no caso da falência do Lehman Brothers e, a partir de então, o instituto passou a ser mais utilizado, sobretudo em demandas multiparte, para a reestrututação de dívida e a reorganização empresarial.

Na União Europeia, em 2019, produziu-se diretiva dedicada a outro meio consensual de resolução de conflitos, a negociação. Com isso, ainda que o documento não dispusesse especificamente sobre a conciliação e a mediação, já se viu o cuidado do legislador para incutir naquele espaço mais uma forma de solução de litígios distante do Poder Judiciário nas situações envolvendo a recuperação de empresas em dificuldade financeira.

Contudo, melhores exemplos foram dados pela Espanha e por Portugal, países que já possuem, de fato, legislação específica para o tema, sendo que Portugal editou a Lei n. 6/2018, que instituiu o Estatuto do Mediador de Recuperação de Empresas.

Desta feita, como dito, o Brasil realmente não poderia ficar alheio ao desenvolvimento legislativo e a Lei n. 14.112/2020 ganhou vida para alterar a norma regulamentadora da Lei de Falências no Brasil. A nova seção trouxe quatro novos artigos. O disposto inaugural (art. 20-A) é aquele que "faz o dever de casa" e que incentiva o uso da conciliação e da mediação, em qualquer grau de jurisdição, no procedimento judicial de recuperação e de falência. A Lei ainda toma o cuidado de destacar que o uso pode se dar, inclusive, no âmbito de recursos em segundo grau de jurisdição e nos Tribunais Superiores, não implicando a suspensão dos prazos, salvo se houver consenso entre as partes em sentido contrário ou determinação judicial.

Mais adiante, o art. 20-B determina que são admitidas conciliações e mediações antecedentes ou incidentais aos processos de recuperação judicial, o que se revela medida a ser criticada, uma vez que a possibilidade de uso de tutela antecedente poderá continuar afogando o Judiciário e, como conclusão, igualmente poderá macular a essência dos institutos da mediação e da conciliação, que é de não apenas desobstruir o Judiciário como também deflagrar a própria autonomia dos mecanismos na solução de conflitos e a desnecessidade de se recorrer ao Judiciário para tanto.

Dando continuidade, o art. 20-C determina que, caso haja sucesso no procedimento de conciliação ou de mediação, com a composição sendo alcançada, o acordo produzido deverá ser levado a juízo para sua homologação.

E, para concluir, o art. 20-D se mostra atento ao desenvolvimento digital e autoriza sessões de conciliação e de mediação em meio virtual.

Como se vê, o legislador pátrio se mostrou atento ao amadurecimento dos meios consensuais de resolução de conflitos e adicionou a conciliação e a mediação no âmbito dos processos de recuperação e de falência de empresas em território nacional, certamente trazendo muito mais celeridade aos debates entre credores, devedores e terceiros, mostrando um importante avanço para a segurança jurídica.

5.

MEDIAÇÃO

5.1 Definição e alcance do instituto

A mediação[1], em que pese o fato de ter uma participação de seu personagem principal – o mediador –, menos altiva do que o conciliador, merece espaço extremamente destacado. A mediação alçou patamares mais elevados e atingiu um posto de maturidade e assertividade, na medida em que, inclusive, ganhou legislação própria para os seus atos e função.

Para começar a apresentar a matéria, importa colocar algumas definições ou mesmo exemplos de uso dos mais distantes até os dias atuais.

> *Quando ocorrer disputas as pessoas recorrem a um juiz, e ir ao juiz é ir à justiça, porque se quer que o juiz seja como se fosse a justiça viva; e elas procuram o juiz no pressuposto de que ele é uma pessoa "equidistante", e em algumas cidades juízes são chamados de mediadores, no pressuposto de que, se as pessoas obtêm o meio-termo, elas obtêm o que é justo. O justo, portanto, é equidistante, já que o juiz o é.*
> (Aristóteles – *Ética a Nicômaco*).

Juan Carlos Vezzulla, em *Teoria e prática da mediação*, conceitua o instituto como

> (...) a técnica privada de solução de conflitos que vem demonstrando, no mundo, sua grande eficiência nos conflitos interpessoais, pois com ela, são as próprias partes que acham as soluções. O mediador somente as ajuda a procurá-las, introduzindo, com suas técnicas, os critérios e os raciocínios que lhes permitirão um entendimento melhor[2].

---

[1] Para ter em mãos casos práticos de mediação, ver *Mediação de conflitos na prática* – estudo de casos concretos, organizado por Celeida Maria Celentano Laporta e Sabrina Nagib de Sales Borges. Rio de Janeiro: Lumen Juris, 2019.

[2] VEZZULLA, Juan Carlos. *Teoria e prática da mediação*. Paraná: Instituto de Mediação e Arbitragem do Brasil, 1998, p. 15-16.

Já o autor Augusto Cesar Ramos destaca os seguintes pontos marcantes da mediação:

(...) rapidez e eficácia de resultados; a redução do desgaste emocional e do custo financeiro; garantia de privacidade e sigilo; redução da duração e reincidência de litígios; facilitação da comunicação etc.[3].

Bem, após essas considerações iniciais, convém afirmar que a terminologia mediação alcança as realidades sociais e econômicas mais díspares. Trata-se de um sistema confidencial e voluntário de gestão de litígio a partir do qual os litigantes se socorrem de um terceiro que deve atuar de maneira imparcial e independente com o propósito de dirimir o conflito.

Está calcada na efetivação da arte da linguagem para fazer ganhar vida ou recriar o elo entre pessoas. Consiste na intervenção de um terceiro neutro, buscando a intermediação da relação conflituosa. Assim, o mediador operacionaliza a comunicação. Antes de mais nada, ajuda no resgate do diálogo até uma solução. Ao fim e ao cabo, o mediador atua como um facilitador e trabalha a comunicação e a relação dos litigantes.

Pressupõe a mediação um conjunto de técnicas e de habilidades que devem ser desenvolvidas em cursos especializados de capacitação, com práticas supervisionadas que englobam abordagens, modelos ou escolas de mediação.

É um meio em que os envolvidos escolhem um terceiro para atuar como mediador, sendo certo que este último deverá apresentar aptidões que facilitem o diálogo ao longo do procedimento, a começar por melhor denotar as explicações e os compromissos iniciais, sequenciando com narrativas e escutas alternadas, por exemplo. A seguir, podem ser elaboradas recontextualizações e resumos com o objetivo de construir a compreensão e migrar das posições antagônicas para aquelas mais harmoniosas.

Do mesmo modo que se observa na conciliação e nos demais institutos, na mediação o mediador atua em plano de igualdade para que os mediandos pratiquem uma comunicação construtiva e identifiquem seus interesses e necessidades. É uma sistemática norteada por procedimentos calcados

---

3 RAMOS, Augusto Cesar. Mediação e arbitragem na Justiça do Trabalho. *Jus Navigandi*, Teresina, ano 6, n. 54, fev. 2002. Disponível em: <http://jus2.uol.com.br/doutrina/texto.asp?id=2620>. Acesso em: 18 out. 2010.

na psicologia, no direito, na sociologia, na filosofia da linguagem e na teoria dos sistemas.

Já no âmbito judicial, a partir da Resolução n. 125 do Conselho Nacional de Justiça[4], em linhas gerais, a mediação é tida como instrumento efetivo de pacificação social, solução e prevenção de litígios, que tem como finalidade reduzir a judicialização dos conflitos de interesses e, por consequência, o número de recursos e execuções de sentenças.

Inclusive, conforme vislumbrado na Primeira Jornada de Prevenção e Solução Extrajudicial de Litígios, em seu Décimo Quinto Enunciado, "recomenda-se aos órgãos do sistema de Justiça firmar acordos de cooperação técnica entre si e com Universidades, para incentivo às práticas dos métodos consensuais de solução de conflitos, bem assim com empresas geradoras de grande volume de demandas, para incentivo à prevenção e à solução extrajudicial de litígios". E a Primeira Jornada, em seu Vigésimo Terceiro Enunciado, também afirmou que "recomenda-se que as faculdades de direito mantenham estágios supervisionados nos escritórios de prática jurídica para formação em mediação e conciliação e promovam parcerias com entidades formadoras de conciliadores e mediadores, inclusive tribunais, Ministério Público, OAB, defensoria e advocacia pública" Ainda "sugere-se que as faculdades de direito instituam disciplinas autônomas e obrigatórias e projetos de extensão destinados à mediação, à conciliação e à arbitragem, nos termos dos arts. 2º, § 1º, VIII, e 8º, ambos da Resolução CNE/CES n. 9, de 29 de setembro de 2004"[5-6].

Também se faz "recomendável a criação de câmara de mediação a fim de possibilitar a abertura do diálogo, incentivando e promovendo, nos termos da lei, a regularização das atividades sujeitas ao licenciamento ambiental

---

4 Entende-se que a Resolução n. 125 deve ser lida como um estímulo a todos os meios extrajudiciais de solução de conflitos e não só a conciliação e mediação, objeto das disposições da mesma. No tópico 5.13.1 este *Manual* se dedica a tratar especificamente da Resolução n. 125 do Conselho Nacional de Justiça.

5 Vigésimo Quarto Enunciado da I Jornada de Prevenção e Solução Extrajudicial.

6 "A União, os Estados, o Distrito Federal e os Municípios têm o dever de criar Câmaras de Prevenção e Resolução Administrativa de Conflitos com atribuição específica para autocomposição do litígio", conforme o Vigésimo Quinto Enunciado da I Jornada de Prevenção e Solução Extrajudicial.

que estão funcionando de forma irregular, ou seja, incentivar e promover o chamado "licenciamento de regularização" ou "licenciamento corretivo"[7].

Por esse motivo, é notável a preocupação do poder público com o regramento da mediação judicial. O CNJ, na mesma Resolução e conforme se verá no tópico 5.13.1, traz diversas diretrizes a serem observadas na mediação judicial, tais como normas que visam o desenvolvimento e a capacitação dos mediadores judiciais; o cadastramento destes e as normas e os princípios que tendam a reger a mediação nos Tribunais, nas Câmaras Privadas de Conciliação e Mediação ou em órgãos semelhantes. Os citados mediandos não devem agir como se fossem oponentes numa batalha, mas sim como corresponsáveis pela solução da disputa, contando sempre com o auxílio do mediador. E é até importante fazer essa ressalva que denota o papel substancial dos litigantes na medida em que, na prática, conforme se verá mais a fundo a seguir, eles, mediandos, é que de fato alcançam ou não a solução da controvérsia por esse método. Isso porque, diferentemente do que ocorre na conciliação, o mediador tem um papel de facilitador da comunicação e de criador de um regime de cooperação e de aproximação, não atuando decisivamente e essencialmente na resolução do entrave, assim como acontece de maneira mais clara na conciliação e mais ainda na arbitragem, já que na última o árbitro efetivamente decide a contenda.

5.2 Modelos de escolas de mediação

Superadas as apresentações iniciais, existem diversas escolas de mediação. Normalmente, são listadas as escolas da mediação facilitativa (também conhecida como linear, tradicional ou de Harvard), a mediação avaliativa, a mediação transformativa e a circular-narrativa.

Pois bem, a escolha da mediação na verdade depende da natureza do conflito, assim como da realidade socioeconômica e cultural dos envolvidos. Assim, fica importante destacar que mesmo um modelo selecionado para se atrelar a uma demanda poderá ser modificado ao longo do procedimento se ficar constatado ser o mais adequado para o caso, a julgar sobretudo a sua natureza e o seu desenlace.

---

[7] Trigésimo Terceiro Enunciado da I Jornada de Prevenção e Solução Extrajudicial.

A mediação facilitativa e a mediação avaliativa são presenciadas de forma mais corriqueira nas questões de âmbito judicial. Entretanto, mesmo nos conflitos extrajudiciais são observadas as suas presenças principalmente quando as questões versam sobre patrimônio, questões pontuais ou entre protagonistas que não mantêm relação continuada. A rigor, toda forma de mediação tem como finalidade dinamizar o diálogo, mas os modelos destacados são os mais adequados quando os pontos que envolvem sentimentos não são os mais fundamentais. Na mediação avaliativa o mediador tem papel mais incisivo, podendo fazer mais sugestões. Nesse sentido, quando a discussão trata do aspecto negocial e empresarial, por vezes os mediandos optam mais pela mediação, pois que já buscam análises de peritos e observações mais técnicas; daí as sugestões do conciliador serem mais bem aceitas e aguardadas.

Assim, após se deparar com as apreciações citadas, a pessoa mais atenta poderia afirmar não entender o conceito da mediação avaliativa, na medida em que foi demasiadamente exposto que a principal diferença da mediação em relação à conciliação era justamente o fato de que na mediação o mediador atua mais como um facilitar, um catalisador, mas sem intervir de modo emblemático no conflito, ao passo que na conciliação o que se presencia é exatamente um papel mais ativo do conciliador. Ocorre, porém, que a mediação avaliativa seria justamente apenas uma outra nomenclatura, mas com mesma roupagem daquelas observadas na conciliação. Isto é, a mediação avaliativa seria exatamente a conciliação.

Existem também modelos de mediação como a transformativa e a circular-narrativa, que são as mais adequadas para litígios em que os agentes mantêm ou já tiveram relações continuadas, envolvendo, por exemplo, o aspecto sentimental e interesses familiares ou mesmo entre vizinhos, sócios e colegas e trabalho.

Dando continuidade e pontuando mais a fundo, a mediação transformativa não impõe regras prévias e apresenta a plena liberdade das partes na construção do procedimento passo a passo, ensejando o fortalecimento dos protagonistas. O mediador utiliza resumos e espelhamentos que estimulam a compreensão do contexto.

A mediação circular-narrativa busca desconstruir a relação das partes para em seguida construí-la novamente. O objetivo é o de desfazer a narrativa inaugural para se construir em seguida uma nova linguagem e uma nova história sem o litígio naturalmente presente. O mediador passa a trabalhar com apresentações alternativas para as partes, ressaltando o problema existente e que deve ser combatido, mas sem dar mais passo do que o necessário ao próprio conflito. A proposta é de ataque conjunto e combinado ao problema, afastando aos poucos os ataques pessoais.

Esse modelo pode ser sensivelmente mais custoso financeiramente para as partes se houver uma equipe de mediadores que observam o procedimento em uma espécie de câmara ou na própria sala de mediação.

Quadro comparativo das escolas da mediação

	Circular Narrativa	Transformativa	Tradicional-linear/ Escola de Harvard Facilitativa / Avaliativa
Autores Referencias	Sara Cobb	Robert A. Baruch Bush Joseph Folger	William Ury Bruce Patton Roger Fisher
Objetivo	Tem como foco a exteriorização das emoções dos mediados. Espírito negociador das partes.	Mantém um foco dual ao longo do processo de mediação: empoderamento e reconhecimento	Tem como foco a separação das pessoas dos conflitos. Negociação por interesse e não ou posição. Comunicação, no sentido linear.
Atuação do Mediador	O mediador objetiva **causar desorganização** no sistema capaz de provocar uma nova organização não circular.	**Apoia** a possibilidade de mudança do relacionamento entre as partes.	O mediador é um terceiro imparcial e neutro que **auxilia/ propõe** os envolvidos a encontrarem a melhor solução ao conflito. Mediador: **facilita** o diálogo. Conciliador: opina, sugere, emite parecer e valora.
Outras Identificações	Mediação Circular Narrativa	Mediação Transformativa	Mediação Facilitativa/ Conciliação

Fonte: quadro desenvolvido e adaptado, de autoria da mestranda Fernanda Alves Curbage, em sua tese de mestrado *Mediação: solução judicial e extrajudicial na governança corporativa da sociedade familiar* junto à instituição Escola Paulista de Direito – EPD.

5.3 Ambientes

Quando lida com questões de família, a mediação também poderá ser familiar. Poderá ser comunitária quando pertinente a conflitos que tratem de disputas de vizinhança, por exemplo. Também pode transitar pelo ambiente empresarial ao tratar de litígios em empresas, seja entre seus sócios seja entre organizações distintas.

5.4 Cláusulas que instrumentalizam a mediação

Assim como são formalizados os regramentos entre as partes que compõem um contrato, também pode haver formatações específicas que formalizam a instituição da mediação. Sendo assim, seguem alguns modelos dessa natureza.

5.4.1 Cláusula padrão

Qualquer entrave ou litígio proveniente do presente instrumento, inclusive no que se refere à sua interpretação ou, também, à sua execução, será submetido à mediação, sendo essa administrada pela (Instituição), estando em conformidade com o seu regramento, devendo ser coordenada por mediadores pertencentes da respectiva lista de mediadores.

5.4.2 Cláusula padrão escalonada mediação-arbitragem

Qualquer entrave ou litígio proveniente do presente instrumento, inclusive no que se refere à sua interpretação ou, também, à sua execução, será submetido à mediação, sendo essa administrada pela (Instituição), estando em conformidade com o seu regramento, devendo ser coordenada por mediadores pertencentes da respectiva lista de mediadores.

O entrave ou litígio que não for resolvido de forma consensual no prazo de (citar o número de dias), prorrogável por mais (número de dias, a depender da vontade dos envolvidos), será definitivamente dirimido por intermédio de arbitragem, sendo esta administrada pela (Instituição), de acordo com o seu regramento, sendo então conduzida por tribunal arbitral com (número de árbitros) ou árbitro único, indicado(s) na forma do referido regimento.

5.4.3 Cláusula padrão escalonada mediação-Judiciário

Qualquer entrave ou litígio proveniente do presente instrumento, inclusive no que se refere à sua interpretação ou, também, à sua execução, será submetido à mediação, sendo essa administrada pela (Instituição), estando em conformidade com o seu regramento, devendo ser coordenada por mediadores pertencentes da respectiva lista de mediadores.

O entrave ou litígio que não for resolvido de forma consensual no prazo de (citar o número de dias), prorrogável por mais (número de dias, a depender da vontade dos envolvidos), será definitivamente submetido ao Poder Judiciário a fim de alcançar solução definitiva.

Desde logo fica eleito o Foro da Comarca de (indicar) como aquele competente para definir eventuais questões, dúvidas ou demandas decorrentes do presente contrato, respeitada a cláusula de mediação, com a exclusão de qualquer outro.

5.5 Tipos de mediação

A seguir, ficam explicitadas, de forma mais minuciosa, as várias espécies de mediação.

5.5.1 Mediação judicial

Na mediação judicial se presencia a participação do instituto justamente no curso de uma ação judicial, seja essa de natureza civil ou penal. Enxerga-se a coordenação de um mediador judicial, sujeito a compromisso, que autoriza aquele a ser recusado por qualquer das partes no prazo de cinco dias a partir de sua nomeação.

5.5.2 Mediação extrajudicial

A mediação extrajudicial é o instituto que este *Manual* tem buscado relatar de forma reiterada no presente capítulo. É o instituto pelo qual as partes conflitantes elegem um terceiro, imparcial ao litígio, para contribuir com o melhor para o mesmo. Sobre o tema, "o magistrado pode, a qualquer momento do processo judicial, convidar as partes para tentativa de composição da lide pela mediação extrajudicial, quando entender que o conflito será adequadamente solucionado por essa forma"[8]. E, ainda: "nos processos administrativo e judicial, é dever do Estado e dos operadores do direito propagar e estimular a mediação como solução pacífica dos conflitos"[9-10].

5.5.2.1 Mediação prévia

A mediação prévia pode ser vista tanto em um processo judicial quanto no procedimento extrajudicial e depende, acima de tudo, da capacidade do mediador.

Será judicial quando o representante legal do interessado apresentar o seu pedido em um formulário junto ao Judiciário, fazendo constar a solicitação para a realização da mediação nesses moldes. Assim, interrompe-se a prescrição e ela deve ser realizada em no máximo 90 dias a contar do recebimento do pedido. Mais adiante, o requerimento do pedido é distribuído ao mediador judicial que determina local, data, bem como a hora em que ocorre a reunião de mediação, já convocando os litigantes por qualquer forma idônea.

Na hipótese de a parte ser convocada e não conseguir ser localizada, o procedimento como um todo se tornará frustrado. E uma vez não alcançado o acordo – não apenas em virtude da situação descrita –, mas também na hipótese de as partes comparecerem e não chegarem a um denominador comum, o mediador devolverá a petição inicial e lavrará o termo com a descrição da impossibilidade da composição para dar prosseguimento ao feito.

---

8 Décimo Sexto Enunciado da I Jornada de Prevenção e Solução Extrajudicial de Litígios.
9 Décimo Sétimo Enunciado da I Jornada de Prevenção e Solução Extrajudicial de Litígios.
10 Vigésimo Nono Enunciado da I Jornada de Prevenção e Solução Extrajudicial de Litígios: "Caso qualquer das partes comprove a realização de mediação ou conciliação antecedente à propositura da demanda, o magistrado poderá dispensar a audiência inicial de mediação ou conciliação, desde que tenha tratado da questão objeto da ação e tenha sido conduzida por mediador ou conciliador capacitado".

Por último, se as partes comparecerem e chegarem a um acordo, o mediador devolverá ao distribuidor o pedido acompanhado do termo da mediação para as devidas anotações, podendo ser homologado a pedido das partes, transformando-se assim em título executivo judicial. Caso o acordo seja em grau de recurso, sua homologação será realizada pelo relator.

Insta destacar que esse formato de mediação oferece aos envolvidos a escolha do mediador, podendo, inclusive, ser escolhido um novo mediador judicial se houver comum acordo entre as partes.

Ademais, conforme se verá em momento oportuno, podem os envolvidos se valer de comediadores para auxiliar o deslinde do conflito.

5.5.2.2 Mediação incidental

A mediação incidental é considerada obrigatória na hipótese de existência de processo judicial de conhecimento. As exceções são para os casos de ações de interdição, falências, recuperação judicial, insolvência civil, inventário, arrolamento, imissão de posse, reivindicatória, usucapião de bem imóvel, retificação de registro público, cautelares, ou, ainda, quando a mediação prévia tiver sido realizada nos 180 dias anteriores ao ajuizamento da ação.

É uma modalidade que se dá obrigatoriamente após o protocolo de petição inicial. A requisição alcança o mediador antes mesmo de chegar ao juiz da causa. Ela interrompe a prescrição e ainda induz à litispendência, produzindo os mesmos efeitos do art. 87 do CPC/2015[11], que considera como proposta a ação, mas não produz efeito para o réu enquanto este não for citado, como previsto nos arts. 240, §§ 1º e 2º, e 332 do CPC/2015[12].

---

11 "Art. 87. Concorrendo diversos autores ou diversos réus, os vencidos respondem proporcionalmente pelas despesas e pelos honorários.

§ 1º A sentença deverá distribuir entre os litisconsortes, de forma expressa, a responsabilidade proporcional pelo pagamento das verbas previstas no *caput*.

§ 2º Se a distribuição de que trata o § 1º não for feita, os vencidos responderão solidariamente pelas despesas e pelos honorários."

12 "Art. 240. A citação válida, ainda quando ordenada por juízo incompetente, induz litispendência, torna litigiosa a coisa e constitui em mora o devedor, ressalvado o disposto nos arts. 397 e 398 da Lei n. 10.406, de 10 de janeiro de 2002 (Código Civil).

Ainda, é dever do mediador chamar os litigantes por qualquer meio com a designação do dia e do horário para o início das tratativas, sendo recomendável que as partes compareçam com advogados. Se o requerido não houver sido citado na demanda judicial, a intimação para a reunião da mediação considerará o requerido em mora, tornando prevento o juízo, induzindo a litispendência, fazendo litigiosa a coisa e interrompendo a prescrição.

Posteriormente, se os litigantes alcançam o acordo, o mediador lavra o termo de mediação com a descrição detalhada de todas as suas cláusulas, para depois remetê-lo ao juiz da causa que, por sua vez, examina o preenchimento das formalidades legais para tornar o acordo em título executivo judicial.

5.6 Etapas da mediação

Pré-mediação:

Na fase da pré-mediação ficam determinadas as regras, as quantias, os valores, bem como o número de sessões e o tempo de duração de cada uma delas.

Também é feita a análise para se determinar se a mediação é recomendada. Se assim for considerado, é assinado o termo de compromisso de mediação.

Início da sessão de mediação:

O mediador deve:

- iniciar as tratativas entre os litigantes;
- procurar fazer uso de um tom positivo;
- auxiliar os indivíduos a expressar os seus sentimentos e interesses;

---

§ 1º A interrupção da prescrição, operada pelo despacho que ordena a citação, ainda que proferido por juízo incompetente, retroagirá à data de propositura da ação.

§ 2º Incumbe ao autor adotar, no prazo de 10 (dez) dias, as providências necessárias para viabilizar a citação, sob pena de não se aplicar o disposto no § 1º.

§ 3º A parte não será prejudicada pela demora imputável exclusivamente ao serviço judiciário.

Art. 332. (...)

§ 1º O juiz também poderá julgar liminarmente improcedente o pedido se verificar, desde logo, a ocorrência de decadência ou de prescrição.

§ 2º Não interposta a apelação, o réu será intimado do trânsito em julgado da sentença, nos termos do art. 241."

- selecionar as áreas e as questões que a seguir serão alvo de discussão; e
- ajudar os litigantes na exploração de compromissos, de pontos que são relevantes e de influências.

Definição de uma agenda:
O mediador deverá:

- identificar as áreas de interesses para os litigantes;
- definir o que de fato será discutido;
- determinar o encaminhamento lógico das questões que serão conduzidas;
- estimular a melhor a comunicação dos litigantes; e
- efetuar uma agenda de negociação.

Interesses ocultos das partes:

Realizados os expedientes relatados, o mediador deve encontrar os interesses essenciais das partes para em seguida dar continuidade aos trabalhos.

A identificação dos interesses ocultos é tarefa tormentosa para o mediador e ocorre quando este passa confiança às partes sobre o processo. O "x" da questão em relação aos interesses ocultos é que por vezes os próprios envolvidos não têm conhecimento a respeito de sua existência.

E isso por si só não resolve a questão porque também é deveras comum as partes esconderem esses anseios por imaginarem ser mais conveniente o outro interessado não ter acesso a eles.

Com tudo isso em mente, o mediador poderá o mediador poderá formular perguntas para explorar os novos focos de discussão.

Ainda, o mediador pode se reunir com cada parte, de modo separado, para procurar angariar informações que se mantiveram ocultas na sessão de mediação.

Gerando opções de acordo:

- o mediador precisa informar os litigantes sobre a possibilidade e também a necessidade de gerar opções de acordo;
- deve naturalmente reduzir os compromissos que contemplem alternativas isoladas; e

- por último, deve gerar escolhas, fazendo uso da negociação com base nos interesses das partes.

Avaliação das opções para o acordo:

Ainda no que se refere à possibilidade de acordo, cabe ao mediador sempre ter em mente os interesses das partes para então:

- analisar quais opções disponíveis atenderão aos seus interesses;
- avaliar as possibilidades do referido acordo tendo como base os critérios previamente estabelecidos; e
- medir os gastos e os benefícios das opções antes de as partes escolhê-las.

Desfecho satisfatório:

Trata-se do momento mais sublime para o instituto, em que as partes conseguem alcançar o denominador comum e chegam a um acordo[13]. É o resultado de um trabalho repleto de tarefas e de responsabilidades por parte do mediador.

E também de muito esforço por partes dos litigantes. Isso porque, vale lembrar, por vezes as partes apresentam razões fortes para sustentar seus lados e elas também precisam se inclinar de modo a ser possível um acordo. É um exercício que gera a satisfação dos envolvidos e que representa o bom serviço realizado.

5.7 Das técnicas da mediação

A mediação apresenta variada gama de técnicas que podem ser orquestradas a fim de elevar as chances de obtenção de sucesso com a sua utilização.

---

13 Segundo o Trigésimo Quarto Enunciado da I Jornada de Prevenção e Solução Extrajudicial de Litígios, "Se constatar a configuração de uma notória situação de desequilíbrio entre as partes, o mediador deve alertar sobre a importância de que ambas obtenham, organizem e analisem dados, estimulando-as a planejarem uma eficiente atuação na negociação".

5.7.1 Comediação[14]

Conforme adiantado, a comediação é um instrumento aconselhável em virtude da complexidade ou da natureza do conflito. É realizada por profissionais que são especialistas na área de conhecimento pertinente ao conflito, principalmente dentro do contexto humanístico (*vide* tópico 6.15).

5.7.2 Recontextualização

A recontextualização tem como fundamento prioritário determinar a organização do conflito. Assim, há claro:

1) enfoque nas necessidades;

2) enfoque prospectivo; e

3) sempre baseada em uma linguagem neutra:

- repetir o que a pessoa disse usando outras palavras;
- enfatizar os pontos positivos;
- incluir todas as pessoas; e
- permitir que ouçam suas histórias contadas por terceiro neutro e imparcial.

A rigor, em certa medida parafraseando Steven P. Cohen, a principal vantagem de buscar esclarecimentos é que quando o agente ouve as próprias palavras, vindas de outro agente, ele faz o seu discurso para torná-lo mais aceitável.

5.7.3 Identificação das propostas implícitas

A técnica enfoca as propostas para o melhor desfecho. A máxima é a de:

- buscar interpretar nas entrelinhas o que efetivamente o indivíduo almeja;

---

14 Também está prevista a figura da comediação obrigatória nas controvérsias que discutem acerca do *estado da pessoa* e de *direito de família*, casos em que o comediador deverá ser um psicólogo, um psiquiatra, ou um assistente social.

- observar a máxima atenção por que a própria pessoa pode estar propondo soluções, embora sem consciência de que está atuando dessa maneira; e
- procurar tornar explícitas essas propostas.

5.7.4 Escuta ativa

Escutar para ouvir e não para responder.

A frase clama uma reflexão, mas ao mesmo tempo leva ao entendimento de que deve haver uma postura favorável à composição e não apenas a tentativa de "ganhar". O mediador deve estimular a escuta ativa, que inclusive não termine na própria escuta em si, mas também alcança aquilo que a rigor não está sendo verbalizado.

5.7.4.1 Técnicas para induzir à escuta ativa

- Valer-se do silêncio;
- Notar as emoções;
- Repetir o que as pessoas estão afirmando; e
- Reconhecer sentimentos (necessidades ou interesses ocultos).

5.7.5 Construção de possibilidades

- O mediador terá de informar os envolvidos acerca da necessidade de gerar várias opções;
- Também deverá reduzir os compromissos com alternativas que sejam isoladas; e, por último, deverá
- Gerar variações fazendo a utilização da negociação, com base nos interesses dos litigantes.

5.7.6 Acondicionamento das questões e interesses das partes

O mediador deverá realizar o máximo possível para que as pessoas:

- alcancem o consenso;

- sublimem os interesses divergentes; e
- atinjam compreensão recíproca.

5.7.7 Teste de realidade ou reflexão

O mediador objetiva alcançar o melhor posicionamento dos envolvidos sobre o problema que os envolve e suas possíveis soluções, sempre por intermédio da reflexão objetiva dos mediandos em relação ao que está sendo colocado ou proposto.

5.8 Vantagens e princípios da mediação

A mediação apresenta porções de vantagens a partir de sua utilização. Por óbvio, também, há princípios norteadores que conduzem o instituto, muitos dos quais a própria legislação competente explicita em sua letra – e que será objeto de análise mais adiante –, e também outros que ficam aqui introduzidos.

5.8.1 Autonomia

Assim como ocorre na arbitragem, por exemplo, na mediação existe a preservação da vontade das pessoas (leia-se liberdade contratual) de a procurarem (na sua modelagem extrajudicial) e, além disso, a preservação de suas vontades de modo que o mediador não poderá forçar um acordo, assim como não poderá tomar decisões pelas partes.

5.8.2 Preservação dos laços entre as partes

A mediação provoca um ambiente mais saudável e de aproximação para as partes. Existe menos desgaste entre aqueles que já têm um conflito iniciado e é bastante comum se presenciar "um querer no sentido de suavizar a disputa".

Isso acaba alterando a tradicional carga beligerante que o processo judicial traz consigo normalmente de forma inerente a ele.

5.8.3 Economicidade

O procedimento de mediação pode conter quantias que em um primeiro momento poderiam afastar de certa forma o interessado. Mas a análise mais acurada claramente mostra que o processo judicial por vezes pode trazer valores ainda mais substanciais.

O processo judicial tem como característica gastos elevados e rotineiros com taxas e custas. Na mediação não ocorre da mesma maneira, pois os atos são mais concentrados e dinâmicos. Isso é um elemento positivo e contrabalança a ideia de que necessariamente os gastos com a mediação e com os demais meios extrajudiciais de solução de conflitos seriam necessariamente maiores que aqueles havidos em sede judicial.

5.8.4 Confidencialidade

Na mediação extrajudicial, assim como nos demais meios extrajudiciais de solução de conflitos, aquilo que é debatido "intra muros" fica nessa seara. Obviamente esse tipo de cenário em muito contribui para o dia a dia dos envolvidos, principalmente quando estão envolvidos, por exemplo, grandes expoentes de determinados mercados que certamente não irão desejar que seus pormenores fiquem abertos a todos.

A questão do sigilo é um "ativo" importante da mediação e dos meios extrajudiciais de solução de conflitos, em geral quando comparados à justiça pública. Nesse ambiente o que se nota é justamente o oposto, isto é, há a presença de um dos princípios mais elementares na condução do aparato judicial que é o princípio da publicidade, pressuposto que reveste o processo judicial de roupagem comum a todos, exceto nas hipóteses previstas em lei[15].

5.8.5 Celeridade

Outro expoente dos mais aplaudidos no que se refere aos meios extrajudiciais de solução de conflitos e, também, naturalmente, à mediação, é a maior celeridade observada na condução do instituto. Isso se dá por conta da maior informalidade adstrita ao instituto quando comparada à distribuição

---

15 Conforme o Quadragésimo Sexto Enunciado da I Jornada de Prevenção e Solução Extrajudicial: "Os mediadores e conciliadores devem respeitar os padrões éticos de confidencialidade na mediação e conciliação, não levando aos magistrados dos seus respectivos feitos o conteúdo das sessões, com exceção dos termos de acordo, adesão, desistência e solicitação de encaminhamentos, para fins de ofícios".

de justiça proposta pelo Judiciário e, ainda, em virtude da concentração de seus atos.

5.8.6 Oralidade

A mediação é conduzida quase em sua inteireza calcada na oralidade. Isso se dá mesmo quando existe a participação e o apoio de advogados. Mesmo assim a mediação pressupõe um mecanismo que coloca os mediandos como os principais protagonistas e a oratória acaba sendo a principal forma de desenrolar atos e de se comunicar.

5.8.7 Informalidade

Conforme dito poucas linhas anteriormente, um dos atributos mais marcantes da mediação é a informalidade em seu desenvolvimento. E aqui cabe uma explicação, porque informalidade não significa ausência de regras ou de ordem. De forma alguma. Aliás, como também já foi possível ser observado, há procedimentos que devem ser seguidos e técnicas igualmente abraçadas. O que se tem, porém, é a formatação de um sistema que se baseia numa mecânica de alcance à justiça partindo de premissas distintas em relação, por exemplo, ao processo orquestrado pelo Judiciário. Este se vale de seus princípios e aquela lança mão, também, de seus pressupostos. E o próprio fato de o legislador positivar o instituto da mediação bem revela como a mediação atingiu a maturidade e se tornou um sistema bem-sucedido.

5.8.8 Consensualismo

Outra característica marcante é o consensualismo. Ou seja, as partes se encontram em condição de igualdade e com oportunidades idênticas, fazendo com que as decisões sejam consensuais e autocompositivas.

5.8.9 Boa-fé

O procedimento da mediação é todo alicerçado na boa-fé (*vide*: arts. 113 e 422 do CC). Na medida em que o instituto, diferentemente do que ocorre no âmbito judicial, não contempla a produção de provas, o princípio da mediação é basilar na condução do instituto.

5.9 Princípios do mediador

Assim como será possível analisar linhas a seguir, mais detidamente neste capítulo, a própria norma que regula a mediação explicita os princípios que recaem ao instituto da mediação. No entanto, devem-se considerar também os princípios que alcançam mais especificamente ao mediador. São eles:

5.9.1 Independência

Característica importante do mediador se refere à sua independência. O mediador fica imbuído de prerrogativas que o possibilitam agir conforme a sua consciência, sempre, claro, com respeito às leis vigentes e à conduta ética.

Já em relação às partes e a uma possível relação com o mediador, também é fundamental que não exista enlace pretérito de amizade ou mesmo inimizade entre eles.

5.9.2 Imparcialidade

Com todas as preocupações comentadas, o mediador também não poderia ter outra conduta senão aquela em que o coloque de forma imparcial, isenta e neutra ao longo do procedimento, sem prestar quaisquer favorecimentos a qualquer litigante.

A imparcialidade em nada tem a ver com a neutralidade. A imparcialidade está ligada ao julgamento de pessoas conhecidas; já a neutralidade tem a ver com o prejulgamento.

5.9.3 Aptidão

Tendo em vista se tratar de uma atividade que requer um tom conciliatório e apaziguador, o mediador precisa também estar capacitado para atuar em cada situação, munido dos conhecimentos teóricos e práticos para contribuir da forma mais positiva em cada caso.

5.9.4 Diligência

O mediador deverá se manter aberto para as novas situações, devendo respeitar os rumos que o procedimento tomar.

Quadro explicativo das ferramentas para provocar mudanças

Ferramentas	Descrição
Recontextualização (ou parafraseamento)	Retransmitir, redefinir, apresentar em uma nova perspectiva, mais clara e compreensível, encontrando a motivação legitimamente positiva ao que foi dito, voltado às soluções, filtrando os componentes negativos que eventualmente possam conter, com o objetivo de encaixar essa informação no processo de modo construtivo.
Audição de propostas implícitas	Normalmente, os envolvidos propõem soluções sem perceber que, na verdade, estão fazendo isso. Cabe ao mediador identificar o que está escondido na fala das partes.
Afago (ou reforço positivo)	Consiste em uma resposta positiva do mediador a um comportamento produtivo, eficiente ou positivo do envolvido ou do advogado.
Silêncio	Deve servir como um aliado ao aprofundamento das respostas dos envolvidos, tendo em vista a necessidade que este tem em ponderar determinadas informações elencadas à mesa.
Sessões individuais (ou "caucus")	São reuniões realizadas entre o mediador e os envolvidos, sem que o outro esteja presente.
Troca de papéis	Consiste em estimular a empatia entre as partes por intermédio de orientação para que cada uma perceba o contexto sob a ótica da outra parte.
Geração de opções ("Brainstorming")	Trata-se da realização de perguntas que ajudem as partes a pensar uma solução conjunta. Não é apresentar soluções, e sim estimulá-las a pensarem em novas opções para a composição da disputa.
Normalização	Recomenda-se que o mediador tenha um discurso voltado a normalizar o conflito e estimular as partes a perceber tal conflito como uma oportunidade de melhoria das relações.

Ferramentas	Descrição
Organização de questões	Por meio de perguntas que levem as pessoas a refletir, reavaliar e ampliar a visão do conflito. Identificar o foco das questões que querem abordar na mediação e definir os demais aspectos que envolvam a disputa.
Enfoque prospectivo	O enfoque prospectivo permite que o mediador estabeleça um discurso questionatório livre de determinação de culpa. Como a escuta ativa deve identificar os interesses reais (lide sociológica), quais as questões a serem dirimidas e como estimular as partes a encontrar tais soluções que melhor atendam suas necessidades.
Testes de realidade	Consiste em estimular a parte a proceder a uma comparação do seu "mundo interno" como "mundo externo" – como percebido pelo mediador.
Validação de sentimentos	Consiste em identificar os sentimentos que a parte desenvolveu em decorrência da relação conflituosa e abordá-los como uma consequência natural de interesses legítimos que a parte detém.

Fonte: Quadro desenvolvido e adaptado, de autoria da mestranda Fernanda Alves Curbage, em sua tese de mestrado *Mediação: solução judicial e extrajudicial na governança corporativa da sociedade familiar*, junto à instituição Escola Paulista de Direito – EPD.

5.10 Da mediação familiar

A mediação familiar é o berço da mediação no procedimento de solução de conflitos na ordem social familiar.

5.10.1 Família: conceito e ordem social e legal

Não há dúvidas que se está diante de um ramo do direito de maior incidência prática ou aplicabilidade, envolvendo a generalidade das pessoas, eis que, de uma forma ou outra, todos procedem de uma família, e vivem, quase sempre, em um conjunto familiar[16].

---

16 RIZZARDO, Arnaldo. *Direito de família:* Lei n. 10.406, de 10-1-2002. Rio de Janeiro: Forense, 2007, p. 1.

O termo *família* remonta a Roma Antiga. A rigor, "família" provém do latim *famulus*, que designa um conjunto de servos ou criados.

Seja como for, o conceito cria raízes no direito romano na medida em que a família estava baseada no casamento e no vínculo de sangue entre os cônjuges e seus filhos. Existia uma estrutura familiar de ordem detidamente patriarcal na qual a família existia sob a autoridade de um mesmo chefe[17].

Mais adiante, na Idade Média, o conceito ganhou os seus contornos e a família resguardava o vínculo matrimonial, de modo a instituir novas estruturas familiares. O fato é que se observou o estreitamento dos laços familiares com as revoluções primeiro Industrial e depois Francesa. O que se viu a seguir foi o espaço que a mulher passou paulatinamente a ganhar, tendo maior autonomia e poder dentro desse instituto.

Hodiernamente, percebe-se que o conceito de família trata não apenas da característica do casamento e a ligação sanguínea, mas também denota da autorização legal, como no exemplo da adoção.

Nesse sentido, afirma Giselle Câmara Groeninga que "a família varia de acordo com as épocas, com as culturas e, mesmo dentro de uma mesma cultura, em conformidade com as condições socioeconômicas em que está inserido o grupo familiar"[18].

A legislação nacional, a partir de seu principal expoente legislativo, tem a Constituição da República asseverando que a família é a base da sociedade, daí merecendo especial proteção do Estado[19]. De fato, é possível perceber a entidade familiar não apenas quanto ao conceito tradicional decorrente do casamento, mas também na união estável entre homem e mulher e na comunidade formada por qualquer dos pais e seus descendentes (família monoparental).

---

17 Nesse sentido: CAMILLO, Carlos Eduardo Nicoletti; TALAVERNA, Glauber Moreno; FUJITA, Jorge Shiguemitsu; SCAVONE JR., Luiz Antonio. *Comentários ao Código Civil*. São Paulo: Revista dos Tribunais, 2006, p. 1093.

18 BARBOSA, Águida Arruda; VIEIRA, Claudia Stein (coord.). *Direito de família*. São Paulo: Revista dos Tribunais, 2008, p. 20.

19 CR, art. 226, *caput*: "A família, base da sociedade, tem especial proteção do Estado".

O Professor Uadi Lammêgo Bulos, de forma bastante perspicaz, questiona e afirma sobre o tema:

Mas para a Constituição o que é família? Segundo o art. 226, é a base da sociedade, cumprindo ao Estado protegê-la. Assim, não se levou em conta a regra clássica de que família é somente o grupo oriundo do casamento, por ser o único que apresenta os caracteres de moralidade e estabilidade necessários ao preenchimento de sua função social. Ao invés disso, para a manifestação constituinte originária de 1988, aquelas uniões formadas fora do casamento, mas com traços de permanência e continuidade, também se enquadram no designativo família, e, como tal, merecem proteção jurídica[20].

Continuando, a notável Professora Maria Helena Diniz aborda o conceito de família, basicamente, segundo três grandes critérios: "o dos efeitos sucessórios e familiares, o da autoridade e o das implicações fiscais e previdenciárias"[21]. Nessa linha de raciocínio, a família se caracteriza pelo critério sucessório quando chamados à herança, assim como dispostos nas Leis n. 8.971/94, 9.278/96 e o art. 1.790 do Código Civil. Já pelo critério alimentar, os ascendentes, descendentes e irmãos, nos termos dos arts. 1.694/1.697 do Diploma Civil. Partindo da premissa do critério de autoridade, caracteriza-se pelo poder familiar com a possibilidade de intervenção dos pais na vida dos filhos menores. Tomando por base o aspecto fiscal, fica resumida ao cônjuge, ao companheiro, aos filhos menores e aos maiores universitários com até 24 (vinte e quatro) anos de idade ou até o casamento, entre outras hipóteses.

Ao fim, percebe-se que hoje a família encontra uma grande gama de debates que merecem destaque. Na prática, as problemáticas encontradas têm colocado sob atenção a essência da relação familiar e carece de cuidado na sociedade civil.

---

20 BULOS, Uadi Lammêgo. *Constituição Federal anotada*: jurisprudência e legislação infraconstitucional em vigor. São Paulo: Saraiva, 2000, p. 1.238.
21 DINIZ, Maria Helena. *Curso de direito civil brasileiro*. São Paulo: Saraiva, 2014. v. 5, p. 25.

5.10.2 Problemáticas atuais sobre a família

A problemática da família atualmente transborda as questões do cotidiano do conjunto familiar composto, geralmente, por pais, filhos e eventuais agregados. O alicerce fundamental no que se constitui a família, historicamente, é o casamento, sobre o qual, já no ano de 2006, há pouco mais de uma década, o Instituto Brasileiro de Geografia e Estatística – IBGE já afirmara que o avanço na realização de divórcios era maior que o dos matrimônios[22]. No ano de 2007 o quadro evidenciou motivos para ainda maior preocupação, na medida em que ficou registrado que a cada quatro casamentos, um tinha como desfecho o divórcio[23].

Além disso, são também constantes os entreveros entre pais e filhos[24]. Os jovens reclamam de questões como a invasão de privacidade por parte dos pais, ou de eventual autoridade desmedida, assim como do excesso de preocupação que impacta no convívio social desses filhos. E ainda há, justamente, o lado oposto: filhos que se queixam da omissão dos pais e do desinteresse na vida dos jovens.

---

22 "Dados do Registro Civil, divulgados (...) pelo Instituto Brasileiro de Geografia e Estatística (IBGE), apontam que, em 2006, foram realizados 889.828 casamentos no Brasil, 6,5% a mais do que em 2005 (835.846). No mesmo período, o número de divórcios no País cresceu 7,7%. Foram 162.244 casos no ano passado contra 150.714 registrados no ano anterior."

23 "A taxa de divórcio em 2007, quando se completou 30 anos da instituição do divórcio no Brasil, atingiu o pico da série iniciada pelo IBGE em 1984 e chegou a 1,49 por mil (1,49 divórcios por cada mil habitantes), crescimento de 200% em relação a 1984, quando era de 0,46 por mil. Em números absolutos os divórcios concedidos passaram de 30.847, em 1984, para 179.342 em 2007."

24 Conforme disposição do Enunciado Vinte e Seis da I Jornada de Prevenção e de Solução Extrajudicial de Litígios: "É admissível, no procedimento de mediação, em casos de fundamentada necessidade, a participação de crianças, adolescentes e jovens – respeitado seu estágio de desenvolvimento e grau de compreensão – quando o conflito (ou parte dele) estiver relacionado aos seus interesses ou direitos". Outrossim, também se recomenda o "desenvolvimento de programas de fomento de habilidades para o diálogo e para a gestão de conflitos nas escolas, como elemento formativo-educativo, objetivando estimular a formação de pessoas com maior competência para o diálogo, a negociação de diferenças e a gestão de controvérsias, segundo o Vigésimo Sétimo Enunciado. Os enunciados vão além e o de número 28 destaca que 'Propõe-se a implementação da cultura de resolução de conflitos por meio da mediação, como política pública, nos diversos segmentos do sistema educacional, visando auxiliar na resolução extrajudicial de conflitos de qualquer natureza, utilizando mediadores externos ou capacitando alunos e professores para atuarem como facilitadores de diálogo na resolução e prevenção dos conflitos surgidos nesses ambientes'".

Como se não bastasse, há assunto que felizmente tem se cristalizado de maneira mais moderna, mas que obviamente, mesmo na segunda década do segundo milênio, é sensível na sociedade local. Trata-se das relações homoafetivas. E não se pode olvidar que do produto das relações entre pessoas do mesmo sexo já decorre uma série de direitos e pretensões, principalmente aqueles que procedem da própria relação afetiva e dos deveres inerentes da vida comum.

De toda feita, ainda sobre uma das demandas mais elementares a respeito da família, causa espécie a questão instituída pela Lei n. 11.441, de 4 de janeiro de 2007[25]. Isso porque essa norma, que possibilita a realização de separação e divórcio consensuais em cartório, para muitos soa justamente como contrária à própria intenção do legislador constituinte quando, no art. 226 da Carta Magna, imputou ao Estado especial proteção à família. O aparato administrativo para a dissolução conjugal não só abrevia o espaço temporal de maturação da decisão do casal como também afasta de certa forma a guarida estatal da entidade familiar.

Além disso, as novas entidades familiares como a homoafetiva (nem tão nova assim), a polifamília, ou aquelas formadas por bissexuais terão impacto sobremaneira na nova construção do conceito familiar. Espera-se, de toda maneira, que a sociedade brasileira esteja aberta às novas interpretações, sem se calcar em justificativas repletas de pré juízos e preconceitos, e que eventualmente possa abraçar novas roupagens para família.

5.10.3 Mediação familiar

Felizmente, o instituto da mediação no universo da família tem encontrado amparo relevante ultimamente. O ambiente da família tem apresentado diversas situações que fazem receber muito bem a mediação. Na prática, nas disputas familiares, é bastante natural que as partes envolvidas e conflitantes já se conheçam bem.

---

25 "Altera dispositivos da Lei n. 5.869, de 11 de janeiro de 1973 – Código de Processo Civil, possibilitando a realização de inventário, partilha, separação consensual e divórcio consensual por via administrativa."

O instituto pode utilizar profissionais de diversas áreas do conhecimento, bem demonstrando a sua capacidade de atuar de forma multidisciplinar. Não raro se percebe a utilização de comediadores para gerenciar conflitos que necessitem da atenção de um psicólogo, de um assistente social ou de um psiquiatra para melhor apreciação. Militantes na área, as escritoras Ana Paula Rocha do Bonfim e Hellen Monique Ferreira de Menezes defendem que:

> A indicação da mediação na esfera familiar é indicada para a proteção dos sujeitos da família, especialmente às crianças que não devem ser expostas às mazelas decorrentes de um litígio entre os pais, pois podem produzir os efeitos na sua formação psicológica[26].

Até por tudo isso, mesmo o Poder Judiciário, com uma atitude auspiciosa, vem apresentando medidas para melhor atender as demandas que o alcançam. Uma dessas iniciativas se trata do Projeto Como Conciliar é Legal, organizado pelo Conselho Nacional de Justiça. O Projeto, iniciado já há quase uma década, tem como objetivo promover a conciliação entre as pessoas, oferecendo prêmios para aqueles agentes que conseguem esse objetivo.

De toda feita, é muito importante relatar que atuar dessa forma, buscando um resultado meramente quantitativo, por vezes não enxerga os aspectos subjetivos alheios ao programa. Ou seja, promover a qualquer custo a conciliação nem sempre será o melhor remédio. Em algumas situações os conciliadores são orientados a procurar apenas um resultado que consista no desafogamento do Judiciário, sem efetivamente se obter o melhor resultado para as partes envolvidas. Como muito bem descrito, consiste em um acordo de vontades e no afã de fornecer apenas uma conciliação a qualquer custo, o que se têm como reflexo podem ser acordos que oferecem muito mais problemas do que a própria solução.

Assim, mais adiante, existe uma maior insatisfação do que a certeza de ter feito a melhor opção de acordo. E o resultado não poderia ser mais

---

[26] BONFIM, Ana Paula Rocha do; MENEZES, Hellen Monique Ferreira de. *MESCs – Manual de mediação, conciliação e arbitragem*. Rio de Janeiro: Lumen Juris, 2008, p. 58-59.

frustrante porque muitas vezes acabam sendo instaurados novos processos judiciais em virtude de alguma das partes estar profundamente desgostosa com o definido.

> **Pesquisa do Editorial**
>
> Veja também Doutrina:
>
> A mediação familiar: instrumento para resolução de conflitos e reforma do Judiciário, de Ana Paula Lemos Baptista Marques, *RArb* 15/57.

5.11 O advogado na mediação

Consagrando e aplaudindo a relevância da mediação e da negociação e – em última análise, dos demais meios de solução de conflitos –, o próprio Código de Processo Civil brasileiro, em vigor a partir do ano de 2016, dispõe já em seu Capítulo I, entre as Normas Fundamentais do Processo, que o Estado promoverá, sempre que possível, a solução consensual dos conflitos. E que a mediação e a conciliação, entre outros métodos, deverão ser estimuladas por magistrados, advogados, membros do Ministério Público e defensores públicos, também no curso do processo judicial[27].

Antes de mais nada, isso vem a significar como o próprio Estado cada vez mais percebe a importância de se promover uma cultura mais colaborativa, menos beligerante e que eleve as práticas mais modernas de solução de litígios.

Posto isso, também se questiona como será desempenhado o papel dos advogados em relação à mediação. Existe uma multiplicidade de opções de acesso à justiça e que vigorosos advogados estão aos montes no mercado.

---

27 "Art. 3º Não se excluirá da apreciação jurisdicional ameaça ou lesão a direito (...)

§ 2º O Estado promoverá, sempre que possível, a solução consensual dos conflitos.

§ 3º A conciliação, a mediação e outros métodos de solução consensual de conflitos deverão ser estimulados por juízes, advogados, defensores públicos e membros do Ministério Público, inclusive no curso do processo judicial."

Mas não necessariamente os mais preparados e atentos aos novos hábitos são tão facilmente encontrados.

O advogado pode, por exemplo, seguindo a advocacia colaborativa, sugerir a contratação do já explicado avaliador neutro, o qual emitirá laudo que poderá mais adiante esclarecer dúvidas e aspectos da disputa que se alinha. Mas pode propor também a contratação de um mediador. Este em muitas ocasiões está mais condicionado a lidar com uma negociação direta e tem mais experiência para facilitar os diálogos entre os envolvidos.

De toda sorte, elegendo o advogado a opção pela mediação, é salutar que procure o profissional fazer incutir no contrato algumas possibilidades de cláusulas. As cláusulas podem ser isoladas ou escalonadas.

A grande discussão nos dias atuais é a necessidade ou não do advogado na mediação. Questão levada a vários plenários legislativos, porém, com pouco impacto na alteração dos currículos dos cursos de direito pelo país.

> **Pesquisa do Editorial**
>
> Veja também Doutrina:
>
> O papel do advogado na mediação, de Camila Biral Vieira da Cunha Martinas; Liana Gorberg Valdetaro; Alexandre Palermo Simões, *RArb* 16/60.

5.12 Os principais diplomas que regram a mediação no Brasil

Muito foi apresentado ao leitor para melhor contextualizá-lo a respeito da mediação no presente tópico, mas o passo a ser dado oferece certo legalismo, para introduzi-lo e abastecê-lo com os instrumentos legislativos que efetivamente marcam a mediação no território nacional. E aí é importante, também, logo estabelecer o flerte com a conciliação, pois que o legislador pátrio entendeu por bem por vezes, ao normatizar a mediação, fazê-lo em compasso com a conciliação. Assim, desde logo se deve dizer que os principais instrumentos reguladores da mediação e da conciliação são as Resoluções n. 125/2010 e 67/2018, do Conselho Nacional de Justiça, e as Leis n. 13.105/2015 (Código de Processo Civil) e n. 13.140/2015 (Lei da Mediação).

Pois bem, acerca do CPC/2015 o que se pode dizer, sem pormenores, é que a norma tem forte preocupação com a lotação das estantes de cartórios e fóruns, dada a quantidade desmedida de processos. Com isso, o legislador procurou – na onda das iniciativas de resoluções de conflitos extrajudiciais – estimular iniciativas e programas para evitar que lides alcançassem os tribunais. Nada mais natural do que o estimulo à conciliação e à mediação, tanto judiciais quanto de caráter extrajudicial.

Já a Lei n. 13.140/2015 (Lei da Mediação) açambarcará todos os elementos, princípios e disposições aqui trazidos e será mais bem visitada em capítulo a ela dedicado.

5.12.1 A Resolução n. 125/2010 do Conselho Nacional de Justiça – CNJ

Agora, em relação às resoluções do Conselho Nacional de Justiça, o que se nota é que o órgão se ocupou em vestir a camisa do uso dos expedientes mais céleres e modernos e mereceu elogio ao se estruturar e ao implementar práticas de estímulo ao uso dos institutos e notadamente também facilitou o seu desenrolar. E a sua manifestação mais sólida se deu com a edição da Resolução n. 125/2010.

Uma vez que (i) *o CNJ consiste em órgão nacional de controle da atuação administrativa e financeira do Poder Judiciário, bem como zela pela observância do art. 37 da Constituição da República*; (ii) *a eficiência operacional, o acesso ao sistema de Justiça e a responsabilidade social são objetivos estratégicos do Poder Judiciário; que, por isso, cabe ao Judiciário estabelecer política pública de tratamento adequado dos problemas jurídicos e dos conflitos de interesses, que ocorrem em larga e crescente escala na sociedade, de forma a organizar, em âmbito nacional, não somente os serviços prestados nos processos judiciais, como também os que possam sê-lo mediante outros mecanismos de solução de conflitos, em especial dos consensuais*; (iii) existe a necessidade de se consolidar uma política pública permanente de incentivo e aperfeiçoamento dos mecanismos consensuais de solução de litígios; considerando (iv) a relevância e a necessidade de organizar e uniformizar os serviços de conciliação, mediação e outros métodos consensuais de solução de conflitos, para lhes evitar disparidades de orientação e práticas, bem como para assegurar a boa execução da política pública, respeitadas as especificidades de cada segmento da Justiça; (v) *a organização dos serviços de conciliação, mediação e outros métodos consensuais de solução de conflitos deve servir de princípio e base para a criação de Juízos de resolução alternativa de conflitos*, em suma, tendo em mente todos os itens apresentados, o Conselho Nacional de Justiça instituiu a Política Judiciária Nacional de tratamento dos conflitos de interesse, tendente a assegurar a resolução de conflitos por meios adequados à sua natureza e peculiaridade.

A Política busca observar a centralização das estruturas judiciárias; a adequada formação de servidores, conciliadores e mediadores e o acompanhamento estatístico específico, conforme disciplinado no art. 2º da Resolução n. 125/2010 do CNJ. Além disso, pela resolução, o próprio Conselho Nacional de Justiça tem como função auxiliar os Tribunais na organização de tais serviços, firmando parcerias tanto com a iniciativa privada quanto com a pública.

Como produto do Programa houve a criação dos Centros Judiciários de Solução de Conflitos e Cidadania – CEJUSCs, responsáveis pela realização ou gestão das sessões e audiências de conciliação e mediação que estejam a cargo de conciliadores e mediadores, bem como pelo atendimento e orientação ao cidadão.

Na prática, o Programa já vem sendo claramente bem-sucedido na medida em que, segundo dados do próprio Conselho, no ano de 2006, por exemplo, houve em território nacional a designação de 112.112 audiências. Dessas, 83.987 foram de fato realizadas e o número de acordos foi de 46.493, isso é, um percentual de sucesso de cerca de 55%. Já em 2018, o número de audiências designadas saltou para 422.394, sendo realizadas de fato 318.902, com 225.205 acordos, o que significa um percentual de 70% de sucesso na tentativa.

Além disso, há diversas iniciativas promovidas pelo próprio CNJ no sentido do fomento de práticas de mediação tais como a mediação comunitária, de realização do Tribunal de Justiça do Distrito Federal; a mediação em escolas, promovida e estimulada em várias Unidades da Federação.

Também há convênios, tais como entre o Procon, o Idecon (Instituto de Defesa do Consumidor) e o mesmo TJ-DFT, para a capacitação e a realização de sessões extrajudiciais e pré-processuais de mediação e conciliação.

Ainda na esteira dos trabalhos realizados por Tribunais de Justiça sob o amparo do CNJ, o TJ-SP qualificou, no ano de 2015, uma importante empresa de aviação nacional como Empresa Amiga da Justiça, vez que a TAM passou a mediar os seus conflitos, objetivando reduzi-los massivamente.

Ora, o que se tem, a rigor, é uma verdadeira crise da Justiça. Há que se considerar que somente no ano de 2018 estavam sob trâmite junto ao Poder Judiciário o pornográfico numerário de 110,4 milhões de processos. Desses, 27,9 milhões ingressaram justamente naquele ano. Em um país com 18.168 juízes, segundo o CNJ, tem-se que cada juiz julgou uma média de 1.819 processos, o que significa que cada juiz julgou aproximadamente 7,2 processos por dia útil de trabalho. Em verdade foram julgados só no ano de 2018 o número de 31,8 milhões de processos, restando dezenas de outros que congestionam os cartórios aos borbotões.

Será necessário deixar mais explícita a crise do Poder Judiciário Nacional? Mais do que nunca se enxerga a necessidade de medidas eficazes e que também auxiliem o Justiça nacional, que clama por ajuda.

E é importante rememorar que tanto a mediação quanto a conciliação são instrumentos de pacificação social autônomos, de vida própria, que não são meros auxiliadores do Poder Judiciário. Mesmo assim, ainda que sejam meios adequados de soluções de controvérsias, sendo coadjuvantes do Poder Judiciário (quando realizados judicialmente) ou sendo protagonistas, como meios extrajudiciais de conflitos são, ambos, antes de mais nada, meios adequados de solução de controvérsias.

5.12.2 A Resolução n. 67/2018 do Conselho Nacional de Justiça – CNJ e a realização da mediação e da conciliação nos cartórios

Segundo regramento relevante instituído pelo CNJ se trata da Resolução n. 67/2018. Por essa, ainda na seara de estímulo a iniciativas de pacificação social e de resolução extrajudicial de solução de conflitos, o CNJ implantou a forma de deslinde de contendas por intermédio do uso da mediação e da conciliação realizáveis em cartórios.

Dessa feita, os procedimentos serão obviamente facultativos às partes, devendo sempre respeitar os dizeres da Lei n. 13.140/2015 (Lei da Mediação). De todo modo, os conciliadores e mediadores formados em cursos próprios podem atuar no âmbito notarial também, devendo respeitar a regra da confidencialidade o ato praticado no cartório.

Importante aspecto diz respeito ao art. 12 da Resolução, já que ela informa que tanto os direitos patrimoniais disponíveis quanto aqueles que admitem transação poderão ser objeto da mediação e da conciliação, sendo que a mediação e/ou a conciliação que envolverem direitos indisponíveis, mas transigíveis, devem ser homologadas em juízo, conforme o art. 725, VIII, do CPC e o art. 3º, § 2º, da Lei n. 13.140/2015.

Conforme afirmam Placídio Ferreira da Silva e Suzana Camponez Portaria Rodriguez sobre a utilização de notário, nesses moldes:

> Uma ferramenta importante esta forma de condicionar a jurisdição nos moldes acima, pois evita o chamamento de um terceiro que será chamado a decidir, sendo que as partes têm a chance de compor, o que evita a exaltação dos ânimos. Mas não é só, a tentativa de resolver eventuais pendengas logo quando surgem tende a ser muito mais eficaz do que deixá-las por longos períodos sem sequer uma resposta[28].

Deve ser feita a ressalva que a cláusula compromissória, que estipula que eventual conflito será dirimido por meio da mediação ou da conciliação em sede de cartório não pode ser realizada pelo próprio cartório, mas sim pelos estipulantes. Depois disso, uma vez vivenciado o conflito, as partes acionam o notário eleito para a solução por meio de um requerimento. Neste há a qualificação das partes, a apresentação de dados para eventual notificação e a narrativa do conflito. Feito o protocolo do requerimento é pago o valor relativo a uma sessão de mediação ou de conciliação que corresponda ao período de uma hora de sessão. Com isso, já fica estipulada a data da sessão para que as partes compareçam a fim de buscar a conciliação ou a mediação para o seu conflito.

No dia, realizada a audiência de conciliação ou de mediação, se for alcançado êxito, lavra-se o respectivo termo, que passa a ser considerado documento público com força de título executivo extrajudicial, conforme o art. 784, IV, do CPC.

---

28 GUILHERME, Luiz Fernando do Vale de Almeida (org.). *Soluções extrajudiciais de controvérsias empresariais*, v. 5. Belo Horizonte, Letramento, 2019, p. 78.

Assim, como adiantado, se se tratar de direito patrimonial indisponível, mas transigível, a serventia extrajudicial deve remeter o deslinde ao juiz para o seu posicionamento e para eventual homologação, nos termos do art. 12, §§ 1º 2º, do Provimento n. 67/2018 do Conselho Nacional de Justiça. Isto implica que, neste caso, o título executivo será judicial, a teor dos arts. 719 e 725, VIII, ambos do Código de Processo Civil.

O que se tem, portanto, é mais um passo – sob o olhar atento do CNJ – no sentido de se promover a Justiça e de se obter a pacificação social por meio de expedientes eficazes e céleres como a mediação e a conciliação, agora, sob a realização de cartórios.

5.13 O uso da mediação em prol dos refugiados

A mediação é a técnica em que um terceiro, alheio ao conflito, procura auxiliar os litigantes, melhorando a comunicação entre eles, introduzindo técnicas e critérios que ajudam no alcance de um denominador comum.

Um dos temas mais alarmantes e que está na ordem do dia das discussões político-transnacionais diz respeito à problemática dos refugiados e mesmo (aliás, principalmente) aqui a mediação pode ser usada como forma de dirimir os litígios, sobretudo entre o refugiado e a população local que o recebe.

Antes de mais nada, refugiado, segundo a Organização das Nações Unidas – ONU *"é a pessoa que, em razão de fundados temores de perseguição, devido à sua raça, religião, nacionalidade, associação a determinado grupo social ou opinião política, encontra-se fora de seu país de origem e que, por causa dos ditos temores, não pode ou não quer regressar ao seu Estado, ao local em que residia anteriormente"*.

Dentre os direitos garantidos ao refugiado está o de não ser devolvido (deportado) ao país em que sua vida ou liberdade foi – ou continua sendo – ameaçada, constituindo um princípio geral do direito internacional, que é o princípio do *non-refoulement* (não devolução), consolidado na Convenção de 1951 da ONU.

O ACNUR (Alto Comissariado das Nações Unidas para os Refugiados) responde pela assistência internacional prestada aos refugiados bem como aos apátridas e aos deslocados em seus próprios países. O órgão estima que atualmente existam cerca de 20 milhões de refugiados no mundo.

No Brasil, após o advento da Lei n. 9.474, de 1997 (Estatuto do Refugiado), que instituiu as normas aplicáveis aos refugiados e aos solicitantes de refúgio no Brasil e criou o CONARE (Comitê Nacional para os Refugiados), foi possível orientar e coordenar as medidas necessárias à proteção, à assistência e ao apoio jurídico aos refugiados.

Vale dizer que a norma brasileira foi tida como das mais avançadas sobre o assunto, pois conferiu aos refugiados o direito ao trabalho, à educação, à saúde e à mobilidade no território nacional, dentre outros direitos, permitindo que os refugiados pudessem reconstruir suas vidas e, assim, permanecer no país.

Estatisticamente, mais da metade dos refugiados que chegaram ao Brasil entre 2011 e 2015 fugiram de graves violações de direitos humanos, merecendo especial destaque o alto índice de pessoas provenientes, principalmente, da Venezuela, configurando esse quadro a maior crise migratória na história do continente sul-americano.

Em termos mundiais, as cinco maiores comunidades migratórias são originárias da Síria, Angola, Colômbia, República Democrática do Congo e Palestina.

Dentre as regiões de onde mais se desligam pessoas estão o Mediterrâneo Central, o Leste do Mediterrâneo e o Oeste dos Balcãs. E, ao contrário do que muitos imaginam, os países que mais recebem refugiados não são aqueles considerados de "primeiro mundo" ou desenvolvidos, mas, sim, aqueles considerados em desenvolvimento, como a Turquia, o Paquistão, o Líbano e o Irã.

Inúmeros conflitos podem ser gerados em virtude do encontro entre refugiados e habitantes locais, eis que não somente a língua mas também a cultura, os valores, os costumes e, principalmente, a xenofobia são diferentes. Entretanto, um único objetivo é capaz de unir todos os migrantes ao redor do mundo, que é o de sobrevivência.

Os refugiados sofrem constantes violações aos direitos humanos não somente no país de origem, mas também nos países para os quais migram e os chefes de Estado alegam que não são signatários de um determinado

Tratado Internacional e que, portanto, não estariam obrigados a cumprir determinadas deveres.

Existem vários tipos de refugiados no mundo, alguns por condições de perseguição política, outros pela existência de conflitos armados e guerrilhas, além daqueles que sofrem com a fome, discriminação racial, social ou religiosa e até os refugiados ambientais, entre muitos outros tipos, sendo que devido à intensa migração são gerados inúmeros impactos sociais diretos e indiretos a curto, médio e longo prazo.

Embora existam inúmeros registros dos horrores cometidos durante as guerras, a civilização parece não ter aprendido tais lições, reproduzindo as barbáries que fizeram com que milhares de pessoas fugissem de seus lares e dos seus países de origem, sendo que estas pessoas têm um único objetivo comum, o de sobrevivência.

O direito à própria existência, inclusive, é considerado inerente ao ser humano.

Os direitos fundamentais constitucionalmente protegidos esbarram na necessidade de garantia e também na preservação da eficácia destes direitos, pois não basta somente se garantir o direito à vida se não se garantir, também, uma vida digna, afastando e coibindo toda e qualquer ameaça de violação a este direito. Do contrário, o que se terá ao fim será a mera manutenção e o aprofundamento da crise migratória.

O direito individual não decorre do direito da coletividade em que o refugiado está inserido, ao contrário, é o direito da coletividade que restringe o seu direito individual, indo contra o caminho natural do desenvolvimento social em relação aos direitos e exposto no início deste trabalho, incorrendo em um sentimento de injustiça individual que reflete para a coletividade na qual um refugiado está inserido, por exemplo.

Com isso tudo, tem-se que a mediação seria o melhor meio de solução de conflitos no auxílio aos refugiados, considerando-se a capacitação e sensibilidade do mediador e respeitando-se as etapas que envolvem o procedimento da mediação, reunindo qualidades técnicas, ambientais e sociais.

É evidente que dada a gravidade dos conflitos e o latente preconceito existente nas relações, principalmente, daquele que recebe o refugiado em seu país, o mediador deverá, antes de qualquer coisa, procurar criar um canal de aproximação entre as partes e, em seguida, de melhor comunicação entre elas.

Superada a fase inicial de aproximação, ao começo de uma sessão o mediador deverá encontrar os interesses das partes e instruí-las sobre os interesses de cada uma, visando a que possam entender o problema e solucioná-lo.

Há que se ter cuidado aos comuns interesses ocultos das partes, que por vezes existem porque as próprias partes de fato simplesmente não os enxergam.

O mediador deve ter por objetivo alcançar o melhor posicionamento dos envolvidos sobre o problema que os afeta e suas possíveis soluções, sempre por intermédio da reflexão objetiva dos mediandos em relação ao que está sendo colocado ou proposto.

Se os encaminhamentos prosperarem, mais do que acordos formais, no caso da mediação em prol dos refugiados o que se espera é a aceitação por parte do local em relação àquele que adentra o seu país. Não se tem um conflito oriundo de um inadimplemento, por exemplo, mas sim um litígio que decorre da não aceitação do estrangeiro, das ideias de que o estrangeiro será aquele que tomará o emprego do habitante local e, também, de que o estrangeiro trará balbúrdia, violência e desordem. É evidente que eventualmente se pode ter o crescimento de mediadores de violência e afins, mas a massa que chega não é provedora do atraso e de problemas, e sim formada por pessoas que, como os antepassados dos locais atuais, em algum momento migraram de uma terra para outra em busca de esperança.

E é munido dessa esperança que o trabalho do mediador deve se perfazer: buscando estreitar as distâncias e melhorar as relações. Com isso se terá a melhor aceitação e a formação de um ambiente de acolhimento a todos.

5.14 A mediação digital

Na esteira trazida pelas inovações incutidas pelo Conselho Nacional de Justiça no âmbito das mediações e, também, pelo Código de Processo Civil – que faz importante esforço em prol do estímulo ao uso da mediação – nova modalidade de uso do instituto se dá com a mediação digital. E não deveria significar grande novidade a modalidade na medida em que, obviamente, a humanidade caminha a passos largos e sem volta rumo a um universo inserido aos parâmetros digitais.

O fato é que a Resolução n. 125/2010 do CNJ abriu as portas para o avanço da mediação em diversas formatações e a modalidade digital não deixou de ser contemplada. O inciso X do art. 6º do regramento, sob o olhar atento da Emenda n. 02/2016, passou a prever:

> Art. 6º Para o desenvolvimento dessa rede caberá ao CNJ:
> (...)
> X – criar Sistema de Mediação e Conciliação Digital ou a distância para atuação pré-processual de conflitos e, havendo adesão formal de cada Tribunal de Justiça ou Tribunal Regional Federal, para atuação em demandas em curso, nos termos do art. 334, § 7º, do Código de Processo Civil e do art. 46 da Lei de Mediação; (Incluído pela Emenda n. 2, de 8-3-2016)

Outrossim, o art. 18-A da mesma Resolução e sob a alteração da Emenda 02, também previu:

> Art. 18-A. O Sistema de Mediação Digital ou a distância e o Cadastro Nacional de Mediadores Judiciais e Conciliadores deverão estar disponíveis ao público no início de vigência da Lei de Mediação. (Incluído pela Emenda n. 2, de 8-3-2016)

Percebe-se que o fundamento básico da Emenda n. 02/2016 do CNJ é propiciar o acesso à Justiça quanto à solução de litígios do modo mais abrangente possível, por meio do uso da internet. Ao passo em que se presencia um período histórico em que a base das relações se dá através da informação e da sua capacidade de processamento e de geração de conhecimento, assim como pela facilidade ao acesso ao meio digital, percebe-se a relevância de utilizar a cibercultura como forma alternativa para soluções de conflitos, utilizando-se a Mediação Digital através deste meio tecnológico.

Neste viés, o Conselho Nacional de Justiça implementou a Plataforma Digital como uma alternativa rápida e econômica de solução de conflitos, antes do ingresso de uma demanda processual, possibilitando contemplar um espaço democrático às partes para que interajam e possam dirimir os litígios. Entretanto, há que se fazer a ressalva de que o procedimento da mediação, transpassado o meio digital, modifica o seu método, porquanto não considera o diálogo através da interação pessoal para o estabelecimento do consenso correlato ao conflito.

Na prática, por intermédio da Mediação Digital as partes têm plena liberdade em conversar (ainda que não presencialmente) a fim de chegar a uma resolução para o conflito, analisando-se as proposições para uma futura homologação de acordo, sem ter que se deslocar. Os envolvidos lançam mão do computador e realizam o cadastro no site do CNJ, detalhando o conflito existente, dialogando on-line com a parte contrária a fim de avaliar possíveis propostas. A sistemática também permite a troca de mensagens e de informações entre os envolvidos. Ao fim, aceito o acordo proposto, o juiz pode homologá-lo se entender que ele respeita o ordenamento jurídico e tal documento tem força de sentença. Por outro lado:

> Na hipótese de demandas não submetidas a ação judicial, se o juiz não homologar o acordo, poderá determinar que as partes compareçam à audiência presencial. As partes receberão e-mail sobre a data, horário e local da audiência. Caso uma das partes descumpra o acordo, homologado ou não, a outra parte poderá ingressar com ação judicial para executar os seus termos[29].

Embora a Mediação Digital possa surgir com a intenção de solução rápida e acessível na resolução de conflitos não contenciosos, ela acaba por impedir que a plataforma seja efetivamente eficaz para tutelar alguns direitos, uma vez que abrange uma pequena parcela de possibilidades de resolução através deste sistema não atendendo a preceitos legais, porém mostra-se interessante para cotejar a busca gratuita, célere e eficaz de demandas a fim de não se somarem ao elevado número de processos judiciais.

5.15 A Convenção de Singapura[30]

Em junho de 2021, o Brasil deu um importante passo rumo à continuidade da valorização dos procedimentos de solução de litígios extrajudiciais e, no caso, mais especificamente em relação à mediação. Isso se deu com a assinatura, pelos países, da Convenção das Nações Unidas sobre Acordos

---

29 Disponível em: <https://www.cnj.jus.br/mediacao-digital/>. Acesso em: 6 nov. 2019.
30 Convenção traduzida e trazida em Anexo neste Manual – ANEXO III.

Comerciais Internacionais resultantes de mediação – mais conhecida como Convenção de Singapura.

Em verdade, a Convenção de Singapura simboliza, antes de mais nada, o reconhecimento internacional da força executiva dos acordos provenientes de procedimentos de mediação comercial de âmbito internacional.

Pode-se dizer que os preceitos da Convenção, ao fim, representam para a mediação o que a Convenção de Nova Iorque significou para a arbitragem décadas atrás, ao gerar a exequibilidade das decisões proferidas pelos Estados-membros, indicando ao mercado a relevância dada à arbitragem no momento.

Vale dizer que a adesão à Convenção já era aguardada com certa ansiedade, pois o legislador brasileiro vem se mostrando mais sensível à mediação e aos seus temas correlatos, fomentando o uso do procedimento nas suas mais variadas formas, devendo-se lembrar que a solução pacífica dos conflitos é premissa insculpida na Constituição Federal, no inciso VII do art. 4º, além do estímulo feito pelo atual Código de Processo de Civil e, por óbvio, pela própria Lei de Mediação.

Importante notar também que, nesse cenário, desde que observados os requisitos de formação, o Brasil reconhece a força executiva dos títulos extrajudiciais internacionais, pois a Lei Processual admite sua execução sem necessidade de homologação judicial (CPC, art. 784, XII, §§ 2º e 3º).

Dando seguimento, a respeito do alcance, como muito bem comentam Mariana Freitas de Sousa e Samantha Lago,

> (...) a Convenção de Singapura é precisa para expressamente afastar de seu âmbito de aplicação acordos relativos a matérias consumeristas, familiares, sucessórias, trabalhistas ou aqueles decorrentes de homologação, conclusão ou registro em procedimentos judiciais ou arbitrais, respeitando, nesse aspecto, respectivamente, tanto a Convenção de Haia como a Convenção de Nova Iorque. Em contrapartida, em rol taxativo, a Convenção de Singapura apresenta as hipóteses excludentes à sua aplicação, de forma a deixar claro o reconhecimento da primazia da vontade das partes. Logo, excepcionados os certos e determinados casos previstos na Convenção, o

Estado executante não poderá rever o acordo firmado nem recusar seu reconhecimento e consequente execução[31].

As autoras continuam os seus apontamentos para dizer que:

(...) as objeções previstas na Convenção de Singapura referem-se a aspectos formais e materiais do acordo, tais como incapacidade das partes, contrariedade à lei e à ordem pública, alterações posteriores realizadas no acordo, cumprimento espontâneo prévio e, ainda, transgressões ao procedimento de mediação, pelo(a) mediador(a), como são aquelas relacionadas à independência, imparcialidade e aos standards que garantem o livre e consciente discernimento das partes e, por conseguinte, a própria higidez do acordo celebrado"[32].

Por fim, deve ser dito que a Convenção de Singapura não atropela a soberania dos Estados, respeitando o direito interno do Estado executante para o reconhecimento e execução do acordo, pois preceitua que com ele devem guardar consonância as disposições do acordo. Assim, ela se mostra capaz de combinar o aceite à vontade individual das partes envolvidas com o ordenamento jurídico de seus Estados, com base na boa-fé e na probidade.

---

31 Disponível em: <https://www.migalhas.com.br/coluna/migalhas-consensuais/347920/a-convencao-de-singapura-sobre-acordos-em-mediacao>.

32 Disponível em: <https://www.migalhas.com.br/coluna/migalhas-consensuais/347920/a-convencao-de-singapura-sobre-acordos-em-mediacao>.

6.

MEDIAÇÃO – ANÁLISE NORMATIVA

A partir deste capítulo, passa-se à análise do conteúdo normativo que formalizou a mediação como instrumento de facilitação e de solução de litígios, dedicando-se a apresentar a letra da lei, fazendo a exposição de alguns comentários acerca do assunto.

6.1 Definição legal

De antemão, o artigo inaugural da lei discorre sobre a matéria a ser estudada, mediação.

> *Art. 1º Esta Lei dispõe sobre a mediação como meio de solução de controvérsias entre particulares e sobre a autocomposição de conflitos no âmbito da administração pública.*

Conforme o que este *Manual* tenta apresentar, a lei de mediação representa a formalização de grande avanço no sentido da facilitação da solução de conflitos entre pessoas. A mediação já era uma técnica consagrada e aclamada. A norma coloca no instituto no compasso dos meios mais modernos.

> *Parágrafo único. Considera-se mediação a atividade técnica exercida por terceiro imparcial sem poder decisório, que, escolhido ou aceito pelas partes, as auxilia e estimula a identificar ou desenvolver soluções consensuais para a controvérsia*[1].

---

1 Segundo o Décimo Quarto Enunciado da I Jornada de Prevenção e Solução Extrajudicial de Litígios, "a mediação é método de tratamento adequado de controvérsias que deve ser

O parágrafo único do art. 1º da norma conceitua a técnica, apresentando a definição já largamente aqui comentada que coloca um terceiro imparcial ao conflito e sem poder decisório para auxiliar as partes na solução do entrave.

6.2 Princípios da mediação

> Art. 2º A mediação será orientada pelos seguintes princípios:
> I – imparcialidade do mediador;
> II – isonomia entre as partes;
> III – oralidade;
> IV – informalidade;
> V – autonomia da vontade das partes;
> VI – busca do consenso;
> VII – confidencialidade;
> VIII – boa-fé.

O art. 2º trata dos princípios que nortearão a mediação.

Bem, conforme trazido no capítulo anterior, a mediação deve ser orientada por alguns princípios sepulcrais. O primeiro a ser vislumbrado é o da imparcialidade, isto é, a isenção e a neutralidade do procedimento. Há de se lembrar que o mediador atua em prol da melhor definição do conflito, sem defender qualquer dos lados. Continuando, é essencial a presença da isonomia, tratando as partes com igualdade na exata medida de suas desigualdades. O procedimento deve ser guiado pela oralidade, sustentando uma lógica de maior aproximação das partes e de diminuição do formalismo, além de, naturalmente, estimular a celeridade em relação ao término do conflito. Caminhando em mesmo sentido há o próprio princípio da informalidade, justamente como modo de trazer respostas mais breves e que ao fim satisfaçam aos litigantes, evitando-se atrasos desnecessários. Há também a autonomia da vontade das partes como elemento propulsor do procedimento e a busca do consenso, assim se obstina alcançar decisões mais equânimes e que melhor se adaptem aos anseios de ambas as partes. Como um dos

---

incentivado pelo Estado, com ativa participação da sociedade, como forma de acesso à Justiça e à ordem jurídica justa".

últimos princípios existe a confidencialidade, que garante muito mais sigilo e por óbvio traz conforto e segurança aos envolvidos. E, por último, o mecanismo todo é orientado pela defesa da boa-fé (arts. 113 e 422 do CC e, ainda, probidade – princípios esses pautados pelo princípio da eticidade trazida pelo Código Civil)[2].

> § 1º Na hipótese de existir previsão contratual de cláusula de mediação, as partes deverão comparecer à primeira reunião de mediação.
> § 2º Ninguém será obrigado a permanecer em procedimento de mediação.

A mediação não é imposta, mas a partir do momento que há o acordo de vontades gerado pela autonomia da vontade das partes (art. 421 do CC) estas deverão comparecer à primeira reunião.

6.3 Objeto da mediação

> Art. 3º Pode ser objeto de mediação o conflito que verse sobre direitos disponíveis ou sobre direitos indisponíveis que admitam transação.
> § 1º A mediação pode versar sobre todo o conflito ou parte dele.
> § 2º O consenso das partes envolvendo direitos indisponíveis, mas transigíveis, deve ser homologado em juízo, exigida a oitiva do Ministério Público.

O artigo é análogo ao art. 1º da Lei n. 9.307/96, aqui se admitindo mediação sobre direitos disponíveis e indisponíveis (art. 104, II, do CC).

O art. 841 do CC é claro ao dizer que só quanto a direitos patrimoniais de caráter privado se permite a transação, ou seja, contrário ao *caput* do art. 3º que deveria não ter a expressão: "que admitam transação" (arts. 840-850 do CC).

6.4 A escolha do mediador

> Art. 4º O mediador será designado pelo tribunal ou escolhido pelas partes.

---

2 Além dos princípios estabelecidos em lei, a I Jornada de Prevenção e Solução Extrajudicial de Litígios, realizada em Brasília em 2016, também apresentou, em seu 41º Enunciado, que "além dos princípios já elencados no art. 2º da Lei 13.140/2015, a mediação também deverá ser orientada pelo Princípio da Decisão Informada".

> § 1º O mediador conduzirá o procedimento de comunicação entre as partes, buscando o entendimento e o consenso e facilitando a resolução do conflito.
> § 2º Aos necessitados será assegurada a gratuidade da mediação.

A rigor, o art. 4º inaugura a 2ª seção ainda do capítulo 1 da Lei, passando a tratar agora dos mediadores. Em um primeiro momento, isto é, do 4º ao 8º artigos, a norma intitula as tratativas de disposições comuns para cuidar de aspectos como a escolha do mediador; as aplicações de suspeição e de impedimento que recaem ao mediador, e a equiparação ao servidor público.

Sendo assim, olhando com mais cuidado ao art. 4º, a norma determina que a escolha sempre recairá às partes que, de comum acordo, selecionam o mediador. Normal e naturalmente, os mediandos elegem alguém que julgam capacitado, e muitas vezes este já se vê regularmente cadastrado e habilitado para a específica função. Portanto, é sempre possível que se recorra a entidades especializadas na temática para a seleção.

Esse mediador poderá fazer parte de uma câmara, centro, instituição ou órgão, além de poder atuar de maneira autônoma.

Se as partes tiverem como interesse um mediador que seja advogado, devem buscar a Ordem dos Advogados do Brasil, que disponibilizará rol com membros de sua seccional.

De todo modo, os advogados deverão estar com seus nomes devidamente listados e cadastrados para exercer a prática.

Como informação, em caso de mediação judicial, o mediador será indicado pela Comarca ou pelo Tribunal competente, entre os profissionais habilitados e cadastrados no Tribunal respectivo, conforme art. 167 do CPC/2015 ou no Cadastro Nacional de Mediadores Judiciais e Conciliadores, conforme dispõe o art. 12-C da Resolução n. 125 do CNJ, após efetuarem curso específico.

O § 2º deve ser analisado em conformidade com a Lei n. 1.060/50.

O CPC/2015 traz a gratuidade da justiça entre os arts. 98 a 102 que não eram retratados pelo antigo CPC[3].

---

3 "A Seção IV do Capítulo II do Título I do Livro III da Parte Especial do novo CPC inova ao disciplinar detidamente a gratuidade da justiça, revogando, inclusive, diversos dispositivos da Lei n. 1.060/50, como se verifica do inciso III do art. 1.072" (BUENO, Cassio Scarpinella. *Código de Processo Civil anotado*. São Paulo: Saraiva, 2015, p. 110).

Art. 98. A pessoa natural ou jurídica, brasileira ou estrangeira, com insuficiência de recursos para pagar as custas, as despesas processuais e os honorários advocatícios tem direito à gratuidade da justiça, na forma da lei.

§ 1º A gratuidade da justiça compreende:

I – as taxas ou as custas judiciais;

II – os selos postais;

III – as despesas com publicação na imprensa oficial, dispensando-se a publicação em outros meios;

IV – a indenização devida à testemunha que, quando empregada, receberá do empregador salário integral, como se em serviço estivesse;

V – as despesas com a realização de exame de código genético – DNA e de outros exames considerados essenciais;

VI – os honorários do advogado e do perito e a remuneração do intérprete ou do tradutor nomeado para apresentação de versão em português de documento redigido em língua estrangeira;

VII – o custo com a elaboração de memória de cálculo, quando exigida para instauração da execução;

VIII – os depósitos previstos em lei para interposição de recurso, para propositura de ação e para a prática de outros atos processuais inerentes ao exercício da ampla defesa e do contraditório;

IX – os emolumentos devidos a notários ou registradores em decorrência da prática de registro, averbação ou qualquer outro ato notarial necessário à efetivação de decisão judicial ou à continuidade de processo judicial no qual o benefício tenha sido concedido.

§ 2º A concessão de gratuidade não afasta a responsabilidade do beneficiário pelas despesas processuais e pelos honorários advocatícios decorrentes de sua sucumbência.

§ 3º Vencido o beneficiário, as obrigações decorrentes de sua sucumbência ficarão sob condição suspensiva de exigibilidade e somente poderão ser executadas se, nos 5 (cinco) anos subsequentes ao trânsito em julgado da decisão que as certificou, o credor demonstrar que deixou de existir a situação de insuficiência de recursos que justificou a concessão de gratuidade, extinguindo-se, passado esse prazo, tais obrigações do beneficiário.

§ 4º A concessão de gratuidade não afasta o dever de o beneficiário pagar, ao final, as multas processuais que lhe sejam impostas.

§ 5º A gratuidade poderá ser concedida em relação a algum ou a todos os atos processuais, ou consistir na redução percentual de despesas processuais que o beneficiário tiver de adiantar no curso do procedimento.

§ 6º Conforme o caso, o juiz poderá conceder direito ao parcelamento de despesas processuais que o beneficiário tiver de adiantar no curso do procedimento.

§ 7º Aplica-se o disposto no art. 95, §§ 3º a 5º, ao custeio dos emolumentos previstos no § 1º, inciso IX, do presente artigo, observada a tabela e as condições da lei estadual ou distrital respectiva.

§ 8º Na hipótese do § 1º, inciso IX, havendo dúvida fundada quanto ao preenchimento atual dos pressupostos para a concessão de gratuidade, o notário ou registrador, após praticar o ato, pode requerer, ao juízo competente para decidir questões notariais ou registrais, a revogação total ou parcial do benefício ou a sua substituição pelo parcelamento de que trata o § 6º deste artigo, caso em que o beneficiário será citado para, em 15 (quinze) dias, manifestar-se sobre esse requerimento.

A seguir o Enunciado do Fórum Permanente de Processualistas Civis (FPPC) que se refere a esse artigo do novo CPC:

– Enunciado n. 113 do FPPC: Na Justiça do Trabalho, o empregador pode ser beneficiário da gratuidade da justiça, na forma do art. 98.

Já o art. 99 do mesmo diploma legal assim dispõe:

Art. 99. O pedido de gratuidade da justiça pode ser formulado na petição inicial, na contestação, na petição para ingresso de terceiro no processo ou em recurso.

§ 1º Se superveniente à primeira manifestação da parte na instância, o pedido poderá ser formulado por petição simples, nos autos do próprio processo, e não suspenderá seu curso.

§ 2º O juiz somente poderá indeferir o pedido se houver nos autos elementos que evidenciem a falta dos pressupostos legais para a concessão de gratuidade, devendo, antes de indeferir o pedido, determinar à parte a comprovação do preenchimento dos referidos pressupostos.

§ 3º Presume-se verdadeira a alegação de insuficiência deduzida exclusivamente por pessoa natural.

§ 4º A assistência do requerente por advogado particular não impede a concessão de gratuidade da justiça.

§ 5º Na hipótese do § 4º, o recurso que verse exclusivamente sobre valor de honorários de sucumbência fixados em favor do advogado de beneficiário estará sujeito a preparo, salvo se o próprio advogado demonstrar que tem direito à gratuidade.

§ 6º O direito à gratuidade da justiça é pessoal, não se estendendo a litisconsorte ou a sucessor do beneficiário, salvo requerimento e deferimento expressos.

§ 7º Requerida a concessão de gratuidade da justiça em recurso, o recorrente estará dispensado de comprovar o recolhimento do preparo, incumbindo ao relator, neste caso, apreciar o requerimento e, se indeferi-lo, fixar prazo para realização do recolhimento[4].

A seguir os Enunciados do Fórum Permanente de Processualistas Civis (FPPC) que se refere a esse artigo do novo CPC que trata da matéria disposta no art. 2º da Lei de Mediação:

– Enunciado n. 245 do FPPC: O fato de a parte, pessoa natural ou jurídica, estar assistida por advogado particular não impede a concessão da justiça gratuita na Justiça do Trabalho.

– Enunciado n. 246 do FPPC: Dispensa-se o preparo do recurso quando houver pedido de justiça gratuita em sede recursal, consoante art. 99, § 6º, aplicável ao processo do trabalho. Se o pedido for indeferido, deve ser fixado prazo para o recorrente realizar o recolhimento.

Já o art. 100 do CPC/2015 dispõe, *in verbis*:

Art. 100. Deferido o pedido, a parte contrária poderá oferecer impugnação na contestação, na réplica, nas contrarrazões de recurso ou, nos casos de

---

[4] "O art. 99, *caput*, disciplina o requerimento de gratuidade da justiça. (...) A iniciativa é coerente com diversos outros dispositivos do novo CPC, que extinguem maiores formalidades, apensos, apartados e coisas tais para as manifestações jurisdicionais. A circunstância de o pedido não acarretar suspensão do processo é medida bem-vinda para evitar, com a iniciativa, procrastinações. (...) Quando o pedido for formulado por pessoa natural, presume-se verdadeira alegação de insuficiência. Caberá à parte contrária, portanto, afastar a presunção criada pelo § 3º, exercitando o contraditório nos termos do art. 100. (...) O § 7º, enfim, resolve questão interessante e comuníssima da prática forense sobre a necessidade de o beneficiário formular o pedido de gratuidade em recurso sujeito a preparo. Neste caso, o recorrente fica dispensado de comprovar o recolhimento do preparo. Se o relator indeferir o pedido, fixará prazo para o pagamento. Tal prazo, em harmonia com o § 2º do art. 101, deve ser de cinco dias" (BUENO, Cassio Scarpinella. *Código de Processo Civil anotado*. São Paulo: Saraiva, 2015, p. 112).

pedido superveniente ou formulado por terceiro, por meio de petição simples, a ser apresentada no prazo de 15 (quinze) dias, nos autos do próprio processo, sem suspensão de seu curso.

Parágrafo único. Revogado o benefício, a parte arcará com as despesas processuais que tiver deixado de adiantar e pagará, em caso de má-fé, até o décuplo de seu valor a título de multa, que será revertida em benefício da Fazenda Pública estadual ou federal e poderá ser inscrita em dívida ativa[5].

Neste diapasão, o art. 101 prevê:

Art. 101. Contra a decisão que indeferir a gratuidade ou a que acolher pedido de sua revogação caberá agravo de instrumento, exceto quando a questão for resolvida na sentença, contra a qual caberá apelação.

§ 1º O recorrente estará dispensado do recolhimento de custas até decisão do relator sobre a questão, preliminarmente ao julgamento do recurso.

§ 2º Confirmada a denegação ou a revogação da gratuidade, o relator ou o órgão colegiado determinará ao recorrente o recolhimento das custas processuais, no prazo de 5 (cinco) dias, sob pena de não conhecimento do recurso[6].

Portanto, entende-se ser viável a mediação gratuita desde que regulamentada pelos Tribunais pátrios, tendo em vista não ser recurso nem mesmo possibilidade de rediscussão da matéria em sede autocompositiva.

6.5 Suspeição e impedimento

> Art. 5º Aplicam-se ao mediador as mesmas hipóteses legais de impedimento e suspeição do juiz.
> Parágrafo único. A pessoa designada para atuar como mediador tem o dever de revelar às partes, antes da aceitação da função,

---

5 "O contraditório acerca da gratuidade da justiça é, de acordo com o art. 100, postergado, isto é, ele pressupõe o deferimento do pedido. É esta a razão pela qual a impugnação, de acordo com o dispositivo, será feita na contestação, na réplica ou nas contrarrazões recursais. Quando se tratar de pedido feito ao longo do processo ou formulado por terceiro, a impugnação deve ser apresentada (tanto quanto o pedido originário) por petição simples nos mesmos autos e sem suspensão do processo. O prazo é de quinze dias que, malgrado o silêncio, tem fluência quando da intimação do deferimento da gratuidade à parte ou ao terceiro" (BUENO, Cassio Scarpinella. *Código de Processo Civil anotado*. São Paulo: Saraiva, 2015, p. 113).

6 O art. 101 traz o recurso cabível no caso de indeferimento e o prazo para recolhimento de custas.

> *qualquer fato ou circunstância que possa suscitar dúvida justificada em relação à sua imparcialidade para mediar o conflito, oportunidade em que poderá ser recusado por qualquer delas.*

Este artigo diz respeito exatamente aos mesmos comentários já descritos sobre o árbitro. O CPC de 2015 traz as hipóteses de impedimentos e suspeição do magistrado que serão comentadas a seguir de acordo com a Lei Processual Civil:

> DOS IMPEDIMENTOS E DA SUSPEIÇÃO
> Art. 144. Há impedimento do juiz, sendo-lhe vedado exercer suas funções no processo:

O artigo trata dos casos de impedimento. Ocorrendo quaisquer das hipóteses a seguir, o julgador deverá se abster de atuar no processo, pois seu interesse, em tese, é de tal ordem, que a imparcialidade fica comprometida. São regras objetivas, que proíbem o juiz de julgar determinado processo. O disposto tem paralelo no art. 134 do Código Processual de 1973.

> *I – em que interveio como mandatário da parte, oficiou como perito, funcionou como membro do Ministério Público ou prestou depoimento como testemunha;*

Caso o julgador tenha atuado anteriormente no processo como mandatário da parte, perito, membro do Ministério Público ou testemunha, há um juízo prévio sobre a matéria ali tratada e, certamente, tendencioso. Assim, estará impedido para julgar aquele processo em específico.

> *II – de que conheceu em outro grau de jurisdição, tendo proferido decisão;*

Se o julgador conheceu daquele mesmo processo em outra instância de julgamento, tendo proferido decisão, sua postura será clara, pois não é a mera mudança de instância que assegurará à parte um conhecimento e julgamento. Caso fosse permitido que o mesmo julgador atuasse em diferentes instâncias no mesmo processo, estar-se-ia permitindo um contraditório de fachada, eis que previsível a decisão final.

> *III – quando nele estiver postulando, como defensor público, advogado ou membro do Ministério Público, seu cônjuge ou companheiro, ou qualquer parente, consanguíneo ou afim, em linha reta ou colateral, até o terceiro grau, inclusive;*

Quando atuar no processo, na qualidade de advogado, defensor público ou membro do Ministério Público, cônjuge ou companheiro, ou parente consanguíneo ou afim do julgador, tanto em linha reta quanto colateral, há uma aproximação muito grande do interesse no deslinde da causa e a figura do juiz, que deve ser imparcial. Também nesses casos o juiz fica impedido de atuar.

> *IV – quando for parte no processo ele próprio, seu cônjuge ou companheiro, ou parente, consanguíneo ou afim, em linha reta ou colateral, até o terceiro grau, inclusive;*

Sendo a parte o próprio juiz, seu cônjuge, companheiro, parente consanguíneo ou afim em linha reta ou colateral até o terceiro grau fica patente que o julgador terá dificuldades em cultivar sua imparcialidade, dando margem para benefícios indevidos. Por tal razão, também não poderá julgar os casos em que for parte, ou parente próximo de uma das partes.

> *V – quando for sócio ou membro de direção ou de administração de pessoa jurídica parte no processo;*

Sendo sócio ou membro de direção ou administração de pessoa jurídica litigante, também não poderá atuar, pois terá interesses socioeconômicos no êxito da pessoa jurídica da qual faça parte.

> *VI – quando for herdeiro presuntivo, donatário ou empregador de qualquer das partes;*

Sendo o julgador herdeiro presuntivo, donatário ou empregador de uma das partes, também há vínculo difícil de ser transposto no caso concreto, cabendo também aqui o impedimento.

> *VII – em que figure como parte instituição de ensino com a qual tenha relação de emprego ou decorrente de contrato de prestação de serviços;*

Se o julgador for professor de determinada instituição de ensino, ou ainda que tenha outro tipo de contrato, de emprego ou prestação de serviços, não poderá julgar ação que envolva a referida instituição educacional.

> *VIII – em que figure como parte cliente do escritório de advocacia de seu cônjuge, companheiro ou parente, consanguíneo ou afim, em linha reta ou colateral, até o terceiro grau, inclusive, mesmo que patrocinado por advogado de outro escritório;*

Embora o vínculo aqui não seja tão direto, pode ocorrer na prática suspeitas de influência e favorecimento de decisões. Por isso, o juiz não poderá atuar em causas em que figure como parte cliente de escritório de advocacia de seu cônjuge, companheiro ou parente, consanguíneo ou afim, em linha reta ou colateral, até o terceiro grau. Ainda que o processo esteja aos cuidados de outro advogado do escritório, não se descaracteriza o vínculo.

IX – quando promover ação contra a parte ou seu advogado.

Se o juiz litigar, em outro processo, contra uma das partes ou seu advogado, também haverá o risco de uma decisão parcial, razão pela qual não deverá julgar nenhum processo onde a parte ou seu patrono atue.

§ 1º Na hipótese do inciso III, o impedimento só se verifica quando o defensor público, o advogado ou o membro do Ministério Público já integrava o processo antes do início da atividade judicante do juiz.

O impedimento do juiz por postulação no processo como defensor público, membro do Ministério Público ou advogado de seu cônjuge, companheiro, parente em linha reta ou colateral, consanguíneo ou afim, até o terceiro grau, só se verifica quando o último já integrava o processo antes do início da atividade judicante daquele julgador.

§ 2º É vedada a criação de fato superveniente a fim de caracterizar impedimento do juiz.

Caso a ação seja ajuizada e não se verifique nenhuma das hipóteses listadas nos incisos deste artigo capazes de impedir o juiz de atuar naquele processo, deverá julgá-lo normalmente. Não é dado às partes ou a terceiros criar impedimentos posteriores, pois dessa forma, estariam manipulando a escolha do julgador de sua causa, afastando irregularmente algum juiz, em tese, menos benéfico a seus interesses particulares.

§ 3º O impedimento previsto no inciso III também se verifica no caso de mandato conferido a membro de escritório de advocacia que tenha em seus quadros advogado que individualmente ostente a condição nele prevista, mesmo que não intervenha diretamente no processo.

No caso ainda de impedimento por atuação do cônjuge, companheiro, e parentes até terceiro grau, em linha reta ou colateral, será considerado como advogado aquele integrante de determinado escritório aquele que pertença a seus quadros, ainda que não intervenha diretamente no processo em questão.

Art. 145. Há suspeição do juiz:

A suspeição do julgador era tratada na legislação processual anterior em seu art. 135, e traz casos menos graves que o do impedimento. Aqui há apenas uma presunção relativa do comprometimento do juiz, que poderá entender por não ser suspeito. Por exemplo, o amigo íntimo do juiz não poderá ter sua causa julgada pelo mesmo, mas o conceito de íntima amizade é por demais subjetivo, podendo ser avaliado caso a caso.

I – amigo íntimo ou inimigo de qualquer das partes ou de seus advogados;

Quando o juiz for amigo ou inimigo de qualquer das partes ou de seus advogados, deverá se abster de atuar. Aqui não se fala mais em inimigo capital, pois deve ser considerado suspeito o julgador que nutrir relação de inimizade em qualquer grau com o advogado da parte ou seu advogado para atuar no processo.

II – que receber presentes de pessoas que tiverem interesse na causa antes ou depois de iniciado o processo, que aconselhar alguma das partes acerca do objeto da causa ou que subministrar meios para atender às despesas do litígio;

Quando o julgador receber presentes das partes ou de pessoas que tenham interesse na causa, ainda que antes da distribuição do processo, ou que aconselhar uma das partes sobre o objeto da causa, ainda que informalmente, ou subministrar meio para as despesas processuais, também será suspeito.

III – quando qualquer das partes for sua credora ou devedora, de seu cônjuge ou companheiro ou de parentes destes, em linha reta até o terceiro grau, inclusive;

Se uma das partes for credora, devedora do julgador, de seu cônjuge, companheiro ou parentes em linha reta ou colateral até o terceiro grau, o julgador, em tese, também terá interesse no desfecho da causa, sendo suspeito.

> *IV – interessado no julgamento do processo em favor de qualquer das partes.*

Se o julgador tiver qualquer outro interesse no julgamento do processo favorável a uma das partes, ainda que não previsto nesse Código, também haverá seu impedimento.

> *§ 1º Poderá o juiz declarar-se suspeito por motivo de foro íntimo, sem necessidade de declarar suas razões.*

Quando o juiz entender por sua suspeição, poderá se abster de conduzir o processo sem que para tanto precise declarar os motivos que o fizeram declinar de sua atuação, por serem de foro íntimo.

> *§ 2º Será ilegítima a alegação de suspeição quando:*

A alegação de suspeição poderá ser levantada pela parte. Será, contudo, considerada ilegítima e não deverá ser acolhida, nos casos abaixo.

> *I – houver sido provocada por quem a alega;*

Se a parte que alegar a suspeição for a mesma que a der causa, trata-se da provocação de um vício para afastar determinado julgador, que, no entanto, poderá permanecer no julgamento da causa.

> *II – a parte que a alega houver praticado ato que signifique manifesta aceitação do arguido.*

Quando a parte que alegar a suspeição anteriormente tiver praticado qualquer ato no sentido de concordar com o julgamento por aquele magistrado, a dúvida quanto a sua suspeição não deverá ser admitida em momento posterior.

6.6 Impedimento a partir da realização da mediação

> *Art. 6º O mediador fica impedido, pelo prazo de um ano, contado do término da última audiência em que atuou, de assessorar, representar ou patrocinar qualquer das partes.*

O art. 6º cuida sobre impedimento para que não haja a quebra da neutralidade/imparcialidade do mediador, impondo termo de um ano a contar do término da última audiência que atuou.

6.7 Impedimento do mediador em relação à arbitragem

> Art. 7º O mediador não poderá atuar como árbitro nem funcionar como testemunha em processos judiciais ou arbitrais pertinentes a conflito em que tenha atuado como mediador.

O art. 7º cuida exatamente sobre impedimento para que não haja a quebra da neutralidade/imparcialidade do mediador, dentro da mesma lógica do art. 6º.

6.8 Responsabilidade penal do mediador

> Art. 8º O mediador e todos aqueles que o assessoram no procedimento de mediação, quando no exercício de suas funções ou em razão delas, são equiparados a servidor público, para os efeitos da legislação penal.

O art. 8º tem a mesma estrutura de comentário do art. 17 da Lei n. 9.307/96 que remete aos arts. 312 a 359 do CP.

6.9 Da capacidade do mediador

> Art. 9º Poderá funcionar como mediador extrajudicial qualquer pessoa capaz que tenha a confiança das partes e seja capacitada para fazer mediação, independentemente de integrar qualquer tipo de conselho, entidade de classe ou associação, ou nele inscrever-se.

O art. 9º da lei ainda está no bojo do capítulo 1 da norma, mas inicializa agora as subseções que versam sobre os mediadores judiciais e extrajudiciais. Acima de tudo, o artigo discorre sobre aquele que poderá atuar como mediador extrajudicial. Sendo assim, desde que provenha de capacitação técnica, qualquer pessoa poderá ser um mediador.

É de se lembrar que recai ao mediador a função primordial de facilitar e de restaurar o diálogo entre as partes para que depois elas consigam reconhecer os seus interesses e chegar a um ponto não mais de discórdia, mas sim de aceitação.

Não raro, já se adiantou e se verificará adiante, o mediador tem uma formação multidisciplinar para atender a diversos propósitos. Muitas vezes ele já transita na área jurídica, mas essa está longe de ser uma vertente obrigacional.

O Conselho Nacional das Instituições de Mediação e Arbitragem, o CONIMA, entende que:

> A capacitação básica em mediação se divide em dois módulos: um primeiro, teórico-prático, isto é, com simulação de casos concretos; e um seguinte, de efetiva prática real supervisionada. Esta formação compreende conteúdo programático específico, com carga horária mínima de 60 horas, exigida frequência de pelo menos 90% do curso. A prática supervisionada de casos reais deve ter entre 50 e 100 horas, sendo certo que a certificação será fornecida àquele que cumprir as duas etapas do ciclo de formação[7].

O Conselho Nacional de Justiça, por seu turno – olhando para os mediadores mais detidamente ligados ao Poder Judiciário –, entende que os cursos de capacitação, de treinamento e de aperfeiçoamento de mediadores devem atender a conteúdos programáticos, número de exercícios simulados e carga mínima de horas, além de serem supervisionados e aprovados pelo Comitê Gestor de Conciliação e de Mediação do Conselho Nacional de Justiça. Os treinamentos devem ser guiados por instrutores certificados também pelo CNJ.

Já aqueles que tiverem como interesse ingressar na Ordem dos Advogados do Brasil, para atuar como mediadores junto à OAB devem participar de formação proposta, apresentada pela Comissão Especial de Mediação, Conciliação e Arbitragem do Conselho Federal.

O mais importante é entender que o mediador facilita a comunicação e aproxima as pessoas, enquanto, por outro lado, o juiz e o mesmo árbitro tendem a concluir pela adjudicação. O mediador se desvincula da forma de atuação de seu ofício de origem, sem prejuízo, porém, de lançar mão de aparato técnico e de perito, por exemplo, se necessário. Então, se for necessário que o mediador, ao longo do curso do procedimento, clame pela presença de um advogado ou de outro profissional do universo técnico científico, certamente ele não terá dúvida em fazê-lo.

---

[7] Disponível em: <http://www.adamsistemas.com/wp-content/uploads/adam-_manual_med_adv.pdf>. Acesso em: 12-8-2019.

Também é notável se o mediador possuir cursos de formação continuada a fim de que se recicle e se aprimore ao longo do tempo. Além disso, a troca de experiências com outros profissionais, de outras áreas, inclusive, em muito colabora para que ele esteja sempre atualizado.

Para finalizar, o Enunciado 47 da 1ª Jornada de Prevenção e Solução Extrajudicial bem explica a questão ao pontuar que:

> A menção à capacitação do mediador extrajudicial, prevista no art. 9º da Lei n. 13.140/2015, indica que ele deve ter experiência, vocação, confiança dos envolvidos e aptidão para mediar, bem como conhecimento dos fundamentos da mediação, não bastando formação em outras áreas do saber que guardem relação com o mérito do conflito.

Destaca-se que mesmo com este Enunciado a conclusão é muito vaga sobre o que o legislador espera de um mediador extrajudicial.

6.10 Da obrigatoriedade de se utilizar advogados ou defensores públicos

> Art. 10. As partes poderão ser assistidas por advogados ou defensores públicos.
> Parágrafo único. Comparecendo uma das partes acompanhada de advogado ou defensor público, o mediador suspenderá o procedimento, até que todas estejam devidamente assistidas.

Este artigo deve ser questionado pela OAB, mas por enquanto não é dever fazer mediação assistidos por advogados, o que vai contra ao acesso a justiça e a Lei n. 8.906/94 (Estatuto da OAB).

Consagrando e aplaudindo a relevância da mediação e da negociação e – em última análise, dos demais meios de solução de conflitos –, o próprio Código de Processo Civil brasileiro de 2015, em vigor a partir do ano de 2016, dispõe já em seu Capítulo I, entre as Normas Fundamentais do Processo, que o Estado promoverá, sempre que possível, a solução consensual dos conflitos. E que a mediação e a conciliação entre outros métodos deverão ser estimulados por magistrados, advogados, membros do Ministério Público e defensores públicos, também no curso do processo judicial[8].

---

8 "Art. 3º Não se excluirá da apreciação jurisdicional ameaça ou lesão a direito. (...)
§ 2º O Estado promoverá, sempre que possível, a solução consensual dos conflitos.

Antes de tudo, isso vem a significar como o próprio Estado cada vez mais percebe a importância de se promover uma cultura mais colaborativa, menos beligerante e que eleve as práticas mais modernas de solução de litígios.

Posto isso, também se questiona como será desempenhado o papel dos advogados em relação à mediação. Existe uma multiplicidade de opções de acesso à justiça e sabe-se que vigorosos advogados estão aos montes no mercado. Mas não necessariamente os mais preparados e atentos aos novos hábitos são tão facilmente encontrados.

O advogado pode, por exemplo, seguindo a advocacia colaborativa, sugerir a contratação do já explicado avaliador neutro, o qual emitirá laudo que poderá mais adiante esclarecer dúvidas e aspectos da disputa que se alinha.

Mas pode propor também a contratação de um mediador. Este, em muitas ocasiões, está mais condicionado a lidar com uma negociação direta e tem mais experiência para facilitar os diálogos entre os envolvidos.

De toda sorte, elegendo o advogado a opção pela mediação, é salutar que procure o profissional fazer incutir no contrato algumas possibilidades de cláusulas. As cláusulas podem ser isoladas ou escalonadas. Neste *Manual* serão apresentados alguns exemplos de tais negócios jurídicos.

6.11 Da mediação judicial

> Art. 11. Poderá atuar como mediador judicial a pessoa capaz, graduada há pelo menos dois anos em curso de ensino superior de instituição reconhecida pelo Ministério da Educação e que tenha obtido capacitação em escola ou instituição de formação de mediadores, reconhecida pela Escola Nacional de Formação e Aperfeiçoamento de Magistrados – ENFAM ou pelos tribunais, observados os requisitos mínimos estabelecidos pelo Conselho Nacional de Justiça em conjunto com o Ministério da Justiça.

O art. 11, ainda tratando dos mediadores, inicia a subseção 3 para cuidar dos mediadores judiciais. Nesse particular, como bem apresenta a letra da lei, podem atuar como a pessoa capaz, tendo concluído a graduação pelo menos dois

---

§ 3º A conciliação, a mediação e outros métodos de solução consensual de conflitos deverão ser estimulados por juízes, advogados, defensores públicos e membros do Ministério Público, inclusive no curso do processo judicial."

anos em algum curso de ensino superior de instituição naturalmente reconhecida pelo Ministério da Educação – MEC. Não obstante a esses requisitos, a pessoa também tem que ter obtido capacitação em escola ou instituição de formação de mediadores reconhecida pela Escola Nacional de Formação e Aperfeiçoamento de Magistrados – ENFAM ou pelos tribunais, observados os requisitos mínimos estabelecidos pelo Conselho Nacional de Justiça em conjunto com o Ministério da Justiça. Porém como o artigo não traz o dever, isso será regulamentado pelo Regimento de cada Tribunal, conforme os arts. 12 e 13 da Lei a seguir citados.

6.12 Do cadastro de mediador atualizado dos tribunais pátrios

> Art. 12. Os tribunais criarão e manterão cadastros atualizados dos mediadores habilitados e autorizados a atuar em mediação judicial.
> § 1º A inscrição no cadastro de mediadores judiciais será requerida pelo interessado ao tribunal com jurisdição na área em que pretenda exercer a mediação.
> § 2º Os tribunais regulamentarão o processo de inscrição e desligamento de seus mediadores.

Os Tribunais são responsáveis pelo cadastramento de mediadores, inscrição e desligamento dos mediadores, que podem atuar como a pessoa capaz, graduada há pelo menos dois anos em curso de ensino superior de instituição reconhecida pelo Ministério da Educação e que tenha obtido capacitação em escola ou instituição de formação de mediadores, reconhecida pela Escola Nacional de Formação e Aperfeiçoamento de Magistrados – ENFAM ou pelos tribunais, observados os requisitos mínimos estabelecidos pelo Conselho Nacional de Justiça em conjunto com o Ministério da Justiça. Porém como o artigo não traz o dever, isso será regulamentado pelo Regimento de cada Tribunal.

6.13 Remuneração dos mediadores judiciais

> Art. 13. A remuneração devida aos mediadores judiciais será fixada pelos tribunais e custeada pelas partes, observado o disposto no § 2º do art. 4º desta Lei.

Este artigo deve ser interpretado de acordo com os Regimentos de cada Tribunal do país, seja Estadual, seja Federal, porém somente em caso de mediação judicial, na extra a remuneração será de acordo com a vontade das partes.

6.14 Procedimento da mediação. Início

> Art. 14. No início da primeira reunião de mediação, e sempre que julgar necessário, o mediador deverá alertar as partes acerca das regras de confidencialidade aplicáveis ao procedimento.

Bem, após os artigos anteriores versarem sobre o mediador, o art. 14 passa a tratar mais especificamente da mediação em si.

A rigor, a lei discorre sobre a confidencialidade no art. 14. Isto é, o mediador deverá sempre que necessário rememorar as partes acerca das regras de confidencialidade atinente ao instituto.

Como é cediço, na instância judicial ordinária, um dos princípios norteadores do processo é a publicidade dos atos, de modo que aquilo que é discutido tem natureza comum e fica ao alcance de qualquer pessoa, bastando apenas o interesse dela para obter informações que poderiam ser de interesse meramente dos envolvidos nos conflitos. Há que se considerar por óbvio certas hipóteses de que, até por se objetivar defender o interesse específico – por exemplo, de um menor –, as discussões ao longo do processo se mantenham de maneira sigilosa, ainda que este não seja o mote do procedimento.

Já na mediação, tudo o que é discutido entre as partes fica única e exclusivamente ligado a elas. Isso se torna muito útil uma vez que, tendo em vista o fato de se ter, por exemplo, grandes corporações discutindo alguma questão, a imagem dessas empresas não fica desgastada ou arranhada perante a opinião pública em virtude da confidencialidade que alcança o instituto.

6.15 Da comediação

> Art. 15. A requerimento das partes ou do mediador, e com anuência daquelas, poderão ser admitidos outros mediadores para funcionarem no mesmo procedimento, quando isso for recomendável em razão da natureza e da complexidade do conflito.

O art. 15 se refere a uma hipótese já tratada neste *Manual* quando dos comentários sobre as técnicas da mediação. A rigor, trata-se da comediação. E apenas para reforçar ao que já fora exposto, como bem define o Conima, "é o processo realizado por dois (ou mais mediadores) e que permite uma reflexão e amplia a visão da controvérsia, propiciando um melhor controle e qualidade da mediação"[9]. Com efeito, essa técnica é altamente recomendável em virtude da natureza ou da dificuldade do conflito, sendo feita por profissional que é especialista na área de conhecimento que toca o conflito.

Ainda está prevista a figura da comediação obrigatória nas controvérsias que discutem acerca do *estado da pessoa* e de *direito de família*, casos em que o comediador deverá ser um psicólogo, um psiquiatra ou um assistente social.

6.16 Processo judicial ou arbitral e a mediação

> Art. 16. Ainda que haja processo arbitral ou judicial em curso, as partes poderão submeter-se à mediação, hipótese em que requererão ao juiz ou árbitro a suspensão do processo por prazo suficiente para a solução consensual do litígio.
> § 1º É irrecorrível a decisão que suspende o processo nos termos requeridos de comum acordo pelas partes.
> § 2º A suspensão do processo não obsta a concessão de medidas de urgência pelo juiz ou pelo árbitro.

Este artigo dispõe sobre os MESCs que devem ser utilizados em conjunto, podendo no caso de utilizar a mediação os processos judiciais ou arbitrais devem ser suspensos até o final da solução consensual do litígio, claro que a presunção é de boa-fé objetiva (arts. 113 e 422 do CC), mas deve ter um regramento das sessões que haverá mediação. Cautelares devem ser analisadas conforme já comentado acima nos arts. 22-A, 22-B e 22-C.

6.17 Da instituição da mediação. Primeira reunião

> Art. 17. Considera-se instituída a mediação na data para a qual for marcada a primeira reunião de mediação.
> Parágrafo único. Enquanto transcorrer o procedimento de mediação, ficará suspenso o prazo prescricional.

Inicia-se a mediação na data em que for agendada a primeira reunião, onde o prazo prescricional ficará suspenso, a partir disso.

---

[9] Disponível em: <http://www.conima.org.br/regula_modmed>. Acesso em: 19 jun. 2017.

6.18 Reuniões posteriores da iniciação da mediação

> Art. 18. Iniciada a mediação, as reuniões posteriores com a presença das partes somente poderão ser marcadas com a sua anuência.

Este artigo pontua a autonomia da vontade (art. 421 do CC) para reuniões posteriores com a presença das partes, ou seja, somente com anuência das partes poderão ser agendadas.

6.19 Função de mediador

> Art. 19. No desempenho de sua função, o mediador poderá reunir-se com as partes, em conjunto ou separadamente, bem como solicitar das partes as informações que entender necessárias para facilitar o entendimento entre aquelas.

Conforme já orientado anteriormente, no trajeto ao longo das atribuições e também dos princípios do mediador, buscando justamente alcançar a melhor comunicação e o entendimento recíprocos, o mediador pode se reunir com as partes, tanto de forma separada como também em conjunto para melhor entender alguns pontos que as afligem e para assim melhor conduzir os trabalhos. É bom relembrar, de todo modo, que o mediador não deve, porém, dar a impressão, caso se reúna isoladamente com as partes, que está tendendo a favorecer a alguma delas, sob pena de macular o seu dever de imparcialidade e viciar o procedimento. Além disso, é importante lembrar que a função do mediador é social e humana.

Ademais, durante o desenvolvimento das conversas, ele também pode requerer informações que julgar necessárias para que isso possa trazer melhores resultados a todos os envolvidos.

6.20 Do encerramento do procedimento

> Art. 20. O procedimento de mediação será encerrado com a lavratura do seu termo final, quando for celebrado acordo ou quando não se justificarem novos esforços para a obtenção de consenso, seja por declaração do mediador nesse sentido ou por manifestação de qualquer das partes.

> *Parágrafo único. O termo final de mediação, na hipótese de celebração de acordo, constitui título executivo extrajudicial e, quando homologado judicialmente, título executivo judicial.*

Como o artigo *supra* trata do início da mediação este trata da finalização que se dá com a lavratura do seu termo final. O termo final de mediação constitui título executivo extrajudicial e, quando homologado em juízo título executivo judicial.

6.21 Procedimento de mediação extrajudicial

> *Art. 21. O convite para iniciar o procedimento de mediação extrajudicial poderá ser feito por qualquer meio de comunicação e deverá estipular o escopo proposto para a negociação, a data e o local da primeira reunião.*
>
> *Parágrafo único. O convite formulado por uma parte à outra considerar-se-á rejeitado se não for respondido em até trinta dias da data de seu recebimento.*

Nelson Nery Junior entende que a conciliação e a mediação extrajudicial no CPC/2015 ocorrem quando:

> As partes escolhem seu conciliador ou mediador, e apenas no caso de não haver acordo a respeito é que se distribuirá a questão aos profissionais inscritos nos tribunais. A escolha poderá recair sobre pessoas ou instituições criadas justamente com o fim de promover a conciliação e a mediação, de forma semelhante ao que ocorre com as câmaras arbitrais[10].

---

10 NERY JR., Nelson; ANDRADE NERY, Rosa Maria. *Código de Processo Civil comentado*. 3. ed. São Paulo: Revista dos Tribunais, 1997. p. 653. *Vide* arts. 174 e 175 do CPC/2015: "Art. 174. A União, os Estados, o Distrito Federal e os Municípios criarão câmaras de mediação e conciliação, com atribuições relacionadas à solução consensual de conflitos no âmbito administrativo, tais como: I – dirimir conflitos envolvendo órgãos e entidades da administração pública; II – avaliar a admissibilidade dos pedidos de resolução de conflitos, por meio de conciliação, no âmbito da administração pública; III – promover, quando couber, a celebração de termo de ajustamento de conduta. Art. 175. As disposições desta Seção não excluem outras formas de conciliação e mediação extrajudiciais vinculadas a órgãos institucionais ou realizadas por intermédio de profissionais independentes, que poderão ser regulamentadas por lei específica. Parágrafo único. Os dispositivos desta Seção aplicam-se, no que couber, às câmaras privadas de conciliação e mediação".

A Lei entende que o convite para iniciar a mediação poderá ocorrer informalmente, por exemplo, via "WhatsApp", já que não delimita a liberdade das partes em proceder com o *animus* de fazer a mediação.

O parágrafo único traz a questão da proposta rejeitada entre ausentes, ou seja, só haverá mediação se a parte (leia-se: o oblato) fizer o contato para tanto em até 30 dias, prazo decadencial.

6.22 Da previsão contratual

> *Art. 22. A previsão contratual de mediação deverá conter, no mínimo:*
> *I – prazo mínimo e máximo para a realização da primeira reunião de mediação, contado a partir da data de recebimento do convite;*
> *II – local da primeira reunião de mediação;*
> *III – critérios de escolha do mediador ou equipe de mediação;*
> *IV – penalidade em caso de não comparecimento da parte convidada à primeira reunião de mediação.*
> *§ 1º A previsão contratual pode substituir a especificação dos itens acima enumerados pela indicação de regulamento, publicado por instituição idônea prestadora de serviços de mediação, no qual constem critérios claros para a escolha do mediador e realização da primeira reunião de mediação.*
> *§ 2º Não havendo previsão contratual completa, deverão ser observados os seguintes critérios para a realização da primeira reunião de mediação:*
> *I – prazo mínimo de dez dias úteis e prazo máximo de três meses, contados a partir do recebimento do convite;*
> *II – local adequado a uma reunião que possa envolver informações confidenciais;*
> *III – lista de cinco nomes, informações de contato e referências profissionais de mediadores capacitados; a parte convidada poderá escolher, expressamente, qualquer um dos cinco mediadores e, caso a parte convidada não se manifeste, considerar-se-á aceito o primeiro nome da lista;*
> *IV – o não comparecimento da parte convidada à primeira reunião de mediação acarretará a assunção por parte desta de cinquenta por cento das custas e honorários sucumbenciais caso venha a ser vencedora em procedimento arbitral ou judicial posterior, que envolva o escopo da mediação para a qual foi convidada.*
> *§ 3º Nos litígios decorrentes de contratos comerciais ou societários que não contenham cláusula de mediação, o mediador extrajudicial*

> *somente cobrará por seus serviços caso as partes decidam assinar o termo inicial de mediação e permanecer, voluntariamente, no procedimento de mediação.*

Qualquer litígio oriundo do presente instrumento, inclusive em relação à sua interpretação bem como à sua execução, será submetido à mediação, administrada pela instituição, em conformidade com o seu regimento, a ser coordenada por mediadores pertencentes da respectiva lista de mediadores.

A previsão contratual de mediação deverá conter, no mínimo, sob pena de invalidade: I – prazo mínimo e máximo para a realização da primeira reunião de mediação, contado a partir da data de recebimento do convite; II – local da primeira reunião de mediação; III – critérios de escolha do mediador ou equipe de mediação; IV – penalidade em caso de não comparecimento da parte convidada à primeira reunião de mediação.

6.23 Da cláusula de mediação

> *Art. 23. Se, em previsão contratual de cláusula de mediação, as partes se comprometerem a não iniciar procedimento arbitral ou processo judicial durante certo prazo ou até o implemento de determinada condição, o árbitro ou o juiz suspenderá o curso da arbitragem ou da ação pelo prazo previamente acordado ou até o implemento dessa condição.*
>
> *Parágrafo único. O disposto no caput não se aplica às medidas de urgência em que o acesso ao Poder Judiciário seja necessário para evitar o perecimento de direito.*

Havendo encargo, condição ou termo (art. 121 e s. do CC) o processo principal judicial não poderá ser iniciado, ou se no curso da arbitragem, o magistrado solicitará sua suspensão, não cabendo em ambos os casos as medidas de urgência. *Vide:* Capítulo sobre mediação com exemplos de cláusulas.

6.24 Centros judiciários de solução consensual de conflitos

> *Art. 24. Os tribunais criarão centros judiciários de solução consensual de conflitos, responsáveis pela realização de sessões e audiências de conciliação e mediação, pré-processuais e processuais, e pelo desenvolvimento de programas destinados a auxiliar, orientar e estimular a autocomposição.*

> *Parágrafo único. A composição e a organização do centro serão definidas pelo respectivo tribunal, observadas as normas do Conselho Nacional de Justiça.*

Os tribunais criarão centros judiciários de solução consensual de conflitos, responsáveis pela realização de sessões e audiências de conciliação e mediação, pré-processuais e processuais, e pelo desenvolvimento de programas destinados a auxiliar, orientar e estimular a autocomposição. A composição e a organização do centro serão definidas pelo respectivo tribunal, observadas as normas do Conselho Nacional de Justiça (CNJ) que deve utilizar a Resolução n. 125 como base.

6.25 Da mediação judicial. A intimação

> *Art. 25. Na mediação judicial, os mediadores não estarão sujeitos à prévia aceitação das partes, observado o disposto no art. 5º desta Lei.*

Na mediação judicial as partes serão intimadas pelo magistrado, mas ela não estará sujeita à vontade das partes. Discorda-se deste texto legislativo já que a mediação está pautada em autonomia da vontade e eticidade. O Estado não pode impor uma comunicação entre aqueles que não estão preparados para tanto. Cada um tem seu tempo e o conflito também. O tempo não é igual para todos.

6.26 Advogados na mediação judicial. Obrigatoriedade

> *Art. 26. As partes deverão ser assistidas por advogados ou defensores públicos, ressalvadas as hipóteses previstas nas Leis n. 9.099, de 26 de setembro de 1995, e 10.259, de 12 de julho de 2001. Parágrafo único. Aos que comprovarem insuficiência de recursos será assegurada assistência pela Defensoria Pública.*

Os advogados são obrigados a assistir as partes na mediação judicial[11], inclusive, aos necessitados é assegurada assistência pela Defensoria Pública (*vide*: Lei n. 1.060/50) – PL 5.511-B de 2016. Este artigo ainda

---

11 A obrigatoriedade se dá inclusive na mediação em formato digital/*on-line*.

tem sido caso de muitos estudos singulares e das Seccionais da OAB. De modo geral a comprovação de insuficiência de recursos se prova documentalmente pela declaração de IRPF da pessoa física; não se estende a aplicação para pessoa jurídica já que a prestação de serviço não pode ser gratuita (arts. 593 do CC e s.)[12].

6.27 Petição inicial. Requisitos

> *Art. 27. Se a petição inicial preencher os requisitos essenciais e não for o caso de improcedência liminar do pedido, o juiz designará audiência de mediação.*

A petição inicial deve preencher requisitos essenciais dispostos no CPC/2015.

Conforme o artigo a seguir:

Art. 319. A petição inicial indicará:
I – o juízo a que é dirigida;
II – os nomes, os prenomes, o estado civil, a existência de união estável, a profissão, o número de inscrição no Cadastro de Pessoas Físicas ou no Cadastro Nacional da Pessoa Jurídica, o endereço eletrônico, o domicílio e a residência do autor e do réu;
III – o fato e os fundamentos jurídicos do pedido;
IV – o pedido com as suas especificações;
V – o valor da causa;
VI – as provas com que o autor pretende demonstrar a verdade dos fatos alegados;
VII – a opção do autor pela realização ou não de audiência de conciliação ou de mediação.
§ 1º Caso não disponha das informações previstas no inciso II, poderá o autor, na petição inicial, requerer ao juiz diligências necessárias a sua obtenção.
§ 2º A petição inicial não será indeferida se, a despeito da falta de informações a que se refere o inciso II, for possível a citação do réu.

---

[12] *Vide*: ALMEIDA, Guilherme, Luiz Fernando do Vale de. *Código Civil comentado e anotado*. 2. ed. Barueri: Manole, 2017, p. 352 e s.

§ 3º A petição inicial não será indeferida pelo não atendimento ao disposto no inciso II deste artigo se a obtenção de tais informações tornar impossível ou excessivamente oneroso o acesso à justiça.

6.28 Prazo da mediação judicial

> Art. 28. O procedimento de mediação judicial deverá ser concluído em até sessenta dias, contados da primeira sessão, salvo quando as partes, de comum acordo, requererem sua prorrogação.
> Parágrafo único. Se houver acordo, os autos serão encaminhados ao juiz, que determinará o arquivamento do processo e, desde que requerido pelas partes, homologará o acordo, por sentença, e o termo final da mediação e determinará o arquivamento do processo.

O procedimento de mediação judicial deverá ser concluído em até 60 (sessenta) dias se não houver outro prazo. Se houver acordo, os autos serão encaminhados ao juiz, que determinará o arquivamento do processo e, desde que requerido pelas partes, homologará o acordo, por sentença, e o termo final da mediação e determinará o arquivamento do processo.

6.29 Citação do réu na mediação

> Art. 29. Solucionado o conflito pela mediação antes da citação do réu, não serão devidas custas judiciais finais.

As custas judiciais finais não serão devidas desde que o réu não seja citado e elas tenham se iniciado no Judiciário. No caso de Câmaras especializadas caberá o contrato específico que as partes fizeram com ela.

6.30 Da confidencialidade e suas exceções

> Art. 30. Toda e qualquer informação relativa ao procedimento de mediação será confidencial em relação a terceiros, não podendo ser revelada sequer em processo arbitral ou judicial, salvo se as partes expressamente decidirem de forma diversa ou quando sua divulgação for exigida por lei ou necessária para cumprimento de acordo obtido pela mediação.

> § 1º O dever de confidencialidade aplica-se ao mediador, às partes, a seus prepostos, advogados, assessores técnicos e a outras pessoas de sua confiança que tenham, direta ou indiretamente, participado do procedimento de mediação, alcançando:
> I – declaração, opinião, sugestão, promessa ou proposta formulada por uma parte à outra na busca de entendimento para o conflito;
> II – reconhecimento de fato por qualquer das partes no curso do procedimento de mediação;
> III – manifestação de aceitação de proposta de acordo apresentada pelo mediador;
> IV – documento preparado unicamente para os fins do procedimento de mediação.
> § 2º A prova apresentada em desacordo com o disposto neste artigo não será admitida em processo arbitral ou judicial.
> § 3º Não está abrigada pela regra de confidencialidade a informação relativa à ocorrência de crime de ação pública.
> § 4º A regra da confidencialidade não afasta o dever de as pessoas discriminadas no caput prestarem informações à administração tributária após o termo final da mediação, aplicando-se aos seus servidores a obrigação de manterem sigilo das informações compartilhadas nos termos do art. 198 da Lei n. 5.172, de 25 de outubro de 1966 – Código Tributário Nacional.

Sobre a confidencialidade em si, esta será tratada nos comentários do art. 31, *infra*. Interessante se faz notar que o § 2º altera tanto o CPC/2015 como a Lei n. 9.307/96, já que a prova apresentada em desacordo com o disposto neste artigo não será admitida em processo arbitral ou judicial.

6.31 Da privacidade das informações

> Art. 31. Será confidencial a informação prestada por uma parte em sessão privada, não podendo o mediador revelá-la às demais, exceto se expressamente autorizado.

Como poderá se observar, será tratada com mais atenção a questão da confidencialidade nos meios extrajudiciais de solução de conflitos. De toda sorte, como ainda é bastante tradicional e correto, analisa-se essa questão como sendo uma vantagem preciosa dos MESCs e, no caso, da mediação.

Como é cediço, na instância judicial ordinária, um dos princípios norteadores do processo é a publicidade dos atos, de modo que aquilo que é discutido tem natureza comum e fica ao alcance de qualquer pessoa, bastando apenas o interesse dela para obter informações que poderiam ser de interesse meramente dos envolvidos nos conflitos. Há que se considerar por óbvio certas hipóteses de que, até por se objetivar defender o interesse específico – por exemplo, de um menor –, as discussões ao longo do processo se mantenham de maneira sigilosa, ainda que este não seja o mote do procedimento.

Já na mediação, tudo o que é discutido entre as partes fica única e exclusivamente ligado a elas. Isso se torna muito útil uma vez que, tendo em vista o fato de se ter, por exemplo, grandes corporações discutindo alguma questão, a imagem dessas empresas não fica desgastada ou arranhada perante a opinião pública em virtude da confidencialidade que alcança o instituto.

6.32 Da autocomposição de conflitos em que for parte pessoa jurídica de direito público

> *Art. 32. A União, os Estados, o Distrito Federal e os Municípios poderão criar câmaras de prevenção e resolução administrativa de conflitos, no âmbito dos respectivos órgãos da Advocacia Pública, onde houver, com competência para:*
> *I – dirimir conflitos entre órgãos e entidades da administração pública;*
> *II – avaliar a admissibilidade dos pedidos de resolução de conflitos, por meio de composição, no caso de controvérsia entre particular e pessoa jurídica de direito público;*
> *III – promover, quando couber, a celebração de termo de ajustamento de conduta.*
> *§ 1º O modo de composição e funcionamento das câmaras de que trata o* caput *será estabelecido em regulamento de cada ente federado.*
> *§ 2º A submissão do conflito às câmaras de que trata o* caput *é facultativa e será cabível apenas nos casos previstos no regulamento do respectivo ente federado.*
> *§ 3º Se houver consenso entre as partes, o acordo será reduzido a termo e constituirá título executivo extrajudicial.*
> *§ 4º Não se incluem na competência dos órgãos mencionados no* caput *deste artigo as controvérsias que somente possam ser resolvidas por atos ou concessão de direitos sujeitos a autorização do Poder Legislativo.*
> *§ 5º Compreendem-se na competência das câmaras de que trata o* caput *a prevenção e a resolução de conflitos que envolvam equilíbrio econômico-financeiro de contratos celebrados pela administração com particulares.*

A importância da mediação fez com que o legislador trouxesse este Meio para os entes públicos que devem aplicar desde que regulamentados por eles. Essa é mais uma demonstração da inclinação do legislador aos preceitos dos meios consensuais de solução de litígios. Percebe-se que, a rigor, esse tipo de preocupação revela um anseio social, que reclama respostas diferentes daquelas que geralmente são observadas quando há como primeira saída a um conflito o socorro ao Poder Judiciário.

Também é admitida a apresentação de regulamentos próprios de cada ente federado envolvido, desde que, naturalmente, sejam observados os preceitos básicos estatuídos em lei, sendo que, naturalmente, até em virtude de tudo o que fora defendido ao se levantar que não consiste em um expediente obrigatório às partes a submissão à mediação, vem a ser uma faculdade dos litigantes a possibilidade de resolução do entrave por meio desse instrumento.

Seja como for, uma vez decidido pela mediação e se essa lograr êxito, resultando em um acordo entre as partes, o consenso é reduzido a termo e consiste em um título executivo extrajudicial, passível de execução judicial *a posteriori* em caso de descumprimento.

6.33 Das resoluções de conflitos enquanto não existirem câmaras de mediação

> Art. 33. Enquanto não forem criadas as câmaras de mediação, os conflitos poderão ser dirimidos nos termos do procedimento de mediação previsto na Subseção I da Seção III do Capítulo I desta Lei.
> Parágrafo único. A Advocacia Pública da União, dos Estados, do Distrito Federal e dos Municípios, onde houver, poderá instaurar, de ofício ou mediante provocação, procedimento de mediação coletiva de conflitos relacionados à prestação de serviços públicos.

Tendo em vista a possibilidade de instauração de câmaras de mediação, sob o prisma das orientações estabelecidas no art. 32, § 1º, caso as mesmas não sejam criadas no respectivo molde, os conflitos objeto de mediação seguirão os preceitos definidos nessa mesma lei, mais especificamente quando há o relato e as determinações trazidas no capítulo que trata do procedimento da mediação.

Além disso, quando o objeto do conflito a ser dirimido pela mediação versar sobre a prestação de serviços públicos, a Advocacia Pública da União, dos Estados, do Distrito Federal e dos Municípios poderá, seja de ofício seja mediante provocação, instaurar a mediação coletiva, desde que não exista Câmara naquela localidade. Para solucionar conflitos de partes em conjunto, penso que seria o termo de conciliação melhor do que a mediação, já que a autocomposição com a AGU, os Estados e os Municípios é impossível pragmaticamente pelas regras dispostas no ordenamento jurídico.

Por último, conforme o Quadragésimo Enunciado da 1ª Jornada de Prevenção e de Solução Extrajudicial de Litígio, nas mediações de conflitos coletivos envolvendo políticas públicas, judicializados ou não, deverá ser permitida a participação de todos os potencialmente interessados, dentre eles: (i) entes públicos (Poder Executivo ou Legislativo) com competências relativas à matéria envolvida no conflito; (ii) entes privados e grupos sociais diretamente afetados; (iii) Ministério Público; (iv) Defensoria Pública, quando houver interesse de vulneráveis; e (v) entidades do terceiro setor representativas que atuem na matéria afeta ao conflito.

6.34 Instauração de procedimento administrativo

> *Art. 34. A instauração de procedimento administrativo para a resolução consensual de conflito no âmbito da administração pública suspende a prescrição.*
>
> *§ 1º Considera-se instaurado o procedimento quando o órgão ou entidade pública emitir juízo de admissibilidade, retroagindo a suspensão da prescrição à data de formalização do pedido de resolução consensual do conflito.*
>
> *§ 2º Em se tratando de matéria tributária, a suspensão da prescrição deverá observar o disposto na Lei n. 5.172, de 25 de outubro de 1966 – Código Tributário Nacional.*

O que se verifica nesse capítulo II da norma foi a preocupação do legislador em dispor a respeito de instrumentos de autocomposição de conflitos tendo a pessoa jurídica de direito público como objeto da controvérsia. O art. 35 tem abrangência bastante ampla para dizer que, no âmbito da Administração Pública, centralizada ou não, a mera instauração de procedimento administrativo para a resolução de conflito suspende a prescrição.

O grande problema é que parece ter faltado certa técnica ao legislador na escolha da terminologia, uma vez que, quando é usado no texto do artigo "resolução consensual de conflito" quer parecer que ele quis dar a essa locução o sinônimo para autocomposição e, em última análise, para a mediação e a conciliação. O problema é que, ao que parece, portanto, ele quis dizer que se houver uma mediação ou uma conciliação que já se ocupa em resolver algum entrave no âmbito da Administração Pública, a instauração de um procedimento administrativo (não se sabe exatamente de qual natureza e para qual fim) teria o condão de suspender a prescrição.

A grande questão é que seria mais razoável entender que de um determinado procedimento administrativo deveria advir a mediação e a conciliação que eventualmente suspenderiam a prescrição, e não o inverso.

Seja como for, a instauração do procedimento administrativo se dá, pelo órgão ou entidade pública, com emissão do juízo de admissibilidade, retroagindo a suspensão da prescrição à data de formalização do pedido de resolução consensual do conflito, leia-se, neste caso, mediação.

Por último, caso se trate de conflito de matéria tributária, a regra da prescrição deverá obedecer aos dizeres do Código Tributário Nacional.

6.35 Da transação por adesão

> Art. 35. As controvérsias jurídicas que envolvam a administração pública federal direta, suas autarquias e fundações poderão ser objeto de transação por adesão, com fundamento em:
> I – autorização do Advogado-Geral da União, com base na jurisprudência pacífica do Supremo Tribunal Federal ou de tribunais superiores; ou
> II – parecer do Advogado-Geral da União, aprovado pelo Presidente da República.
> § 1º Os requisitos e as condições da transação por adesão serão definidos em resolução administrativa própria.
> § 2º Ao fazer o pedido de adesão, o interessado deverá juntar prova de atendimento aos requisitos e às condições estabelecidos na resolução administrativa.
> § 3º A resolução administrativa terá efeitos gerais e será aplicada aos casos idênticos, tempestivamente habilitados mediante pedido de adesão, ainda que solucione apenas parte da controvérsia.
> § 4º A adesão implicará renúncia do interessado ao direito sobre o qual se fundamenta a ação ou o recurso, eventualmente pendentes,

> de natureza administrativa ou judicial, no que tange aos pontos compreendidos pelo objeto da resolução administrativa.
>
> § 5º Se o interessado for parte em processo judicial inaugurado por ação coletiva, a renúncia ao direito sobre o qual se fundamenta a ação deverá ser expressa, mediante petição dirigida ao juiz da causa.
>
> § 6º A formalização de resolução administrativa destinada à transação por adesão não implica a renúncia tácita à prescrição nem sua interrupção ou suspensão.

Desde logo, a respeito da transação por adesão, no bojo da lei de mediação, é importante identificar que a Autoridade Administrativa tem competência para identificar as demandas que possam ser objeto de transação por adesão, assim como quando serão estabelecidos os requisitos e condições para que os interessados possam se habilitar e aderir aos seus termos, em ato do Poder Executivo. A proposição tem caráter vinculante para todas as demandas equivalentes, mesmo quando se fizer suficiente meramente para a resolução de maneira parcial de determinados litígios.

Conforme salienta o inciso I, é necessária "autorização do Advogado-Geral da União, com base na jurisprudência pacífica do Supremo Tribunal Federal ou de tribunais superiores" e/ou "parecer do Advogado-Geral da União, aprovado pelo Presidente da República. A rigor, a transação por adesão tem aceitação e presença em matérias de âmbito tributário. Nesses casos, o Fisco estimula o acordo desde que, para tanto, o devedor aceite os requisitos do acordo como se um contrato de adesão fosse. Na prática, muitas empresas buscam aderir os programas oficiais do Estado de recuperação de crédito e de adimplemento parcelado que ficam vinculados ao cumprimento de certos requisitos. Assim, o interessado em aderir a essa forma de transação deve provar que atende aos requisitos impostos. Dito isso, o artigo procura ainda, em atenção à isonomia, impor efeitos gerais à resolução administrativa para a aplicação a todos aqueles que se vejam na mesma situação, desde que, naturalmente, fique respeitado o prazo para que a Administração Pública seja procurada para esses fins. O artigo, em seu § 4º, ainda traz imposição que é deveras benéfica do ponto de vista da economia processual ao determinar que a adesão à transação, nas conformidades estabelecidas, significa a renúncia ao direito sobre o qual se fundamenta a ação. Prosseguindo ao preceito, o parágrafo seguinte impõe a necessidade de renúncia expressa do direito à ação, sob forma de petição endereçada ao juiz da causa. Por último, a adesão a essa transação não implica a renúncia, expressa ou tácita, à prescrição, tampouco a interrupção ou suspensão.

Lembrando que a Lei de Mediação não deveria utilizar a transação por adesão já que esta, por si só, vai na contramão da figura da mediação. Pela interpretação da lei, após o parecer do Advogado-Geral da União e, após a aprovação do Presidente da República por meio de decreto, tornaria impraticáveis os preceitos da mediação.

6.36 Da composição realizada pela Advocacia-Geral da União

> Art. 36. No caso de conflitos que envolvam controvérsia jurídica entre órgãos ou entidades de direito público que integram a administração pública federal, a Advocacia-Geral da União deverá realizar composição extrajudicial do conflito, observados os procedimentos previstos em ato do Advogado-Geral da União.
> § 1º Na hipótese do caput, se não houver acordo quanto à controvérsia jurídica, caberá ao Advogado-Geral da União dirimi-la, com fundamento na legislação afeta.
> § 2º Nos casos em que a resolução da controvérsia implicar o reconhecimento da existência de créditos da União, de suas autarquias e fundações em face de pessoas jurídicas de direito público federais, a Advocacia-Geral da União poderá solicitar ao Ministério do Planejamento, Orçamento e Gestão a adequação orçamentária para quitação das dívidas reconhecidas como legítimas.
> § 3º A composição extrajudicial do conflito não afasta a apuração de responsabilidade do agente público que deu causa à dívida, sempre que se verificar que sua ação ou omissão constitui, em tese, infração disciplinar.
> § 4º Nas hipóteses em que a matéria objeto do litígio esteja sendo discutida em ação de improbidade administrativa ou sobre ela haja decisão do Tribunal de Contas da União, a conciliação de que trata o caput dependerá da anuência expressa do juiz da causa ou do Ministro Relator.

O artigo deixa clara a situação em que, figurando como parte órgãos ou entidades de direito público direto que façam parte da administração pública federal, a AGU ter o poder dever de se valer da utilização da composição em seu caráter extrajudicial, sempre, para tanto, devendo ser observados o aparato previsto em ato do Advogado-Geral da União. Se, por outro lado, não for possível ser feito o acordo suscitado, cabe ao Advogado-Geral da União procurar dirimir a contenda. E se do produto da resolução trouxer crédito à União, suas autarquias ou fundações, perante pessoas jurídicas de direito público federais, a AGU requerer ao Ministério do Planejamento, Orçamento e Gestão a adequação de orçamento para a quitação das dívidas assim entendidas como legítimas. O § 3º do referido artigo, porém, deixa claro que a composição extrajudicial de modo algum exclui a apuração de responsabilidade do agente público que porventura tenha dado causa à dívida, quando se verificar sua ação ou omissão.

6.37 Dos litígios envolvendo órgãos da Administração Pública

> Art. 37. É facultado aos Estados, ao Distrito Federal e aos Municípios, suas autarquias e fundações públicas, bem como às empresas públicas e sociedades de economia mista federais, submeter seus litígios com órgãos ou entidades da administração pública federal à Advocacia-Geral da União, para fins de composição extrajudicial do conflito.

Tendo papel bastante importante na solução mais amigável de conflitos, a AGU pode atuar como facilitador e formalizador da composição quando se encontrarem em litígio Estados, o Distrito Federal ou os Municípios, ou ainda as suas autarquias, fundações públicas e empresas públicas ou entidades de economia mista federais, cada qual com ente da mesma categoria ou entre categorias distintas, desde que qualquer destas requeira ao AGU essa atribuição.

6.38 Casos de controvérsia relativa a tributos administrados pela RFB ou em dívida ativa

> Art. 38. Nos casos em que a controvérsia jurídica seja relativa a tributos administrados pela Secretaria da Receita Federal do Brasil ou a créditos inscritos em dívida ativa da União:
> I – não se aplicam as disposições dos incisos II e III do caput do art. 32;

II – as empresas públicas, sociedades de economia mista e suas subsidiárias que explorem atividade econômica de produção ou comercialização de bens ou de prestação de serviços em regime de concorrência não poderão exercer a faculdade prevista no art. 37;
III – quando forem partes as pessoas a que alude o caput *do art. 36:*
a) a submissão do conflito à composição extrajudicial pela Advocacia-Geral da União implica renúncia do direito de recorrer ao Conselho Administrativo de Recursos Fiscais;
b) a redução ou o cancelamento do crédito dependerá de manifestação conjunta do Advogado-Geral da União e do Ministro de Estado da Fazenda.
~~Parágrafo único. O disposto no inciso II e na alínea a do inciso III não afasta a competência do Advogado-Geral da União prevista nos incisos X e XI do art. 4º da Lei Complementar n. 73, de 10 de fevereiro de 1993.~~
Parágrafo único. O disposto neste artigo não afasta a competência do Advogado-Geral da União prevista nos incisos VI, X e XI do art. 4º da Lei Complementar n. 73, de 10 de fevereiro de 1993, e na Lei n. 9.469, de 10 de julho de 1997. (Redação dada pela Lei n. 13.327, de 2016)

Se porventura a controvérsia for atrelada a tributos administrados pela Receita Federal do Brasil ou a créditos já inscritos em dívida ativa da União, as disposições contidas nos incisos II e III do art. 32, isto é, aqueles que tratam da avaliação da admissibilidade dos pedidos de resolução de conflitos, por meio de composição, no caso de controvérsia entre particular e pessoa jurídica de direito público ou, também, a promoção da celebração de termo de ajustamento de conduta não são aplicáveis.

Retornando, se o litígio for adstrito a tributos administrados pela Receita Federal do Brasil ou a créditos já inscritos em dívida ativa da União, as empresas públicas, sociedades de economia mista e suas subsidiárias que explorem atividade econômica de produção ou comercialização de bens ou de prestação de serviços em regime de concorrência não poderão exercer a faculdade contida no artigo anterior, qual seja, a atuação da Advocacia-Geral da União como formalizador de acordo, quando litigarem Estados, ao Distrito Federal e aos Municípios, suas autarquias e fundações públicas, bem como às empresas públicas e sociedades de economia mista federais.

Outrossim, na hipótese de o litígio se tratar de tributos administrados pela Receita Federal do Brasil ou a créditos já inscritos em dívida ativa da União, e quando forem parte quaisquer as pessoas do *caput* do art. 36 (órgãos ou entidades de direito público que integram a administração pública federal), a escolha da composição extrajudicial pela Advocacia-Geral da União implica renúncia do direito de recorrer ao Conselho Administrativo de Recursos Fiscais – CARF, e, por último, a redução ou o cancelamento do crédito dependerá de manifestação conjunta do Advogado-Geral da União e do Ministro de Estado da Fazenda.

Por último, diz o artigo que a sua própria redação não afasta, em nenhum aspecto, a competência do Advogado-Geral da União prevista nos incisos VI, X e XI do art. 4º da Lei Complementar n. 73, de 10 de fevereiro de 1993, e na Lei n. 9.469, de 10 de julho de 1997.

6.39 Da propositura de ação judicial

> Art. 39. A propositura de ação judicial em que figurem concomitantemente nos polos ativo e passivo órgãos ou entidades de direito público que integrem a administração pública federal deverá ser previamente autorizada pelo Advogado-Geral da União.

Diz o art. 39 que a demanda judicial em que figurarem como parte de forma concomitante, nos polos digladiadores, órgãos ou entidades de direito público que integrem a administração pública federal deve ser previamente autorizada pelo Advogado-Geral da União

6.40 Da responsabilização de servidores e empregados públicos

> Art. 40. Os servidores e empregados públicos que participarem do processo de composição extrajudicial do conflito, somente poderão ser responsabilizados civil, administrativa ou criminalmente quando, mediante dolo ou fraude, receberem qualquer vantagem patrimonial indevida, permitirem ou facilitarem sua recepção por terceiro, ou para tal concorrerem.

Manifestando a preocupação com a apresentação das hipóteses de responsabilização civil, criminal ou administrativa, o art. 40 da Lei de mediação determina que os servidores e empregados públicos que participarem do processo de composição extrajudicial do conflito, somente poderão ser responsabilizados, nessas modalidades, em virtude de dolo ou fraude, quando receberem qualquer vantagem patrimonial indevida, permitirem ou facilitarem sua recepção por terceiro, ou para tal concorrerem.

A letra da lei, inclusive, vai ao encontro da percepção que os Tribunais Superiores têm emitido a respeito da matéria, vez que já se verifica a responsabilidade civil subjetiva por parte do Estado em casos de omissão do órgão ou do servidor.

6.41 Da criação de dados pela Escola Nacional de Mediação e Conciliação

> Art. 41. A Escola Nacional de Mediação e Conciliação, no âmbito do Ministério da Justiça, poderá criar banco de dados sobre boas práticas em mediação, bem como manter relação de mediadores e de instituições de mediação.

A lei cria a Escola Nacional de Mediação e Conciliação que deverá ser criada de acordo com norma do Ministério da Justiça. A Enam foi criada em 2012 no âmbito do Ministério da Justiça e Segurança Pública, atualmente sob a responsabilidade da Secretaria Nacional da Justiça. Essa escola deveria ser uma ferramenta para a educação das pessoas naturais em como buscar a comunicação antes de litigar.

6.42 Da aplicação da norma a outras similares

> Art. 42. Aplica-se esta Lei, no que couber, às outras formas consensuais de resolução de conflitos, tais como mediações comunitárias e escolares, e àquelas levadas a efeito nas serventias extrajudiciais, desde que no âmbito de suas competências.
> Parágrafo único. A mediação nas relações de trabalho será regulada por lei própria.

A lei retirou a mediação trabalhista, a qual será regulada por lei própria, mas trouxe as mediações comunitárias e escolares o que já tem sido feito e amplamente usado. No Estado de São Paulo até regulamento foi feito para tratar da mediação escolar.

6.43 Da criação de câmaras

Art. 43. Os órgãos e entidades da administração pública poderão criar câmaras para a resolução de conflitos entre particulares, que versem sobre atividades por eles reguladas ou supervisionadas.

Determina a lei, ainda, que os órgãos e entidades da administração pública poderão criar câmaras para a resolução de conflitos entre particulares, que versem sobre atividades por eles reguladas ou supervisionadas. A letra da lei revela a intenção social de, novamente, observar e ter conflitos em geral recebendo a apreciação de modos consensuais de solução que ostentem menores desgastes e maior celeridade.

6.44 Da nova leitura dos arts. 1º e 2º da Lei n. 9.469/97

Art. 44. Os arts. 1º e 2º da Lei n. 9.469, de 10 de julho de 1997, passam a vigorar com a seguinte redação:
"Art. 1º O Advogado-Geral da União, diretamente ou mediante delegação, e os dirigentes máximos das empresas públicas federais, em conjunto com o dirigente estatutário da área afeta ao assunto, poderão autorizar a realização de acordos ou transações para prevenir ou terminar litígios, inclusive os judiciais.
§ 1º Poderão ser criadas câmaras especializadas, compostas por servidores públicos ou empregados públicos efetivos, com o objetivo de analisar e formular propostas de acordos ou transações.
§ 3º Regulamento disporá sobre a forma de composição das câmaras de que trata o § 1º, que deverão ter como integrante pelo menos um membro efetivo da Advocacia-Geral da União ou, no caso das empresas públicas, um assistente jurídico ou ocupante de função equivalente.
§ 4º Quando o litígio envolver valores superiores aos fixados em regulamento, o acordo ou a transação, sob pena de nulidade, dependerá de prévia e expressa autorização do Advogado-Geral da União e do Ministro de Estado a cuja área de competência estiver afeto o assunto, ou ainda do Presidente da Câmara dos Deputados, do Senado Federal, do Tribunal de Contas da União, de Tribunal ou Conselho, ou do Procurador-Geral da República, no caso de interesse dos órgãos dos Poderes Legislativo e Judiciário ou do Ministério Público da União, excluídas as empresas públicas federais não de-

pendentes, que necessitarão apenas de prévia e expressa autorização dos dirigentes de que trata o caput.

§ 5º *Na transação ou acordo celebrado diretamente pela parte ou por intermédio de procurador para extinguir ou encerrar processo judicial, inclusive os casos de extensão administrativa de pagamentos postulados em juízo, as partes poderão definir a responsabilidade de cada uma pelo pagamento dos honorários dos respectivos advogados."*

"Art. 2º *O Procurador-Geral da União, o Procurador-Geral Federal, o Procurador-Geral do Banco Central do Brasil e os dirigentes das empresas públicas federais mencionadas no* caput *do art. 1º poderão autorizar, diretamente ou mediante delegação, a realização de acordos para prevenir ou terminar, judicial ou extrajudicialmente, litígio que envolver valores inferiores aos fixados em regulamento.*

§ 1º *No caso das empresas públicas federais, a delegação é restrita a órgão colegiado formalmente constituído, composto por pelo menos um dirigente estatutário.*

§ 2º *O acordo de que trata o* caput *poderá consistir no pagamento do débito em parcelas mensais e sucessivas, até o limite máximo de sessenta.*

§ 3º *O valor de cada prestação mensal, por ocasião do pagamento, será acrescido de juros equivalentes à taxa referencial do Sistema Especial de Liquidação e de Custódia – SELIC para títulos federais, acumulada mensalmente, calculados a partir do mês subsequente ao da consolidação até o mês anterior ao do pagamento e de um por cento relativamente ao mês em que o pagamento estiver sendo efetuado.*

§ 4º *Inadimplida qualquer parcela, após trinta dias, instaurar-se-á o processo de execução ou nele prosseguir-se-á, pelo saldo."*

A lei alterada regulamenta o disposto no inciso VI do art. 4º da Lei Complementar n. 73, de 10 de fevereiro de 1993; dispõe sobre a intervenção da União nas causas em que figurarem, como autores ou réus, entes da administração indireta; regula os pagamentos devidos pela Fazenda Pública em virtude de sentença judiciária; revoga a Lei n. 8.197, de 27 de junho de 1991, e a Lei n. 9.081, de 19 de julho de 1995, e dá outras providências, dando novos poderes para a AGU mediar bens da União.

6.45 Da adição de artigo ao Decreto n. 70.235/72

Art. 45. O Decreto n. 70.235, de 6 de março de 1972, passa a vigorar acrescido do seguinte art. 14-A:

> "Art. 14-A. No caso de determinação e exigência de créditos tributários da União cujo sujeito passivo seja órgão ou entidade de direito público da administração pública federal, a submissão do litígio à composição extrajudicial pela Advocacia-Geral da União é considerada reclamação, para fins do disposto no inciso III do art. 151 da Lei n. 5.172, de 25 de outubro de 1966 – Código Tributário Nacional".

Em que pese a inexistência de uma codificação processual de natureza tributária efetivamente formalizada, oferecendo salvaguarda à exigência dos créditos tributários da União e para a consulta sobre a aplicação da legislação tributária federal, o Decreto-lei n. 70.235, de 6 de março de 1972, dispõe sobre o processo de âmbito administrativo fiscal. E o regramento recebeu inserção recente em seu texto a partir da adição do art. 14-A, fazendo a partir desse constar que se porventura houver exigência de créditos tributários da União tendo como figura passiva órgão ou entidade de direito público da administração pública federal, a submissão do litígio à composição extrajudicial pela Advocacia-Geral da União será considerada reclamação, o que significará, conforme o art. 151, inciso III do CTN, expediente suficientemente capaz para a suspensão da exigibilidade do crédito tributário.

As Câmaras *on-line* já são utilizadas inclusive em faculdades de direito, conforme projeto criado pelo autor e a CSVIEWS no país.

6.46 Da mediação por internet

> Art. 46. A mediação poderá ser feita pela internet ou por outro meio de comunicação que permita a transação à distância, desde que as partes estejam de acordo.
> Parágrafo único. É facultado à parte domiciliada no exterior submeter-se à mediação segundo as regras estabelecidas nesta Lei.

Ou seja, diferentemente do CC (art. 428, I), a mediação pode ser realizada via videoconferência, não sendo aplicada entre partes ausentes, ou seja, que não estejam conectadas em tempo real.

6.47 Da entrada em vigor da lei

> Art. 47. Esta Lei entra em vigor após decorridos cento e oitenta dias de sua publicação oficial.

O intervalo entre a data de publicação desta Lei e sua entrada em vigor, ou seja, a data em que a lei começa a irradiar seus efeitos, é chamado *vacatio legis*. A contagem do prazo para a entrada em vigor da lei que estabelece período de vacância far-se-á com a inclusão da data da publicação e do último dia do prazo, entrado em vigor no dia subsequente ao da sua consumação integral.

A regra do art. 1º da LINDB dispõe que: "salvo disposição contrária, a lei começa a vigorar em todo o país quarenta e cinco dias depois de oficialmente publicada"; tal regra não foi seguida pelo legislador neste caso, vigorando o prazo decadencial de 180 (cento e oitenta) dias.

6.48 Da revogação do art. 6º da Lei n. 9.469/97

> Art. 48. Revoga-se o § 2º do art. 6º da Lei n. 9.469, de 10 de julho de 1997.

A Lei n. 9.469/97 dispõe sobre: "o disposto no inciso VI do art. 4º da Lei Complementar n. 73, de 10 de fevereiro de 1993; dispõe sobre a intervenção da União nas causas em que figurarem, como autores ou réus, entes da administração indireta; regula os pagamentos devidos pela Fazenda Pública em virtude de sentença judiciária; revoga a Lei n. 8.197, de 27 de junho de 1991, e a Lei n. 9.081, de 19 de julho de 1995, e dá outras providências", podendo agora a AGU mediar o patrimônio imobiliário da União.

7.

CONSTELAÇÃO SISTÊMICA

Novidade recém-introduzida no campo dos deslindes de crises envolvendo pessoas, atualmente já se pode contar com a técnica da constelação sistêmica. O instituto, na verdade, por se tratar de um expediente que mescla tanto as peculiaridades da mediação quanto as técnicas da conciliação, por isso, mereceu um capítulo particular no presente livro. Evidentemente a prática, nos próximos anos, ainda receberá outras roupagens e certamente evoluirá, o que sem dúvida ensejará novas abordagens de análise por parte dos estudiosos. Mesmo assim, não há dúvida de que já é não apenas possível quanto necessário dedicar algum tempo para o reconhecimento dessa técnica.

7.1 A constelação sistêmica

Apresentando nova roupagem, a mediação e a conciliação marcam seus espíritos multifacetados com a introdução de uma nova técnica intitulada constelação sistêmica, técnica introduzida pelo magistrado Sami Storch, juiz da 2ª Vara de Família de Itabuna, no Estado da Bahia, que consiste em uma "atividade técnica terapêutica exercida por terceiro imparcial sem poder decisório, que, escolhido ou aceito pelas partes, as auxilia e estimula a identificar soluções consensuais para a controvérsia sob um novo olhar sistêmico". A constelação sistêmica se apresenta como uma técnica terapêutica em que o constelador acessa e visualiza nas partes os seus sistemas inconscientes de ação e automatismo que por ressonância levam e mantêm conflitos.

A lógica é a de identificar o verdadeiro cerne da questão, isso é, o problema que as aflige. Uma vez revelado, as próprias partes chegariam ao entendimento definitivo, ficando possibilitada a entabulação de acordo.

7.1.1 A constelação sistêmica no âmbito familiar

A constelação sistêmica ganhou maior espaço sobretudo no âmbito familiar. Não à toa a sistemática é oriunda de uma iniciativa de um membro judicante especializado em assuntos familiares.

A constelação familiar e a iniciativa daqueles que a idealizaram estão no seio dos estímulos aos meios consensuais de resolução de conflitos promovidos pelo CNJ. A rigor, a técnica busca promover a cultura da paz tendo como artifícios a identificação dos dramas sobretudo familiares, ou seja, de pessoas que convivem no mesmo núcleo e que, em tese, deveriam nutrir e expressar o afeto mútuo.

Sucede que, eventualmente, em virtude das agruras da vida, relações familiares são obstruídas deixando os personagens com mágoas e tristezas. Mesmo assim, por óbvio, a linha sanguínea que conecta aquelas pessoas não desaparece simplesmente, e os envolvidos no fundo têm o interesse de reconstruir aquele elo ora limado. Nesse particular entra a constelação familiar, com o terceiro constelador atuando de modo a reaproximar as partes, valendo-se de expedientes terapêuticos para que os litigantes amargurados enxerguem novamente o vínculo entre eles e possam inicializar um processo de reaproximação.

É possível que sejam realizados atos de dramatização que simule as problemáticas vividas na família. Com isso, a constelação busca trazer à tona questões pontuais mal resolvidas dentro da história familiar (mortes precoces, perdas e rupturas, por exemplo) que seriam capazes de influenciar comportamentos futuros – muitas vezes inconscientes – dos membros da família. Sendo prático, ainda que as constelações não substituam outras maneiras de psicoterapia e mediação, magistrados e estudiosos da psique defensores da prática argumentam que os traumas costumam ser identificados em intervenções rápidas e permitem às pessoas ver seus conflitos sob outra ótica, além de despertar empatia pelas outras partes da disputa.

Em março do ano de 2019 o Ministério da Saúde incluiu a constelação familiar no rol de procedimentos disponíveis no Sistema Único de Saúde. A terapia foi incluída, então, no escopo das Práticas Integrativas e Complementares (PICs), enquadrando-se como uma forma de terapia complementar que pode contribuir para a saúde e bem-estar da população.

A técnica vem sendo usada pelos Estados de Goiás, São Paulo, Rondônia, Bahia, Mato Grosso, Mato Grosso do Sul, Pará, Paraná, Rio Grande do Sul, Alagoas, Amapá e Distrito Federal, no intento de ajudar a solucionar conflitos na Justiça brasileira. Em Goiás, o Projeto Mediação Familiar, do 3º Centro Judiciário de Soluções de Conflitos e Cidadania da Comarca de Goiânia, conferiu ao Tribunal de Justiça de Goiás (TJ-GO) o primeiro lugar no V Prêmio Conciliar é Legal, promovido pelo CNJ.

7.2 O Projeto de Lei n. 9.444/2017

A respeito da constelação sistêmica, tramita na Câmara dos Deputados o PL n. 9.444/2017 que visa a incluir a constelação sistêmica na política pública de solução consensual de controvérsias jurídicas. Segundo o projeto, a constelação sistêmica será regida pela imparcialidade do constelador, assim como pela informalidade, pela autonomia da vontade das partes, pela busca da solução do conflito e pela boa-fé, sendo certo ainda que ninguém será obrigado a permanecer no procedimento.

Pelo projeto de lei, poderá se submeter à constelação o conflito (ou parte dele) que tenha como objeto direitos disponíveis ou indisponíveis passíveis de transação, sendo que, para essa última hipótese, existindo consenso entre as partes, haverá homologação judicial, com a oitiva do Ministério Público.

Nota-se com a constelação sistêmica um comportamento cada vez mais sincronizado do Judiciário e de seus colaboradores, assim como do Legislativo, em implementar as diversas formas pacíficas de soluções de controvérsias, proporcionando aos cidadãos uma maior autonomia sobre a sua própria vida, gerando satisfação e eficácia na resolução, muitas vezes definitivas de suas controvérsias.

8.

ARBITRAGEM

8.1 Definição do Instituto

A arbitragem já é bastante conhecida no Brasil antes mesmo da instituição de sua norma reguladora, no ano de 1996. Por isso mesmo sempre coube à doutrina o papel de introduzi-la ao cotidiano daqueles que poderiam se beneficiar do instituto. Mais à frente, mesmo a norma deixou de trazer a sua definição aos estudiosos e operadores.

Assim, algumas apreciações podem caracterizar o instituto para iniciar os debates sobre. O Professor Charles Jarrosson em sua tese de doutorado já afirmou: "A arbitragem é a instituição pela qual um terceiro resolve o litígio que opõem duas ou mais partes, exercendo a missão jurisdicional que lhe é conferida pelas partes"[1].

Outro conceito conciso e esclarecedor foi feito pelo também professor, Philippe Fouchard ao dizer que: "Pela Arbitragem, às partes convêm submeter o litígio ao julgamento de particulares que elas escolheram"[2].

Na mesma linha, para René David:

> A arbitragem é uma técnica que visa a dar a solução de uma questão, que interessa às relações entre duas pessoas, por uma ou mais pessoas – o árbitro ou árbitros – que detêm os seus poderes de uma convenção privada

---

[1] JARROSSON, Ch. *La notion d´arbitrage*. Paris: LGDJ, 1987, n. 785.
[2] FOUCHARD, Ph. *L'arbitrage commercial international*. Paris: Dalloz, 1965, n. 11.

e julgam com base nessa convenção, sem serem investidos desta missão pelo estado[3].

Já o mestre Carlos Alberto Carmona enxerga a arbitragem como um meio heterocompositivo de solução de litígios que se distancia da mediação e da conciliação na medida em que as últimas se referem a meios autocompositivos de soluções de litígios. O nobre conhecedor da matéria da arbitragem, a rigor a define como: "um mecanismo privado de solução de litígios, através do qual um terceiro, escolhido pelos litigantes, impõe a sua decisão, que deverá ser cumprida pelas partes"[4].

8.2 Histórico da arbitragem

Superado o passo inicial que delimita o estudo da arbitragem, mostrando no que consiste o instituto e as suas diferenças com os outros meios extrajudiciais de solução de conflitos, é revelador introduzir, também, a sua origem.

Em um primeiro momento, a arbitragem foi apresentada, sobretudo, como um mecanismo de fuga ao já problemático Poder Judiciário. Porém, não demorou muito para que ficasse evidenciado que a arbitragem era muito mais do que um sistema alternativo ao âmbito judicial, tendo também identidade e vida autônomas, com relevância independente da necessidade do Judiciário.

Os primeiros registros a respeito da arbitragem datam civilização babilônica, aproximadamente 3000 anos antes de Cristo. Já naquele momento quando ocorria um litígio entre as pessoas, as formas de solução passavam pelo meio privado. Entretanto, a marca indelével era que a resolução se dava por meio da autotutela, mais bem dizendo, a "justiça pelas próprias mãos".

Naturalmente, os caminhos da época, dentro dessa linha, passavam longe de uma justiça propriamente dita. Não foram poucas as vezes em que

---

[3] DAVID, R. *L'arbitrage dans le commerce international*. Paris: Economica, 1982, p. 9.

[4] CARMONA, Carlos Alberto. *Arbitragem e processo:* um comentário à Lei n. 9.307/96. 3. ed. rev. atual. e ampl. São Paulo: Atlas, 2009, p. 31.

o caso concreto, levados a uma solução totalmente despreparada eram produto de ainda maior distanciamento de uma resolução equilibrada.

Quem também relatou chegou próximo a uma percepção de justiça que mais tarde viria a ser a arbitragem foi Platão, que afirmou: "que os primeiros juízes sejam aqueles que o demandante e o demandado tenham eleito, a quem o nome de árbitros convém mais do que os juízes, que o mais sagrado dos Tribunais seja aquele que as partes tenham criado e eleito de comum acordo"[5].

Já na Idade Média, tendo como pano de fundo a figura de um Estado incipiente que à época vigorava, entre barões, proprietários feudais, e cavaleiros era regular e normal a utilização da uma iniciativa de âmbito privado que procurava afastar conflitos bélicos. À época, conforme dito, o Estado não detinha a força de outrora, pulsavam os conflitos religiosos e a legislação não era incisiva o suficiente, estimulando a presença de uma forma de justiça de caráter privado.

Bem, mas no Brasil os primeiros relatos de uso de algo assemelhado à arbitragem atual se deram na Constituição de 1824, que em seu art. 160 dispunha que "nas cíveis, e nas penas civilmente intentadas, poderão as partes nomear juízes árbitros. Suas sentenças serão executadas sem recurso, se assim convencionarem as mesmas partes".

Pouco depois, em 1850, o finado Código Comercial tratava da arbitragem compulsória para questões de natureza mercantil.

Também se percebeu o uso da arbitragem nos aspectos e discussões que circundaram a incorporação do território que viria a ser o Acre. Esse episódio de direito internacional público teve como outro personagem a Bolívia, antiga detentora daquele território.

De toda feita, na última década do século passado, novamente no Brasil, muitos esforços foram realizados para a criação de uma lei que regulamentasse a arbitragem. Vale dizer que naquele período o instituto já era largamente previsto e usado na legislação comparada e se fazia relevante que o mesmo caminho fosse seguido em solo nacional.

---

5 PLATÃO. In: *De legibus*, Livros 6 e 12.

Em verdade, aliás, na década de 1980 já tinha havido uma primeira tentativa nesse sentido, mediante a publicação do Primeiro Anteprojeto de Lei sobre a Arbitragem. Ocorre que a tentativa não logrou êxito e apenas no ano de 1996 ganhou vida a Lei de Arbitragem – Lei n. 9.307/96.

Antes da lei, o instituto já se materializava no Brasil, mas, sem uma regulação específica, obedecia a parâmetros peculiares. Inclusive, em muitas ocasiões, o relato era de que a arbitragem era tolhida, sendo necessária que a decisão arbitral fosse homologação pelo Poder Judiciário, submetendo desta forma a decisão do árbitro à apreciação do próprio Judiciário. Logo, não cabia impressão outra que não fosse a de que a se submetia ao Poder Judiciário, além de ser um mero agente alternativo, carecedor de validação.

Ora, como reflexo disso se tinha que as partes litigantes buscavam fugir ao Judiciário em função de procurar uma visão mais segura e técnica acerca de determinado assunto, mas, a rigor, essas mesmas partes acabam eventualmente tendo que se submeter ao mesmo poder judicante padrão, esvaziando por completo o sentido do instituto da arbitragem. Não demorou para que diversos setores socioeconômicos bradassem de forma contrária a esse tipo de situação.

Foi quando no começo dos anos de 1980 foi criado no Brasil o Ministério da Desburocratização que procurava criar medidas que acelerassem o acesso à Justiça. Essa iniciativa, somada à experiência que já ocorria no Brasil e a vivência distinta que a arbitragem tinha em outros países, passou a pressionar mais o legislativo para que a arbitragem fosse colocada na pauta de discussões.

Dando continuidade, além do que colaborou Ministério da Desburocratização para a implementação da norma, também foram criadas comissões como a Operação Arbiter[6] que se manifestaram com o objetivo de positivar

---

6 De forma predecessora à chamada Operação Arbiter, três foram os Anteprojetos da Lei da Arbitragem no Brasil. Tratando um pouco mais especificamente de cada um deles: (i) o Anteprojeto do ano 1981, proposto à época pelo Poder Executivo que, ciente do atraso e da ineficiência do Poder Judiciário por conta da grande demanda processos sob sua análise, buscou soluções à época já modernas. O Anteprojeto era composto por 28 artigos e foi apresentado. Dava-se equiparação de efeitos entre o compromisso e a cláusula arbitral, o que fazia com que a existência de um ou de outro afastasse a competência do juiz togado. Era desnecessária a homologação de

a norma. Vale dizer que à época existia esforço contrário também, uma vez que havia quem defendesse que a arbitragem poderia significar a ausência de segurança jurídica com uma suposta usurpação de competência da justiça pública quando da distribuição de justiça[7].

---

laudo arbitral. Bem, em que pese o fato de haver no período boa intenção em relação ao projeto, há que se relatar que existiam falhas técnicas relevantes e certamente foram decisivas para o fracasso do Anteprojeto. (ii) O segundo Anteprojeto se deu 5 anos mais tarde, isso é, em 1986. Mesmo com o insucesso do primeiro muito em virtude dos relatados erros técnicos, esse segundo também continha deslizes como a confusão entre "arbitragem" e "arbitramento". Para piorar, o Anteprojeto não teve discussão social ampla, redundando em outra queda. (iii) Por último, houve o Anteprojeto do ano de 1988. Ali sim se presenciou a maior discussão da social. Entretanto, a iniciativa não tratou como deveria o assunto da homologação do laudo arbitral, assim como foi silente em relação ao laudo alienígena. Mais uma vez a tentativa não logrou êxito. Finalmente, apenas no ano de 1991, ocorrera a intitulada "Operação Arbiter", liderada pelo advogado Dr. Petrônio R. G. Muniz, que buscou reunir definitivamente os meios sociais e a própria comunidade científica. Os trabalhos contaram com a presença de figuras renomadas como Selma Maria Ferreira Lemes, Pedro Antônio Batista Martins e Carlos Alberto Carmona. O Anteprojeto veio à tona em reunião na data de 9 de dezembro do ano de 1991. Vários foram os apontamentos de vários setores e o projeto foi finalmente apresentado no Seminário Nacional sobre Arbitragem Comercial, realizado em Curitiba, no Paraná, em 27 de abril de 1992.

7 Nesse particular, inclusive, até os momentos atuais eventualmente se enxerga situações em que as pessoas debatem judicialmente o papel da arbitragem e a sua atuação em compasso ou não com o Poder Judiciário. Para tanto, leia-se:

"RECURSO ESPECIAL. PROCESSO CIVIL. PEDIDO DE FALÊNCIA. INADIMPLEMENTO DE TÍTULOS DE CRÉDITO. CONTRATO COM CLÁUSULA COMPROMISSÓRIA. INSTAURAÇÃO PRÉVIA DO JUÍZO ARBITRAL. DESNECESSIDADE. DEPÓSITO ELISIVO. EXTINÇÃO DO FEITO. DESCABIMENTO. 1. Não se verifica a alegada violação ao art. 1.022 do CPC/2015, na medida em que a eg. Corte de origem dirimiu, fundamentadamente, a questão que lhe foi submetida, não sendo possível confundir julgamento desfavorável com negativa de prestação jurisdicional ou ausência de fundamentação. 2. A pactuação de convenção de arbitragem possui força vinculante, mas não afasta, em definitivo, a jurisdição estatal, pois é perfeitamente admissível a convivência harmônica das duas jurisdições, desde que respeitadas as competências correspondentes" (REsp n. 1.733.685, 4ª Turma do Superior Tribunal de Justiça, rel. Min. Raul Araújo, j. 6-11-2018).

Outrossim, em decisão pouco anterior, de relatoria do Ministro Dr. Ricardo Villas Bôas Cueva, houve interpretação distinta:

"CONFLITO POSITIVO DE COMPETÊNCIA. JUÍZO CÍVEL E JUÍZO ARBITRAL. POSSIBILIDADE. CONSÓRCIO. RECUPERAÇÃO JUDICIAL DA CONSORCIADA. CRÉDITOS. INCLUSÃO. PLANO. COMPETÊNCIA DO JUÍZO DA RECUPERAÇÃO. (...) 2. A jurisprudência desta Corte se firmou no sentido de que é possível, diante da conclusão de que a atividade arbitral tem natureza jurisdicional, que exista conflito de competência entre Juízo arbitral e órgão do Poder Judiciário, cabendo ao Superior Tribunal de Justiça seu julgamento" (STJ, Embargos de Declaração no Conflito de Competência n. 148.932, 6ª Turma, rel. Min. Dr. Ricardo Villas Bôas Cueva, j. 13-12-2017).

Nesse panorama o Instituto Liberal de Pernambuco cravou a bandeira de que milhares de ações já tramitavam perante o Poder Judiciário sem qualquer previsão de conclusão.

Também foi escolhido importante nome do cenário político nacional para defender a Operação Arbiter. O então Senador Marco Maciel foi uma das pessoas públicas mais representativas nesse sentido. Também foram eleitos os nomes dos professores Carlos Alberto Carmona e Pedro Batista Martins, bem como de Selma Maria Ferreira Lemes para compor a equipe dedicada à redação da lei do instituto (Lei n. 9.307/96).

Posteriormente, no ano de 1991, o Desembargador Doutor José Carlos Barbosa Moreira e o professor Guido Soares realizaram a entrega do Anteprojeto de Lei. Infelizmente, porém, em virtude do episódio do *impeachment* do então Presidente da República, Fernando Collor de Mello, e, depois, tendo em vista o plebiscito para a escolha de regime e dos sistemas de governo do Brasil, as discussões referentes a uma norma regulamentadora da arbitragem foram colocadas em um segundo plano.

Foi então que em meados daquela década, no ano de 1995, o então Deputado Milton Mendes apresentou emenda ao projeto que atravancava a discussão. Foram eles:

- a substituição do termo *sentença arbitral* para a terminologia *laudo arbitral*, uma vez que a arbitragem, na prática, não era pertencente ao Poder Judiciário nacional, o que não lhe conferiria poder para proferir sentenças;
- a exclusão do art. 8º do projeto, que sinalizava que em contratos nulos a cláusula arbitral não deveria necessariamente ser considerada nula também;
- a retirada do art. 18, responsável por abolir a homologação do Judiciário a sentenças arbitrais, justificando que o dispositivo era inconstitucional;
- a proibição do instituto nas hipóteses de utilização Código de Defesa do Consumidor;
- a inclusão de artigo que obrigasse a homologação judicial;
- e também um valor mínimo para ser pleiteado o processo arbitral.

Naturalmente, mais uma vez, houve o grito daqueles contrários à instituição da arbitragem. Com afirmativas de que o instituto geraria a insegurança jurídica, o discurso novamente procurou ao máximo esvaziar a arbitragem e fazer com que a norma não fosse de fato regulamentada.

Finalmente, apenas em 1996, o projeto de lei foi aprovado pelo Congresso Nacional, recebendo a sanção presidencial em 23 de setembro do mesmo ano, sendo desta feita instaurada a Lei n. 9.307, intitulada Lei de Arbitragem. A norma, a título de informação, também é conhecida como Lei Marco Antônio Maciel, em homenagem ao seu patrono. Em suma, os esforços tiveram como propósito situar o Brasil na mesma linha em que outros Estados, mais avançados, já tinham se posicionado.

Em 2015 a norma foi alterada pela Lei n. 13.129, trazendo algumas inovações que modernizaram e aprimoraram o instituto. Tais alterações, assim como o próprio conteúdo original da norma que fora mantido, serão mais bem observados em capítulo específico para tanto.

8.3 Natureza jurídica e princípios da arbitragem

Determinar a natureza jurídica de uma instituição é estabelecer seu ser jurídico, ou seja, sua posição no mundo do direito[8], ou ainda sua essência.

Não é pacífica a essência da arbitragem, formando-se a esse respeito três correntes, muito bem descritas por J. E. Carreira Alvim[9]: (a) uma privatista (ou contratualista), sendo Chiovenda o precursor; outra, publicista (ou processualista), com Mortara à frente; e a intermediária (ou conciliadora), tendo como expoente Carnelutti.

A primeira corrente relega o procedimento arbitral, por inteiro, à esfera contratual, e os árbitros só podem dispor sobre o "material lógico" da sentença, que restaria na esfera privada, e que o juiz, através do decreto de executoriedade, transforma numa sentença, consistente no somatório de um juízo lógico e de um comando.

---

8 ROCHA, José de Albuquerque. *A lei de arbitragem (Lei n. 9.307, de 23-9-1996)*: uma avaliação crítica. São Paulo: Malheiros, 1998, p. 27.

9 *Tratado geral de arbitragem*. Belo Horizonte: Mandamentos, 2000, p. 58-60.

A segunda corrente vê na convenção arbitral – que é um negócio jurídico privado – a fonte dos poderes dos árbitros, ou, antes, da vontade das partes, mas é a vontade da lei que lhes permite celebrá-la. Em outros termos, sobrelevam "o aspecto processual do contrato de compromisso, cujo principal efeito seria a derrogação das regras de competência estatais, acentuando a identidade entre o laudo proferido pelo árbitro e a sentença emanada do juiz togado".

A terceira corrente sustenta, de um lado, que a decisão do árbitro não é uma sentença, porquanto precisa do decreto de executoriedade (não só para ser executiva, mas também, para ser obrigatória), de outro lado, o árbitro e o juiz concorrem para a formação da decisão da controvérsia, o que evidencia que a sentença (e também o juízo) é constituída tanto pelo laudo como pelo decreto do magistrado.

Ao final, o eminente Desembargador de Minas Gerais Carreira Alvim conclui que a arbitragem brasileira, depois do advento da Lei n. 9.307/96, a natureza da instituição tem caráter jurisdicional, salvo no que concerne à sua origem e sua essência, por resultar de vontade entre as partes[10].

Já que a natureza jurídica versa sobre a origem, ou seja, determiná-la é estabelecer seu ser jurídico, ou ainda sua essência, como mencionado, portanto a definição da natureza jurídica da arbitragem parece ser eminentemente contratual, contracenando com seu aspecto jurisdicional, haja vista que este instituto resulta de vontade entre as partes, ou seja, "constitui uma espécie de negócio jurídico, de natureza bilateral"[11].

8.4 Características da arbitragem

Tratar-se-á de todas as características intrínsecas ao instituto da arbitragem.

---

10 É essencial destacar que a I Jornada de Prevenção e Solução Extrajudicial, em seu oitavo Enunciado, informa que "são vedadas às instituições de arbitragem e mediação a utilização de expressões, símbolos ou afins típicos ou privativos dos Poderes da República, bem como a emissão de carteiras de identificação para árbitros e mediadores".

11 "Verifique que o conceito de contrato repousa nesta mesma esfera. "Contrato é o acordo de duas ou mais vontades, na conformidade da ordem jurídica, destinado a estabelecer uma regulamentação de interesses entre as partes, com o escopo de adquirir, modificar ou extinguir relações jurídicas de natureza patrimonial" (DINIZ, Maria Helena. *Curso de direito civil brasileiro*. 30. ed. São Paulo: Saraiva, 2014, v. 3, p. 31).

8.4.1 Especialização

A primeira característica marcante da arbitragem consiste na especialização que acompanha o instituto. Isso se dá porque na arbitragem as partes, por meio da autonomia de suas vontades, selecionam o terceiro alheio à disputa para dirimir aquele conflito que as alcança. Isso quer dizer que naturalmente essa seleção leva em consideração vários aspectos, e um dos mais relevantes vem a ser o fato de esse terceiro alheio à disputa ser dotado de conhecimentos específicos acerca da matéria objeto da disputa. Assim, o que se tem é um terceiro – no caso, o árbitro –, abastecido de expertise para apreciar aquele caso, dando maior segurança e confiabilidade às partes.

Isso por si só já se afasta da justiça praticada na esfera pública, pois que, ainda que existam instâncias especializadas eventualmente em um assunto específico, é muito mais comum que o juiz que acompanhe determinado caso não tenha as habilidades desenvolvidas, a experiência e eventualmente até o conhecimento técnico naquele conteúdo a ser analisado. Logo, a resposta que o Judiciário ofertar, não obstante o fato de ser mais lenta do que a da arbitragem, pode conter uma decisão sem o aparato técnico presenciado naquela feita em sede de arbitragem.

8.4.2 Celeridade

Além da questão da especialização, explicada no tópico anterior, há, também, como outro fator dos mais elogiáveis em relação à arbitragem, o fato de as suas respostas e a sua decisão final serem mais rápidas do que a da Justiça Ordinária.

O processo judicial é eivado de procedimentos, atos e formalidades que lhe são tradicionais. O fato é que esse conjunto de protocolos que se obstina a garantir maior segurança resulta em maior lentidão para a decisão final.

Na arbitragem, por outro lado, os atos são mais concentrados e da decisão final não cabe recurso. Isso, por si só, obviamente, traz um resultado muito mais rápido para os envolvidos, fazendo com que uma demanda sob a égide desse instituto tenha finalização em cerca de meio ano ou, ainda que ultrapasse esse período, fique demasiadamente abaixo do prazo para conclusão no processo judicial.

8.4.3 Concentração de atos

A arbitragem apresenta número inferior e, principalmente, atos expressivamente mais concentrados e rápidos. Esse tipo de quadro é exatamente o que justifica a finalização de demandas de maneira mais célere.

Como se não bastasse, conforme já dito, na arbitragem não existe a via recursal. Insta lembrar que as partes, quando se submetem à arbitragem, fazem tal escolha de modo consciente e têm plena ciência de que aquele litígio terá uma análise mais acurada e técnica, mas que da decisão admitida não caberá nenhum tipo de recurso.

8.4.4 Irrecorribilidade

Pelas mesmas razões supraexpostas, pode-se afirmar com toda a segurança que o laudo arbitral vale exatamente da mesma maneira que uma sentença judicial transitada em julgado.

8.4.5 Informalidade

De modo distinto ao que ocorre no processo judicial, o procedimento arbitral tem caráter mais informal. Claro que deve haver o respeito às regras estabelecidas em lei. Do contrário, aliás, não haveria sequer a necessidade da existência de uma norma regulamentadora. Entretanto, o procedimento arbitral é de fato mais informal e as partes podem atuar com maior maleabilidade, inclusive na escolha dos árbitros que serão utilizados para resolver o conflito.

8.5 Requisitos da arbitragem

Os requisitos da arbitragem seguem os do negócio jurídico do art. 104 do CC, tendo em vista ser sua natureza jurídica contratual para gerar a tão aclamada jurisdição.

8.5.1 Capacidade

Assim como assegura a norma regulamentadora, pode optar pela arbitragem o agente que puder contratar. Sendo assim, o mais importante é a discussão acerca da capacidade civil plena e não da processual, de tal sorte que os apenas absolutamente capazes civilmente e as pessoas jurídicas regularmente constituídas podem sujeitar seus conflitos à arbitragem. Ficam de fora desse rol as pessoas não dotadas de capacidade plena, as pessoas jurídicas irregulares e as entidades despersonalizadas, como a massa falida, o condomínio, o espólio e a herança jacente.

Ocorre que a capacidade – expediente que mensura a personalidade de uma pessoa (seja natural ou jurídica), e que era representada no Código Civil nos arts. 3º e 4º – foi alterada sobremaneira com o advindo da Lei n. 13.146, de 2015 (Estatuto da Pessoa com Deficiência).

Isso se deu porque o intitulado Estatuto da Pessoa com Deficiência de antemão alterou o Código Civil ao entender como absolutamente incapazes as pessoas menores de dezesseis anos. Com isso o legislador incutiu um critério totalmente objetivo para definir aquela pessoa que somente representada pode exercer os atos da vida civil.

O fato é que o Estatuto da Pessoa com Deficiência, em última análise, alterou uma disposição outrora consagrada uma vez que, anteriormente à Lei n. 13.146/2015 e a consequente alteração que ela provocou no Código Civil, o diploma civilista entendia como absolutamente incapaz a pessoa que tivesse idade inferior a dezesseis anos ou, também, aquele que por enfermidade ou deficiência mental, não tivesse o necessário discernimento para a prática dos atos da vida civil; bem como aquele que, mesmo por causa transitória, não pudesse exprimir a sua vontade.

O Estatuto da Pessoa com Deficiência, assim, alterou o Código Civil para fazer constar no art. 3º da referida norma que somente a pessoa com idade inferior a dezesseis anos seria absolutamente incapaz e os demais casos anteriormente previstos foram expurgados do diploma civilista.

Indo mais além, o Estatuto da Pessoa com Deficiência, ainda nesse particular, também alterou as determinações acerca dos relativamente incapazes, sabidamente aqueles que devem ser assistidos quando da prática dos atos da vida civil. E aí, a Lei n. 13.146/2015 não alterou o inciso I do art. 4º (de tal sorte que se manteve a determinação objetiva para destacar que aquele que tem de dezesseis a dezoito anos é relativamente incapaz), mas alterou os incisos II e III do citado artigo, primeiro para excluir do rol dos relativamente incapazes (i) aqueles que, por deficiência mental, tivessem o discernimento reduzido; e (ii) os excepcionais, sem desenvolvimento mental completo, mantendo-se em tal rol os ébrios habituais, os viciados em tóxico, os pródigos e aqueles que, por causa transitória, não pudessem exprimir a sua vontade.

Latente está que a capacidade, após a entrada em vigor do Estatuto do Deficiente, sofreu alteração no sentido de conceder capacidade plena a quem antes não era assim considerado (no caso, mais especificamente, aquela pessoa que portasse alguma deficiência que, de alguma maneira, maculasse o seu desenvolvimento psíquico), raciocínio que se encontra evidente e expresso no art. 84 do Referido Estatuto, que determina:

> Art. 84. A pessoa com deficiência tem assegurado o direito ao exercício de sua capacidade legal em igualdade de condições com as demais pessoas.

Evidencia-se assim a intenção do realizador da Lei n. 13.146/2015 de trazer um reconhecimento de igualdade perante a norma para aqueles que detenham qualquer deficiência.

Estas alterações trazem significativas implicações à arbitragem, pois diversas pessoas que eram consideradas inaptas para optar pelo instituto da arbitragem, com o advindo do Estatuto da Pessoa com Deficiência, passaram a se tornar aptas a aderir à resolução de seus conflitos por meio do instituto, pois passaram a gozar de capacidade nas mesmas condições que qualquer pessoa que nunca fora acometida por qualquer enfermidade mental e que sempre pudera contratar.

Fica exigida então a capacidade de expressão de vontade de forma livre[12], o que representa, inclusive, um dos corolários do instituto e um dos princípios que o norteia, que vem a ser a autonomia da vontade.

---

12 "Apelação cível. Sentença arbitral. Nulidade não verificada. A assinatura do termo de compromisso arbitral pelos compromitentes espelha a aceitação da arbitragem como meio de resolução de conflito, não podendo tal documento ser alvo de questionamento judicial, pelo simples fato de o resultado da sentença arbitral não ter agradado à parte. O Termo de Compromisso Arbitral não é nulo quando firmado por partes capazes e atendidas as formalidades legais. Apelo desprovido. Unânime" (TJRS, Apelação Cível 70067519058, 20ª Câmara Cível, rel. Dilson Domingos Pereira, j. 16-12-2015).

8.5.2 Direito patrimonial disponível

A apresentação do presente item, que traz a separação entre direitos disponíveis e indisponíveis, justifica-se porque a norma que rege a arbitragem no Brasil coloca como condição essencial de aplicação do instituto o fato de o objeto em debate ser um direito patrimonial disponível. Com isso, antes de adentrar necessariamente na discussão a respeito dos direitos de cunho patrimonial que sejam disponíveis, importante é trazer à luz da razão a diferença entre aqueles direitos tidos como disponíveis ou não.

8.5.2.1 Direito disponível e direito indisponível

A definição meramente linguística de pronto não oferece grandes complicações de interpretação do que se pensa a respeito do que vem a ser disponível e daquilo que se intitula indisponível, na medida em que indisponível é aquilo de que não se pode dispor. Mas, em direito a semântica vai além e permite entender que o direito indisponível é aquele que é irrenunciável e inalienável. Só que é possível ir mais a fundo na discussão, pois o direito permite entender que disponível é, além daquilo que se dispõe, aquilo de que potencialmente pode se dispor.

Acontece que a questão da indisponibilidade no universo jurídico por vezes gera confusão em dois planos principais: naquele que revela (i) o direito do próprio titular como, por exemplo, os direitos de personalidade, o direito à vida, o direito que o trabalhador tem de gozar as suas férias; e (ii) naquele que se refere a um bem que não pode ser vendido, alienado.

Com isso, o direito é indisponível quando o seu titular dele não pode dispor ou se desfazer por vontade própria pois que existe uma ingerência estatal que o impede. Já o bem é indisponível porque é inalienável ou porque a lei, capitaneada pelo Estado, novamente, determina que esse seja o regime. Na prática, quando se tem um direito indisponível, o efeito processual se dá, como ilustração, quando na hipótese da configuração da revelia por ausência de contestação no prazo adequado não se reputam, necessariamente, verdadeiras as alegações da parte contrária uma vez que o objeto de discussão é um direito indisponível. Assim, portanto, bem fica revelada a distinção entre um direito tido como disponível e um direito que, por outro lado, é avesso à disposição.

8.5.2.2 Direito patrimonial

O elemento patrimonial se manifesta conexo a uma percepção valorativa, em sentido financeiro e econômico do direito invocado, geralmente ligado umbilicalmente aos enlaces jurídicos de caráter patrimonial. Em vista do exposto, a Professora Maria Helena Diniz, discutindo um pouco mais sobre patrimônio, defende que:

> Seria um complexo de relações jurídicas de uma pessoa que tenha valor econômico. Inclui-se no patrimônio; a posse, os direitos reais, as obrigações e as ações correspondentes a tais direitos. O patrimônio abrange direitos e deveres redutíveis a dinheiro, consequentemente nele estão incluídos os direitos de personalidade, os pessoais entre cônjuges, os oriundos do poder de família e os políticos[13].

Logo, o direito patrimonial tem em regra como objeto um bem, que esteja em comércio ou que possa ser apropriado ou alienado. É a "designação de caráter genérico dada a toda sorte de direito que assegure o prazo ou fruição de um bem patrimonial, ou seja, uma riqueza ou qualquer bem apreciável monetariamente"[14].

Em vista ao exposto, a limitação da aplicação da arbitragem somente no que diz respeito a direitos patrimoniais disponíveis refere-se à impossibilidade de que se utilize da arbitragem quando o direito a ser levado à decisão arbitral é indisponível. A limitação da arbitragem para somente direitos patrimoniais disponíveis se dá pelo fato de que não se pode transacionar o que não é disponível, o que não é vaporável, isso é, não se pode transacionar o direito à vida, o direito à honra, ficando, portanto, afeitos à arbitragem os direitos que sejam suscetíveis à conversão pecuniária. Interessante dizer que a Lei de Arbitragem Voluntária de Portugal (Lei n. 63/2011), em seu art. 1º, 2, determina que:

---

13 DINIZ, Maria Helena. *Dicionário jurídico*. São Paulo: Saraiva, 1999, t. 3, p. 541.
14 Disponível em: <https://www.bn.gov.br/es/node/253>. Acesso em: 9 nov. 2019.

Art. 1º, 2: É também válida uma convenção de arbitragem relativa a interesses que não envolvam interesses de natureza patrimonial, desde que as partes possam celebrar transação sobre direito controvertido.

Com isso, nas palavras de Manuel Pereira Barrocas:

> A delimitação do campo da arbitrabilidade impõe a seguinte importante observação: a arbitrabilidade de direitos não depende da natureza injuntiva ou não da lei que regula o direito em questão. Resulta antes da disponibilidade dos direitos ou embora indisponíveis na sua gênese, da possibilidade de serem objeto de transação judicial ou extrajudicial. Por outras palavras, que o litígio em questão possa ser resolvido mediante acordo das partes. Os árbitros, no exercício de sua atividade jurisdicional, interpretam e aplicam frequentemente normas injuntivas, tal como os juízes. Figurem-se as normas que ferem de nulidades certos atos ou mesmo contratos. Os árbitros não estão, evidentemente, impedidos de aplicar essas leis de ordem pública, mesmo os constitucionais, e declaram a invalidade dos atos jurídicos respetivos[15].

Mais adiante, para amarrar o assunto e retornar ao objeto dos direitos patrimoniais disponíveis, o Tribunal de Mediação e Arbitragem do Estado do Rio Grande do Sul faz a seguinte definição:

> São aqueles referentes a patrimônio em que as partes podem usar, gozar e dispor, que podem transacionar livremente, de acordo com a vontade, pactuando entre si situações em conformidade com seus anseios[16].

Por outro lado, há também a análise sobre os direitos vistos como patrimoniais não disponíveis, como:

> [o] caso da pessoa titular de bens que, possuindo herdeiros necessários, não pode doar a totalidade deles. Também pode-se citar o bem que é recebido em doação com cláusula de impenhorabilidade, de inalienabilidade ou

---

15 BARROCAS, Manuel Pereira. *Lei de arbitragem comentada.* Coimbra: Edições Almedina, 2013, p. 26.
16 Disponível em: <http://www.tmars.org.br/informacoes-disponivel.htm>. Acesso em: 21 jan. 2015.

de incomunicabilidade, pois tais situações não permitem que aquele que receba a doação possa dispor, transacionar o bem[17].

Alargando o debate, há também aqueles que enxergam os direitos patrimoniais indisponíveis, mas geradores de efeitos disponíveis, que poderiam suscitar o uso da arbitragem. O nobre escritor Carlos Alberto Carmona já defendeu que:

> Com efeito, imagine-se o exemplo sempre citado dos alimentos. É certo que o alimento é indisponível, no sentido de que se pode a ele renunciar. Porém, a quantificação do valor e forma de prestá-lo são aspectos perfeitamente disponíveis, sendo objeto frequente, como se sabe, de transação judicial. Ora, nada impediria que se sujeitasse esses disponíveis (ainda que dos direitos indisponíveis) à arbitragem, mesmo porque isso não implicaria qualquer restrição a existência ou a caracterização do direito indisponível em si[18].

Ainda acerca da possibilidade ou não de uso do instituto, não é plausível a sua utilização para as demandas que exijam a intervenção do Ministério Público como fiscal da lei.

Outra controvérsia latente dizia respeito à utilização da arbitragem quando a matéria controvertida fosse atinente ao direito público, quando presentes os naturalmente interesses da Administração Pública. Vale lembrar os clássicos princípios que compõem as atuações da Administração Pública, como os da legalidade, impessoalidade, moralidade, publicidade e da eficiência. Além desses, outros tantos quase incontáveis que disciplinam e dirigem a expressão da Administração Pública. Aqui, não se coloca em debate a indisponibilidade do interesse público, o que em um primeiro momento de pronto faria com que ficasse afastada a arbitragem nesses moldes. Agir desse modo, sem aprofundar na discussão, seria no mínimo reducionista. É de se notar que nem sempre esse interesse se confunde com o interesse da Administração Pública.

---

17 Disponível em: <http://www.tmars.org.br/informacoes-disponivel.htm>. Acesso em: 21 jan. 2015.
18 CARMONA, Carlos Alberto. Op. cit.

Não obstante, ainda que se o tenha como indisponível, também não se nega que alcança efeitos disponíveis. Logo, tratando-se de direitos disponíveis ou mesmo que dos direitos indisponíveis, mas que, a partir deles, decorram efeitos disponíveis, há muitos estudiosos e doutrinadores que já defendiam a não vedação da arbitragem para questões que envolvessem a Administração Pública.

É de se aplaudir que a Lei de Arbitragem, em sua recente alteração no ano de 2015, tenha tido acrescida em seu art. 1º o § 1º que determina: "A administração pública direta e indireta poderá utilizar-se da arbitragem para dirimir conflitos relativos a direitos patrimoniais disponíveis".

O texto da lei felizmente sedimentou a questão e formalizou o uso da arbitragem em caráter público nos mesmos moldes daquele que se convencionou até então, com seu uso adstrito aos direitos patrimoniais disponíveis.

8.5.3 A arbitragem no direito do trabalho

Ao longo dos anos a arbitragem teve o seu escopo de atuação diversas vezes debatido e, principalmente, no âmbito da esfera trabalhista, o instituto sempre encontrou imensas dificuldades para a sua aplicação. Isso porque dois foram os impasses vislumbrados. O primeiro desafio foi o de sobrepor o debate acerca da indisponibilidade dos direitos inerentes ao trabalho, que tem como suas regras basilares o princípio da dignidade da pessoa humana. O segundo, por seu turno, diz respeito à vulnerabilidade experimentada pelo empregado em relação ao empregador.

O fato é que a indisponibilidade do direito do trabalho surgiu com a necessidade de resguardar direitos mínimos ao trabalhador, de modo que este não pudesse transigir ou renunciar às suas benesses legalmente garantidas, como, por exemplo, o direito ao salário; ao gozo de suas férias remuneradas; às suas gratificações natalinas; folga em ao menos um domingo ao mês; folga garantida a cada seis dias de trabalho; trabalho não superior a 8 horas diárias ou 44 horas semanais; o mínimo de uma hora destinada à refeição e descanso; e, em caso de horas extras, acréscimo legal de no mínimo 50% em relação à hora trabalhada, garantido o mínimo de 11 horas de descanso entre jornadas entre outros diversos garantidos pela CLT.

Com isso, restava claro que a arbitragem, que já tinha sua base de existência fundada no direito patrimonial disponível, chocava-se de forma visceral com os parâmetros do direito do trabalho, o qual não permite livre disposição de suas conquistas ao longo da história que sempre visou a garantir a dignidade do trabalhador.

Já no que se refere à vulnerabilidade, mais uma vez se percebia a proteção ao trabalhador, normalmente visto como o polo mais frágil na relação com o empregador, de tal sorte que se entendia que o afastamento da jurisdição estatal e a utilização da arbitragem para dirimir um conflito entre patrão e empregado poderia significar o aprofundamento da distância de uma relação que naturalmente já seria considerada desigual. Portanto, a arbitragem era vista como um mecanismo que não poderia ser aplicado no âmbito da defesa do trabalhador face ao empregador.

Vale dizer, porém, que em se tratando de dissídio de natureza coletiva, a regra ganhava certo abrandamento na medida em que o sindicato, na defesa do trabalhador, não se colocaria, necessariamente, como vulnerável, suavizando a diferença entre os polos, uma vez que se pautaria na argumentação da paralisação da prestação de serviço dos funcionários por meio da fruição do direito constitucional de greve.

Bem, com isso, percebe-se que ao longo de, ao menos, as duas últimas décadas, a abordagem da arbitragem no âmbito do direito do trabalho tem sido discutida e obviamente alterada conforme foram sendo modificadas as percepções do homem e da jurisprudência. No distante ano de 2002, antes da edição da Emenda Constitucional n. 45, a doutrina, também, navegava por mares tormentosos e distintos dos atuais. Como exemplo, segue o olhar do doutrinador e Ministro Alexandre de Moraes ao dizer:

> Compete à Justiça do Trabalho conciliar e julgar dissídios individuais e coletivos entre trabalhadores e empregadores, abrangidos os entes de direito público externo e da administração pública direta e indireta dos Municípios, do Distrito Federal, dos Estados e da União, e, na forma da lei, outras controvérsias decorrentes da relação de trabalho, bem como os litígios que

tenham origem no cumprimento de suas próprias sentenças, inclusive coletivas[19].

Para referendar a percepção da época, ainda no ano de 2002, tem-se o julgado abaixo:

> JUÍZO ARBITRAL NA SOLUÇÃO DOS CONFLITOS TRABALHISTAS. SENTENÇA ARBITRAL. COISA JULGADA. Cumpridas todas as exigências legais e desde que respeitadas as garantias mínimas previstas no ordenamento jurídico trabalhista, é possível a solução dos conflitos individuais trabalhistas pela utilização da arbitragem, ainda mais quando assistido o reclamante pelo sindicato, ou quando houver norma coletiva dispondo a respeito. Todavia, até que a matéria seja amadurecida no âmbito das relações laborais, entendo, por enquanto, que a sentença arbitral não pode fazer coisa julgada no processo do trabalho, devido, principalmente, ao princípio da irrenunciabilidade dos direitos laborais, dependendo cada caso dos seus contornos fáticos e jurídicos, cabendo ao magistrado dar-lhe o valor que entender devido, como equivalente jurisdicional de solução dos conflitos[20].

Ocorre que, naturalmente, as interpretações do homem se alteram ao longo do tempo e a questão foi sendo maturada pelos Tribunais superiores e, também, pelo próprio legislador, de modo que, com o passar dos anos e com o entendimento trazido pela Emenda Constitucional de n. 45/2004, ficou referendada a possibilidade do uso do instituto da arbitragem para dirimir negociações e conflitos coletivos de trabalho. A teor do retratado, tem-se o julgado do ano de 2010, que bem demonstra a evolução da jurisprudência à época:

> AGRAVO DE INSTRUMENTO EM RECURSO DE REVISTA. ARBITRAGEM. CLÁUSULA COMPROMISSÓRIA. Em face da configuração de violação do art. 5º, XXXV, da CF, dá-se provimento ao agravo de instrumento para determinar

---

19 MORAES, Alexandre. *Constituição do Brasil interpretada e legislação constitucional*. São Paulo: Atlas, 2002, p. 1.467.

20 RO 14.832, rel. Juiz Maurílio Brasil, *DJMG* de 8-3-2002.

o processamento do recurso de revista. Agravo de instrumento conhecido e provido.

RECURSO DE REVISTA. ARBITRAGEM. CLÁUSULA COMPROMISSÓRIA. Esta Corte Superior tem se posicionando pela inaplicabilidade da arbitragem na solução dos conflitos individuais oriundos da relação de trabalho, tendo em vista que os direitos individuais trabalhistas reservam uma significativa gama de direitos indisponíveis, que, em face de seu caráter social, transcendem os interesses meramente subjetivos das partes. Recurso de revista conhecido e provido[21].

Dando prosseguimento, com o passar do tempo, no ano de 2017, ocorreu importante alteração na Consolidação das Leis do Trabalho (CLT), Lei n. 5.452/43. Reconhecida como Reforma Trabalhista, a Lei n. 13.467/2017 alterou sobremaneira as interpretações e os regramentos, tanto gerias quanto específicos, que a CLT anteriormente dispunha.

Fato incontroverso é que a Reforma Trabalhista trouxe significativa previsão em relação ao objeto desse capítulo, qual seja, a utilização ou não da arbitragem em matéria trabalhista.

Como se sabe e vem sendo observado neste *Manual*, a arbitragem tem como parâmetro fundamental versar sobre direitos patrimoniais disponíveis. Isso, por si só, por anos afastou ou dificultou a utilização da arbitragem em dissídios, principalmente individuais. A interpretação dada para tanto dava conta de que o empregado era tido como vulnerável em sua relação com o empregador. Com isso, por vezes, o olhar dos Tribunais era no sentido de que ele, empregado, se mantinha em condição de hipossuficiência, maculando o debate arbitral ante o seu empregador.

A consolidação posta, a partir da edição da Emenda Constitucional n. 45, consagrou a possibilidade de a arbitragem ser usada em matéria trabalhista para dirimir litígios que versassem sobre negociação e dissídios coletivos.

---

21 TST – RRv 29840-50.2007.5.10.0020, rel. Min. Dora Maria da Costa, j. 15-12-2010.

Ocorre, porém, que mesmo assim, os debates e discussões se acalentavam na doutrina e na jurisprudência a respeito do uso ou não da arbitragem para fins trabalhistas, sendo ou não de natureza coletiva.

Para bem exemplificar, segue acórdão paradigmático, do ano de 2011 que bem explica a visão à época que o Tribunal Superior do Trabalho aplicava a respeito do uso da arbitragem em dissídio individual:

RECURSO DE REVISTA DA RECLAMADA (...). DISSÍDIO INDIVIDUAL. SENTENÇA ARBITRAL. VALIDADE. EFEITOS. EXTINÇÃO DO PROCESSO SEM RESOLUÇÃO DO MÉRITO. ART. 267, VII, DO CPC. I – O art. 1º da Lei n. 9.307/96, ao estabelecer ser a arbitragem meio adequado para dirimir litígios relativos a direitos patrimoniais disponíveis, não se constitui em óbice absoluto à sua aplicação nos dissídios individuais decorrentes da relação de emprego. II – Isso porque o princípio da irrenunciabilidade dos direitos trabalhistas deve ser examinado a partir de momentos temporais distintos, relacionados, respectivamente, com o ato da admissão do empregado, com a vigência da pactuação e a sua posterior dissolução. III – Nesse sentido, sobressai o relevo institucional do ato de contratação do empregado e da vigência do contrato de trabalho, em função do qual impõe-se realçar a indisponibilidade dos direitos trabalhistas, visto que, numa e noutra situação, é nítida a posição de inferioridade econômica do empregado, circunstância que dilucida a evidência de seu eventual consentimento achar-se intrinsecamente maculado por essa difusa e incontornável superioridade de quem está em vias de o contratar ou já o tenha contratado. IV – Isso porque o contrato de emprego identifica-se com os contratos de adesão, atraindo a nulidade das chamadas cláusulas leoninas, a teor do 424 do Código Civil de 2002, com as quais guarda íntima correlação eventual cláusula compromissória de eleição da via arbitral, para solução de possíveis conflitos trabalhistas, no ato da admissão do trabalhador ou na constância do pacto, a qual por isso mesmo se afigura jurídica e legalmente inválida. V – Diferentemente dessas situações contemporâneas à contratação do empregado e à vigência da pactuação, cabe destacar que, após a dissolução do contrato de trabalho, acha-se minimizada a sua vulnerabilidade oriunda da sua hipossuficiência econômico-financeira, na medida em que se esgarçam significativamente os laços de dependência e subordinação do trabalhador face àquele que o pretenda admitir ou que já o tenha admitido, cujos direitos trabalhistas, por conta da sua patrimonialidade, passam a ostentar relativa disponibilidade. VI – Desse modo, não se depara, previamente, com nenhum óbice intransponível para que ex-empregado e ex-empregador possam eleger a via arbitral para solucionar conflitos trabalhistas, provenientes do extinto contrato de trabalho, desde que essa opção seja manifestada em clima de ampla liberdade, reservado o acesso ao Judiciário para dirimir possível controvérsia sobre a higidez da manifestação volitiva do ex-trabalhador, na esteira do art. 5º, inciso XXXV, da Constituição. (...) Recurso conhecido e provido. (...)"[22].

Nítido estava o posicionamento dos Tribunais acerca do uso da arbitragem em matéria.

Sucede que, em virtude da lacuna apresentada pelo ordenamento jurídico a respeito da temática, bem como em razão da ausência de jurisprudência sólida e pacífica, o legislador entendeu que seria relevante sanar a citada lacuna. Assim, aparentemente, a Reforma Trabalhista de 2017 veio para colocar *uma pá de cal* na discussão, passando a estabelecer critérios objetivos para permitir o uso da arbitragem nos referidos dissídios individuais. Para tanto, o legislador estabeleceu que a arbitragem poderá ser utilizada quando o empregado tiver renda superior a duas vezes o teto do Regime Geral da Previdência Social, desde que por iniciativa dele e havendo expressa previsão de cláusula contratual, nos termos da Lei de Arbitragem.

> Art. 507-A. Nos contratos individuais de trabalho cuja remuneração seja superior a duas vezes o limite máximo estabelecido para os benefícios do Regime Geral de Previdência Social, poderá ser pactuada cláusula compromissória de arbitragem, desde que por iniciativa do empregado ou mediante a sua concordância expressa, nos termos previstos na Lei n. 9.307, de 23 de setembro de 1996. (Incluído pela Lei n. 13.467, de 2017)

Na visão do legislador, a aplicação nesses moldes quebraria a vulnerabilidade do empregado em relação ao empregador, na medida em que ele mesmo teria a iniciativa de propor a cláusula compromissória para dirimir os

---

22 RR-144300-80.2005.5.02.0040, rel. Min. Antônio José de Barros Levenhagen, j. 15-12-2010, 4ª Turma, *DEJT* 4-2-2011.

conflitos advindos da relação trabalhista ou, no mínimo, ele aceitaria, expressamente, a previsão do uso da arbitragem para a resolução do conflito.

Interessante aqui, inclusive, fazer o paralelo com o Código de Defesa do Consumidor (CDC) que também aceita a resolução de litígio entre o consumidor e o fornecedor por meio da arbitragem. Lá, tanto quanto cá, é necessária anuência expressa à arbitragem da parte supostamente mais frágil da relação.

Com isso, acredita-se que, após décadas de debates, com os doutrinadores e os tribunais transitando em um campo aberto e escuro, finalmente o ordenamento jurídico estabeleceu um parâmetro mais cristalino a respeito da utilização da arbitragem para a resolução de conflitos entre o empregador e o empregado. Dessa feita, há que se aguardar o posicionamento dos Tribunais a respeito da matéria.

8.6 Classificação da arbitragem

A classificação serve para ordenar um conjunto de conceitos segundo certas relações que se pretendam evidenciar. Nesse caso, a classificação será utilizada como uma ação classificadora, formadora de grupos de coisas da mesma espécie[23].

A arbitragem pode ser classificada de diversas maneiras, a saber: arbitragem facultativa e arbitragem obrigatória; arbitragem formal e arbitragem informal; arbitragem de direito e de equidade e, por fim, arbitragem *ad hoc* e institucional.

8.6.1 Arbitragem facultativa e arbitragem obrigatória

No Brasil, a arbitragem é sempre voluntária ou facultativa, ou seja, o ordenamento jurídico do país somente admite que haja arbitragem a qual fora escolhida pelas partes livremente. O fundamento é a vontade das partes. Já a obrigatória viola vários preceitos fundamentais da Carta Magna, principalmente a garantia do acesso ao Poder Judiciário, como vê se no

---

23 DINIZ, Maria Helena. *Dicionário jurídico*. São Paulo: Saraiva, 1999, t. 1, p. 592.

art. 5º, XXXV, da CF: "a lei não excluirá da apreciação do Poder Judiciário lesão ou ameaça a direito"[24]. Portanto, a arbitragem imposta pela lei às partes é expressamente proibida no Brasil por força da Constituição Federal[25] que estabelece que a lei não excluirá da apreciação do Poder Judiciário lesão ou ameaça de direito[26].

8.6.2 Arbitragem formal e arbitragem informal

A arbitragem é fundada nos princípios contratuais, como já analisado[27], no entanto, na arbitragem, por ter sua natureza jurídica estruturada na teoria contratualista, deve-se observar a função social do contrato.

A função social do contrato (art. 421 e parágrafo único, art. 2.035 do CC) é o princípio pelo qual o contrato cria e assegura direitos e deveres como instrumento do interesse dos contratantes e do interesse social, atendendo às restrições trazidas pelo dirigismo contratual; tal dirigismo contratual é a intervenção estatal na economia do negócio-jurídico-contratual, mediante a aplicação e a emissão de norma de ordem pública, o atendimento aos bons costumes relativos à moralidade social, a adoção de revisão judicial dos contratos, alterando-os, estabelecendo-lhes condições de execução, ou mesmo exonerando a parte lesada, conforme as circunstâncias, fundando-se na boa-fé e na supremacia do interesse coletivo.

---

24 "O princípio da legalidade é basilar na existência do Estado de Direito, determinado na Constituição Federal sua garantia, sempre que houver violação do direito, mediante lesão ou ameaça. Dessa forma, será chamado a intervir o Poder Judiciário, que, no exercício da jurisdição, deverá aplicar o direito ao caso concreto" (MORAES, Alexandre de. Op. cit., p. 291-292).

25 Arts. 5º, XXXV, e 1º da Lei n. 9.307/96.

26 "Conforme o voto proferido pelo Min. Nelson Jobim no Agravo Regimental em Sentença Estrangeira n. 5.206-7, são constitucionais o parágrafo único do art. 6º, o art. 7º e os arts. 41 a 44 da Lei n. 9.307/96. Em sentido contrário, o voto do Min. Sepúlveda Pertence, que entendeu inconstitucionais os referidos dispositivos (*Revista de Direito Bancário do Mercado de Capitais e da Arbitragem*, ano 4, n. 2, jan./mar. 2001). Votaram ainda pela constitucionalidade, tendo em vista que no caso de inconstitucionalidade de lei todos os Ministros votam, os Mins. Ilmar Galvão, Ellen Gracie, Maurício Corrêa, Marco Aurélio de Mello, Celso de Mello e Carlos Velloso e pela inconstitucionalidade votaram os Mins. Moreira Alves, Sydney Sanches e Néri da Silveira (conf. o jornal *Gazeta Mercantil* de 14, 15 e 16-12-2001, p. A-11)" (CARVALHOSA, Modesto; EIZIRIK, Nelson. *A nova Lei das S/A*. São Paulo: Saraiva, 2002, p. 179-180).

27 *Vide* item 2.2.

Por ter o princípio da função social como norteador da arbitragem, este instituto propriamente dito é formal, no sentido de que é disciplinado por algumas regras, como, por exemplo, as regras sobre sua instituição, que deve obedecer à forma escrita; as regras sobre seu objeto, que deve der constituído por direitos patrimoniais disponíveis; as regras sobre seu procedimento, o qual deve observar algumas garantias do devido processo legal etc.[28]

A arbitragem formal ou ritual, portanto, é aquela prevista em lei e que atende ao interesse social. Somente esta produz efeitos jurisdicionais. A arbitragem informal é, ao contrário, aquela que não observa as prescrições impostas pelas normas. Esta tem sua forma livre. Caso as partes recorram à arbitragem informal ou livre ou não ritual, para resolver suas diferenças, há que se verificar que este tipo de arbitragem não tem aptidão para desencadear os efeitos legais atribuídos à arbitragem formal, ou seja, não há a garantia da coisa julgada e o valor de título executivo da sentença condenatória do árbitro.

8.6.3 Arbitragem de direito e arbitragem de equidade

A arbitragem de direito e a arbitragem de equidade são classificadas quanto ao critério a que os árbitros podem recorrer para decidir o conflito.

Arbitragem de direito, como o indica o nome, é aquela em que o árbitro está obrigado a resolver a disputa aplicando as normas de direito positivo. Arbitragem de equidade, ao contrário, é aquela em que o árbitro pode decidir segundo seu entendimento de justiça, dadas as circunstâncias de cada caso, ou seja, aplicando regras por ele formuladas[29].

A equidade é um dos meios supletivos das lacunas no direito. Quando, ao solucionar um caso, o árbitro não encontra normas que lhe sejam aplicáveis ou que esteja assim compactuado no compromisso arbitral, não podendo subsumir o fato a nenhum preceito, porque há falta de conhecimento sobre um *status* jurídico de certo comportamento, devido a um defeito do sistema

---

28 ROCHA, José de Albuquerque. Op. cit., p. 38.
29 ROCHA, José de Albuquerque. Op. cit., p. 39.

que pode consistir numa ausência de norma, na presença de disposição legal injusta ou em desuso estamos diante do problema das lacunas[30].

Em caso de lacuna, o árbitro deverá constatar na própria legislação se há semelhança entre fatos diferentes, fazendo juízo de valor de que esta semelhança se sobrepõe às diferenças. E se não encontrar casos análogos, deve recorrer ao costume e ao princípio geral de direito; não podendo contar com essas alternativas, é-lhe permitido, ainda, socorrer-se da equidade[31].

O art. 4º da LINDB[32] dispõe: "Quando a lei for omissa, o juiz [no caso, o árbitro] decidirá o caso de acordo com a analogia, os costumes e os princípios gerais de direito".

Percebe-se que a equidade está consagrada como elemento de adaptação da norma ao caso concreto. Apresenta-se a equidade como capacidade que a norma tem de atenuar o seu rigor, adaptando-se ao caso concreto. Ademais, a equidade é elemento de integração, pois permite, uma vez esgotados os mecanismos previstos no art. 4º da LINDB, em restituir à norma, a que acaso falte, por imprecisão de seu texto ou por imprevisão de certa circunstância fática, a exata avaliação da situação a que esta corresponde, a flexibilidade necessária à sua aplicação, afastando por imposição do fim social da própria norma o risco de convertê-la num instrumento iníquo.

Verifica-se que o árbitro utilizará a lógica do razoável[33] para decidir com a equidade[34]. Não é o objetivo tratar de filosofia de direito neste livro, mas

---

30 DINIZ, Maria Helena. *Lei de Introdução ao Código Civil Brasileiro interpretada*. São Paulo: Saraiva, 2001, p. 91.

31 Idem, ibidem, p. 131.

32 Lei de Introdução às Normas do Direito Brasileiro, antiga LICC (Lei de Introdução ao Código Civil), alterada pela Lei n. 12.376, de 30-12-2010.

33 Lógica do razoável, lógica material, teoria da argumentação, lógica jurídica concreta, pensamento tópico-retórico, são alguns dos nomes que têm servido para rotular as novas conquistas atinentes à construção de uma nova metodologia, para a compreensão do Direito.

34 Sobre decisão por equidade pesquisou Paulo Furtado: "Tentando demonstrar o quanto é tormentoso o assunto, De Angelis lembra que no Direito Romano são utilizadas nada mais nada menos que oito expressões distintas para aludir à equidade. Assim no direito francês e no direito inglês onde se usam, como sinônimos, os vocábulos equidade e razão, além do direito espanhol, onde se empregam com idêntico sentido: 'equidad, buena-fé, mesericordia, perfecta rázon, verdadera rázon, justicia, principios generales de las leyes que la natureza y rázon enseñam, conciencia, arbitrio de buon varón, leal saber y entender, buen parecer, etc.'". E o mesmo

não se pode distinguir equidade de direito sem fazê-lo, ademais o trabalho mental realizado pelo árbitro na hora de decidir pelo direito e pela equidade é completamente diverso, como mostrado a seguir.

Lídia Reis de Almeida Prado[35] cita o autor Luis Recaséns Siches[36], o qual é adepto do raciovitalismo que concebeu a teoria da lógica[37] do razoável na interpretação jurídica e o mesmo atribui relevância à criatividade e à intuição do magistrado nos julgados, os quais constituem o momento de individualização da norma aplicável ao fato submetido à jurisdição. Para o autor, na produção do julgado, destaca-se o papel do sentimento do juiz, cuja importância fica evidenciada até pela etimologia da palavra sentença, que vem de *sentire*, isto é, experimentar uma *emoção*, uma *intuição emocional*.

Siches entende que a lógica tradicional, a qual é utilizada na arbitragem de direito, não serve ao jurista para a compreensão e a justa interpretação dos conteúdos das disposições jurídicas; não serve para criar a norma individualizada da sentença judicial ou da decisão administrativa.

Realmente o juiz decide por intuição e não por inferência ou silogismo dos que se estudam na lógica; decide por convicção, que se forma de modo direto, e não como consequência de um raciocínio.

Afirma ainda o autor que a sentença, longe de ser um silogismo, que se decompõe nos três juízos que integram suas premissas e a conclusão, é um ato mental, uma estrutura, que constitui um exemplo da chamada *Gestalt-*

---

autor propõe que "a equidade é o conceito que cada pessoa tem de justiça, resultado de sua experiência particular, que se manifesta pelo seu pronunciamento em um caso concreto; objetivamente, vários critérios se seguem para determinar a equidade, algo que existe fora do sujeito. Em primeiro lugar, equidade seria sinônimo de justiça, mais precisamente, da ideia pura ou abstrata de justiça, que a lei contém, acidental ou normalmente, não de modo necessário. Sob este ponto de vista pode haver leis contrárias à equidade. Um segundo critério objetivo é o que conceitua a equidade como uma flexão da lei. A norma legal abarca a generalidade dos casos; a equidade tende a evitar sua injustiça em um caso concreto ou, em outro sentido, a suavizar o rigor, a dureza de sua aplicação. Um terceiro critério objetivo propõe que não se dê ao critério de equidade um valor puro e terno, igual a si mesmo em todo tempo e lugar. Apresenta-o como algo influenciado pelas circunstâncias da época e do país, da raça, da sociedade e da geografia" (*Juízo arbitral*. 2. ed. Salvador: Ed. Nova Alvorada, 1995, p. 77-78).

35 *O juiz e a emoção*. Tese de doutorado pela PUC-SP.
36 As palavras *magistrado* e *juiz* devem ser trocadas por *árbitro* neste item.
37 Em síntese, lógica é a ciência que estuda as estruturas do pensamento.

-*psychologie* (psicologia das formas). Segundo ele, apenas quando a decisão foi tomada pode a sua apresentação adotar a aparência de um silogismo. Mas convém ressaltar que, conforme o autor, o direito não se restringe ao mundo psicológico. Também não é ideia pura, nem valor puro, pois se relaciona com a realidade. Mesmo porque – conclui – o magistrado, que não está acima da lei, deve acatar a ordem jurídico-positiva. Já a arbitragem de direito a qual utiliza a lógica tradicional liga o direito tratado como sendo uma ordem da conduta humana[38]. Uma "ordem" é um sistema de regras. Regras essas que serão utilizadas para resolver o conflito. Para sintetizar, pode-se dizer que essas regras são normas positivas que irão ser utilizadas para resolver o problema trazido pelas partes.

Entende-se ser a arbitragem de direito aquela em que o árbitro está obrigado a resolver a disputa aplicando as normas de direito positivo e utilizando a lógica tradicional. Já a arbitragem de equidade, ao contrário, é aquela em que o árbitro pode decidir segundo seu entendimento de justiça, intuição, emoção, sempre em conjunto com os costumes, princípio geral do direito e atendendo aos fins sociais a que a lei se dirige e às exigências do bem comum, utilizando-se ainda da lógica do razoável, como vimos acima, e para englobar todos essas "regras" criadas inconscientemente pelo juiz, pelo árbitro, vamos dizer, neste caso e somente neste, que ele utilizou a equidade.

8.6.4 Arbitragem interna e internacional

O nome classificatório parece autoexplicativo. Mesmo assim, vale citar que a própria lei da arbitragem prescreve o critério territorial com a finalidade de classificar as decisões arbitrais em internas e internacionais. Quem bem explica a questão é o professor Guido Soares ao comentar que:

> A arbitragem interna ou nacional é aquela aplicável nas relações entre particulares sem qualquer conexão com sistemas jurídicos estrangeiros. Já a

---

[38] KELSEN, Hans. *Teoria geral do direito e do Estado*. São Paulo: Martins Fontes, 1995, p. 11.

arbitragem internacional, impropriamente dita internacional, seria aquela a qual utilizaria a lei estrangeira[39].

Ou seja, a arbitragem propriamente dita é realizada em um foro não submetido a qualquer legislação estatal e tem conteúdo não conexo a um Estado. Para o autor, as arbitragens internacionais são, em verdade, aquelas entre Estados reguladas pelo direito internacional público.

Deve-se notar que foram encontradas duas conceituações distintas para arbitragem interna e arbitragem internacional. O ramo que diz ser a arbitragem interna a que utiliza a legislação nacional e a internacional a que utiliza a legislação nacional e a internacional a que utiliza a legislação internacional parece ser o mais aceito pelos internacionalistas; já o outro, a respeito do local onde é proferida a decisão arbitral, é o mais aceito pelos civilistas e processualistas[40].

8.6.5 Arbitragem *ad hoc* e arbitragem institucional

Far-se-á a distinção entre as duas a seguir.

8.6.5.1 *Arbitragem* ad hoc

Como bem define Carlos Alberto Carmona, será considerada *ad hoc* a "arbitragem sempre que o tribunal arbitral for constituído exclusivamente para resolver determinada controvérsia"[41], sem o concurso de uma instituição administrativa. Aliás, o termo *ad hoc* tem a sua natureza do latim e significa "para isto", "para determinado ato".

Na prática a arbitragem na forma *ad hoc* é aquela administrada pelos próprios envolvidos naquilo que se tem como estágio inicial, e pelas partes, de forma conjunta com os árbitros após a sua instauração, o que se dá com a aceitação destes para o encargo proposto.

---

39 SOARES, Guido. A arbitragem e sua conaturalidade com o comércio internacional. *Aspectos atuais da arbitragem*. Rio de Janeiro: Forense, 2001, p. 122-134.
40 GUILHERME, Luiz Fernando do Vale de Almeida. *Manual de arbitragem*. 3. ed. São Paulo: Saraiva, 2012, p. 44.
41 CARMONA, Carlos Alberto. Op. cit., p. 52.

Já afirmamos em outros momentos, nesse particular, que:

As partes estabelecem as regras para a arbitragem, respeitadas as disposições da ordem imperativa contidas na lei. Portanto, as partes regem, via contrato, as regras que o árbitro utilizará para resolver os conflitos, nunca se esquecendo das ordens descritas na legislação em vigor[42].

É importante sintetizar que os envolvidos determinam o modo de nomeação dos árbitros e definem as linhas do procedimento. Como se não bastasse, as partes tomam as providências que são necessárias para a administração da arbitragem entre elas. Até por uma dedução lógica, essas considerações e apontamentos feitos pelas partes, tratando das linhas gerais e das diretrizes do procedimento, se dará anteriormente ao início da arbitragem. Então a nomeação dos árbitros assim como outros passos são dados antes da instauração do procedimento.

8.6.5.2 Arbitragem institucional

Já na arbitragem institucional o preceito é distinto. Os litigantes recorrem a uma entidade especializada em administrar procedimentos arbitrais, sempre tendo em mente a utilização do regramento interno da instituição. O procedimento é amparado pela entidade selecionada, devendo a última fornecer o aparelhamento técnico, operacional e logístico para tanto. Isso é acalentador para as partes que se sentem mais guarnecidas com uma estrutura bem sacramentada, além de terem acesso a expedientes transparentes a seu favor.

As partes podem até indicar os árbitros para dirimir o conflito, porém, reiterando, é função da câmara a condução dos trabalhos e a própria indicação dos agentes condutórios do procedimento.

Também merece destaque a questão que envolve as regras procedimentais. Isso porque, como dito, a instituição escolhida se vale das normas que lhes são peculiares à entidade, mas mesmo essa hipótese pode ser relativizada

---

42 GUILHERME, Luiz Fernando do Vale de Almeida. *Manual de arbitragem* cit., p. 43.

na medida que não são raras as vezes em que a instituição reorienta as suas próprias regras tendo em vista as transformações normais do cotidiano.

A condução das atividades burocráticas também é afeta à própria instituição. É de atribuição da entidade a boa convivência e sobretudo a boa comunicação entre os árbitros e as partes ao longo do procedimento, mas sem exageros que rompam com a imparcialidade garantida ao procedimento arbitral.

A arbitragem na modalidade institucional é mais bem recebida ao oferecer mais tranquilidade e segurança tanto às partes quanto aos árbitros. O formato facilita a ação das partes envolvidas. O narrado, aliás, não deve ser interpretado com surpresa haja vista a presença de maior *expertise* por parte das instituições na condução da arbitragem.

8.7 Princípios da arbitragem

Assim como os demais institutos narrados, a arbitragem também está envolta por princípios norteadores.

8.7.1 Autonomia das partes

O primeiro pressuposto a ser sublinhado em relação à arbitragem é o da autonomia da vontade das partes. Recai aos litigantes ou aos eventuais litigantes a definição pela arbitragem ou não. Isso impõe profunda diferença quando comparado o instituto ao processo judicial. No último, as partes, quando invocadas para se defender, não podem simplesmente se furtar a comparecer ou a apresentar defesa de outra forma, sob pena de revelia.

O Tribunal de Justiça do Distrito Federal oferece auxílio na visualização do princípio, como se depura, abaixo.

> PROCESSUAL CIVIL. AÇÃO DECLARATÓRIA. Negócio jurídico. Partilha amigável de bens. Convenção de arbitragem. Cláusula compromissória. Reconhecimento. Imperiosidade. Vontade das partes. Renúncia à jurisdição estatal em favor da particular. Reconhecimento do foro arbitral. Incidência da Lei n. 9.307/96. (...) 3. A arbitragem, regulada pela Lei n. 9.307/96, consiste em fórmula alternativa à jurisdição, por intermédio da qual as partes convencionam que as controvérsias provenientes de determinado

negócio jurídico serão dirimidas pelo juízo arbitral, abdicando de sujeitar possíveis conflitos ao crivo do Poder Judiciário, e, considerando que essa forma de solução de conflitos é legalmente autorizada nos casos que versem sobre direitos patrimoniais disponíveis, a própria lei faculta às pessoas capazes de contratar a possibilidade de se valerem da arbitragem como forma de dirimir eventuais litígios que as envolva, sem a tutela jurisdicional estatal, sendo esta escolha constitucional, posto que se o próprio direito de ação é disponível, também o é o exercício da jurisdição na solução do conflito de interesses[43].

O julgado exposto bem ilustra o todo narrado quanto à necessária subserviência à arbitragem se os interessados se mostrarem favoráveis à arbitragem, emoldurando a sua vontade por meio da convenção arbitral, terá a obrigação de cumpri-la mais adiante, sob pena de ter que arcar com todos os prejuízos também explicitados em caso de recusa.

8.7.2 Contraditório e ampla defesa

Os princípios do contraditório e da ampla defesa garantem que ninguém terá contra si a prolação de uma sentença sem que previamente se tenha a possibilidade da instauração de um processo com igualdade de possibilidades de participação e de defesa.

Trazendo para a seara da arbitragem, Carlos Alberto Carmona afirma:

> Caberá, então, às partes ou ao árbitro estabelecer (ou adotar) um procedimento que possa garantir plenamente a recíproca manifestação dos contendentes a respeito das provas e das razões do adversário, o que significa, também, esclarecer formas efetivas de comunicação dos atos procedimentais e concessão de tempo razoável para as respectivas manifestações[44].

Com isso, tem-se que os princípios do contraditório e da ampla defesa perfazem um conjunto dos mais elementares de proteção ao cidadão.

---

43 TJDF – Apelação Cível 20110710325798, 1ª Turma, rel. Teófilo Caetano, j. 16-9-2015.
44 CARMONA, Carlos Alberto. Op. cit.

8.7.3 Igualdade das partes

Por esse pressuposto, o árbitro ou o tribunal arbitral não podem dar tratamento diferente às partes ao longo do procedimento. Perquire-se então a igualdade dos litigantes, sendo certo que na hipótese da presença de enquadramento diferente desse, a possibilidade de nulidade do laudo arbitral.

8.7.4 Imparcialidade do árbitro

A Academia Brasileira de Direito Processual Civil, em seu trabalho sobre o procedimento arbitral, fez considerações relevantes sobre a questão da imparcialidade do árbitro, avançando sobre a ausência, porém, de uma neutralidade dele, árbitro.

> Árbitro neutro é árbitro passivo, que não se interessa nem se esforça por dar a solução mais adequada ao litígio posto a sua apreciação. Não é isso que se quer, evidentemente. Não se pretende que o árbitro seja sujeito passivo, que espera contemplativo, pelas provas e elementos trazidos pelas partes, sem poderes para buscar a melhor solução à controvérsia. A lei, a propósito, dota claramente o árbitro de poderes instrutórios de ofício (art. 22), o qual pode, então, buscar mesmo ausente requerimento específico das partes, as provas que entender necessárias ao desenvolvimento e sua função[45].

O que a lei ressalva ao tratar da imparcialidade do árbitro, é que ele deve ser manter equidistante das pretensões das partes, mas sem manter qualquer tipo de comportamento que de alguma forma sugira a passividade em seu comportamento.

8.7.4.1 Formas de se garantir a imparcialidade do árbitro

A lei reguladora também procura garantir a tão citada imparcialidade do árbitro por meio de instrumentos protocolares já presenciados no arcabouço jurídico, mãos detidamente em matéria processual, que são as

---

[45] Disponível em: <http://www.abdpc.org.br/abdpc/artigos/Sergio%20Arenhart%20-%20formatado.pdf>. Acesso em: 20 nov. 2019, p. 15.

arguições de impedimento e de suspeição por meio de exceção. Nesse particular, outros comentários serão feitos em momento propício. Isso tudo para assegurar a imparcialidade do árbitro, sob pena de nulidade da sentença arbitral.

8.7.5 Princípio do livre convencimento do árbitro

Princípio que serve como sustentáculos dos mais elementares é o do convencimento motivado. Dá-se porque não cabe ao árbitro a liberdade total irrestrita para formar a sua convicção independentemente de justificação. O que se quer é que o árbitro alcance as suas convicções alicerçadas sempre para tanto nos expedientes vislumbrados nos autos do procedimento, com a posterior justificativa de suas posições. Consiste assim na persuasão racional do árbitro.

Sempre elucidativo, De Plácido e Silva sustenta:

> O livre convencimento, assim bem exprime a liberdade atribuída ao juiz para a apreciação do valor ou da força da prova, para que, por sua inteligência, por sua ponderação, por seu bom senso, pela sua acuidade, pela sua prudência, consultando mesmo sua própria consciência, diante das próprias circunstâncias trazidas ou anotadas no correr do procedimento, interprete as mesmas provas, para, sem ofensa ao direito expresso, prolatar seu decisório.

Nota-se, portanto, que ainda que o árbitro goze de prerrogativas para o seu convencionamento, devem eles – árbitro e seu convencimento – serem pautados por preceitos racionais.

8.7.6 Princípio da conciliação

A conciliação é sempre um expediente a ser buscado quando da existência de litígios. Ou seja, independentemente de estar no bojo do juízo arbitral, na própria via judicial, procurar conciliar as partes é sempre um remédio bem recebido.

Quando efetivamente dentro da arbitragem, é tarefa do árbitro procurar conciliar os litigantes, independentemente da existência ou não de previsão que verse sobre no compromisso arbitral.

Não se pode deixar de trazer que este princípio foi destacado na Lei n. 9.099/95 – Lei dos juizados Especiais – em que a conciliação teve grande entrada nacional perante os conflitos pátrios até 40 (quarenta) salários mínimos.

8.7.7 Princípio do consensualismo

Segundo esse princípio, o simples acordo de duas ou mais vontades basta para gerar contrato válido, pois a maioria dos negócios jurídicos bilaterais é consensual, embora alguns, por serem solenes, tenham sua validade condicionada à observância de certas formalidades legais.

8.7.8 Princípio da obrigatoriedade da convenção (*pacta sunt servanda*)

Por esse princípio, as estipulações feitas no contrato deverão ser fielmente cumpridas, sob pena de execução patrimonial contra o inadimplente. O ato negocial, por ser uma norma jurídica, constituindo lei entre as partes, é intangível, a menos que ambas as partes o rescindam voluntariamente ou haja a escusa por caso fortuito ou força maior, de tal sorte que não se poderá alterar seu conteúdo, nem mesmo juridicamente. Entretanto, tem-se admitido que a força vinculante dos contratos seja contida pelo magistrado em certas circunstâncias excepcionais ou extraordinárias que impossibilitem a previsão de excessiva onerosidade no cumprimento da prestação.

8.7.9 Princípio da relatividade dos efeitos do contrato

Já por esse princípio, a avença apenas vincula as partes que nela intervêm, não aproveitando nem prejudicando terceiros, salvo raras exceções.

8.7.10 Princípio da boa-fé

Segundo esse princípio, na interpretação do contrato, é preciso ater-se mais à intenção do que ao sentido literal da linguagem, e, em prol do interesse social de segurança das relações jurídicas, as partes deverão agir com lealdade e confiança recíprocas, auxiliando-se mutuamente na formação e na execução do contrato (arts. 113 e 422 do CC).

8.7.11 Princípio da confidencialidade

De acordo com este princípio, as arbitragens não estão sujeitas ao princípio da publicidade, como os processos em geral que correm na justiça comum. Graças a este princípio, muitas empresas sentem-se mais confortáveis em se utilizar do instituto, não mais temendo que problemas que as envolvam em relação a seus acionistas ou sócios ou mesmo a contratos que celebrou possam influenciar negativamente sua imagem no mercado ou o valor de suas ações. Nesse sentido, têm-se alguns regulamentos de arbitragem que tratam diretamente deste princípio, como no caso do Regulamento de Arbitragem da Câmara de Arbitragem do Mercado, o Regulamento de Arbitragem da American Arbitration Association (AAA) e o Regulamento de Arbitragem da FIESP.

8.7.12 Princípio da competência-competência (*kompetenz-kompetenz*)

Tal preceito determina que na hipótese da existência da arbitragem fica o instrumento definido como aquele competente para dirimir entraves surgidos naquela relação jurídica, ficando assim excluído o Judiciário da apreciação da matéria.

Mas não é só isso. Pelo princípio da competência-competência, tem-se que "cabe ao árbitro decidir sobre a existência, validade e eficácia da convenção de arbitragem", conforme assegura Viviane Rosolia Teodoro[46]. Reforçando a impressão da autora, Francisco José Cahali ainda assevera:

> Esta regra é de fundamental importância ao instituto da arbitragem, na medida em que, se ao Judiciário coubesse decidir, em primeiro lugar, sobre a validade da cláusula, a instauração do procedimento arbitral restaria postergada por longo período e, por vezes, apenas com o intuito protelatório

---

46 TEODORO, Viviane Rosolio. In: *Revista de Arbitragem e Mediação – RArb*, 13/51, 2016, p. 237.

de uma das partes em esquiar-se do cumprimento da convenção. O princípio, dessa maneira, fortalece o instituto, e prestigia a opção das partes por essa forma de solução de conflitos, e afasta, em certa medida o risco de desestímulo à contratação da arbitragem, em razão do potencial obstáculo prévio a surgir no Judiciário diante da convenção, por maliciosa manobra de uma das partes"[47].

Em relação a esse princípio três casos, ainda que antigos, são pontuais e merecem ser relembrados. A saber:

(i) La Chartreuse x Cavagna. – França. Cláusula de arbitragem x eleição de foro: conflito que não subtrai a competência do árbitro. Princípio *compétence-compétence*: efeitos positivos e negativos. É garantido ao poder jurisdicional do tribunal arbitral decidir prioritariamente sobre a existência, validade da cláusula de arbitragem e seu alcance *ratione materiae* e *ratione personae* (2ème Chambre da Cour de Cassation, França, de 18-12-2003);

(ii) American Bureau of Shipping x Copropriété Maritime Jules Verne – França. Cláusula de arbitragem. Efeitos. Poderes limitados do juiz. Apreciação da nulidade ou inaplicabilidade manifesta da cláusula. Cláusula compromissória. Efeitos. Competência do árbitro para decidir sobre sua própria competência (1ère Chambre da Cour d´Appel de Paris, França, de 4-12-2002);

(iii) Ação de resolução de contrato. Cláusula compromissória. Efeito negativo. Exceção de incompetência de jurisdição acolhida. O Tribunal não pode conhecer da questão, em razão das partes haverem optado pela arbitragem (Tribunal Supremo da Espanha, decisão publicada na *Revista de La Corte Española de Arbitraje*, v. VI, 1999, de 9-10-1989);

Por fim, entende-se que para que haja a jurisdição da arbitragem, a natureza jurídica decorre do contrato e a jurisdição é efeito deste.

---

[47] CAHALI, Francisco José. *Curso de Arbitragem*. 5. ed. São Paulo: Revista dos Tribunais, 2015.

> **Pesquisa do Editorial**
>
> Veja também Doutrina:
>
> Princípios da arbitragem: o princípio *kompetenz-kompetenz* e as suas consequências, de Viviane Rosolia Teodoro, *RArb* 13/51.

8.8 Instituição da arbitragem pelas partes

Ninguém é obrigado a submeter qualquer questão à arbitragem (art. 421 do CC), ou seja, a arbitragem é pautada pela autonomia das vontades das partes estruturada pela liberdade de contratar das mesmas. O instituto se dá meramente se as partes que mantêm o conflito pela arbitragem decidirem, seja na situação de elas, de forma anterior ao próprio conflito e então antevendo a sua possibilidade, determinarem seu uso; seja na hipótese em que o embate já foi travado e os litigantes escolhem como modo de solucioná-lo a arbitragem. O fato é: a discussão só será definida por meio da arbitragem se as partes assim determinarem. Por meio de um acordo que preveja ou institua a arbitragem. Sendo assim, a parte litigante não tem qualquer obrigação de ter eventual conflito decidido por meio da arbitragem, mas uma vez assinado o acordo que preveja a utilização do instituto, necessariamente os envolvidos deverão se submeter a ele.

Para arrematar, se a parte se dispuser formalmente ao uso da arbitragem e mais adiante resolver desistir, levando a matéria ao judiciário, o juiz imporá o contido no inciso VII do art. 485 do Código de Processo Civil[48] que prevê a extinção do processo sem resolução de mérito pela convenção de arbitragem. Foi nesse sentido que o Tribunal de Justiça de São Paulo decidiu, conforme o conteúdo abaixo:

AÇÃO DE RESCISÃO CONTRATUAL C.C. ANULAÇÃO DE CLÁUSULA E INDENIZAÇÃO POR PERDAS E DANOS. Decreto de extinção do processo,

---

48 "Art. 485. O juiz não resolverá o mérito quando: (...)

VII – acolher a alegação de existência de convenção de arbitragem ou quando o juízo arbitral reconhecer sua competência;"

na origem, nos termos do disposto no art. 267, VII do CPC, reconhecida a existência de cláusula compromissória de arbitragem. Honorários advocatícios arbitrados em patamar de 10% do valor da causa (R$ 1.500.000,00). Recurso de Apelação da autora. Preliminares recursais. Fundamentação deficiente não verificada. Preliminar de não conhecimento suscitada em contrarrazões da corré Ascet rejeitada. Cerceamento de defesa. Matéria essencialmente de direito que dispensava maior dilação probatória na espécie. Cerceamento não caracterizado. Preliminar da autora igualmente rejeitada. Mérito recursal. Existência de cláusula compromissória válida e eficaz. Controvérsia que a esta altura, demais disso, já se encontra decidida por Sentença Arbitral Parcial. Decreto de extinção da Ação, sem resolução de mérito que se afigura tecnicamente acertado e merece prestígio. Honorários advocatícios que, entretanto, devem ser arbitrados de maneira equitativa (art. 20, parágrafo quarto CPC) em caso de sentença meramente terminativa. Arbitramento em montante de R$ 30.000,00, mantida a deliberação de origem no sentido da repartição igualitária da aludida verba, considerando serem duas as corrés, representadas por patronos distintos. Recurso da autora parcialmente provido[49].

A matéria é "batida" e vários poderiam ser os exemplos. Sendo assim: o mesmo Tribunal de Justiça do Estado de Goiás em outra situação assim entendeu:

APELAÇÃO CÍVEL. AÇÃO DE RESCISÃO CONTRATUAL C/C REINTEGRAÇÃO DE POSSE. INSTRUMENTO PARTICULAR DE COMPRA E VENDA DE IMÓVEL. RELAÇÃO DE CONSUMO. CLÁUSULA COMPROMISSÓRIA. EXTINÇÃO DO FEITO SEM RESOLUÇÃO DO MÉRITO. 1. Tratando-se de relação de consumo, quando da escolha do foro competente para dirimir eventuais conflitos, privilegia-se o do domicílio do hipossuficiente, por força do art. 6º, inciso VII, do Código de Defesa do Consumidor. 2. Não obstante, no caso em exame, além de ter sido regularmente eleito o juízo arbitral no bojo da avença, a parte requerida, que *a priori* sofreria com o deslocamento da demanda para local diverso de seu domicílio, confirmou a opção pela arbitragem na peça contestatória, não havendo que se falar em nulidade ou ilegalidade. 3. De acordo com o

---

49 TJSP – Apelação 0137825-65.2009.8.26.0100, rel. Des. Alexandre Bucci, j. 25-11-2014.

art. 267, inciso VII, do Código de Processo Civil de 1973, vigente à época do julgamento, deve o processo ser extinto sem julgamento do mérito se as partes convencionaram cláusula de eleição de foro para a Corte de Conciliação e Arbitragem. APELAÇÃO CONHECIDA, PORÉM DESPROVIDA. SENTENÇA MANTIDA[50].

Outro Tribunal com a mesma interpretação foi o do Estado do Grande do Sul como se lê a seguir:

APELAÇÃO CÍVEL. PROMESSA DE COMPRA E VENDA. AÇÃO DE OBRIGAÇÃO DE FAZER CUMULADA COM PEDIDO INDENIZATÓRIO. JUÍZO ARBITRAL. OBRIGATORIEDADE. Pré-contrato de compra e venda de ponto comercial celebrado pelas partes, com expressa estipulação de que eventuais litígios seriam dirimidos por arbitragem. Cogência da cláusula compromissória ajustada no contrato. Extinção do processo confirmada. Precedentes desta Corte. NEGARAM PROVIMENTO AO RECURSO. UNÂNIME[51].

APELAÇÃO CÍVEL. DIREITO PRIVADO NÃO ESPECIFICADO. EXCEÇÃO DE INCOMPETÊNCIA. CONTRATO DE FRANQUIA EMPRESARIAL. CLÁUSULA ARBITRAL. OBSERVÂNCIA COGENTE. AUSÊNCIA DE RELAÇÃO DE CONSUMO. INCOMPETÊNCIA ABSOLUTA DA JUSTIÇA ESTADUAL COMUM PARA DIRIMIR O CONFLITO. A manifestação válida de vontade dos sujeitos da relação obrigacional, na eleição da arbitragem para dirimir conflitos advindos do contrato, há que obrigatoriamente ser respeitada. Hipótese de extinção do processo, sem julgamento do mérito, nos termos do art. 267, inciso VII. Pactuação de cláusula compromissória. NEGARAM PROVIMENTO. UNÂNIME[52].

Portanto, compete meramente aos litigantes a decisão a respeito da instituição ou não da arbitragem para dirimir o conflito que os liga (obrigação pura e simples). Porém, uma vez assim decidido, fica clara a vinculação daqueles à arbitragem para o caso em apreço.

---

50 TJGO – Apelação Cível 04383886420068090164, 6ª Câmara Cível, rel. Jeová Sardinha de Moraes, j. 13-9-2016.

51 TJRS – Apelação Cível 70066817123, 18ª Câmara Cível, rel. Nelson José Gonzaga, j. 29-10-2015.

52 TJRS – Apelação Cível 70065584138, 18ª Câmara Cível, rel. Pedro Celso Dal Pra, j. 17-9-2015.

8.8.1 Convenção de arbitragem

A rigor, a cláusula compromissória e o compromisso arbitral são espécies do gênero convenção arbitral. A relevância da informação reside no fato de que a norma formalizadora do instituto da arbitragem, ao regular a arbitragem no Brasil, lançou mão da nomenclatura convenção de arbitragem para falar do acordo a partir do qual as partes interessadas submetem a resolução de seus litígios à arbitragem, seja por meio de uma cláusula compromissória, seja através de um compromisso arbitral.

Bem, na verdade, a convenção arbitral, isto é, o gênero, a fonte propulsora, é o pacto que institui o uso da arbitragem, tenha o conflito já sido iniciado ou esteja apenas havendo a previsão de que ele possa nascer. Já as espécies desse gênero, ou seja, a cláusula compromissória e o compromisso arbitral são justamente os expedientes que elaboram a diferenciação temporal, na medida em que uma será usada quando o conflito ainda sequer existe mas as partes já imaginam que da relação delas ele possa redundar; e a outra se refere à hipótese em que o conflito já está presente.

8.8.1.1 *Cláusula compromissória*

A cláusula compromissória consiste no instrumento que as partes definem que se porventura ocorrer um litígio decorrente da relação que está sendo instaurada entre elas por meio de um contrato, tal conflito será dirimido por meio da arbitragem. Logo, a cláusula compromissória diz respeito a uma circunstância futura.

De forma sublime a Professora Maria Helena Diniz já se manifestou a respeito do tema. Veja-se:

> A cláusula compromissória transfere algo para o futuro se houver pendência[53]. É o pacto adjeto em contratos internacionais, civis e mercantis, principalmente os de sociedade, ou em negócios unilaterais, em que se estabelece que, na eventualidade de uma possível e futura divergência entre os

---

53 SANTOS, Marcelo O. F. Figueiredo. O comércio exterior e a arbitragem. *Resenha Tributária*, 1986, p. 65.

interessados na execução do negócio, estes deverão lançar mão do juízo arbitral[54].

Quem também caminha nessa linha é José de Albuquerque Rocha. Leia-se:

Pela cláusula compromissória, portanto, submetem-se ao julgamento do árbitro conflitos futuros, que podem nascer do cumprimento ou da interpretação das relações jurídicas estabelecidas por contrato[55].

Em suma, é com a convenção de arbitragem que se inicia a arbitragem e ela se divide em cláusula arbitral e compromisso arbitral.

8.8.1.1.1 *Cláusula compromissória cheia*

A cláusula compromissória vem a ser uma espécie do gênero convenção arbitral. Mas a citada cláusula compromissória também oferece as suas subespécies. São elas: a cláusula compromissória cheia e a cláusula compromissória vazia.

A primeira consiste no mesmo instrumento que prevê o uso da arbitragem para situações futuras, mas, como o próprio nome pode fazer supor, já apresenta todos os elementos essenciais para a instituição do instituto, podendo ainda situar outros requisitos, facultativos para a instalação do juízo arbitral.

A cláusula compromissória cheia é aquela que desde logo se ocupa de definir e delimitar as regras constantes do procedimento arbitral. Isto é, as partes não apenas indicam no contrato que eventual conflito será resolvido por meio da arbitragem, assim como também já determinam, em pormenores, os regramentos do procedimento. Assim se tem a determinação da instituição que regerá o procedimento; a quantidade de árbitros ao qual o procedimento estará submetido; as regras específicas para a forma como certos atos serão praticados; restrições à autoridade do árbitro; a lei aplicada; a possibilidade de utilização do julgamento baseado em equidade; o prazo para a apresentação da decisão arbitral.

---

54 DINIZ, Maria Helena. *Dicionário jurídico*, v. 1, São Paulo: Saraiva, p. 600.
55 ROCHA, José de Albuquerque. Op. cit., p. 60.

8.8.1.1.2 Cláusula compromissória vazia

A cláusula vazia se distancia de sua opositora – a cláusula cheia – na medida em que a primeira também significa a previsão da utilização da arbitragem para resolver eventual conflito presente a um contrato, mas com o diferencial de que não existem grandes estipulações acerca das "regras do jogo" presentes nesse procedimento, de tal sorte que os seus caminhos se verão delineados justamente pouco antes ao momento de sua instauração. A consequência por essa opção é de que as partes deverão em seguida formalizar um compromisso arbitral. Portanto, já com o conflito vivenciado pelas partes, deverão elas tratar de todas as disposições do procedimento arbitral.

Importa notar que primeiramente as partes deverão buscar esse compromisso que definirá os meios da arbitragem de forma amistosa. No entanto, se porventura essa iniciativa não lograr êxito por recusa de uma das partes, a outra, prejudicada, poderá lançar mão da via judicial para ver o seu direito à elucidação do imbróglio perante o procedimento arbitral.

De toda feita, estando completamente definida a opção pela arbitragem para a solução de eventual conflito, com o árbitro e as regras que a comporão, ou, por outro lado, estando apenas determinada a via arbitral para a resolução de possível conflito, mas sem a administração de todas as normas para aquele procedimento, o fato é que a arbitragem, ao iniciada, apresentará todas as suas benesses tendo sido eleita a cláusula compromissória cheia ou a vazia.

8.8.1.1.3 Cláusula compromissória patológica

Além dos expedientes relatados, há que se comentar também a respeito da cláusula arbitral patológica. Como bem explica o ilustre doutrinador Carlos Alberto Carmona:

> A doutrina acostumou-se a utilizar a expressão cláusula arbitral patológica, provavelmente da origem francesa, para designar aquelas avenças inseridas em contrato que submetem eventuais litígios à solução de árbitros mas que, por conta de redação incompleta, esdrúxula ou contraditória, não permitem

aos litigantes a constituição do órgão arbitral, provocando dúvida que leva as partes ao Poder Judiciário para a instituição forçada da arbitragem[56].

Nesse sentido, inclusive, há previsão da própria Lei de Arbitragem indicando amplos poderes ao juiz para instituir o procedimento arbitral se houver resistência ou impasse, haja vista que o magistrado deverá preencher a lacuna ou a anomalia deixada pelas partes, mesmo que estejam faltando dados.

8.8.1.1.4 Autonomia da cláusula compromissória

A cláusula compromissória poderá estar prevista no contrato entre as partes ou, também, em documento a ele apartado. Seja como for, o fato é que a cláusula compromissória não é acessória, mas autônoma em relação ao negócio jurídico. Desse modo, mesmo omisso o instrumento, mas por força da previsão legal, a invalidade de outras cláusulas, ou mesmo do contrato, não contamina a cláusula arbitral que, preenchidos os seus requisitos, permanece válida e eficaz.

Assim, conforme bem salienta Francisco José Cahali, em *Curso de Arbitragem* – mediação, conciliação, "quando se estabelece a cláusula arbitral relativa a um contrato, na verdade criam-se duas relações jurídicas: o negócio contratado e a arbitragem, esta última independente, porém restrita à vontade das partes em submeter aquela primeira à tutela arbitral"[57].

Isto é, tendo características e exigências próprias, o objeto do contrato principal deverá ser analisado e cumprido. Se estiver presente alguma irregularidade ou vício, o contrato até poderá ser invalidado. Entretanto, a cláusula compromissória estando dentro das conformidades legais, permanecerá íntegra e perfeita.

Aprofundando a questão, a norma pode, por exemplo, exigir que determinada relação jurídica entre as partes seja guiada por intermédio de um contrato na forma escritura pública. Contudo, as contratantes realizam o instrumento na modalidade particular, estipulando a cláusula

---

56 CARMONA, Carlos Alberto. Op. cit., p. 112.

57 CAHALI, Francisco José. *Curso de arbitragem* – mediação e conciliação. 2. ed. São Paulo: Revista dos Tribunais, 2002, p. 130.

compromissória. Dessa feita, ter-se-á um vício quanto à forma do contrato, mas sem contaminar a validade do procedimento arbitral. E aí, no caso, incumbirá ao árbitro a discussão sobre a legalidade do instrumento.

8.8.1.1.5 *Obrigatoriedade do cumprimento da cláusula compromissória*

Já fora visitado o tema anteriormente, mas vale repisar a discussão aceitação da arbitragem por meio da cláusula compromissória e a sua posterior utilização quando necessário. O ponto nevrálgico da discussão está na situação em que o convocado não comparece para firmar o compromisso ou ainda quando ele se nega ao juízo arbitral. Nessas hipóteses, poderá ser compelido a se sujeitar ao instituto da arbitragem por meio de demanda judicial.

No início deste processo, em audiência, o juiz buscará promover a conciliação de litigantes acerca da lide ou então tentará fazer com que se sujeitem à arbitragem de maneira voluntária. Se a tentativa não lograr êxito, recairá ao magistrado o papel de, na própria sessão ou no prazo de 10 dias, definir a questão, determinando os termos do compromisso, e podendo inclusive nomear o árbitro, valendo, ao fim, a sentença judicial como compromisso arbitral.

Ademais, se o autor não comparecer à audiência designada e não apresentar justificativa, o juiz extinguirá o processo sem o seu exame de mérito. Por outro lado, se aquele que não comparecer for o réu, o juiz então de pronto decide a respeito do conteúdo do compromisso, ouvindo o autor.

8.8.1.2 *Compromisso arbitral*

O compromisso arbitral apresenta uma grande alteração em relação à cláusula compromissória (cheia ou vazia). Refere-se ao presente e não mais ao futuro:

> O compromisso arbitral é a convenção bilateral pela qual as partes renunciam à jurisdição estatal e se obrigam a se submeter à decisão se árbitros por elas indicados[58], ou ainda instrumento de que se valem os interessados

---

58 FIÚZA, César. Op. cit., p. 90.

para, de comum acordo, atribuírem a terceiro (denominado árbitro) a solução de pendência entre elas existentes[59].

Na prática, isso quer dizer que se as pessoas que vivem uma relação jurídica, em meio a ela, vivenciarem o conflito, podem determinar que o litígio será decidido pela arbitragem.

O compromisso arbitral é muito mais antigo do que a cláusula arbitral, haja vista que os romanos utilizavam o compromisso por ser uma forma mais justa. No direito Romano, o compromisso era utilizado na justiça privada, em que a execução do direito era feita sem a intervenção da autoridade pública, pois confiava-se a simples indivíduos e missão de solucionar controvérsias surgidas em torno de uma obrigação, caráter que se mantém em todas as legislações contemporâneas[60].

O compromisso pode ser de natureza judicial, com celebração por termos nos autos; ou de forma extrajudicial, quando realizado por instrumento particular (desde que assinado por duas testemunhas); ou também por instrumento público.

Como resumo, o compromisso arbitral sempre será necessário para o uso da arbitragem, excetuando-se, por óbvio, na situação que contemplar a cláusula compromissória cheia, já que esta, além de determinar a arbitragem para dirimir eventual litígio futuro entre os envolvidos, também apontará com maior precisão os aspectos que nortearão o instituto.

Agora, se a cláusula compromissória for vazia, a arbitragem ficará instituída, mas sem contemplar os elementos fundamentais, de modo que será essencial o compromisso arbitral que apresente as intenções das partes em relação ao procedimento arbitral, assim como as regras para o mesmo.

8.8.1.2.1 *Características relevantes do compromisso arbitral*

Assim como ocorre na cláusula compromissória, no compromisso arbitral as partes também devem executar a delimitação da posta em discussão

---

59 MARCATO, Antonio Carlos. *Procedimentos especiais*. São Paulo: Malheiros, 1995, p. 219.
60 DINIZ, Maria Helena. *Curso de direito civil brasileiro*, v. 3, p. 537.

e para decisão, sob pena de nulidade, devendo assim ser fixados os exatos limites de atuação dos árbitros.

No instrumento pode se fazer dispensável a expressa opção pela arbitragem, na medida em que ele próprio já a revela.

8.9 O árbitro

Anteriormente, este *Manual* citou que uma das principais vantagens da arbitragem em relação aos julgamentos do Poder Judiciário era o fato de se presenciar na arbitragem a figura de árbitros eleitos[61] pelas partes. A vantagem não se dava meramente em virtude da narrada escolha, mas sim pelos motivos conexos a essa escolha.

Na justiça pública ordinária, não há a possibilidade de as partes verem o seu processo sendo decidido por um juiz que tenho estipulado por elas mesmas. Trata-se de uma distribuição atinente ao próprio Judiciário que não compete às partes debaterem sobre. Em muitas ocasiões esse magistrado tem larga experiência e conhecimento na matéria, mas em outras não.

A arbitragem apresenta como possibilidade de escolha dos árbitros. E uma das razões para tal seleção se dá justamente em função das atribuições e dos conhecimentos técnicos que o árbitro tem naquele conteúdo a ser analisado. Outra razão para a seleção se dá em virtude da confiança das partes naquela pessoa física do árbitro.

8.9.1 A importância da confiança no árbitro

A Lei da Arbitragem disciplina que qualquer pessoa capaz poderá ser árbitro. Não obstante, determina que o árbitro deve gozar da confiança[62]

---

61 Conforme o Enunciado n. 72 da I Jornada de Prevenção e Solução Extrajudicial de Litígios, "As instituições privadas que lidarem com mediação, conciliação e arbitragem, bem como com demais métodos adequados de solução de conflitos, não deverão conter, tanto no título de estabelecimento, marca ou nome, dentre outros, nomenclaturas e figuras que se assimilem à ideia de Poder Judiciário".

62 "REEXAME NECESSÁRIO. MANDADO DE SEGURANÇA. CEF. FGTS. SAQUE. HIPÓTESES. SENTENÇA ARBITRAL. (...) 2. A lei que disciplina a arbitragem (Lei n. 9.307/96) permite que direitos patrimoniais disponíveis sejam dirimidos por meio da arbitragem (art. 1º), dispondo que a sentença arbitral produz os mesmos efeitos da sentença judicial (art. 31) e que não

das partes para ser selecionado, sem fazer qualquer exigência quanto à formação específica dele para tanto. Dito isso, porém, é natural que o fato de o regramento não exigir determinada formação do árbitro não quer significar que o mesmo árbitro não seja pessoa linkada ao tema sob análise.

Como se isso não bastasse, também é salutar relembrar que na arbitragem não existe a possibilidade de revisão da decisão em sede de laudo arbitral. Sendo assim, é essencial que a escolha se dê em razão das habilidades nessa pessoa, na medida em que será a única a analisar a demanda. Por isso, alocar a responsabilidade de uma definição que não admite revisão em uma pessoa ou em um conjunto de pessoas bem denota a importância dele ou deles.

Além disso, a confiança nesse árbitro impõe maior crédito em sua decisão, desestimulando qualquer iniciativa, ainda que errônea e incipiente, de esvaziar a sua decisão em uma eventual procura pelo Poder Judiciário.

8.9.2 A escolha de um ou de mais árbitros

A Lei de Arbitragem abre espaço para que as partes selecionem mais de um árbitro, apenas devendo ser apontado número ímpar para os árbitros eleitos para se evitar a possibilidade de um empate. De toda feita, se por acaso as partes sugerirem numerário par, podem os próprios árbitros

---

necessita da homologação do Poder Judiciário para surtir efeitos (art. 18). Para ser árbitro, basta ser capaz (juridicamente) e ter a confiança das partes (art. 13). 3. Da mesma forma que a sentença, não se verifica óbice a que a impetrante, pessoa capaz civilmente, seja incluída no cadastro de árbitros da CEF, para que suas sentenças homologatórias de acordo com a extinção do contrato de trabalho tenham o efeito de autorizar o saque do FGTS do empregado que se submeteu à arbitragem" (Tribunal Regional da 4ª Região, Mandado de Segurança – Reexame Necessário Cível 50159426220154047000 PR 5015942-62.2015.404.7000, 3ª Turma, rel. Marga Inge Barth Tessler, j. 16-9-2015).

"CONSUMIDOR. CURSO PARA FORMAÇÃO DE JUIZ MEDIADOR AMPARADO NA LEI N. 9.307/96. PROPAGANDA ABUSIVA E ENGANOSA. LEI QUE DIZ RESPEITO AO ARBITRO. INEXISTÊNCIA DE JUIZ MEDIADOR. DEVOLUÇÃO DOS VALORES ADIMPLIDOS PELA AUTORA. POSSIBILIDADE. Analisando a Lei n. 9.307/96, que dispõe sobre a arbitragem e na qual a ré agarra-se para legitimar seu curso, tem-se que ela não prevê a necessidade de curso para estar apto à função, não de juiz mediador, mas, sim, de árbitro, pois basta que seja capaz e tenha a confiança das partes (art. 13 da LA). SENTENÇA MANTIDA POR SEUS PRÓPRIOS FUNDAMENTOS. RECURSO DESPROVIDO" (Recurso Cível 71004741849, 3ª Turma Recursal Cível, Turmas Recursais, rel. Lusmary Fatima Turelly da Silva, j. 27-11-2014).

sugerir outro árbitro a fim de desfazer o empate. Ainda assim, se mesmo os árbitros não chegarem a um consenso, a discussão poderá chegar ao Judiciário para que esse determine a nomeação, devendo, de toda forma, ser lembrado que no caso incumbirá ao juiz simplesmente a finalização desse imbróglio, sem adentrar nas questões de mérito da matéria em debate.

As partes podem não fazer a escolha, mas, para essa situação, haverá a opção pelo estabelecimento de critérios de cada entidade para que então seja feita a seleção dos árbitros.

8.9.3 Quem não pode ser árbitro

A lei põe a salvo, quanto à participação como árbitro, aquele que possui alguma vinculação com as partes ou com o litígio. Dessa maneira, se porventura o árbitro se deparar com essa hipótese, deve ele mesmo indicar o episódio para que haja a sua substituição. Outrossim, ele também deverá recusar a nomeação quando desde logo presenciar a possibilidade.

Agora, por outro lado, a parte não, após estar ciente da causa de impedimento ou de suspeição do árbitro, e tendo mesmo assim o aceitado, recusá-lo a seguir, pois que essa recusa só pode se dar por fato anterior quando a parte não tiver diretamente nomeado o árbitro ou quando o motivo da recusa vier a ser conhecido apenas posteriormente.

Como arremate, o árbitro deve ser absolutamente capaz, ficando, portanto, excluído das designações trazidas pelos arts. 3º e 4º do Código Civil pátrio.

8.9.4 A substituição do árbitro

Pode ocorrer a hipótese de ter que ser substituído o árbitro. E isso pode se dar por muitas razões. Como exemplo e a mais grave, vem a ser o próprio falecimento do árbitro ou, em situação menos gravosa, a sua mera recusa. O fato é que se o árbitro não puder exercer a sua função por qualquer razão a norma prevê que se aponte um substituto. Se o compromisso firmado não destacar essa possibilidade às partes deverão acordar o seu modo de escolha. De novo, se não existir consenso com relação a essa substituição o recairá tal tarefa ao Poder Judiciário.

8.9.5 O árbitro equiparado ao servidor público

A lei que disciplina a arbitragem, como mais adiante se verá, para fins penais equipara o árbitro a um servidor público. Agindo de forma ilícita o árbitro fica sujeito às punições ligadas aos crimes contra a Administração Pública praticados por servidores públicos. Com maior riqueza de detalhes, a previsão será mais bem estudada no capítulo de estudo da Lei de arbitragem.

8.9.6 Os deveres do árbitro

Como é facilmente perceptível, a tarefa do árbitro na arbitragem é embebida de várias atribuições e deveres. Um deles, já narrado, é o de se manter imparcial durante todo o procedimento, não devendo usurpar qualquer possibilidade de defesa de qualquer parte e também não pendendo, novamente, a qualquer delas. Tudo isso sem se manter "inativo" ou descompromissado.

Mas o árbitro também deve se manter independente, de modo que é importante que exista certa distância entre as partes e esse julgador. E isso não significa, sob nenhum aspecto, uma posição em que se perceba a ausência de compromisso. A rigor, o que se espera pela independência é justamente que ele mantenha um distanciamento saudável para que não haja algum favorecimento ou sequer a percepção para alguma das partes de que poderia estar havendo algum favorecimento a alguma delas.

Não menos importante é o dever de diligência, impondo ao árbitro uma forma de atuação com cautela e zelo na melhor busca pela solução do litígio.

Por último, deve manter a discrição. O árbitro deve manter o sigilo em relação ao que tem como conhecimento por conta daquele procedimento arbitral, a ponto de as partes poderem determinar por meio da cláusula arbitral ou do compromisso arbitral um regramento que trate de uma obrigação de não fazer, ou seja, a de não divulgar aquilo que o árbitro tem ciência sobre aquela arbitragem específica.

8.10 Procedimento

A forma como o procedimento arbitral será desempenhado se dá na dependência das partes envolvidas ou do árbitro selecionado. Essa é uma prerrogativa que a lei concede ao instituto, desde que, porém, as partes e o próprio árbitro respeitem os pressupostos legais da arbitragem. Seja como for, seguidos os princípios e com a aceitação do árbitro pode se iniciar a arbitragem, que poderá, inclusive, receber adendo ao compromisso com as partes tornando mais nítido algum aspecto específico.

Dando prosseguimento ao caminho cronológico, iniciada a arbitragem as partes podem arguir qualquer questão procedimental como suspeição, incompetência e impedimento, bem como outras figuras que causem nulidade ou ineficácia da convenção.

Embora seja altamente recomendável, não se faz obrigatória a participação de advogados.

No que é pertinente à prova, o árbitro pode lançar mão de todos os meios com esse fim. A forma de coleta é oral, feita por termo, em data e local previamente comunicados aos envolvidos. Se, por acaso, a parte não puder comparecer ao seu próprio depoimento a sua ausência é interpretada como elemento probatório por ocasião da sentença. Se por outro lado quem faltar for a testemunha, o árbitro deve solicitar à autoridade judiciária a condução coercitiva da mesma, bastando para tanto a prova da existência da arbitragem. Se existir a troca do árbitro no curso do procedimento, seu substituto pode repetir as provas já produzidas.

Também existe na arbitragem a figura da revelia, mas a lei não atribui os mesmos efeitos daqueles previstos no direito processual. A lei se limita a dispor que a revelia da parte não impede a prolação da decisão arbitral. Dessa feita, não existe qualquer imposição de efeitos materiais ou processuais decorrentes da revelia, que deverão, para ocorrer, estar previstos na convenção arbitral.

8.11 Sentença arbitral

A sentença arbitral[63] é o ato do árbitro ou do tribunal arbitral que coloca fim à discussão.

---

63 Como o assunto é deveras antigo, vale a abordagem de Cândido Rangel Dinamarco, trazendo à baila interpretação ainda sobre o Código de Processo Civil, para discorrer sobre a terminologia

A sentença arbitral pode ter natureza declaratória, constitutiva ou condenatória. É apenas inaceitável aquele com caráter mandamental ou executivo. A classificação, naturalmente, tem em vista a eficácia preponderante da sentença, não estando impedido o ato esteja envolto de mais de uma dessas eficácias.

Ademais, a sentença pode operar efeitos em fase de terceiros (naturais e reflexos), mas não pode ser exigida pelo terceiro, tampouco podem os efeitos ser indiscutíveis pelo terceiro. Exemplificando, determinada sentença arbitral que anule um contrato de compra e venda tem os seus efeitos operando em relação às partes, mas também atinge a terceiros que tenham interesse indireto no cumprimento do negócio. A sentença, dessa forma, surte efeitos perante terceiros comentados.

Quando se trata de sentença arbitral de natureza condenatória, a decisão constitui título executivo fazendo com que em caso de descumprimento voluntário do preceito fique subsidiado o uso do processo de execução na esfera judicial.

Outra possibilidade a ser destacada é a o caráter homologatório que pode ser vislumbrado na sentença, de tal sorte que se as partes alcançarem um acordo durante a arbitragem, pode haver a solicitação ao árbitro para que seja realizada a homologação dessa transação por sentença, alcançando, inclusive, a eficácia de título executivo.

As partes podem definir o prazo para a prolação de decisão final da arbitragem. Se a sentença for silente nesse sentido, o prazo será de seis meses, contados da instituição da arbitragem ou da substituição do árbitro. Esse aspecto é preponderante quando da análise da sentença porque eventual descumprimento do prazo gera a extinção do compromisso arbitral e, por conseguinte, a nulidade do julgamento. Resta dizer também,

---

"sentença arbitral". Segue: "O Código de Processo Civil de 1939 aludia à sentença arbitral como um *laudo*, no que veio a ser contrariado pela Lei de Arbitragem, a qual emprega perto de 50 vezes o vocábulo *sentença* ou a locução *sentença arbitral*. Mas em doutrina prossegue o emprego da palavra *laudo*, em convivência com a palavra *sentença* ou com a expressão *sentença arbitral*, havendo perfeita sinonímia entre esses modos de designar o mesmo objeto". In: DINAMARCO, Cândido Rangel. *A arbitragem na teoria geral do processo*. São Paulo: PC Editorial, 2013, p. 175.

nesse diapasão, que o prazo pode ser dilatado em virtude de acordo das partes com o próprio árbitro tantas forem as vezes necessárias.

A sentença deve ser elaborada de modo escrito, contendo os requisitos elencados pela norma. Como na sentença judicial, ela precisa conter o relatório, a fundamentação e o dispositivo, além da indicação da data e do local em que foi assinada pelo(s) árbitro(s).

O relatório deve apresentar o nome dos litigantes com a explicação do árbitro, de forma sintetizada, acerca do conflito. Na fundamentação o árbitro versa sobre as questões de fato e de direito do litígio, indicando as justificativas que o levou a decidir por algum caminho, para assim fazer valer o princípio do livre convencimento. Ficam estabelecidos os exames dos argumentos oferecidos pelos envolvidos, bem como a avaliação das provas produzidas e dos elementos relevantes para a formação do convencimento do tribunal ou do árbitro.

Dando prosseguimento, os árbitros há o dispositivo da sentença, que consiste no momento em que os árbitros lidam com os pedidos das partes e com a decisão propriamente dita dos árbitros.

Também constam na sentença as decisões sobre custas da arbitragem, ficando imputada essa responsabilidade aos litigantes segundo critérios de equidade ou, também, tendo em vista a previsão apresentada na convenção de arbitragem.

Também conforme já informado no tópico acerca do árbitro, a arbitragem pode ser feita por um único árbitro ou por um conjunto deles desde que em número ímpar. Se for feita na segunda condição, a sentença proferida pelo tribunal deve naturalmente ser tomada por maioria de votos, prevalecendo, caso necessário, o voto do presidente do tribunal.

Finalizada a sentença arbitral e com as partes cientes por intermédio da via postal ou por intermédio de qualquer outra forma de comunicação, tem início o prazo para o competente cumprimento daquilo que fora determinado. Se ainda assim a parte descumprir, fica o infrator sujeito a demanda judicial executiva.

Da sentença não cabe recurso, mas o litigante pode, dentro do prazo de 5 dias, requerer ao árbitro ou ao tribunal que corrija eventual erro material vislumbrado na sentença ou até mesmo que seja esclarecida alguma obscuridade, contradição, dúvida ou omissão. Após isso, o árbitro deve se pronunciar em até 10 dias para alterar a sentença se for de fato aplicável. Em seguida deve comunicar as partes de maneira idêntica em relação à alteração.

Por último, a 1ª Jornada de Prevenção e Solução Extrajudicial de Litígios, realizada no ano de 2016 na capital federal, aprovou conjunto de Enunciados orientadores e em seu Primeiro fica declarado que "da sentença arbitral não cabe ação rescisória". Além disso, a mesma Jornada, em seu Nono Enunciado destacou que "A sentença arbitral é hábil para inscrição, arquivamento, anotação, averbação ou registro em órgãos de registros públicos, independentemente de manifestação do Poder Judiciário".

8.11.1 Do prazo para a sentença arbitral

Há a atenção para que a sentença seja proferida no prazo estipulado pelas partes na convenção de arbitragem (art. 211 do CC. O prazo para a prolação é decadencial). Mesmo assim, normalmente, o espaço temporal para que se tenha o transcurso do procedimento e a sua finalização é de aproximadamente seis meses a um ano. Essa brevidade no procedimento materializa o princípio da celeridade, contido nos princípios da arbitragem.

As questões de natureza similar, quando levadas ao Poder Judiciário, não raras vezes tomam tempo demasiadamente superior a esse. É claro que quando é feita afirmação nesse sentido não significa uma crítica à via judicial ordinária, mas mera conclusão e percepção de uma vantagem inerente à arbitragem.

8.11.2 Nulidade da sentença arbitral

Decorre do princípio da autonomia da vontade a resolução de conflitos por meio da arbitragem. E as partes, ao convencionarem nesses moldes, abdicam da possibilidade de ter o conflito sob a análise de um duplo grau de jurisdição. A perda dessa benesse é justificada pela maior especialização do analista do caso, o árbitro, e também pela maior velocidade até o desfecho da demanda.

O que justifica, no entanto, a reanálise da sentença arbitral é a presença de elemento caracterizador de nulidade a ser apreciado pelo judiciário. Como exemplo da situação, o Tribunal de Justiça do Distrito Federal anulou sentença arbitral sob vício, conforme a seguir:

> CIVIL E PROCESSO CIVIL. EXECUÇÃO. SENTENÇA ARBITRAL. NULIDADE POR AUSÊNCIA DE DUAS TESTEMUNHAS. NULIDADE DE CITAÇÃO POR EDITAL. INOCORRÊNCIA. (...) 2. HÁ NULIDADE DA SENTENÇA ARBITRAL QUANDO VERIFICADA QUALQUER DAS CAUSAS DISPOSTAS NO ARTIGO 32 DA LEI N. 9307/96, REJEITANDO-SE OS EMBARGOS NA AUSÊNCIA DE NULIDADE.[64]

Igualmente, o Tribunal de Justiça do Estado do Rio Grande do Sul também anulou sentença arbitral tendo como fundamento grave vício no expediente. No caso, o árbitro não poderia exercer a função de árbitro.

> RECURSO INOMINADO. AÇÃO DE EXECUÇÃO DE TÍTULO EXTRAJUDICIAL. EXCEÇÃO DE PRÉ-EXECUTIVIDADE. IMPOSSIBILIDADE DE QUE MEDIADORA DE ACORDO TORNE-SE CREDORA. EXEQUENTE QUE, SERVINDO-SE DE SUA CONDIÇÃO DE MEDIADORA, SUB-ROGA-SE NO CRÉDITO OBJETO DA MEDIAÇÃO E COBRA-O DA RECORRIDA. EMBORA SE DISCUTA SE A ATIVIDADE DE ARBITRAGEM CONFIGURA JURISDIÇÃO, A LEI N. 9.307/97 DISCIPLINA QUE O ÁRBITRO, JUIZ DE FATO E DE DIREITO, DEVE SER IMPARCIAL E QUE É NULA A SENTENÇA ARBITRAL SE PROFERIDA POR QUEM NÃO PODERIA SER ÁRBITRO. PRESSUPOSTO DA IMPARCIALIDADE MALFERIDO. CASO EM QUE O A ÁRBITRA ATUOU, ISTO SIM, COMO MERO BALCÃO DE COBRANÇAS. SENTENÇA MANTIDA. RECURSO IMPROVIDO[65].

Junto ao Judiciário, em demanda autônoma e que seguirá o rito ordinário, poderá ser pleiteada demanda que requeira a nulidade, devendo essa

---

64 TJDF – Apelação cível n. 20120610133558 DF 0012992-86.2012.8.07.0006, 3ª Turma, rel. Getúlio de Moraes Oliveira, j. 8-5-2014.

65 TJRS – Apelação 71003643467, 3ª Turma Recursal Cível, Turmas Recursais, rel. Fabio Vieira Heerdt, j. 28-6-2012.

ser proposta no prazo de 90 dias que são contados da data da ciência da prolação da sentença arbitral. Assim, se entender pela nulidade, o magistrado determina que uma nova sentença seja prolatada.

O juiz também pode anular o procedimento de forma parcial ou total, exigindo a recondução da demanda justamente a partir do vício havido.

Para terminar, além da demanda autônoma, a declaração de nulidade pode ser requerida por meio de embargos à execução, mas sem que seja aplicado o prazo decadencial de 90 dias e "o pedido de declaração de nulidade da sentença arbitral formulado em impugnação ao cumprimento da sentença deve ser apresentado no prazo do art. 33 da Lei 9.307/1996"[66].

8.12 Reforma da Lei de Arbitragem

Como qualquer diploma legal, sobretudo aqueles com o seu uso contínuo e duradouro, a Lei de arbitragem atingiu a sua maturidade alguns períodos após a sua implantação e, com quase duas décadas de nascimento, sofreu a sua principal mudança no ano de 2015. A rigor, a mudança proposta e abraçada tinha como objetivo primordial a sua modernização, para deixá-la no mesmo compasso de experiências que a sociedade e o mercado em geral suscitavam.

Bom exemplo disso se dá, inclusive, com a apresentação de pequena parcela do Projeto de Lei n. 7.108/2014 que intentou elaborar os preceitos da reforma na norma regulamentadora do instituto, além de ter para si, também, outras atribuições, como o fomento ao estudo de uma norma específica para a mediação, a qual, a seguir, fora estruturada e implementada.

A Lei de Arbitragem (Lei n. 9.307, de 23 de setembro de 1996) foi submetida a um processo de revisão por Comissão de Juristas nomeada pelo Senado Federal para estabelecer novo marco legal para a mediação e a arbitragem no Brasil. Em função das provadas virtudes da Lei já existente, a Comissão resolveu apresentar duas proposições: um projeto de lei sobre mediação extrajudicial, e um projeto de lei com reforma pontual da

---

66 Décimo Enunciado da I Jornada de Prevenção e Solução Extrajudicial de Litígios.

Lei de Arbitragem. As matérias tramitaram no Senado e vieram à Câmara dos Deputados como Casa revisora. (...) São considerados os temas de direito material e processual, além de questões de técnica legislativa e processo legislativo. O estudo tem como referência a aplicação da Lei de Arbitragem no Brasil, bem como sua relação com os compromissos internacionais pertinentes. A emergência dos meios alternativos de solução de controvérsias, dentre os quais a arbitragem, como vias para o enfrentamento da crise no Judiciário é também levada em consideração, com foco para o dilema da litigiosidade do setor público e a arbitragem na Administração Pública.

Dito tudo isso, as principais alterações se deram em relação à aceitação formal da utilização da arbitragem também pela Administração Pública; assim como houve a alteração no que se refere aos procedimentos de uso de medidas consagradas como urgentes; aspectos formais de prescrição; a criação de uma lista de árbitros e da Carta Arbitral.

8.12.1 Tutelas cautelares e de urgência – arbitragem antes da promulgação da Lei n. 13.129/2015

Como início dos apontamentos sobre as alterações orquestradas, modificação mais significativa se deu em relação às tutelas cautelares e de urgência. Isso porque art. 22 da Lei, em seu § 4º, determinava que "os árbitros poderão solicitá-las ao órgão do Poder Judiciário, que seria, originalmente, competente para julgar a causa".

Antes de mais nada, a grande consideração a se fazer é que, agora, com o novel artigo, a lei explicita de maneira mais clara não apenas que as partes poderão se valer de medidas cautelares ou de urgência, mas sim, a rigor, o momento em que as medidas poderão ser requeridas pelas partes.

Anteriormente o art. 22 era ligeiramente insensível em relação à temática. Não que não existisse a previsão quanto ao uso das medidas, mas a consideração não esclarecia da melhor forma o espaço temporal em que poderiam ser utilizadas. Já o novo artigo apresenta de maneira mais cristalina esse momento.

Percebe-se assim que competia ao árbitro meramente requerer a tutela ao Judiciário, sendo que este deveria avaliar e conceder a medida ou não. Agora, residia aqui também outra discussão mais profunda. Isso porque também já existia a consideração dando conta da possibilidade de os próprios árbitros concederem a medida em si, e depois solicitarem apenas a sua efetivação ao Judiciário.

Geralmente os teóricos lançavam mão da natureza jurisdicional que se pretende conceder ao instituto. Porém, desde logo se fere a definição de que a ciência processual se vale para declarar e conceituar *jurisdição*.

Pois bem, costumeiramente se defende que a arbitragem deve ser interpretada como *jurisdição* uma vez que não sendo assim vislumbrada, o que se teria seria a ausência de constitucionalidade na seleção pela arbitragem sobre o Poder Judiciário. O ponto é: se a opção pela arbitragem afasta a apreciação pelo Judiciário (na medida em que o aceite à arbitragem desde logo submete as partes inevitavelmente à renúncia ao Judiciário) a única forma de se garantir a constitucionalidade da arbitragem seria por intermédio da aceitação do instituto como *jurisdição*.

O que se sabe é que o árbitro exerce função similar à do juiz quando investido na própria função de árbitro, o que não quer dizer e nem se pretende cogitar afirmar que o árbitro seja tecnicamente equiparado ao magistrado, até porque somente o juiz pode estar investido no exercício do poder do estado.

Por outro lado, na hipótese de escolha pela via arbitral para resolver um conflito, não há delegação de algo que não poderia ser delegado. Na verdade, o que ocorre é exercício de uma faculdade que os litigantes possuem em seu poder como fundamentador do princípio da autonomia da vontade.

Na via arbitral o trabalho do árbitro é semelhante ao do juiz, mas, apesar de serem parecidos, os poderes emprestados ao juiz são completamente distintos em relação aos do árbitro.

Ademais, também poderiam ser comentados a respeito da existência de uma jurisdição dita estatal e de outra de natureza privado, mas mesmo esse tipo de afirmação não soa aconselhável. Na verdade, o poder jurisdicional está atrelado intimamente ao conceito de Estado e suas repercussões, ao passo que a arbitragem está adstrita à autonomia da vontade e ao seu princípio que a rege.

O que se pretende dizer, ao fim, é que a discussão acerca da inconstitucionalidade ou não da arbitragem não parece ser das opções mais felizes, na medida em que pela via arbitral não se pretende usurpar o direito de uma pessoa se socorrer do Poder Judiciário. O que se busca é apenas e tão somente a regulação de uma expressão da vontade e a sua materialização. Logo, o árbitro não poderia exercer o Poder de Estado. A interpretação era de que o árbitro não ofertaria medidas de urgência

O autor Piero Calamandrei, em seu *Introducción al estúdio sistemático de las providencias cautelares* já afirmava que "as medidas de urgência não constituem elemento contido no poder de disposição das partes, revelando-se antes como expressão do poder estatal – que, para decidir as controvérsias, precisa do processo, o qual demanda tempo, impondo a necessidade de soluções provisórias às questões – indispensável ao desenvolvimento de sua função jurisdicional"[67].

O entendimento que se tinha era o de que as medidas de urgência não estariam disponíveis ao direito da parte, de modo que o árbitro não poderia deliberar sobre. A Lei de arbitragem então visualizava que essa providência era de competência do judiciário.

8.12.2 Tutelas cautelares e de urgência – arbitragem após a promulgação da Lei n. 13.129/2015

Dando prosseguimento ao debate, a Reforma na Lei de arbitragem pôs um fim à discussão não apenas em relação à solicitação ou não das medidas cautelares e de urgência por parte do juízo arbitral ao Poder Judiciário, como também – e principalmente –, descreveu o momento em que isso se daria. Na verdade, a Lei n. 13.129/2015 incluiu os arts. 22-A e 22-B à Lei de Arbitragem para dar fim a uma questão realmente relevante.

---

67 CALAMANDREI, Piero. *Introducción al estúdio sistemático de las providencias cautelares*. Buenos Aires: Librería El Foro. 1996, p. 41 e s.

Segundo o novo conteúdo legal, somente antes de instituída a arbitragem poderão as partes se socorrer do Poder Judiciário para a concessão de medidas cautelares e tutelas de urgência.

Com isso, estando a via arbitral já instituída, os árbitros devem simplesmente manter, modificar ou revogar a medida cautelar ou a tutela de urgência. Ainda, se a arbitragem já estiver instaurada, a segurança deverá ser requerida diretamente aos árbitros.

Conforme já fora proposta em outros textos deste que vos escreve, caberiam reflexão e ponderação em relação ao tema.

De fato, antes da modificação da norma, poderia se ter a situação em que, ainda que existisse a cláusula arbitral cheia para prever o uso da arbitragem em caso de um litígio entre as partes que compõem uma relação jurídica, ocorrendo conflito que necessitasse de resolução rápida, até a efetiva inicialização da arbitragem poderia se ter o quadro em que parte do objeto da controvérsia apresentasse um produto perecível. Até que a arbitragem realmente se instrumentalizasse, tal produto poderia perecer.

Para evitar a situação o legislador entendeu por bem que a parte não deveria se ver sem qualquer amparo. Com a alteração na lei se possibilitou que o litigante recorresse ao Judiciário para *feedback* nesse vácuo temporal até a inicialização do procedimento arbitral.

Outro ponto de discórdia é o teor do art. 22, em seu parágrafo único, pois que esse confere aos árbitros o poder não só de manter, como também o de modificar ou de revogar a medida cautelar ou a tutela de urgência. A sustentação para essa possibilidade de alteração ou mesmo de revogação da decisão proferida em sede de via judicial residiria no fato de o árbitro, mais à frente, poder apurar a discussão munido de todos os fatos e de maneira mais íntegra.

Para facilitar a visualização e a compreensão, no CPC/2015 a tutela provisória, da qual se originam as tutelas utilizadas na Lei de Arbitragem, segue a tabela a seguir:

```
                    ┌─────────────────┐
                    │    TUTELA       │
                    │   PROVISÓRIA    │
                    └────────┬────────┘
            ┌────────────────┴────────────────┐
    ┌───────────────┐                ┌──────────────────┐
    │   Urgência    │                │    Evidência     │
    └───────────────┘                └──────────────────┘
```

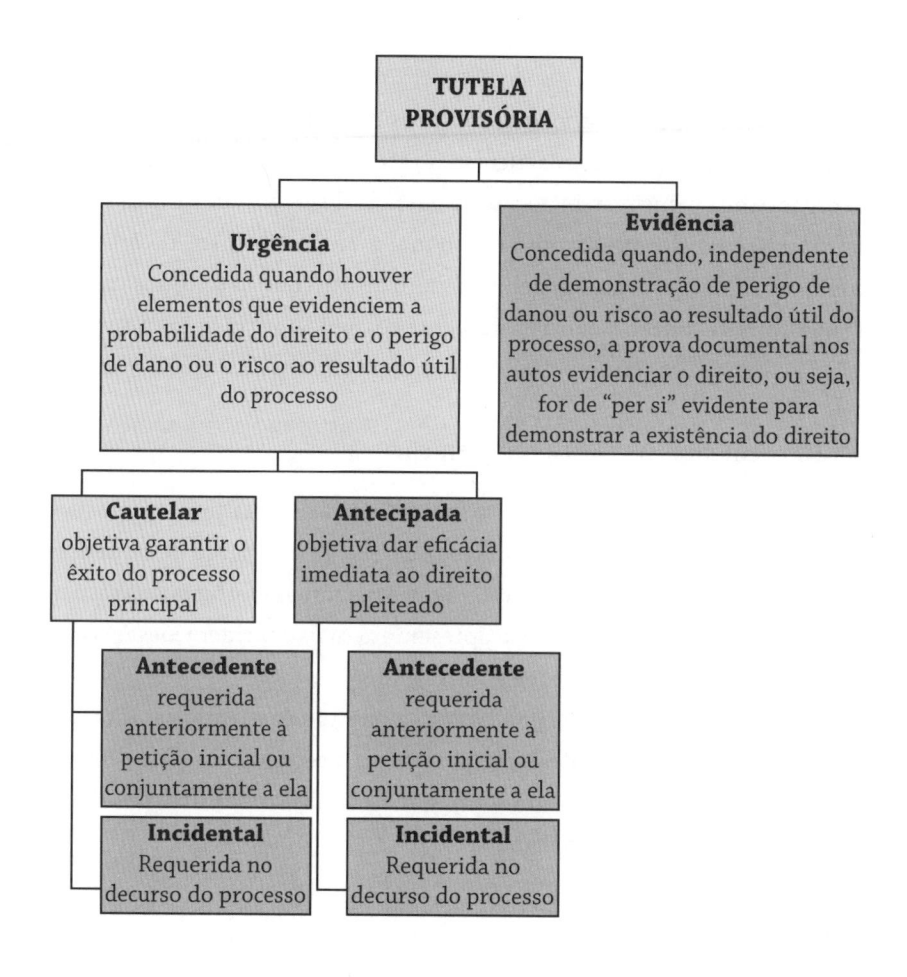

Urgência
Concedida quando houver elementos que evidenciem a probabilidade do direito e o perigo de dano ou o risco ao resultado útil do processo

Evidência
Concedida quando, independente de demonstração de perigo de danou ou risco ao resultado útil do processo, a prova documental nos autos evidenciar o direito, ou seja, for de "per si" evidente para demonstrar a existência do direito

Cautelar
objetiva garantir o êxito do processo principal

Antecipada
objetiva dar eficácia imediata ao direito pleiteado

Antecedente
requerida anteriormente à petição inicial ou conjuntamente a ela

Antecedente
requerida anteriormente à petição inicial ou conjuntamente a ela

Incidental
Requerida no decurso do processo

Incidental
Requerida no decurso do processo

8.12.3 Interrupção da prescrição

Outro ponto importante que a Reforma da Lei de arbitragem procurou sanar foi o da interrupção da prescrição a partir do momento em que se institui a arbitragem. Na verdade, mesmo a alteração não soluciona por completo o problema porque ainda reside a discussão sobre o momento em que de fato se institui a arbitragem. Seja como for, com a interrupção da prescrição se retroage à data do requerimento de instauração da arbitragem, mesmo que esteja extinta a arbitragem, por ausência de jurisdição dos árbitros, legitimando-se a segurança jurídica o procedimento.

8.12.4 Lista de árbitros

Com a lista de árbitros foi gerada a possibilidade para que os litigantes, se chegarem a acordo nesse particular, de afastar a aplicação de dispositivo de órgão arbitral que restringia a possibilidade de escolha de árbitro único, de coárbitro ou do presidente do tribunal à respectiva lista de árbitros. Como resultado, as partes podem indicar o árbitro que não consta na lista da instituição arbitral, o que naturalmente consolida o princípio da autonomia da vontade das partes e também prestigia a independência do árbitro.

8.12.5 Sentenças parciais e complementares

Na prática, o que ocorreu foi a formalização de uma prática já usual. Com a alteração na lei, há a permissão textual para a prolação de sentenças parciais, medida que já era adotada em diversas câmaras arbitrais. A respeito do tema, também, este *Manual* apresentará mais considerações no capítulo dedicado à análise da Lei de Arbitragem.

Outrossim, foi objeto de ponderação a questão das sentenças ditas incompletas. Com isso, há o destaque para que o interessado ingresse em juízo para solicitar a sentença arbitral complementar caso o árbitro não tenha decidido a respeito de certo pedido.

8.12.6 Carta arbitral

Por último, houve a inclusão da figura da Carta Arbitral[68], que consiste em uma espécie de canal de comunicação entre Poder Judiciário e o tribunal arbitral. Serve como instrumento que auxilia na garantia da decisão de cunho arbitral. Nas palavras de Marco Antônio Ribeiro Tura:

> Carta arbitral é o meio pelo qual a jurisdição arbitral se comunica com a jurisdição judicial solicitando sua cooperação na efetivação da medida que demande coercibilidade entregue apenas ao juízo estatal em razão do

---

[68] Terceiro Enunciado da I Jornada de Prevenção e Solução Extrajudicial de Litígios – Brasília: ago. 2016: "A carta arbitral poderá ser processada diretamente pelo órgão do Poder Judiciário do foro onde se dará a efetivação da medida ou da decisão".

poder de império em que investido. A natureza é, portanto, de mecanismo de cooperação entre jurisdições, não havendo em que se falar em precatórias, rogatórios ou carta de ordem arbitrais[69].

Com efeito, o árbitro, por não ter poder de império, não pode arrestar, bloquear, ou sequestrar bens. Logo, o Estado-Juiz, em cooperação com a jurisdição arbitral, empresta eficácia para que não pereça um direito de algum dos litigantes na seara arbitral.

Em resumo, a reforma na Lei de Arbitragem foi muito bem absorvida pela comunidade jurídica e pela sociedade, trazendo avanços significativos para posicionar a arbitragem nacional em patamares observados em outros locais em que a sua utilização, inclusive, já é muito mais antiga. A reforma em si obviamente não significa que a norma não deve mais ser observada e de tempos em tempos receba pinceladas e, até, eventualmente – a depender da realidade social –, receba nova grande mudança, mas garante certamente um futuro próximo de boa aferição e respostas para as demandas que necessitem da apreciação do instituto.

> **Pesquisa do Editorial**
>
> Veja também Doutrina:
>
> Mudanças na Lei de Arbitragem (Lei n. 9.307/1996). Observações sobre a Lei n. 13.129/2015. Visão de um antigo magistrado, de Mario Robert Mannheimmer, *RArb* 12/47.

---

69 TURA, Marco Antônio Ribeiro. *Arbitragem e mediação* – Leis n. 9.307/96 e 13.140/2015. São Paulo: JusPodivm, 2019, p. 91.

9.

ARBITRAGEM: O USO MULTIDISCIPLINAR DO INSTITUTO

9.1 Homologação de sentença estrangeira

Conforme bem explicado por Oscar Tenório, a "palavra sentença é expressão que se refere à soberania nacional, possuindo força executória dentro das fronteiras estatais do Estado prolator"[1]. Dito isso, porém, nem sempre os efeitos de uma sentença – qualquer que seja ela – ficam limitados ao território do Estado em que essa mesma sentença foi proferida, ficando "necessária sua execução dentro de uma nação estrangeira para que a tutela abarcada por ela não se torne ilusória[2]. Ou seja, fica sendo necessária uma ação judicial para que a sentença proferida em determinado Estado seja válida em um Estado "vizinho". É claro que não se pode perder de vista, também, que existe a soberania nacional de cada país a ponto de legitimá-lo a fazer a análise do conteúdo da sentença proferida em outro Estado a ser validado no seu.

Sobre a validação, José Carlos Barbosa Moreira afirma: "Homologar é tornar o ato, que se examina, semelhante, adequado, ao ato que devia ser"[3].

---

[1] TENÓRIO, Oscar. *Direito internacional privado*. 11. ed. Rio de Janeiro: Freitas Bastos, 1976, v. 3, p. 380.

[2] MOREIRA, José Carlos Barbosa. *Comentários ao Código de Processo Civil*. 12. ed. Rio de Janeiro: Forense, 2005, v. 5, p. 50.

[3] Idem, p. 63-64.

Bem, no Brasil, com a edição da Emenda Constitucional n. 45 de 2002, foi transferida a competência de homologação das citadas sentenças estrangeiras do Supremo Tribunal Federal para o Superior Tribunal de Justiça. Por si só, essa foi, por óbvio, uma alteração importante que modificou a Casa que passou a fazer a análise e a validação do conteúdo das sentenças produzidas fora do Brasil, mas com aplicação e efeito no país.

Poucos anos mais tarde, em 2005, foi publicada a Resolução n. 9 pelo STJ, contemplando o procedimento a ser realizado para a plena e formal homologação da sentença estrangeira.

9.1.1 Natureza da sentença estrangeira

Entrando nos pormenores da sentença a ser validade, na hipótese de *sentença declaratória* ou *constitutiva*, importa salientar que a mera homologação foi considerada como suficiente para a outorga de tutela ao demandante. Isso se justifica em razão da autossuficiência atrelada às categorias.

O que não se verifica no caso tanto das sentenças de natureza *mandamental* como na *executiva*, pois, conforme o art. 509, § 1º, do CPC/2015[4], a tutela do direito somente será prestada ao demandante, após cumprida a sentença, sendo então denominada de *não autossuficiente*. Por essa via, dada a insuficiência relatada, a competência para tratar do assunto passa a recair à Justiça Federal, assim como determina o art. 109, X, da Constituição Federal de 1988[5].

Dando continuidade ao tema, a sentença estrangeira que trate de *obrigação de fazer ou não fazer* tem o seu cumprimento segundo o atual art. 497,

---

4 "Art. 509. (...)

§ 1º Quando na sentença houver uma parte líquida e outra ilíquida, ao credor é lícito promover simultaneamente a execução daquela e, em autos apartados, a liquidação desta."

5 "Art. 109. (...)

X – os crimes de ingresso ou permanência irregular de estrangeiro, a execução de carta rogatória, após o *exequatur*, e de sentença estrangeira, após a homologação, as causas referentes à nacionalidade, inclusive a respectiva opção, e à naturalização."

caput e também o seu respectivo parágrafo único do CPC/2015[6]. Já quando essa sentença alienígena versa sobre o conjunto do *direito das coisas* ou a respeito de *declaração de vontade*, é regida pelo conteúdo normativo presente nos arts. 498 e 501 do CPC/2015[7]. Quando tem como pano de fundo o *pagamento de quantia certa*, tem a sua formatação e material administrados pelo art. 523, *caput* e § 1º do CPC/2015[8].

E não sendo considerada autossuficiente a sentença elaborada por atividade judiciária em país outro, tendo como justificativa o art. 12 da Resolução n. 9 do Superior Tribunal de Justiça[9], é homologada por Carta de Sentença Extraída dos autos do processo de homologação.

Por último, é importante destacar que a homologação de uma sentença estrangeira é deveras significativa para as relações internacionais. Vale dizer que a principal atribuição do instrumento é a de procurar e formalizar a cooperação entre países, sempre por intermédio da solidariedade que faz com que os Estados homologuem a sentença proferida em solo de um

---

6 "Art. 497. Na ação que tenha por objeto a prestação de fazer ou de não fazer, o juiz, se procedente o pedido, concederá a tutela específica ou determinará providências que assegurem a obtenção de tutela pelo resultado prático equivalente.

Parágrafo único. Para a concessão da tutela específica destinada a inibir a prática, a reiteração ou a continuação de um ilícito, ou a sua remoção, é irrelevante a demonstração da ocorrência de dano ou da existência de culpa ou dolo."

7 "Art. 498. Na ação que tenha por objeto a entrega de coisa, o juiz, ao conceder a tutela específica, fixará o prazo para o cumprimento da obrigação.

Parágrafo único. Tratando-se de entrega de coisa determinada pelo gênero e pela quantidade, o autor individualizá-la-á na petição inicial, se lhe couber a escolha, ou, se a escolha couber ao réu, este a entregará individualizada, no prazo fixado pelo juiz."

"Art. 501. Na ação que tenha por objeto a emissão de declaração de vontade, a sentença que julgar procedente o pedido, uma vez transitada em julgado, produzirá todos os efeitos da declaração não emitida."

8 "Art. 523. No caso de condenação em quantia certa, ou já fixada em liquidação, e no caso de decisão sobre parcela incontroversa, o cumprimento definitivo da sentença far-se-á a requerimento do exequente, sendo o executado intimado para pagar o débito, no prazo de 15 (quinze) dias, acrescido de custas, se houver.

§ 1º Não ocorrendo pagamento voluntário no prazo do *caput*, o débito será acrescido de multa de dez por cento e, também, de honorários de advogado de dez por cento."

9 "Art. 12 A sentença estrangeira homologada será executada por carta de sentença, no Juízo Federal competente."

Estado estrangeiro, já que a eficácia e validade da sentença estrangeira ficam submetidas à soberania de cada ente.

9.1.2 Teorias da homologação de sentença estrangeira

Há algumas teorias que explicam os regimes de homologação da sentença alienígena. São vistos o *Sistema de Revisão de Mérito da Sentença*, o *Sistema Parcial de Revisão do Mérito*, o *Sistema de Reciprocidade Diplomática*, o *Sistema da Reciprocidade de Fato* e o Processo de Deliberação.

O primeiro, sensivelmente polêmico, apresenta uma espécie de novo julgamento daquele evento que naturalmente originou a sentença. Isto é, presume-se que a referida sentença não tivesse ganho vida e fica aberto prazo para a apuração de novas provas e para a análise daquilo que já fora apurado. Obviamente essa sistemática da *Revisão do Mérito da Sentença* recebe críticas dada a sua complexidade, reanálise de um evento já, em tese, transcorrido e julgado, mas que tem como principal ativo o fato de colocar o direito estrangeiro mais justo frente à jurisdição do país homologador.

O *Sistema Parcial de Revisão do Mérito* tem aplicação e aceitação mais uniformes. A partir dessa segunda espécie existe a análise da aplicação da lei do país em que a sentença será executada. Ou seja, o encaminhamento dado tem como finalidade a percepção da existência ou não da possibilidade da aplicação da lei fundamentada na sentença estrangeira no Estado o qual a sentença deverá produzir seus efeitos.

A terceira espécie apresenta o *Sistema de Reciprocidade Diplomática*, pelo qual se verifica o uso de tratados internacionais de homologação de sentença estrangeira, de tal sorte que, não havendo entre determinados Estados acordo que anteriormente preveja a homologação da sentença entre os mesmos, o instrumento não terá êxito em sua execução.

No *Sistema de Reciprocidade de Fato*, como a própria nomenclatura sugere, existe a apuração a respeito da existência ou não dos mesmos institutos nos países conexos àquela sentença – tanto naquele que proferiu a decisão, quanto naquele em que serão presenciados os seus efeitos. Assim, a homologação é possível quando os referidos Estados possuem, por exemplo, o instituto da união civil de pessoas do mesmo gênero.

Dito isso, o Brasil adota um sistema intitulado *Processo de Deliberação*, pelo qual são observadas as formalidades da sentença, devendo ser respeitados, portanto, os princípios do contraditório e a ampla defesa; assim como a legitimidade dos atos processuais; e o respeito aos direitos humanos considerados fundamentais. O Estado brasileiro e os demais que se valem do sistema interpretam que dessa maneira se tem ao fim um processo justo.

9.1.3 Processo de reconhecimento perante a Justiça brasileira

Apresentados os pontos teóricos que abastecem a sentença estrangeira, o pulo seguinte se refere ao procedimento de reconhecimento dessa sentença no Estado ao qual ela se propõe a surtir efeito. No caso, por óbvio, o país objeto de análise é o Estado brasileiro. Assim, como ponto de partida para o reconhecimento da sentença alienígena há que se ter a organização dos documentos originários do país estrangeiro, como a própria sentença devidamente legalizada no consulado brasileiro do país originário e todos os documentos a ela conexos. Naturalmente, tanto a sentença como os documentos apartados precisam estar traduzidos.

Além disso, conforme se observa na Emenda Constitucional n. 45 e como também se depura da redação dada pelo art. 15 da LINDB, outros elementos precisam ser obedecidos para a validade da sentença, tais como:

a) ter sido proferida por juiz competente;

b) existência da regular citação das partes ou a confirmação legal da hipótese da revelia;

c) o trânsito em julgado com a presença das formalidades necessárias para a execução no lugar em que foi proferida;

d) a tradução executada por intérprete regular;

e) a homologação na Casa competente.

No âmbito externo, o direito é aplicado na homologação de sentença estrangeira de forma direta e indireta. A sua aplicação direta ocorre quando:

a) o processo a ser observado contempla as normas processuais da lei nacional;

b) os tribunais não aceitam prova de que a lei local não tenha conhecimento;

c) a demanda judicial em questão tem a sua devida tramitação perante o juiz competente;

d) o magistrado, ao identificar o elemento de conexão, terá ciência a respeito da aplicação mais escorreita da norma, levando em consideração tanto a interna quanto a externa;

e) há a investigação a respeito de eventual conflito da lei com a ordem pública;

f) o juiz interpreta os critérios previstos pelo direito pátrio[10].

A homologação da sentença estrangeira também poderá ser aplicada de forma indireta:

a) a decisão é proferida por magistrado estrangeiro;

b) somente a execução se dá no país homologador, isto é, os seus efeitos se irradiarão no Estado homologador;

c) apenas depois de ser homologada pelo referido Estado mediante seu organismo competente para tanto (o Superior Tribunal de Justiça, no caso do Brasil), será executada a sentença nos termos previstos.

A sentença estrangeira homologada gera dois efeitos. O primeiro vem a ser o fato de fazer coisa julgada. O segundo é que o documento se torna um título executivo judicial.

Dito isso, também é importante apresentar as considerações elaboradas por Luís de Lima Pinheiro, que comenta:

> Não é possível afirmar que todos os efeitos da sentença são recepcionados incondicionalmente, pois há a possibilidade de excluir os efeitos desta, quando forem desconhecidos pelo direito do Estado o qual está sendo requerida a homologação[11].

---

10 Sendo certo que nessa hipótese, isso é, de conflito da decisão exterior conflitando com preceito de ordem pública local, o magistrado descarta a interpretação exterior.

11 PINHEIRO, Luís de Lima. *Direito internacional privado:* competência internacional e reconhecimento de decisões estrangeiras. Coimbra: Almedina, 2002, v. 3, p. 250.

Concordando com o colega, na prática, a homologação é um processo autônomo, com um rito especial, que apresenta o contraditório e que tem seu processo principal no Estado estrangeiro, tendo, por via de consequência, sentença primeiramente prolatada no país estrangeiro.

Ou seja, é imperial que exista a aplicação de um método que não permita o reconhecimento de uma sentença indistintamente, ferindo o direito interno de um país. Esses ditos métodos ou, melhor dizendo, regulamentações que desabonem a aceitação de decisões que desrespeitem a ordem social de um determinado Estado naturalmente recebem várias interpretações e são subjetivas em qualquer país.

A legislação pátria, mais precisamente na LINDB, em seu art. 17,[12] determina que se utiliza a terminologia *soberania nacional*, assim como *bons costumes* e também *ordem pública* para restringir o entendimento no que se refere à matéria da sentença alienígena. Nesse sentido, segundo o autor Oscar Tenório, "a utilização dessas expressões é bastante criticável, já que não há especificado na doutrina pátria e na jurisprudência, o real significado e a distinção entre as referidas palavras. Encontram-se significados entre elas demasiadamente similares, mostrando-as como sinônimos de "ordem social"[13].

O autor bem defende que a *ordem pública* é vista como a abrangência daquilo tudo que se pretende determinar como ofensa àquela ordem, de tal sorte que o objeto que interessa à ordem pública é a manutenção e o respeito às instituições nacionais.

Dando mais força a discussão, para o autor Jacob Dolinger:

> A ordem jurídica de determinado país nada mais é do que a expressão dos valores morais e políticos de uma sociedade, A ordem pública funciona, portanto, funcionado, portanto, como a limitadora de vontade das partes,

---

[12] "Art. 17. As leis, atos e sentenças de outro país, bem como quaisquer declarações de vontade, não terão eficácia no Brasil, quando ofenderem a soberania nacional, a ordem pública e os bons costumes."

[13] TENÓRIO, Oscar. *Direito internacional privado*. 8. ed. Rio de Janeiro: Freitas Bastos, 1965, v. 1, p. 330

estabelecendo um controle a essa vontade quando manifestada contra leis cogentes. Esse limite existe para proteger a "ordem pública"[14].

Ora, na prática, o que deve ser dito é que quando ocorre a falta de possibilidade de aplicação da norma estrangeira porque essa regra colide com a ordem pública nacional, existe a intitulada "exceção de ordem pública", que como via de consequência apresenta a aplicação da "Lex fori", que apresenta tanto aspectos negativos quanto positivos.

O primeiro, isto é, aquele de âmbito negativo, consiste na utilização do regramento do país requerido, em detrimento da lei estrangeira, nas hipóteses em que a norma local vedar aquilo que é tido como válido na regra alienígena. De outra banda, os efeitos positivos se dão nas situações em que a lei alienígena veda aquilo que o regramento local permite.

Além disso, é bom destacar que quando ocorrer o efeito negativo, a norma vedará a utilização da lei alienígena permissiva, ao passo que no segundo caso a ordem pública local demandará a aplicação do direito não permitido ou não conhecido pela legislação alienígena.

Aliás, a ordem jurídica do Brasil, principalmente por meio do art. 17 da LINDB, prevê a norma de ordem pública no plano do direito internacional privado. Assim, a utilização do princípio da ordem pública se dá com a análise do magistrado sempre se levando em consideração a situação fática.

Seja como for, não é recomendável a utilização do princípio por quem resiste à utilização da lei alienígena em solo nacional, vez que o princípio da ordem pública tem justamente como sentido a manutenção do equilíbrio constitucional dentro da comunidade internacional.

O que pode ocorrer é a existência da prolação de uma sentença externa que apresente conteúdo material que conflite com a ordem social de um país, sem, porém, homologação da mesma. Isso se dá porque a própria doutrina tem visão que dá conta da impossibilidade de se homologar a sentença alienígena com ofensa bastante grave ao ordenamento jurídico local.

Aspecto também importante trata do sistema de reconhecimento e de não reconhecimento de sentença alienígena. Isso quer dizer que pelo sistema

---

14 DOLINGER, Jacob. *Direito internacional privado*. 6. ed. Rio de Janeiro: Renovar, 2001, p. 385.

de não reconhecimento não há de qualquer reconhecimento da sentença pela legislação local, o que configura a inexistência de uma sentença que equivalha à estrangeira. Por outra via, o sistema de reconhecimento garante eficácia à decisão alienígena dentro do território nacional, sem, porém, deixar de apresentar algumas subdivisões quanto à forma de reconhecimento.

Ainda há que se levar em conta o sistema de reconhecimento automático, que independe de uma espécie de procedimento anterior de análise processual ou da sentença para dar eficácia interna à sentença estrangeira. A sistemática é assumida pela Convenção de Bruxelas e pela Convenção de Lugano e tem sua atuação nos conteúdos civis, comerciais, patrimoniais, e também tem forte participação no direito alemão, do suíço, do direito francês e no britânico.

O último mecanismo é aquele que consagra a máxima de que um determinado Estado somente reconhece a aplicação da sentença estrangeira se existir por outro lado o mesmo tipo de tratamento daquele Estado em relação à decisão proferida pelo primeiro. Esse tipo de reciprocidade poderá ser *legislativo* – quando calcado na lei; *diplomático*, quando vier de um tratado; e, por último, *de fato*, quando fundado nas práticas dos tribunais locais.

Seja como for, uma vez transitada em julgado e não mais passível, portanto, de qualquer reanálise, estando em conformidade com o STJ, cumpre à parte interessada requerer, independentemente de petição, a retirada (ou a denominada extração) da "Carta de Sentença".

O ordenamento jurídico pátrio selecionou o critério geográfico (*ius solis*) para a determinação da nacionalidade das sentenças arbitrais, baseando-se exclusivamente no local de onde a decisão emanar.

Também assegura que a decisão de caráter arbitral alienígena, de nacionalidade brasileira, constitui o título executivo em sua formatação correta para servir de base para a ação de execução da qual presente recurso especial se origina, razão pela qual se torna desnecessária a homologação pela Corte.

Em verdade, o Sistema de Recepção de Sentença Estrangeira é uma temática controversa no plano internacional, tendo em vista a existência de três possibilidades que podem ser adotadas nas localidades em que é aplicado o princípio da Reciprocidade. Ou seja, a decisão que pode produzir efeitos em seu Estado desde que o mesmo aconteça no país de onde ela provém. Outros

Estados adotam o caráter meramente probatório das sentenças alienígenas[15], reconhecem o mesmo valor de uma sentença nacional.

Conforme citado, em território nacional, a partir da publicação de Emenda Constitucional n. 45 de 2004, a competência para concretizar a homologação da sentença alienígena é do Superior Tribunal de Justiça, em conformidade com o disposto no art. 105, I, *i*, da Constituição Federal de 1988. Há também outros artigos que versam sobre o tema como os arts. 961[16] e 965[17] do CPC/2015, e o art. 15 da LINDB[18].

Assim, já é possível assegurar que a concentração da homologação estando apenas a cargo do STJ favorece a produção de uma jurisprudência harmônica o que garante maior segurança jurídica.

Para concluir, a fim de pontuar, os requisitos indispensáveis para a validade e para a análise da sentença alienígena são:

I – Ter sido emanada por autoridade legitimamente competente.

II – Ter sido obedecida a lógica processual da citação das partes ou a confirmação de eventual revelia.

III – Ter transitado em julgado; e

IV – Ter a conferência da autenticada pelo cônsul brasileiro e estar acompanhada por tradutor oficial ou juramentado no Brasil.

---

15 FAZZALARI, Elio. *La giustizia civile nei paesi comunitari*. Padova: Cedam, 1994, p. 283.

16 "Art. 961. A decisão estrangeira somente terá eficácia no Brasil após a homologação de sentença estrangeira ou a concessão do *exequatur* às cartas rogatórias, salvo disposição em sentido contrário de lei ou tratado."

17 "Art. 965. O cumprimento de decisão estrangeira far-se-á perante o juízo federal competente, a requerimento da parte, conforme as normas estabelecidas para o cumprimento de decisão nacional."

18 "Art. 15. Será executada no Brasil a sentença proferida no estrangeiro, que reúna os seguintes requisitos:

a) haver sido proferida por juiz competente;

b) terem sido os partes citadas ou haver-se legalmente verificado à revelia;

c) ter passado em julgado e estar revestida das formalidades necessárias para a execução no lugar em que foi proferida;

d) estar traduzida por intérprete autorizado;

e) ter sido homologada pelo Supremo Tribunal Federal.

Parágrafo único. (Revogado)."

A sentença homologada traz dois efeitos práticos: o primeiro é que ela faz coisa julgada e o segundo é o fato de representar um título executivo.

Tão importante quanto isso é reconhecer que a homologação da sentença estrangeira significa dizer que a sentença proferida no Estado emissor terá os mesmos efeitos no Estado receptor. Agora, nem sempre é possível que isso ocorra incondicionalmente, pois existe a possibilidade de se excluir os efeitos quando forem desconhecidos pelo direito do Estado do qual está sendo requerida a homologação. Por isso, diversos estudiosos do assunto entendem que é necessário que seja desenvolvido e regulamentado um regime que negue o reconhecimento de uma sentença estrangeira que eventualmente fira o direito interno de um país para efeitos de ordem pública. O entrave é que as determinações que possam ir contra a ordem pública implementam uma lógica assumidamente subjetiva, quanto ao que viria a ser ir contra a ordem pública e, ainda, até quanto àquilo que viria a ser ordem pública. Na prática, tem-se a ideia de que "ir contra a ordem pública" significaria ir contra os bens costumes.

Seja como for, o fato é que por vezes a lei do Estado local simplesmente proíbe a aplicação da lei do Estado emissor da ordem ou da lei pois, ainda que exista o princípio da ordem pública com o objetivo de manter o equilíbrio do regime internacional dentro da sociedade internacional, não se pode vislumbrar o uso desmedido do princípio, sob pena de se presenciar imprudências na sua aplicação.

Curiosamente, mesmo assim, ainda que exista uma sentença estrangeira que eventualmente conflite com a lei local, é raro ser vista uma sentença simplesmente não homologada, pois que para a ausência de homologação haveria que se ter uma violação muito grave à lei local. Com isso, assim como se dá no Brasil, por exemplo, em razão do art. 17 da Lei de Introdução ao Direito Brasileiro, na hipótese de se conflitar com o princípio da ordem pública, a sentença estrangeira será apurada pelo magistrado e sua aplicação analisada caso a caso.

> **Pesquisa do Editorial**
>
> Veja também Doutrina:
>
> Homologação da sentença estrangeira, de Luiz Fernando do Vale de Almeida Guilherme, *RArb* 13/50.

9.2 A eficácia da arbitragem após mais de duas décadas da "Lei n. 9.307/96"

Conforme se observou ao longo dos discursos deste *Manual*, a norma regulamentadora da arbitragem é o resultado de inúmeros esforços de vários setores econômico-sociais com o intuito de apresentar respostas relevantes para a comunidade jurídica e para toda a sociedade em geral. Barreiras ainda existem e devem ser transpostas, mas certamente o avanço ao longo das duas últimas décadas foram muito importantes.

Uma das mudanças significativas foi observada no ano de 2004 quando existiu a transferência da homologação da sentença estrangeira – assim como das sentenças arbitrárias alienígenas e a concessão do *exequatur*[19] –, do Superior Tribunal Federal para o Superior Tribunal de Justiça. Tal medida foi provocada pela Emenda Constitucional n. 45, publicada no dia 31 de dezembro daquele ano.

---

19 O *Dicionário jurídico*, De Plácido e Silva, define a terminologia sob vários aspectos. A saber: "palavra latina, de *exsequi*, que se traduz *execute-se*, *cumpra-se*, é empregada na terminologia forense para indicar a autorização dada pelo Presidente do Supremo Tribunal Federal para que possam, validamente, ser executados, na jurisdição do juiz competente, as diligências ou atos processuais requisitados por autoridade jurídica estrangeira".

"O *exequatur* é dado na *carta rogatória*. E se distingue da *homologação*, que se apõe às sentenças estrangeiras, para que possam ser cumpridas no território nacional."

"Nesta circunstância, o *exequatur* se mostra um reconhecimento ou uma revalidação à *carta rogatória* para que possa ser atendida regularmente e devolvida ao juiz rogante, depois de devidamente cumprida."

"*Exequatur*. Na terminologia internacional do Direito Internacional, entende-se o ato de reconhecimento de um governo à designação de um cônsul estrangeiro ou funcionário diplomático, para funcionar no território de seu país, isto é, para que se possa exercer as suas atividades diplomáticas ou consultares."

Procurando garantir a segurança jurídica, a Presidência do STJ, antecipando às suas novas incumbências, editou no mesmo dia a Resolução 22, que sujeitou tais feitos, transitoriamente, dispostos entre os arts. 215 e 224, para a homologação de sentença alienígena e de cartas rogatórias[20], sendo as últimas entre os arts. 225 e 229.

Para facilitar este procedimento na data de 2 de dezembro de 2015, o Governo Brasileiro depositou junto ao Ministério dos Negócios Estrangeiros dos Países Baixos o instrumento de adesão do Brasil à Convenção sobre a Eliminação da Exigência de Legalização de Documentos Públicos Estrangeiros[21].

A adesão do Brasil à Convenção da Apostila teve como sentido garantir significativa redução do tempo de processamento e dos custos para cidadãos e empresas, bem como economia de recursos públicos.

Dando prosseguimento à temática da evolução do instituto da arbitragem nas duas últimas décadas, ainda que se tenha o incentivo pela homogeneização de critérios para tornar a arbitragem um todo orgânico, o instituto ainda por vezes se dá de modo distinto, com certas peculiaridades em cada localidade da Federação. Existe um esforço com o fito de se buscar a uniformização na aceitação de temáticas específicas por intermédio de convênios, convenções e tratados. Este quadro ensejou perniciosa hipótese para o instituto com a possibilidade do "incidente de inconstitucionalidade". A ocorrência em si se referia às situações em que dada sentença arbitral não homologada no país de origem não deveria ser "abraçada" em território nacional.

---

20 O mesmo *Dicionário jurídico* estabelece que carta rogatória "é a precatória que é expedida para a requisição de atos que devam ser praticados em território estrangeiro. Tal como a carta precatória, é o instrumento onde se inscreve regularmente a requisição para a prática do ato em território estrangeiro, cuja requisição recebe propriamente a denominação de rogatória".

"A carta rogatória deve conter os mesmos requisitos instituídos para a carta precatória, sendo que é, em regra, enviado a seu destino, por via diplomática, e, antes que se cumpra, deve receber o *exequatur* do poder judiciário competente."

"As cartas rogatórias não devem conter disposições executórias, pois que, em tal caso, antes que sejam cumpridas, necessitam da homologação do tribunal próprio, a fim de que possam ter força no país em que são apresentadas."

21 Convenção que implementou como única formalidade a ser exigida para atestar a autenticidade de assinatura a aposição de apostila.

A questão foi explicitada em face do julgamento do Agravo Regimental em Sentença Estrangeira n. 5206-8/247, da Espanha. A problemática apresentava o processo que tinha como partes a MBV Commercial and Export Establishment, com sede em Genebra, na Suíça, e a Resil Indústria e Comércio Ltda., localizada no Brasil, recebendo o procedimento o laudo arbitral realizado em solo espanhol. Muito se discutiu a respeito, com os votos dos Ministros se dividindo quanto à constitucionalidade e a inconstitucionalidade da Lei, de tal forma que, ao final dos trabalhos, o veredicto apresentou vitória para a legitimidade da lei.

Novo percalço também se deu no ano de 2004 quando houve proposição de emenda encaminhada ao Congresso Nacional com a sugestão de inclusão ao texto da Carta de vedação do uso da arbitragem em plano estatal. Entretanto, percebendo os prejuízos no que tangia ao mercado e ao comércio internacional – em face da insegurança que seria gerada, uma vez que os conglomerados estrangeiros não tenderiam a submeter seus entraves com empresas estatais brasileiras ao sistema judiciário nacional –, contramedidas foram lançadas, sobretudo pelo patrono da Lei, o Senador Marco Maciel, com o sentido de descredenciar a proposta de emenda, o que de fato ocorreu.

De lá para cá, em que pese o balanço da arbitragem ser positivo ainda há que se evoluir em relação ao uso do instituto. A utilização da arbitragem tem sido adotada de modo mais intenso, assim como apontam pesquisas. Inclusive, novas leis têm incluído a arbitragem em seus textos.

Mesmo os ensaios que versam de sua utilização geram algumas distorções e discussões. Sobretudo no começo da década dos anos 2000, alguns levantamentos indicavam para um elevado índice de não cumprimento da sentença arbitral, com demasiado montante de sentenças sendo anuladas.

Entretanto, muitos dos órgãos de arbitragem respondem, alegando que "foram apurados somente os casos levados à apreciação do Judiciário, sem se levar em conta o número de arbitragens realizadas e os laudos arbitrais proferidos no período pesquisado no Brasil e que não chegaram ao conhecimento do Poder Judiciário por terem sido espontaneamente cumpridos";

e que "as estatísticas internacionais apontam para um alto grau (superior a 90%) de cumprimento espontâneo de laudos arbitrais"[22].

Ainda, como argumento de defesa do instituto, os órgãos asseveram que muitas das estatísticas se realizaram principalmente em um período de agitação e de conflitos, em que a arbitragem procurava primeiro a sua aceitação jurídica e a sua possibilidade de inserção no meio social, destoando da realidade equilibrada atual, que denota crescimento e vislumbra a maturidade.

Vale ressaltar, também, que muitas das pesquisas evidenciam o desenvolvimento saudável do instituto. Mostra-se que o instituto tem sido largamente usado por empresas, até porque poucas foram as ocorrências em que foi pedida a anulação da sentença arbitral a partir das pessoas jurídicas. O Judiciário tem aplicado exatamente o que está na norma para invalidar a sentença arbitral, nos casos em que o compromisso arbitral se faz nulificado ou quando a sentença emanada não provinha de árbitro competente.

Ou seja, o que se depura é que o instituto vem sendo habilmente usado, principalmente nos últimos anos, quando passou a haver maior aceitação e conhecimento quanto às vantagens que ele propõe.

Pensando em outras esferas do direito, o ramo do direito administrativo tem procurado gradativamente se valer dos preceitos da lei.

Em maio do ano de 2015, algumas importantes alterações foram introduzidas no amálgama da Lei de Arbitragem. As inovações e mudanças estão mormente relacionadas a questões processuais, como também a uso da arbitragem junto a contratos com a administração pública.

Nessas duas décadas de instauração da norma, é de se comentar, de todo modo, que muitas alterações foram presenciadas em diplomas normativos nacionais, passando a prever a possibilidade do uso da arbitragem como meio de resolução de controvérsias em que, de algum modo, o Estado e a sociedade fossem objeto de discussão.

Do ponto de vista cronológico, houve a possibilidade de inserção da arbitragem no bojo de leis. Podem ser citadas nesse particular, a Lei n. 9.472/1997 (Lei Geral de Telecomunicações), a Lei n. 9.478/1997 (Lei de

---

[22] Website do CBAr – Comitê Brasileiro de Arbitragem. Disponível em: <http://www.cbar.org.br/nota_arbitragem_tribunais.html>.

Petróleo e Gás), a Lei n. 10.233/2001 (Lei de Transportes Aquaviários e Terrestres), a Lei n. 10.438/2002 (Lei do Setor Elétrico), a Lei n. 11.196/2005 (Lei de Incentivos Fiscais à Pesquisa e Desenvolvimento da Inovação Tecnológica), a Lei n. 11.909/2009 (Lei de Transporte de Gás Natural) e o Decreto dos Portos (Decreto n. 8.033/2013)[23]. Todas passaram a, em algum momento, prever o uso do instituto para dirimir algum tipo de conflito.

Outra norma de notável relevância foi a Lei n. 11.079/2004, a ser mais discutida linhas adiante, que previu a possibilidade de instituição da arbitragem nos contratos de parceria público-privada.[24]

Seja como for, até a promulgação da norma em 2015, todas as demais tinham tratamento específico e encontravam resistência por parte de teóricos administrativistas. Já o diploma normativo do ano de 2015 tratou de maneira mais clara do uso da arbitragem para situações envolvendo a administração pública direta e indireta nos casos que envolvessem direitos patrimoniais disponíveis. A utilização do instituto para hipótese, inclusive, muito bem denotou a orientação jurisprudências do Superior Tribunal de Justiça a respeito da matéria, pondo um ponto final nas discussões oferecidas no âmbito do Tribunal de Contas da União – TCU.

Conforme noticiado quando da discussão sobre o princípio da celeridade, que deveria ser relativizado na arbitragem segundo a doutrina mais moderna e também as novas orientações de instituições renomadas e decisões judiciais, a arbitragem envolvendo a administração pública, como se verá mais adiante, deverá respeitar o princípio da publicidade assegurando a transparência nas relações da administração pública coma a sociedade na gestão do interesse público.

---

23 O texto do referido decreto se encontra como anexo a este *Manual*.

24 "Art. 11. O instrumento convocatório conterá minuta do contrato, indicará expressamente a submissão da licitação às normas desta Lei e observará, no que couber, os §§ 3º e 4º do art. 15, os arts. 18, 19 e 21 da Lei n. 8.987, de 13 de fevereiro de 1995, podendo ainda prever:
(...)
III – o emprego dos mecanismos privados de resolução de disputas, inclusive a arbitragem, a ser realizada no Brasil e em língua portuguesa, nos termos da Lei n. 9.307, de 23 de setembro de 1996, para dirimir conflitos decorrentes ou relacionados ao contrato."

Já no âmbito internacional, por exemplo, a arbitragem tem sido objeto de uso ao longo do tempo. É exatamente o que afirma Selma Maria Ferreira Lemes:

> Foi no campo das relações internacionais privadas que as convenções sobre arbitragem mais proliferaram, haja vista o incremento e a difusão do comércio internacional e a globalização econômica, representando o comércio eletrônico e o tombamento da última muralha inexpugnável, tornando-os literalmente integrantes de uma aldeia global[25].

Em 1958 se deu Convenção de Nova Iorque, que tratou da execução e do reconhecimento das sentenças arbitrais estrangeiras. Já em 1966, para regular as relações econômicas internacionais, foi criada a Comissão das Nações Unidas para o Direito Comercial Internacional, intitulado UNCITRAL, que passou a inspecionar as questões referentes a arbitragem internacional e criou a Lei Modelo de Arbitragem (LMU) pautada na Convenção de Nova Iorque. Os requisitos para a criação da Lei discorriam sobre melhorar e harmonizar as legislações nacionais; a liberdade das partes e a discrição dos árbitros; assim como a justiça e a equidade do processo arbitral.

A rigor, é evidente que a essência da arbitragem internacional, além da alternativa gerada ao Poder Judiciário local, deve ser abastecida pelos mesmos ditames jurídicos que preconizam o princípio da ampla defesa, do contraditório e da boa-fé, que garantem a efetividade do direito.

Ademais, no plano nacional – e ainda como mecanismo de institucionalização da arbitragem –; esforços existem com o fito de combater as entidades arbitrais desonestas, que denigrem a imagem da arbitragem ao oferecer cursos de formação de árbitros e afins, usando brasões pátrios e alienando carteiras de profissionais de árbitros indevidamente.

Muitos foram, então, os conflitos e as discussões para a aprovação da lei e para a subsequente aplicação desta, na vida e no cotidiano das pessoas, das empresas e das organizações em geral, buscando aproveitar as vantagens que o instituto açambarca.

---

25 LEMES, Selma Maria Ferreira. *Árbitros*. Princípio da independência e da imparcialidade. São Paulo: LTr, 2001, p. 79-90.

A rigor, o uso de uma justiça privada no cenário nacional é comum a um período longínquo e a sua solidificação, assim como a sua a posterior regulamentação formalizada, deu-se apenas poucos anos atrás.

9.3 A arbitragem na recuperação judicial de empresas

A lei vigente que regulamenta as formas de solução de crise econômico-financeira de empresários ou de sociedades empresárias, que se encontram em estado de inadimplência ou em estado de iliquidez é o dispositivo que vigora desde o dia 9 de junho do ano de 2005.

Pela antiga normatização da Lei de Falência (Decreto-lei n. 7.661/45[26]), o comerciante ou a sociedade comercial que se encontrassem em crise econômico-financeira não dispunham de opções favoráveis ao oferecimento de um plano de recuperação empresarial junto aos seus credores, com o intuito de buscar caminhos para a solução de pagamentos e para a manutenção da empresa.

A falência[27] ou a concordata[28] eram mecanismos legais que podiam ser utilizados relativamente aos comerciantes ou sociedades comerciais em estado de insolvência ou em estado de iliquidez. Considerava-se em estado de insolvência o comerciante (pessoa física ou jurídica) que, mesmo alienando todos os seus bens e direitos, não possuía numerário suficiente

---

26 Publicação em 25 de junho de 1945.

27 Por *falência*, a partir dos ensinamentos de J. C. Sampaio Lacerda, *Manual de direito falimentar*, tinha-se que era "a condição daquele que, havendo recebido uma prestação a crédito, não tendo à disposição, para a execução da contraprestação, um valor suficiente, realizável no momento da contraprestação". ALMEIDA, Amador Paes de. Apud LACERDA, J. C. Sampaio de. *Manual de direito falimentar*. 5. ed. Rio de Janeiro: Freitas Bastos, p. 11.

Mais apropriadamente, sob o aspecto eminentemente jurídico: seria "uma forma de execução, execução coletiva, promovida contra o devedor comerciante (sujeito passivo) responsável por obrigação mercantil (base do processo inicial)". FERREIRA. Waldemar. *Tratado de direito comercial*. São Paulo: Saraiva, 1965.

28 *Concordata* advém do verbo concordar, cujo significado etimológico se refere a "acordo", "conciliação", "ajuste" ou combinação". Do ponto de vista jurídico definia "o instituto que objetivava regularizar a situação econômica do devedor comerciante, evitando ou suspendendo a falência". ALMEIDA, Amador Paes de. *Curso de falência e concordata*. 20. ed. São Paulo: Saraiva, 2002, p. 384.

Ademais, para o já citado autor Sampaio de Lacerda, era o "ato processual pelo qual o devedor propunha em juízo a melhor forma de pagamento a seus credores, a fim de que, concedida pelo juiz, evite ou suspenda a falência". ALMEIDA, Amador Paes de. Apud LACERDA, J. C. Sampaio de. Op. cit.

para quitar seus compromissos imediatos. De maneira distinta, considerava-se em estado de iliquidez o mesmo comerciante que, de pronto, não dispusesse de numerário para pagamento, mas que poderia honrá-los ao longo de certo tempo. Desse modo, para os casos de insolvência se reservava o processo de falência; e para o caso de iliquidez, o processo de concordata.

A nova Lei de Falência mudou significativamente os requisitos antigos e, além de ampliar o prisma de sua aplicação, abraçou a tendência moderna da tentativa de recuperação da crise econômico-financeira do empresário individual ou da sociedade empresária, remanescendo a falência como exceção para os casos de insolvência a respeito da qual não se apresente um caminho recuperatório.

Pois bem, na forma do que estabelece o art. 1º[29] da Lei n. 11.101/2005[30] – Lei de Falência e Recuperação –, são pessoas abarcadas pela recuperação e pela falência o empresário individual e a sociedade empresária.

A lei em vigência tem uma estrutura complexa, mas ainda assim se verifica a possibilidade do uso da Arbitragem com o intuito de solucionar conflitos entre devedores e credores na Recuperação. De maneira predecessora, no entanto, vale-se fazer uso – ainda que em linhas gerais –, de um esquema ilustrativo, anteriormente mencionado por nós e por meu nobre colega Aclibes Burgarelli, em artigo veiculado em *Valor Econômico*, como invólucro para conceber uma hipótese da utilização de um plano de recuperação, servindo como mote para posteriormente se lançar mão da Arbitragem.

9.3.1 Plano de recuperação

Como ponto de partida se admite uma linha horizontal na qual, na parte do centro se situa o pedido formulado ao juiz e o despacho de processamento da recuperação. Do lado esquerdo da linha, a lista nominativa de credores que deve acompanhar o pedido inicial. Do lado direito da mesma linha horizontal, o plano de recuperação, que deverá ser apresentado no prazo de 60 dias, a partir da publicação do despacho de processamento.

---

29 "Art. 1º Esta Lei disciplina a recuperação judicial, a recuperação extrajudicial e a falência do empresário e da sociedade empresária, doravante referidos simplesmente como devedor."

30 Publicação em 9 de fevereiro de 2005, com *vacatio* de 120 dias.

Abaixo da linha dos credores se tem o procedimento denominado verificação de créditos (por parte do administrador: habilitação e divergência; por parte do juiz: impugnações). Abaixo da central a indicação dos órgãos da recuperação (administrativo, deliberativo e fiscalizador). Ao lado direito se observa o procedimento de deliberação, alteração ou rejeição do plano de recuperação.

No lado esquerdo, quanto ao procedimento de verificação de créditos, caberá ao administrador judicial, num primeiro momento, examinar eventuais pedidos de habilitações e oposição de divergências e, mediante auxílio de técnicos, elaborar o quadro provisório de credores, se possível sustentado em parecer a respeito do que for importante. Portanto, necessário se faz neste momento o conhecimento da técnica de auditoria jurídica para que se produza um parecer com base sobre os direitos de possíveis credores.

Tem-se, do outro lado, o plano de recuperação – o qual poderá ser levado à deliberação da assembleia de credores, que será convocada por qualquer credor, com possibilidade de aprovação, de alteração ou de rejeição do plano. Assim, o juiz decretará a falência da atividade somente se for rejeitado o plano, de modo que no mais, prevalecerá a vontade da assembleia quanto ao destino e estrutura do plano.

O presidente da assembleia de credores é o administrador judicial (nomeado pelo magistrado), e, se houver interesse da assembleia, será constituído o comitê de credores – órgão meramente fiscalizador do trabalho e do cumprimento do plano de recuperação.

Durante a assembleia, o presidente da assembleia de credores poderá propor que seja instrumentalizado o compromisso arbitral a fim de solucionar possíveis litígios.

9.3.2 Do uso da arbitragem na recuperação de empresas

A recuperação judicial da empresa devedora, para se fazer plausível e viável, necessita da elaboração prévia de um plano que situe os percursos a serem traçados pelo devedor, mostrando os principais objetos trabalhados e os resultados almejados, bem como encaminha as funções dos credores e seus mecanismos de atuação.

Sendo assim, verificada a crise que pressiona a companhia, a estratégia tomada objetiva primordialmente a manter as atividades empresariais, tendo como fundamento a prerrogativa principiológica da função social que reveste as relações econômico-financeiras – elemento este ensejador de riquezas e de trabalho no binômio empregador-empregado, formatando um capacitor que fomenta as atividades mercantis e econômicas em geral.

Ademais, sem adentrarmos nas minúcias desta função social, nota-se a sua importância uma vez que a sumária desistência quanto à continuidade das funções empresariais acarretaria necessariamente na menor circulação de riquezas e em uma quebra da cadeia de contratos, atingindo futuramente aos próprios credores e causando a estes novos prejuízos.

O Plano de Recuperação, uma vez aprovado pelos credores, será contemplado pelo deferimento da recuperação judicial. Importante ressaltar que os dois anos subsequentes formalizam o período para a sua execução e no referido espaço temporal, caso o devedor deixe de cumprir alguma obrigação assumida, deverá o juiz convolar a recuperação judicial em falência.

Nesse sentido, é mister que eventuais conflitos e controvérsias que ocorram sejam tempestivamente resolvidos pelas partes. Fica clara também a existência de uma espécie de padrão de conduta a ser seguido por estas – em consonância com os ditames da boa-fé objetiva – (arts. 113 e 422 do CC), fazendo com que o devedor procure não frustrar a expectativa e a confiança depositas em si por parte do credor, na tentativa razoável de sanar a crise financeira que os atinge direta ou indiretamente. Por outro lado, no que se refere aos credores, é justo se admitir que colaborem e que tenham ações proteção ao plano. Essas máximas, em conjunto, inclusive, são instrumentos dos mais valiosos para a permanência das atividades da empresa, permitindo que esta desempenhe a contento a sua função social.

Isso posto, ao longo desse caminho é natural que haja discordâncias, dificuldades de interpretação e de detalhamento de alguns dados. Vale dizer que o plano de recuperação procura apontar com zelo as possibilidades e ainda prever alguns aspectos. Entretanto, é razoável se supor que o credor que admite o plano não pode de antemão conceber absolutamente todos os obstáculos que terá com a sua aprovação. A lei, aliás, já exige uma descrição em seus pormenores daquilo que será consumado, mas mesmo esta requisição não trata de acurar todos os impactos que possam advir do plano, além de todas as informações e dados em sua integralidade.

E é exatamente este hiato que abre espaço para a utilização da arbitragem na recuperação, na medida em que no período de implementação do plano, recai sobre o devedor o risco de ver a "reconstrução" convertida em falência, devido ao descumprimento de alguma obrigação. Assim, tais contendas vislumbradas podem ser dirimidas pelo instrumento arbitral.

De todo modo, o conteúdo das pendências geradoras de distorções e de controvérsias possivelmente varie, mas cumpre apresentar que, quanto ao modo de implementação, pode este ser referente ao (i) aumento de capital com o aporte de recursos novos e/ou a conversão parcial de dívidas em capital; ou ao (ii) ingresso de novos acionistas, por exemplo. Ainda podem ser questões quanto a (iii) cisões e incorporações e usufruto de empresa que normalmente necessitam de atenções particulares na preservação de posições existentes e de direitos adquiridos. Na prática, são algumas apenas das variadas exemplificações que podem significar entraves quando da execução da recuperação da companhia. Ou seja, não causa estranheza o fato de que tais fatores colimados possam gerar controvérsias de maior ou menor grau, tanto para os credores quanto ao devedor.

Mais uma vez, como supramencionado, a arbitragem pode ser o componente dotado de celeridade e destreza para acolher tais avarias e para procurar dirimi-las. Para tanto, escolhendo as partes pelo instrumento descrito, podem estas passar a usá-lo a partir da inclusão da cláusula compromissória[31] no contexto da apresentação do plano de recuperação aos credores. Logo, surgindo a controvérsia, a cláusula compromissória permite que se instaure de imediato a arbitragem.

Porém, constata-se a hipótese de credores e devedores não admitirem previamente a cláusula compromissória – caso em que se registra a inoperância do instrumento arbitral, e que, por conseguinte, ficam as partes à mercê da justiça convencional. Ainda assim, nada impedirá que ao se iniciar em juízo a respectiva ação judicial, o magistrado tente a conciliação

---

31 Seguindo os enunciados do art. 4º, da norma que preleciona a *Arbitragem*, a *cláusula compromissória* é a convenção através da qual as partes em um contrato comprometem-se a submeter à arbitragem os litígios que possam vir a surgir relativamente a tal contrato.

entre os litigantes e que, verificando-se tal "reaproximação" infrutífera, o próprio juiz os aconselhe a "abraçar" a utilização da arbitragem. Por esta via as partes firmariam um compromisso judicial que extinguiria o processo sem julgamento de mérito.

Interessante também é verificar que a cláusula compromissória e o uso da arbitragem vinculam apenas e tão somente os agentes que tenham se inclinado a tal propósito, de modo que os credores que tenham alguma objeção ao instituto se mantenham distante de tal procedimento. Dessa sorte, a consequência da ausência de enlace de um ou demais credores será a possibilidade conferida ao devedor de legitimamente se recusar a submeter à arbitragem uma questão que venha a nascer com o mesmo credor no futuro, alegando para tanto a inexistência de previsão que os ligue. Então, para que a arbitragem possa ser instaurada, deverá o credor, nessa hipótese, propor ao devedor que firmem um compromisso. Todavia, caso o devedor venha a rejeitar a proposta a questão será decidida pelo Poder Judiciário.

Além disso, conforme o Sexto Enunciado da 1ª Jornada de Prevenção e Solução Extrajudicial de Litígios, "o processamento da recuperação judicial ou a decretação da falência não autoriza o administrador judicial a recusar a eficácia da convenção de arbitragem, não impede a instauração do procedimento arbitral, nem o suspende".

Em tempo, cumpre notar que é natural que sob quaisquer condições possam as partes partir para o campo da apreciação e da decisão judiciária. Contudo, em face da complexidade do poder formal – com recursos verticais e horizontais traduzidos na morosidade que em suma o reveste; assim como a possível ausência de conhecimentos específicos sobre alguma temática –, a arbitragem se constitui num meio salutar que cooperação e eficiente de resolução de conflitos.

9.4 A utilização da arbitragem e dos demais meios extrajudiciais de solução de conflitos em momentos de crise e de esgotamento do sistema

Hodiernamente o Estado brasileiro vive, certamente, um profundo ambiente de crise. Nesse sentido, aliás, a ideia de crise surge quando as racionalidades parciais não mais se articulam e se conectam de forma inteligível umas com as outras, criando elevadas distorções ou disfunções estruturais para a consecução do equilíbrio social. A crise, portanto, seria a sociedade eivada de incoerências e distorções.

O cenário nacional atual quando este *Manual* é produzido apresenta intensa crise e ausência de confiança da sociedade em relação às instituições em geral. Seja em virtude dos escândalos que ganham vida a cada dia, seja por conta de um passado longínquo ou recente dos mais funestos.

O fato é que, assim como observa José Eduardo Faria[32], a ideia de crise configura um conceito analítico que serve para opor uma ordem ideal a uma desordem real, na qual a ordem jurídica é contrariada por acontecimentos para os quais ela não consegue oferecer soluções ou respostas técnicas eficazes. Dessa feita, baseado na ideologia de Thomaz Kuhn e, ainda, apontando as decorrências do fenômeno da globalização na sociedade atual, assevera que a ciência do direito está em crise e que se vive um período de exaustão paradigmática.

Para Thomaz Kuhn[33], "uma disciplina somente se converte em ciência quando uma comunidade de especialistas firma uma opinião comum quanto ao seu paradigma, isto é, ao conjunto de problemas relevantes e de padrões estandardizados de abordagem. O autor assegura que quando se aprende um novo modelo ou paradigma o cientista leva consigo de forma conjunta a teoria, os métodos e os padrões, o que forma aquilo que ele chamou de mistura inextricável.

Se for constituída a imagem de uma matriz disciplinar, um modelo, ou melhor dizendo, um paradigma traz uma espécie de teoria básica; uma fórmula epistemológica geral; uma tradição científica; um princípio explicativo e interpretativo fundamental e algumas aplicações exemplares – todas aceitas pelos cientistas ao ponto de interromperem o esforço crítico de discussão de seus pressupostos e de suas possíveis alternativas substitutivas.

Quando o modelo ou o paradigma vigentes não conseguem mais lidar com novos fatos, tampouco propiciam orientações e dizem regras capazes

---

32 FARIA, José Eduardo. *O direito na economia globalizada*. São Paulo: Malheiros, 2001, p. 29.
33 Idem, p. 48.

de balizar o trabalho científico; ou quando, também, para cada problema solucionado outros tantos são criados, esse modelo que está em vigência entra em crise e os demais paradigmas emergem no plano científico. Esse universo de aparecimento e de amadurecimento constitui aquilo que o autor Thomaz Kuhn entende por revolução científica. Dada revolução só tem o seu desfecho quando um novo paradigma novamente se instaura.

9.4.1 A globalização

Tendo essa realidade da crise como preâmbulo, há outro fenômeno que carece de análise. Trata-se da globalização. A respeito da qual muito se escreveu sobretudo nas últimas três décadas. Em resumo, consiste no desenvolvimento de caráter econômico, tecnológico, político e de âmbito social que se intensificou ao final da década dos anos de 1970 e que se desenrola até o momento atual, tendo como principal arquétipo a necessidade do sistema capitalista em atingir novos mercados.

Ao passo em que o processo de globalização se torna cada vez mais célere, cria cenários em que a ideia de um sistema econômico nacional autossustentável é interpretada como anacronismo. E então o direito positivo encara complexidades crescentes, na medida em que as normas ofertadas pelo Estado apresentam a sua efetividade desafiada pelo aparecimento de regras espontaneamente geridas em diferentes ramos e setores da economia, a partir de suas necessidades específicas.

Atualmente, de forma paralela tanto ao direito interno (público, inclusive o direito privado internacional, ou privado) quanto ao direito internacional público, há o aparecimento e a consolidação de um "direito comunitário", que se integra e que se incorpora aos direitos nacionais de aplicação direta.

A importância disso é que na ordem global vivenciada, as problemáticas internacionais não só se mantêm acima dos problemas locais nacionais como também os condiciona. Cria-se um ambiente claro de desafio e de embate, em que ficam em xeque vários dos conceitos jurídicos até outrora aplaudidos, como soberania, legalidade, validez, hierarquia das leis, segurança e certeza jurídicas. A rigor, provavelmente são ideários insuficientes atualmente, sem a adequação mais escorreita para operar no mundo atual.

Nesse prisma, a própria ideia de Constituição Dirigente passa a sofrer intenção de revisão. A Carta Constitucional vem perdendo seu estatuto de norma fundamental e centro emanador do ordenamento jurídico. E isso não é qualquer forma de devaneio, bastando importar olhar com um pouco mais de cuidado para a tendência empiricamente comprovada pelo crescente esvaziamento da força normativa dos textos constitucionais ante aos novos esquemas regulatórios e as novas formas organizacionais e institucionais supranacionais.

Conforme a interpenetração das estruturas empresariais; a interconexão dos sistemas financeiros e a formação dos grandes blocos comerciais regionais se convertem em efetivo centro de poder, o sistema político deixa de ser o *locus* natural de organização da sociedade por ela própria. Em vez de uma ordem "soberanamente produzida", o que se passa a ter é uma ordem "recebida" dos agentes econômicos. A política acaba sendo substituída pelo mercado e a *lex mercatória* vai ocupando o lugar das normas de direito positivo, a adjudicação é trocada pelos procedimentos de mediação e arbitragem[34].

O fato é que o jurista vem se posicionando alheio a essa realidade e isso certamente consiste em um movimento deveras preocupante. A formação acadêmica, não o prepara para essas transformações, seguindo voltada somente para a atuação forense[35].

---

34 Para maior aprofundamento do tema, sugere-se a leitura de GUILHERME, Luiz Fernando do Vale de Almeida. *Arbitragem*. São Paulo: Quartier Latin, 2003. Já em relação ao investimento externo e seu regime, indica-se a leitura de ZERBINE, Eugenia C. C. de Jesus. *O regime internacional dos investimentos* – sistemas regional, multilateral, setorial e bilateral (balanço da década de 1990, seguido do estudo de dois casos: o Mercosul e o projeto da ALCA). Tese de doutorado defendida na FADUSP, 2003. Por fim, para mais acerca de auditoria jurídica, *vide*: ROSO, Jayme Vita. *Auditoria jurídica para a sociedade democrática*. São Paulo: Escolas Profissionais Salesianas, 2001.

35 Sob a influência direta e perniciosa da globalização, verifica-se, nos dias atuais, que a sociedade tem exigido qualquer profissional com habilitação legal para exercer uma profissão, mas isso é um sonho. O sonho de ser bacharel no Brasil não faz com que o profissional se estabeleça no mercado e passe a ganhar dinheiro, até porque o vestibular não é mais garantia que somente os melhores conseguiram passar.

Como bom exemplo disso, tendo em mente um poema de Carlos Drummond de Andrade ("Ponteei viola, guiei Ford e aprendi na mesa dos bares que o nacionalismo é uma virtude. Mas há uma hora em que os bares se fecham e todas as virtudes se negam"), o autor e pensador José Eduardo Faria[36] descreve que o poema ilustra bem o panorama atual, especialmente o que tem prevalecido nos cursos de direito.

Nas salas de aula, todos aprendemos que a abordagem dogmática é uma virtude, ao mesmo tempo em que também testemunhamos a contínua desqualificação das discussões interdisciplinares por professores de formação

---

Recentemente foi noticiado, com muito alarde na imprensa, a aprovação do analfabeto Severino da Silva em 9º lugar no curso de direito de uma Faculdade do Rio de Janeiro, mesmo tendo entregue em branco a redação.

Já em relação ao Provão, em 2001, segundo levantamento realizado pelo Conselho Federal da OAB, as 273 faculdades que participaram do exame nacional de cursos jogaram no mercado 50.933 bacharéis de Direito. Esse número é seis vezes a quantidade de médicos e está no topo das carreiras de ensino superior. Verifica-se que em 2001 existiam 273 faculdades instaladas no território nacional, hoje em dia já são aproximadamente 600.

A OAB, por sua vez, tem dado sinais no sentido de estar fazendo sua parte para evitar colocar no mercado de trabalho à disposição da sociedade, profissional despreparado para o exercício da advocacia, ou seja, mais da metade dos 47.801 bacharéis em Direito que fizeram as provas do Exame da Ordem no País, segundo o último relatório anual estatístico foram reprovados. Os dados fornecidos pelas Seccionais acusam uma média nacional de reprovação nos dias atuais de mais de 60% (Dados obtidos: VIEIRA JÚNIOR, Antônio Laért. *Responsabilidade civil do advogado*. Rio de Janeiro, 2003, p. 1-3).

O Estado de S.Paulo publicou em 12 de março de 2004 a matéria: "OAB-SP divulga lista de aprovados" onde informou que "cerca de 7.700 bacharéis em Direito foram aprovados no exame da seção paulista da Ordem dos Advogados do Brasil (OAB-SP). A aprovação pela Ordem é condição obrigatória para obter a carteira profissional de advogado. O exame de 2004 teve quase 30 mil bacharéis na primeira etapa, em dezembro, e só 15 mil passaram para a segunda fase, cuja prova foi aplicada em 1º de fevereiro" (OAB-SP divulga lista de aprovados, *O Estado de S.Paulo*, p. A12 – [autoria desconhecida]).

Mas, nem sempre foi assim, quando o Brasil se tornou independente: "a profissão de advogado ainda não estava organizada como atividade autônoma. As Ordenações Afonsinas e Manuelinas estabeleceram as primeiras normas a respeito, determinando que somente poderia advogar aqueles que cursassem Direito Canônico ou Direito Civil por oito anos, na Faculdade de Direito de Coimbra, e esperassem mais dois anos para iniciar a carreira. Quem advogasse sem estar habilitado, poderia até ser preso, o mesmo ocorrendo com o causídico que abandonasse a causa" (ACQUAVIVA, Marcus Cláudio. *O advogado perfeito* – atualização profissional e aperfeiçoamento moral do advogado. São Paulo: Jurídica Brasileira, 2002, p. 13).

36 FARIA, José Eduardo. Prefácio. In: MACEDO JR., Ronaldo Porto. *Contratos relacionais e defesa do Consumidor*. São Paulo: Max Limonad, 1998, p. 15.

normativista e legalista. Essas discussões podem ser interessantes, dizem eles, mas são empreendimentos acadêmicos "metajurídicos". Ou seja: não teriam maior serventia para o preparo técnico dos operadores do direito positivo. No entanto, do mesmo modo como há uma hora em que os bares fecham e todas as virtudes se negam, conforme o poema de Drummond, no ensino jurídico também há um momento em que as virtudes do paradigma normativista se esgotam e a pretensão de exclusividade e pureza da abordagem dogmática é negada.

9.4.2 O ensino jurídico

Diante da crise no ensino, a advocacia, como não poderia deixar de ser, apresenta sintomas de completo desajuste às exigências da realidade social e o advogado é analisado pelo senso comum sob um prisma extremamente negativo. Isso é um consenso entre a ampla maioria dos profissionais[37]. Como professor, jamais negaria o avanço e o estímulo à educação, mas a crise no objeto de ensino do direito, conexa à proliferação desenfreada de cursos de qualidade duvidosa tem como reflexo a desestabilização no exercício da advocacia.

Nas universidades se aprende a prática da atividade jurídica por meio de uma dogmática de tradição romanística, enquanto o mercado, por outro lado, clama para que o advogado tenha familiaridade com o direito de tradição anglo-saxônica, vez que as grandes corporações transnacionais são tributárias dessa outra realidade jurídica.

E se os cursos de graduação prosseguem em um terreno pantanoso, os cursos de especialização, *MBAs, LLMs,* pós-graduação *lato senso,* escolas superiores da magistratura e do ministério público surgem como o mais lucrativo nicho de mercado e o ensino do direito se converte em negócio.

E é justamente nesse panorama que arbitragem, a mediação e os demais meios extrajudiciais de solução de conflitos podem constituir uma resposta possível a exaustão paradigmática apontada. Sua implantação

---

37 A Professora Lídia Reis de Almeida Prado defende um novo pensamento para os operadores do direito neste novo século mais emotivo. Ela entende que o Direito, como prestação jurisdicional, não evoluiu como as outras ciências do conhecimento, conforme ideias extraídas de sua tese de doutorado e publicada sob o título: *O juiz e a emoção* (Campinas: Millennium, 2003).

efetiva, pela própria Ordem dos Advogados do Brasil e demais entidades representativas, certamente permitirá a expansão das atividades da classe dos advogados, gerando mais ocupações dignas.

Com isso se teria o deslocamento do enfoque da advocacia de um ambiente forense para aquele de caráter mais organizacional, assumindo o profissional relevante papel tanto como medida de profilaxia ante aos litígios, como na solução por procedimentos alternativos, quando desencadeados.

De outra parte, em lugar da especialização excessiva, enfatiza-se para a prática da arbitragem e da mediação, uma formação generalista – já que a sua própria abrangência exige visão ampla do fenômeno jurídico – e interdisciplinar (indispensável para o trabalho do árbitro e/ou do mediador).

José Eduardo Faria[38] também observa uma alteração na organização empresarial. O modelo de organização fordista, baseado em grandes contingentes de trabalhadores, em rotinas de trabalho padronizadas, fragmentadas e especializadas, em uma burocracia altamente hierarquizada é substituído pelo paradigma da especialização flexível. Neste novo paradigma, há redução drástica do número de trabalhadores que apresentam poliqualificação e se concentram em tarefas multiqualificadas, têm alto poder decisório e assumem grandes responsabilidades. A gerência da empresa, no modelo fordista, era elitista e distanciada das bases laborais. Já no modelo da especialização flexível, a empresa é estruturada por uma hierarquia informal e horizontal, em que não se acentuam as diferenças funcionais. Todos têm enorme importância e de certa forma exercem poder de direcionar os rumos da empresa, tanto na administração pública como na privada. Portanto, este acréscimo de responsabilidade exige, em contrapartida, maiores exigências de fiscalização das atividades funcionais, para que no caso de desvio de poder, de desvirtuação funcional etc.

Atualmente já se percebe, também, que a *cibercultura* tende, em mais ou menos tempo, a substituir a própria figura do advogado. Não à toa já se vislumbram *softwares* dotados de inteligência artificial que sejam capazes de, a partir de algoritmos e outros expedientes de informática, responder a

---

38 FARIA, José Eduardo. *O direito na economia globalizada*, op. cit.

certas demandas que processos judiciais requerem. Com isso, cada vez mais a necessidade de atuação do advogado será discutível e possivelmente menos relevante. Também por isso a introdução das figuras dos meios extrajudiciais de solução de controvérsias seria extremamente significativa, além, é claro, de contribuir para a formação de profissionais e de pessoas menos beligerantes e que fomentassem a cultura da paz.

Por isso nunca mereceu tantos aplausos como agora a edição da Portaria n. 1.350, de 2018, que apreciou e homologou o Parecer CNE/CES n. 608/2018 da Câmara de Educação Superior do Conselho Nacional de Educação para tornar obrigatória nos cursos de graduação de direito em todo o território nacional a introdução de cadeiras que versem sobre meios consensuais de solução de controvérsias.

9.5 A arbitragem no mercado de capitais – O novo Mercado da B3 (antiga Bovespa)

Com o processo de globalização, que resultou num intenso intercâmbio entre os países, tanto de pessoas como de divisas, cada vez mais o mercado acionário vem adquirindo uma crescente importância no cenário financeiro internacional.

Seguindo a tendência mundial, o Brasil abriu sua economia para poder receber investimentos externos; assim, quanto mais desenvolvida foi se tornando a economia brasileira mais ativa se tornou seu mercado de capitais.

Com o crescimento do mercado de capitais brasileiro, houve uma maior preocupação com a defesa dos interesses dos investidores, tendo em vista as enormes quantias aplicadas.

Uma das soluções encontradas pela Brasil, Bolsa, Balcão[39] para proteger os investidores foi a adequação das empresas abertas a uma política de governança corporativa, ou seja, a criação de um conjunto de práticas com escopo de melhorar a prestação de informações aos investidores e mais bem difundir o mercado acionário.

Existem três níveis de governança corporativa, dependendo do grau de compromisso adotado pela empresa: o "1", o "2" e o "novo mercado".

---

39 Empresa resultante da fusão BM&F Bovespa e Cetip.

Para ilustrar o grau de transparência das empresas, que se comprometeram com a política de governança corporativa, as companhias de nível "2" e do "novo mercado" são obrigadas a aderir à Câmara de Arbitragem da própria Brasil, Bolsa, Balcão para dirimir conflitos societários, ao passo que a companhia de nível "1" não necessita adotar tal medida propiciando uma maior confiança dos investidores na empresa, haja vista a transparência da administração, valorizando os ativos destas.

Como dito, as companhias nível "2" e as relacionadas no "novo mercado" são obrigadas a se vincularem ao regulamento da Câmara de Arbitragem do Mercado, ou seja, o procedimento da arbitragem será utilizado por essas empresas para dirimir e solucionar controvérsias em matérias relativas: a Lei das S.A.[40], aos Estatutos Sociais das companhias, as normas editadas: pelo Conselho Monetário Nacional, pelo Banco Central do Brasil e pela Comissão de Valores Mobiliários ("CVM"), dos regulamentos da Brasil, Bolsa, Balcão e das demais normas aplicáveis ao funcionamento do mercado de capitais em geral.

Os participantes da Câmara de Arbitragem do Mercado, Câmara esta instituída pela Brasil, Bolsa, Balcão são: a própria Brasil, Bolsa, Balcão, Companhias abertas do "novo mercado" e do nível "2", Controladores das Companhias, Administradores, Membros do Conselho Fiscal, Investidores e Acionistas (todos vinculados a Companhias listadas no nível "2" e "novo mercado"). Para participar deverão concordar com o regulamento da Câmara e assinar o termo de anuência, que implica vinculação obrigatória à cláusula compromissória e obrigação de firmar o compromisso arbitral.

A arbitragem no mercado de capitais oferece inúmeras vantagens, já que a arbitragem assume no mercado financeiro grande importância, pois é capaz de agilizar a solução dos conflitos societários e, em consequência, dar maior fluidez ao próprio mercado de capitais, fazendo com que seja proferida rapidamente uma decisão, a fim de que os investidores não se prejudiquem com a longa demora da justiça togada, ou seja, a celeridade do procedimento arbitral. A autonomia privada das partes, permitindo que o

---

40 Lei n. 6.404, com publicação em 15 de dezembro de 1974.

interessado escolha o seu juiz, ou seja, o árbitro, optando por um entre vários, elegendo o que lhe inspira maior confiança e o mais especializado em dirimir aquela espécie de litígio é por fim outra vantagem do instituto da arbitragem. Não há olvidar também que se mostra benéfico o sigilo vigorante nessa forma de composição dos conflitos, já que o procedimento arbitral só transcorre na presença das partes e dos árbitros, constituindo um sistema reservado de solução de conflitos.

No entanto, existe uma ressalva na arbitragem no mercado de capitais brasileiro, a grande resistência das empresas abertas em aderirem ao nível "2" e "novo mercado" da Brasil, Bolsa, Balcão pela obrigação de terem que abrir mão da morosidade da Justiça comum, em favor da câmara montada pela própria Bolsa brasileira.

Esta resistência deve ser atribuída por ser a arbitragem um instituto desconhecido por grande parte da sociedade brasileira. Porém não almeja a arbitragem substituir a jurisdição normal, mas é um sucedâneo dela em certas áreas, como no mercado financeiro, por exemplo, por serem os árbitros especialistas nesta área tão específica, trazendo mais rapidez à solução do litígio e por fim, dando mais transparência ao investidor, ou seja, a arbitragem acaba dando maior fluidez ao mercado de capitais. Na obra *A Arbitragem na Bolsa de Valores de São Paulo e Madrid*, produto da minha tese de Pós-Doutorado na Universidade de Salamanca, na Espanha, tive a oportunidade de dissecar e de esmiuçar a questão para, ao final, inclusive, fazer uma revelação interessante ao leitor que foi a de notar que, antes de mais nada, os conflitos vivenciados pelas partes e, eventualmente, respaldados pela arbitragem, tanto no Brasil quanto no ambiente estrangeiro, dizem mais sobre o próprio ego e psique dos envolvidos do que, em verdade, sobre o objeto do litígio. Seja como for, a arbitragem é importante caminho para a sanação dos litígios.

9.6   Arbitragem nas PPPs (Parcerias Público-Privadas)

A globalização econômica em escala mundial e a procura pela recepção de investimentos externos visando o desenvolvimento econômico do país deixam transparecer a complexa realidade que o país enfrenta em razão da falta de recursos orçamentários para implementação de projetos de grande porte, principalmente na área de infraestrutura.

Uma forma de alteração dessa perspectiva se deu com a aprovação da Lei das Parcerias Público-Privadas (Lei Federal n. 11.079/2004), cujo mote foi o de atrair investimentos de empresa privadas para que pudessem atuar em conluio com poder público na implementação de projetos nas áreas de saneamento, energia, transportes, habitação, entre outras.

Nesse sentido, interessa brevemente discorrer a respeito do que vem a ser as parcerias nessa modalidade. A lei narrada, porém, infelizmente, é omissa quanto a uma definição sistemática do preceito. Mesmo assim, coube à doutrina pontuar a questão. O Professor Celso Antônio Bandeira de Mello afirma que a parceria público privada "é o contrato administrativo de concessão efetuado na modalidade patrocinada ou na modalidade administrativa"[41]. Contribuindo também, o autor Antonio Cecílio Moreira Pires comenta que as PPPs vêm sendo usadas "nos mais diversos países de modo a viabilizar projetos de interesse para a coletividade"[42].

De toda forma, a lei do ano de 2004 trouxe dispositivos inovadores em parte, e um deles foi justamente o da previsão da arbitragem como forma de solução de litígios oriundos de contrato de Parcerias Público Privadas. Diz a lei:

> Art. 11. O instrumento convocatório conterá minuta do contrato, indicará expressamente a submissão da licitação às normas desta Lei e observará, no que couber, os §§ 3º e 4º do art. 15, os arts. 18, 19 e 21 da Lei n. 8.937, de 13 de fevereiro de 1995, podendo ainda prever,
> (...)
> III – o emprego dos mecanismos privados de resolução de disputas, inclusive a arbitragem, a ser realizada no Brasil e em língua portuguesa, nos termos da Lei n. 9.307 de 23 de setembro de 1996, para dirimir conflitos decorrentes ou relacionados ao contrato.

---

41 BANDEIRA DE MELLO, Celso Antônio. *Elementos do direito administrativo*. São Paulo: Malheiros, 2015, p. 797.

42 PIRES, Antonio Cecílio Moreira; TANAKA, Sônia Yuriko Kanashiro (coord.). *Direito administrativo*, 2008, p. 390.

Foi salutar a previsão porque com isso ficaram esvaziados alguns embates que discutiam acerca da constitucionalidade do uso da arbitragem na solução de controvérsias que envolvessem pessoas de direito público como parte, mais especificamente quando no conjunto das parcerias público privadas. A previsão da arbitragem incentiva a utilização e a divulgação da arbitragem para, depois, inclusive, ter o seu escopo de atuação ainda mais alargado.

Mas interessa à comunidade que milita na arbitragem a discussão, principalmente porque, se foi aberta uma porta para a utilização do instituto nas demandas envolvendo as PPPs, por outro lado faltou habilidade e tato ao legislador para tratar com mais zelo a forma como isso se daria. Não há qualquer definição que esclareça se a arbitragem em si será na formatação institucional ou *ad hoc*. Na prática, a norma apenas declara que a arbitragem instaurada deverá seguir os preceitos contidos na norma regulamentadora da arbitragem e que deverá ser em língua portuguesa.

A norma regulamentadora das PPPs do Estado de Minas Gerais (Lei n. 1.468/2003), como ilustração, foi mais específica do que a lei federal, determinando que o procedimento terá que ser necessariamente na modalidade institucional.

Outro ingrediente salutar diz respeito ao prazo para a prolação da sentença arbitral. O ideal é que se convencione um prazo condizente com a demanda para que seja garantida a celeridade do procedimento. Ocorre que os contratos oriundos das parcerias público privadas são geralmente muito complexos e técnicos, gerando um prazo para a prolação da sentença arbitral mais extenso. O ideal é a determinação de um prazo para a prolação da sentença arbitral, assim como a possibilidade de sua prorrogação.

Outro aspecto extremamente significativo e que não poderia passar quando se fala em arbitragem usada para a definição de questões de interesse público diz respeito à confidencialidade do procedimento. Isso porque, como bem declarado, a confidencialidade é considerada um dos principais ativos e vantagens da arbitragem. A confidencialidade adstrita ao procedimento gera maior sigilo e a certeza entre os envolvidos de que aquilo que está sendo discutido e decidido em sede arbitral ficará *intra muros*, o que evita desgastes perante terceiros. A rigor, o assunto será imediatamente rediscutido poucas linhas a seguir, com espaço dedicado, mas cumpre apresentar algumas ponderações interessantes já no presente momento em relação à arbitragem no âmbito da Administração Pública.

Ocorre que, se a Administração Pública não tem uma codificação específica que a regula como um todo indissociável, há, por outro lado, preceitos que norteiam as suas aparições e um dos principais princípios que a subjugam é o da publicidade de seus atos. Logo, normalmente, onde reside ou tramita a Administração Pública se expressa a publicidade de seus atos também.

Com isso se teria, naturalmente, um embate entre elementos norteadores: princípio da confidencialidade intimamente conexo à arbitragem em face do princípio da confidencialidade, aspecto motriz da Administração Pública.

Porém, a confidencialidade, em que pese a sua forte conexão com a arbitragem, não consiste em uma ligação umbilical intransponível, de tal forma que pode ele ser relativizado, dependendo da circunstância, podendo ao final oferecer ao procedimento mais transparência e segurança aos envolvidos. Com isso, faz-se possível associar a arbitragem à Administração Pública, ou a via arbitral pelo uso por parte da Administração Pública, superando-se assim a questão relativa a um embate principiológico[43].

Agora, naturalmente, isso significa apenas um aspecto importante para a utilização ou não da arbitragem pela Administração Pública. De outra banda, não transcende as outras questões já anunciadas a respeito da ausência de maior cuidado por parte do legislador para melhor definir as circunstâncias de aplicação do procedimento arbitral.

A inclusão do dispositivo revela o uso do instituto da arbitragem agradou aos investidores que, além de desejarem o fiel cumprimento do contrato, são conhecedores da lentidão que assola o Poder Judiciário nacional.

---

43 Para reiterar a premissa, o Quarto Enunciado da I Jornada de Solução Extrajudicial de Litígios, realizado em Brasília, em 2016, afirma que "na arbitragem, cabe à Administração Pública promover a publicidade prevista no art. 2º, § 3º, da Lei n. 9.307/96, observado o disposto na Lei n. 12.527/2011, podendo ser mitigada nos casos de sigilo previstos em lei, a juízo do árbitro".

O capital externo também enxerga na arbitragem uma forma mais célere para resolução de eventuais conflitos.

Além disso, assim como demasiadamente versado, os investidores enxergam com deleite a faculdade de se optar pela arbitragem na medida em que terão as análises de suas demandas definidas por árbitros especialistas no assunto a ser discutido, o que também torna mais célere assim como mais confiável o procedimento.

9.6.1 Arbitragem e o Poder Público

Bem, no capítulo *supra*, iniciou-se uma discussão sobre a atuação da arbitragem quando conexa ao Poder Público. O debate, ali, tinha como pano de fundo a institucionalização da arbitragem no âmbito das parcerias público privadas, de modo que foi dada uma opinião, sem pormenores, no possível embate entre princípios relevantes tanto para a arbitragem quanto para a Administração Pública.

O que se notou foi que o avanço legislativo e as conversas entre estudiosos geraram também um macro diálogo sobre a validade da arbitragem nas hipóteses de uso quando figurariam como parte o Poder Público.

A rigor, como largamente aqui se anunciou e como todos os doutrinadores também sempre o fizeram, uma das razões para a escolha da arbitragem pelas partes envoltas em um conflito foi a confidencialidade vista no procedimento. A preservação das partes e, por vezes, de suas imagens institucionais, sobretudo quando colocados à prova organizações de grande porte, sempre foram componentes substanciais para a eleição pela arbitragem para dirimir conflitos.

Mas cabe, também, uma nova discussão – mais ampla –, a respeito do princípio da confidencialidade. Antes, porém, vale também se retomar uma discussão já iniciada em capítulo pretérito sobre o princípio da publicidade – preceito obrigatório nas questões envolvendo a administração pública –, e que também deve ser usado pela arbitragem quando o poder público figura como parte.

Essa dicotomia poderia oferecer embate, na medida em que um dos predicados da arbitragem é confidencialidade.

Só que o que há de fundamental na via arbitral é a autonomia da vontade das partes. Isto é, as partes litigantes selecionam um terceiro, alheio ao conflito, para julgá-lo e defini-lo. A confidencialidade, em verdade, vem a ser a uma do instituto, mas não inerente a ele. Aliás, nesse particular, a norma regulamentadora da arbitragem nada dispõe a respeito da confidencialidade, tratando "apenas" do dever de discrição dos árbitros.

E consagrando o princípio da autonomia da vontade das partes, a lei deixou a cargo das partes a livre escolha quanto ao regramento do procedimento. Ou seja, a despeito de algumas Câmaras e institutos disporem em seus regulamentos a respeito da confidencialidade na análise e no julgamento do conflito, nada impede que o acordo de vontade rechace esse ponto ou simplesmente fique silente a respeito.

Também há a discussão sobre uma suposta diferenciação entre *confidencialidade* e *privacidade*, determinando que a primeira se referiria ao sigilo dos fatos, dos documentos oferecidos nos autos, das afirmações dos envolvidos e da decisão do tribunal, ao passo que a *privacidade* seria um mero dever de não interferência no espaço físico em que a arbitragem estaria sendo ocorrendo. Possivelmente a melhor interpretação dá conta de que a transparência oferta maior confiança ao procedimento. Na prática, quando se evidencia maior transparência em um ato se tem, normalmente, maior segurança como via de consequência.

Além disso, a abertura do conteúdo de decisões ofertaria a formação de um banco de dados com sentenças arbitrais, criando a melhor orientação em relação às próximas decisões daquele árbitro ou tribunal.

O Centro Internacional para a Arbitragem de Disputas sobre Investimentos – ICSID elenca dinâmicas que integram as chamadas AR Rules (Additional Facility Rules and Arbitration). Elas podem oferecer uma espécie de "sintonia fina" que as partes delegam à arbitragem, abastecendo-o o instituto, para o caso, a medida desejada quanto à transparência e à confidencialidade. Os litigantes podem, por exemplo, se entenderem que não é inconveniente, tornar públicos os documentos e as audiências.

Mas quando se fala da arbitragem envolvendo o Poder Público, não se trata de uma faculdade dos litigantes discutir sobre a transparência ou não de determinadas questões. A publicidade nada mais é senão do que uma obrigação.

A exigência decorre da própria Constituição que estabelece o princípio da publicidade enquanto máxima a ser observada pelo Poder Público.

A verdade é que lançar mão do princípio da publicidade na via arbitral quando se tem o Poder Público envolvido faz todo o sentido porque a Administração é a maior gestora do interesse coletivo; e também porque a publicidade é a medida catalisadora da transparência, gerando segurança para o que é decidido.

Quando se lançam questionamentos que tratem da possibilidade de se conciliar a arbitragem com a publicidade, certamente a resposta seria afirmativa. No entanto, algumas questões de práticas seriam também são palatáveis, como se somente o laudo arbitral seria público; ou se seria plausível a intervenção do Ministério Público; ou quais os atos de fato seriam públicos ao longo do procedimento; se os órgãos de controle da Administração deveriam ou não participar do procedimento.

Bem, esses questionamentos serão respondidos com o pleno amadurecimento do instituto. De todo modo, já há os utensílios corretos para o uso da arbitragem em sua forma usual e, ainda, também para os casos envolvendo o Poder Público de forma geral. E se o princípio da confidencialidade sempre foi um dos norteadores do instituto, também não se pode perder de vista é possível a arbitragem apresentar certo grau de transparência.

9.6.2 A arbitragem de direito e pautada no princípio da publicidade sempre que envolver a Administração Pública (a inclusão do § 3º no art. 2º da Lei de Arbitragem)

Com tudo o que se observou acerca da arbitragem no âmbito das parcerias público-privadas e, a reboque, na seara da Administração Pública, o fato é que a Lei n. 13.129/2015, entre outros regramentos, incluiu o § 3º ao art. 2º da Lei de Arbitragem (Lei n. 9.937/96).

Em verdade, o objetivo direto do legislador foi o de referendar que, na existência da arbitragem que envolva a Administração Pública, o que se terá será a arbitragem na modalidade de direito (e não de equidade) e sempre se respeitará o princípio da publicidade. Em verdade, o aspecto referente ao princípio da publicidade fora demasiadamente tratado linhas acima e, no que se refere à arbitragem de direito e não de equidade, nada mais elementar uma vez que não se deixaria ao arbítrio do árbitro e das partes a formatação da regra que terá como fim último a Administração Pública e, por via de consequência direta, o próprio bem-estar de todos.

O mais importante é entender o pano de fundo para notar que o que o legislador legitimou foi, de fato, a arbitragem envolvendo a Administração Pública como um todo, sendo ela direta ou indireta. Nesse sentido, importa perceber que isso referendou iniciativas outrora já usadas por agências reguladoras – ícones da descentralização da Administração Pública e lídimas materializadoras da Administração Pública Indireta –, que já vinham incutindo em seus diplomas normativos o uso da arbitragem para a resolução de determinados conflitos.

Na verdade, certo é que o Estado vem paulatinamente absorvendo instrumentos de mercado e se não abrindo mão, no mínimo relativizando o viés formal legalista que pauta o espectro administrativo, justamente para se tornar um protagonista no mercado. Aliás, diga-se, essa postura que enxerga um Estado que absorve mais os preceitos liberais e de sublimação de princípios de caráter administrativo vem ganhando ainda mais força nos últimos meses.

A nova postura presenciada no direito administrativo implica entender que a Administração Pública está se inclinando para um posicionamento de negociação, com maior abertura para o diálogo entre as esferas privada e pública.

Diante disso, os argumentos que outrora punham barreiras para o uso da arbitragem nos contratos em que houvesse a participação da Administração Pública estão sendo transpostos e, com a atual formatação proveniente da Lei n. 13.129/2015 (Reforma da Lei de Arbitragem), elevou-se a segurança jurídica para a Administração Pública e para a iniciativa privada celebrar contratos estipulando a arbitragem para a resolução de conflitos deles advindo.

O que se percebe é que a inclusão do § 3º ao art. 2º da Lei de Arbitragem significa colocar na letra da lei práticas que a Administração Pública já lançava mão em razão da necessidade de resolução de conflitos de forma mais célere, no mesmo tom das negociações no mercado. Portanto, a alteração da norma com a inclusão do texto soou deveras benéfica ao Estado.

9.6.2.1 O uso da arbitragem pelas agências reguladoras

Como se viu, a arbitragem já vinha sendo prevista nas normas instituidoras de determinados entes públicos antes mesmo de a Lei de Arbitragem, no ano de 2015, sofrer alteração que passasse a anuir o seu uso. O que se percebe é que há já algumas poucas décadas agências reguladoras, em seus instrumentos normativos, previam a utilização da arbitragem na resolução de certos conflitos com o particular.

Assim, a Agência Nacional de Transportes Aquaviários (Antaq), por exemplo, em seus arts. 35 e 39, incisos XVI e XI (com a simples diferença de no primeiro se tratar de concessão e no segundo, de contrato de permissão), já permitia o uso da arbitragem e inclusive da conciliação como cláusula essencial da avença para as hipóteses de solução de controvérsias relacionadas à execução do contrato:

> Art. 35. O contrato de concessão deverá refletir fielmente as condições do edital e da proposta vencedora e terá como cláusulas essenciais, ressalvado o disposto em legislação específica, as relativas a:
> (...)
> XVI – regras sobre solução de controvérsias relacionadas com o contrato e sua execução, inclusive a conciliação e a arbitragem;
>
> Art. 39. O contrato de permissão deverá refletir fielmente as condições do edital e da proposta vencedora e terá como cláusulas essenciais as relativas a:
> (...)
> XI – regras sobre solução de controvérsias relacionadas com o contrato e sua execução, incluindo conciliação e arbitragem;

Já a Lei n. 9.478, de 6-8-1997, que dispõe sobre a política energética nacional e as atividades relativas ao monopólio do petróleo; instituiu o Conselho Nacional de Política Energética e, por último, a Agência Nacional do Petróleo (ANP), estabelece, em seu art. 20[44], a necessidade de realizar a mediação e a arbitragem como procedimentos válidos para a solução dos

---

44 "Art. 20. O regimento interno da ANP disporá sobre os procedimentos a serem adotados para a solução de conflitos entre agentes econômicos, e entre estes e usuários e consumidores, com ênfase na conciliação e no arbitramento."

conflitos entre os agentes econômicos. Já em seu art. 43, X[45], exigiu nos contratos de concessão do setor a inserção de cláusula prevendo a composição de litígios relativos ao contrato e sua execução, inclusive mediante a utilização de meios alternativos, mais especificamente, a conciliação e a arbitragem.

Como se viu, a arbitragem já vinha sendo usada por algumas agências reguladoras antes mesmo de a norma que reformou a Lei de Arbitragem (Lei n. 9.307/96) passar a fazê-lo também. Logo, obviamente, a reforma na lei serviu para reforçar as impressões que já vinham sendo percebidas e obedecidas em última medida por alguns órgãos de caráter nacional.

9.7 Alteração na Lei das S.A. (Lei n. 6.404/76) – utilização da arbitragem

Outro expediente normativo que recebeu alteração, passando a receber maior impacto da arbitragem foi a Lei das Sociedades Anônimas (Lei n. 6.404/76). A norma que regula as sociedades anônimas foi também modificada em 2015 por intermédio da Lei n. 13.129.

A relevância da alteração, no escopo da arbitragem, se deu na medida em que a mudança na Lei das S.A. passou a prever, com a adição do art. 136-A[46], a presença da convenção de arbitragem no estatuto social

---

45 "Art. 43. O contrato de concessão deverá refletir fielmente as condições do edital e da proposta vencedora e terá como cláusulas essenciais:

X – as regras sobre solução de controvérsias, relacionadas com o contrato e sua execução, inclusive a conciliação e a arbitragem internacional;"

46 "Art. 136-A. A aprovação da inserção de convenção de arbitragem no estatuto social, observado o quorum do art. 136, obriga a todos os acionistas, assegurado ao acionista dissidente o direito de retirar-se da companhia mediante o reembolso do valor de suas ações, nos termos do art. 45.

§ 1º A convenção somente terá eficácia após o decurso do prazo de 30 (trinta) dias, contado da publicação da ata da assembleia geral que a aprovou.

§ 2º O direito de retirada previsto no *caput* não será aplicável:

I – caso a inclusão da convenção de arbitragem no estatuto social represente condição para que os valores mobiliários de emissão da companhia sejam admitidos à negociação em segmento de listagem de bolsa de valores ou de mercado de balcão organizado que exija dispersão acionária mínima de 25% (vinte e cinco por cento) das ações de cada espécie ou classe;

II – caso a inclusão da convenção de arbitragem seja efetuada no estatuto social de companhia aberta cujas ações sejam dotadas de liquidez e dispersão no mercado, nos termos das alíneas *a* e *b* do inciso II do art. 137 desta Lei."

para dirimir conflitos internos, desde que seja observado o requisito da maioria dos acionistas em quórum deliberativo, obrigando a todos em relação ao uso do instituto.

A rigor, aliás, essa foi nova alteração percebida na Lei das Sociedades Anônimas sendo que, em 2001, com a reforma robusta à norma, a arbitragem já havia sido prevista para tratar de divergências ente acionistas e a companhia, ou entre acionistas controladores e os acionistas minoritários. Quando da alteração ainda em 2001, instituída com a inclusão do § 3º ao art. 109 da Lei das S.A.[47], obrigava que a cláusula arbitral constante do estatuto social deveria ser explícita quanto aos limites da competência arbitral[48] (Lei n. 10.303/2002).

No entanto, a última mudança na Lei da norma posiciona o diploma em consonância com as iniciativas mais modernas que elevam o escopo de atuação da arbitragem.

Entrando mais a fundo na última mudança, quando for abraçada a iniciativa no sentido de fazer constar no estatuto social que os conflitos societários serão resolvidos por procedimento arbitral, os acionistas que não concordarem terão o direito de se retirar da companhia. Esse direito de retirada, porém, não é absoluto. Existirão duas exceções:

- no caso de companhia cujas ações tenham liquidez no mercado – o que é compreensível, vez que o acionista descontente poderá alienar as suas ações na bolsa de valores;
- no caso de a companhia fazer a inserção da arbitragem em seu estatuto social para ingressar em segmento de listagem na bolsa de

---

47 "Art. 109. (...)

§ 3º O estatuto da sociedade pode estabelecer que as divergências entre os acionistas e a companhia, ou entre os acionistas controladores e os acionistas minoritários, poderão ser solucionadas mediante arbitragem, nos termos em que especificar."

48 "PROCEDIMENTO ARBITRAL – Cláusula Compromissória estabelecida em contrato social – Impasse havido na discussão da retirada de uma das sócias – Divergência configurada – 'Cláusula vazia' que não especifica a natureza da divergência entre as partes – Necessidade de instauração do procedimento de arbitragem – Sentença reformada para determinar a lavratura do compromisso arbitral – Recurso provido" (TJSP – Apelação 9241147-93.2005.8.26.0000, rel. Des. Milton Carvalho, j. 21-9-2011).

valores, como o novo mercado. Exatamente essa segunda exceção é a que reascende os debates acerca da arbitragem nas divergências societárias de sociedade por ações.

Em um primeiro momento se analisa a obrigatoriedade de uma cláusula estatutária com esse teor, já que essa restringe o direito de atuação do acionista que venha a se sentir prejudicado por qualquer razão. O acionista poderá somente buscar a pretensão que entende por bem pela arbitragem, destoando daquilo que ele poderia ter deliberado em assembleia.

Em seguida, é efetuada ponderação quanto à posição de um investidor que se torne acionista da organização posteriormente à deliberação que insere a convenção arbitral no estatuto. Então, argumenta-se que ao adquirir as ações esse investidor estaria aderindo a todas as cláusulas estatutárias, o que inclui, obviamente, aquela que determina que os conflitos societários serão resolvidos por meio da arbitragem. Por via conseguinte, mesmo que essa seleção ao meio alternativo de solução de conflitos, e a consequente renúncia ao direito de recorrer ao Poder Judiciário, deva ser espontânea, a compra das ações demonstraria, de maneira cabal, essa vontade do investidor.

Pensando de outra forma, também há quem sustente que a adesão à convenção arbitral deveria ser expressa, requisito essencial para a espontaneidade da escolha pela arbitragem. Dessa feita, quando a pessoa adquirisse ações de uma instituição que recepcionasse a convenção arbitral em seu estatuto, ao investidor – agora acionista – deveria ser apresentada a opção por aderir ou não à cláusula arbitral.

Na hipótese de negativa, poderia o acionista buscar o Poder Judiciário para tratar de eventual conflito societário, gerando, potencialmente, uma situação de desigualdade entre os acionistas: os que teriam aderido à cláusula arbitral, renunciando o direito à medida judicial, e aqueles que não aderiram, preservando o acesso ao Judiciário.

Finalizando, existe também o posicionamento apresentando que companhias abertas não poderiam se valer da arbitragem para conflitos societários. Esse entendimento se funda em dois argumentos. O primeiro é por se tratar de empresa dada à publicidade ("public companies" no termo em inglês), as suas desavenças não poderiam ser protegidas pelo sigilo do procedimento arbitral. Agora, quanto a esse ponto, vale toda a discussão que este *Manual* se prestou a elaborar quanto ao peso do preceito da confidencialidade, podendo ser este relativizado nas linhas atuais.

De toda forma, dando prosseguimento, como segundo ponto, as soluções deveriam ser idênticas para conflitos idênticos, com o intuito de preservar a igualdade das situações de acionistas, o que para esses teóricos não seria assegurado pela arbitragem.

Pode-se ainda conceber que, dada a natureza das sociedades por ações de capital aberto, os enlaces entre acionistas e a própria companhia teriam a natureza de direito coletivo. Sob esse cenário, haveria o questionamento acerca da disponibilidade desses direitos. Por óbvio, não sendo direitos patrimoniais disponíveis, a arbitragem estaria vedada por lei, independentemente da manifestação expressa e espontânea das partes envolvidas.

Como resumo, as discussões sobre a arbitragem nas sociedades por ações são deveras significativas, mas também é relevante que se alcance um desfecho a fim de se evitar a insegurança jurídica. É salutar que exista a preocupação que garanta certa previsibilidade da decisão dos conflitos.

9.8 A arbitragem solucionando conflitos na Internet[49]

Questão das mais controversas em relação ao uso de internet no universo atual diz respeito ao *Domain Name System* (Sistema de Nome Domínio – DNM), ou, apenas, "domínio". Para ser mais claro, o domínio seria o nome de cada *website*. Os nomes de domínio possuem uma estrutura dividida em três elementos: www. (seria o primeiro) o nome do domínio (o segundo) e o caráter comercial, por exemplo: com, adv, net e org. (o último).

Tendo em vista nomes comerciais muito famosos como Coca-Cola, McDonald's, Mastercard, Globo etc. o valor comercial de alguns nomes de domínio faz com que pessoas registrem esses domínios em seus nomes.

---

49 *Sites* consultados: <www.arbiter.wipo.int>; <www.ecommerce.wipo.int>; <www.law.miami. edu>; <www.icann.org>; <http://registro.br>; <http://cyber.law.harvard.edu>; <http://eon.law. harvard.edu>; <www.e-global.es/arbitration>; <www.allaboutasp.org>; <www.arb-forum.com>; <www.wipo.int>.

É mister notar que não há no Brasil legislação específica sobre a matéria, portanto, o uso dos princípios gerais do direito vinha servindo de base à solução dos casos mais simples.

Já nos EUA surgiram mecanismos mais eficientes sobre a proteção da Internet e dos nomes de domínio, dentre os quais destacam-se: a ICANN (*Internet Corporation for Assigned Names and Numbers*) e a UDRP (*Uniforme Dispute Resolution Policy*). A ICANN é um organismo não governamental e sem fins lucrativos, que tem por finalidade gerenciar os aspectos políticos e técnicos do DNS. As funções atribuídas a ela são: (a) registro de nome de domínio; (b) alocação de IP[50]; (c) gerenciamento de roteadores; e, por fim, (d) coordenação do registro dos nomes de domínio.

Visando a preencher as lacunas na legislação vigente sobre a matéria, bem como oferecer alternativa mais rápida e menos onerosa para a resolução dos conflitos que envolvem nomes de domínio, a ICANN adotou a Diretriz Uniforme para Resolução de Disputas *(UDRP)*, que estabelece mecanismos de proteção aos nomes de domínio. A ICANN aceita e se vale do procedimento arbitral para a resolução de litígio envolvendo o nome de domínio. Dessa feita, a arbitragem tem grande importância como método solucionador de controvérsias nesse campo da Internet.

Retornando ao Brasil, paulatinamente foi se deixando de usar os princípios gerais de direito como parâmetro na solução de litígios dessa natureza para se passar a usar a inteligência da Lei de Propriedade Industrial (Lei n 9.279/96) devido à semelhança entre o direito relativo à propriedade existente sobre o domínio e o direito sobre a propriedade industrial.

Ainda assim, tal qual nos EUA foi criado o ICANN, no Brasil, devido a ausência de conhecimento específico por parte dos prestadores do serviço jurisdicional, instrumentos extrajudiciais de solução de conflito foram impulsionados. O primeiro consiste na ferramenta SACI-Adm, que é

---

50 IP – é o número de identificação do computador para possibilitar o fluxo de informações pela Internet. Cada computador conectado recebe um endereço singular de emissão e recepção de dados. É muito importante para combater *hackers*, por exemplo.

procedimento administrativo, feito por organismos indicados pelo Núcleo de Informação e Coordenação do Ponto BR – NIC.br.[51].

O sistema SACI-Adm proporciona uma solução por conhecedores no assunto (domínio) e restringe a sua aplicabilidade em disputas que envolvam domínios registrados no ".br", isso é, domínios registrados em território nacional. O regulamento ainda procura oferecer baixo custo; decisões proferidas de modo célere e profissionais integrantes da lista do Comitê Gestor (art. 3º do Regulamento do SACI-Adm). O procedimento se encerra, em regra, no prazo de 90 dias.

No entanto, é muito importante apontar que a decisão proferida pela respectiva ferramenta não tem o condão de constituir título executivo extrajudicial, mas tão somente tem força de laudo pericial, que pode vir a ser usado em sede judicial ou arbitral, caso as partes decidam rediscutir o mérito.

Aproveitando o ensejo, a arbitragem tem sido a segunda forma usada na resolução de conflitos que tenha como objeto o domínio na internet. Isso porque, naturalmente, a arbitragem se vale de pessoas alheias ao conflito para analisá-lo, munidas de conhecimento técnico e de confiança das partes para a apresentação da resposta mais correta. Por vezes, inclusive, se o conflito tiver anteriormente sido levado ao SACI-Adm, os árbitros poderão se valer da posição dos seus analistas para contribuírem em sua livre persuasão.

Como exemplo de enquadramento houve, nos mesmos Estados Unidos, caso relevante em que a decisão arbitral proferida pelo centro de Mediação e Arbitragem da OMPI (ICANN – "Providers"), envolvendo a empresa "World Wrestling Federation Entertainment, Inc.", com sede em Delaware – EUA, e a pessoa física Michael Bosman, residente no mesmo país mas no Estado da Califórnia, que havia registrado o nome de domínio: "www.worldwrestlingfederation.com"[52]. A decisão do painel arbitral entendeu que o nome de domínio registrado era idêntico e gerava confusão com a marca da empresa

---

51 Tal qual nos Estados Unidos, consiste em uma entidade civil, sem fins lucrativos, que desde dezembro de 2005 implementa as decisões e projetos do Comitê Gestor da Internet no Brasil.

52 ICANN – "Providers" são organizações ou instituições credenciadas na UDRP que promoverão a arbitragem; dentre elas podem-se destacar: dispute.org/e-Resultion Consortium; The National Arbitration Fórum e o Centro de Arbitragem e Mediação da OMPI.

demandante, razão pela qual o registro deveria ser transferido do demandado para aquela, e assim procedeu o órgão de registro americano. O mais interessante é que uma empresa americana demandou contra um cidadão americano, residente naquele país, em procedimento arbitral na OMPI que tem sua sede em Genebra, Suíça, através de informações e arquivos digitais, e todo o procedimento, da apresentação da reclamação à decisão final do painel, da decisão, não levou mais de 40 dias[53].

9.9 Júri técnico em procedimento de arbitragem

Quando comentadas algumas das principais vantagens da arbitragem em relação ao Judiciário, ficou explícito que a arbitragem comporta um tipo de análise técnica mais acurada, muitas vezes acima daquelas presenciadas na jurisdição ordinária.

Assim, é certo que alguns tipos de demandas certamente exigem determinada *expertise*, isto é, conhecimentos técnicos elevados e complexos de diversas áreas. Bom exemplo disso se tem quando assuntos relacionados à engenharia, à contabilidade ou outra área de conhecimento superior são colocados como objeto de discussão. São os de contratos de infraestrutura envolvendo a administração pública, como ilustração; ou ainda outros tantos que se apresentam no cotidiano de empresas e pessoas.

Nesse contexto se abre uma vasta oportunidade para a formação de júris técnicos que acabam por requerer elevado conhecimento técnico. Assim, a formação de um colegiado, intitulado júri técnico, é bastante recomendável.

O júri técnico é remunerado em virtude de seu labor e dos conhecimentos adquiridos ao longo de vários anos de estudos e que implicam investimentos na educação técnica continuada. Em um primeiro momento, examina a validade de premissas dispostas em pareceres que servem de balizadores do pedido e do contra pedido. A Lei de arbitragem aceita a presença do júri técnico, obrigando para tanto o requerimento das partes.

---

53 Arbitragem como método de solução de controvérsia na Internet: atualidade do sistema de nome de domínio. In: PUCCI, Adriana Noemi (coord.). *Aspectos atuais da arbitragem*. Rio de Janeiro: Forense, 2001, p. 269-279.

A aplicação do júri é bastante razoável nas situações em que os litigantes apresentam em seus pedidos e contra pedidos os pareceres técnicos como prova preconcebida, em relação à matéria técnica, assim como nos procedimentos de valorimetria e de indenizações que envolvam perdas, danos, lucros cessantes e mensuração de intangíveis como fundo de comércio, entre outros.

A eficácia do júri técnico decorre da possibilidade de que os pareceristas, em sustentação oral, defendam e ao mesmo tempo submetam suas conclusões ao júri técnico, especialmente montado para julgar tecnicamente os pareceres que embasam os respectivos pedidos.

O júri técnico que pode ser utilizado em procedimentos de arbitragem, mediação e conciliação é formado por profissionais de *escol* de determinada área do conhecimento científico, escolhidos com base em acervos técnicos indicados pelos litigantes, que necessariamente não são os de renome do mercado, e sempre em número ímpar, é um conjunto de técnicos tidos como ícones de conhecimento técnico-científico, escolhidos por sorteio, que servem como juízes de fato em um julgamento técnico-científico e terão como missão a escolha da alternativa, tese técnica mais adequada, e que se aplica no caso em concreto, normalmente devem ser utilizados em demandas que envolvem questões complexas em que as partes pretendem, além de um testemunho técnico, a submissão do fato a um corpo de jurados técnicos.

Durante a escolha do corpo do júri, podem as partes impugnar indicações por razões fundamentadas de suspeição ou imparcialidade.

Os jurados têm total competência sobre a matéria de fato, enquanto os árbitros têm competência sobre a matéria de direito. Trata-se de uma comissão ou órgão de apoio, que deve possuir as seguintes características:

a) número ímpar de seus membros;
b) a competência para definirem o cronograma de julgamento, a ouvida da sustentação oral das teses e das argumentações técnico-científicos de contra tese;
c) a independência da convicção e liberdade de escolha;
d) liberdade de juízo científico, a escolha se dará pela maioria dos votos, em caso de empate prevalecerá o voto do jurado presidente;

e) ser o guardião da plena defesa e do contraditório;
f) a soberania dos veredictos;
g) a exclusividade quanto à competência para julgar fatos e procedimentos técnicos-científicos;
h) o dever de assegurar as partes, a paridade de tratamento, em relação ao exercício de direitos vinculados aos meios de defesa-técnica e aos deveres. Aos jurados compete zelar pelo efetivo contraditório técnico, afastando quando cabível, o abuso da tecnicidade, que é a valorização excessiva dos recursos tecnológicos ou de uma sustentação oral durante a atuação dos técnicos, para a descoberta da verdade.

O júri técnico é crítico, é quem se pronuncia sobre o assunto, com conhecimentos em profundidade maior que a dos pareceristas, pois se espera que o corpo de júri técnicos especializados na matéria em debate, tenha um grande conhecimento sobre o assunto em que vai dar o veredicto. E os ouvintes do debate, que são os representantes dos litigantes, devem, no devido espaço de tempo, fazer perguntas aos pareceristas, ou prestar contribuições adicionais ao debate.

O instituto do júri técnico, abordado pela literatura especializada em prova na arbitragem, prestigia e privilegia a ampla defesa e o contraditório técnico, é quiçá, inédito para algumas pessoas, busca valorizar em um contexto histórico contemporâneo da Lei de Arbitragem, os debates técnicos e científicos em torno do papel da ciência privilegiando os esforços contra e a favor de argumentos "técnico-científicos". Solucionando divergências técnicas no âmbito da ciência pela via da cooperação técnico-científico do júri que promove esforços conjuntos na identificação da melhor solução técnica-científica.

9.10 O regime legal da atividade do advogado e a obrigatoriedade de sua atuação no procedimento arbitral

Toda e qualquer atividade que envolva a administração da Justiça requer a atuação do advogado. E essa não é uma observação proposta meramente por este *Manual*, mas sim uma determinação legal e imperiosa, contida no art. 133 ao dispor que "o advogado é indispensável à administração da justiça, sendo inviolável por seus atos e manifestações no exercício da profissão, nos limites da lei".

Em sentido absolutamente similar, a Lei n. 9.906/94 (Estatuto da OAB) afirma em seu art. 1º: "São atividades privativas da advocacia: II – as atividades de consultoria, assessoria e direção jurídicas". O art. 2º dispõe: "O advogado é indispensável à administração da justiça".

Já a Lei de Arbitragem, em seu art. 21, determina que a "arbitragem obedecerá ao procedimento estabelecido pelas partes na convenção de arbitragem, que poderá reportar-se às regras de um órgão arbitral institucional ou entidade especializada, facultando-se, ainda, às partes delegar ao próprio árbitro, ou ao tribunal arbitral, regular o procedimento", e o seu § 3º apresenta que "as partes poderão postular por intermédio de advogado, respeitada, sempre, a faculdade de designar quem as represente ou assista no procedimento arbitral".

O texto legal explicita que a participação ou a atuação do advogado pode ser admitida, não sendo assim obrigatória. De toda feita, obrigatória ou não, a atuação do advogado é certamente essencial. Deve ser levar em consideração que no juízo arbitral, diferentemente do processo judicial, não existe, por exemplo, a possibilidade de revisão da decisão do árbitro ou do Tribunal Arbitral. Assim, ainda mais imprescindível se faz a atuação do advogado, não apenas para melhor conduzir os trabalhos e a defesa da parte envolvida, mas, também, porque essa se fará em uma única *instância*, não sendo nada aconselhável a condução da lide sem a presença de um.

E já no que se refere aos trabalhos desempenhados por ele, advogado, na arbitragem, alguma são as suas funções:

- realização da contratação da convenção de arbitragem, que fará por instaurar ou prever a resolução de eventual conflito por meio da arbitragem, seja por intermédio da cláusula compromissória ou do compromisso arbitral;
- defesa dos interesses do seu cliente no juízo arbitral, assim como seria desenvolvido no processo judicial estatal.

Pode também atuar como:

- afasta a postura de "soldado beligerante", tradicionalmente vinculada ao procedimento judicial;
- assessor, e não o representante da parte;
- assessor do órgão arbitral institucional ou do tribunal arbitral;
- árbitro;
- patrocinando os interesses do cliente em eventual ação ordinária de nulidade do laudo arbitral ou execução do laudo arbitral;
- auxiliando e patrocinando os interesses de seu cliente, em medidas de cunho judicial coercitivas propostas pela parte (antes da instauração do tribunal arbitral) ou requeridas pelo próprio tribunal arbitral;
- homologando a sentença arbitral quando se tratar de arbitragem internacional.

Atualmente, a competência do profissional da advocacia vem sendo aferida, cada vez mais, pela capacidade de solucionar os problemas de seus clientes pela via menos dolorosa (aqui incluídos os critérios temporal, financeiro e psicológico), de modo que a quantidade exagerada de feitos judiciais patrocinados pelo advogado não quer mais significar competência, prestígio e satisfação do cliente. A modernização, pois, não deve passar somente pela legislação e pela estrutura estatal, mas, também, pelos escritórios de advocacia ("O papel do advogado no procedimento arbitral, Professor Gil Ferreira de Mesquita").

9.11 Os meios extrajudiciais de solução de conflitos aplicados ao *Fashion Law*

A rigor, o ser humano se habituou a viver de forma solidária, mas muitas vezes esse sentido de cooperação é rompido e existem os interesses comuns e as disputas. No competitivo ambiente da moda, que movimenta substancial montante monetário, é fundamental que as respostas e as soluções para os litígios sejam técnicas e velozes.

Deixando de lado qualquer veia amparada por clichês, o mundo se constrói e se reconstrói a todo tempo. Seja por intermédio das interações sociais que dia a dia se transformam, seja por meio dos avanços tecnológicos, seja por quaisquer outros expedientes funcionais, o fato é que o universo está, cotidianamente, sob intensa transformação global.

Mas mais importante do que isso é entender que o direito – como ciência que busca regular as interações entre coisas e pessoas –, caminha a reboque procurando interpretar as mudanças desse agente global e apresentar as respostas para as suas dúvidas e eventuais conflitos.

Nesse *metiê*, tem sido possível notar a presença de um nascituro no ambiente jurídico, originário das escolas de moda estadunidenses, mais detidamente o *Fashion Law Institute*, na pujante Nova Iorque. E o nome da academia narrada não poderia ser mais autoexplicativo para essa provável nova vertente do universo jurídico, o *Fashion Law*.

E em que pese o fato de ser ainda um nascituro, dada a evolução que o assunto tem recebido na década presente, é cada vez mais seguro se afirmar que o *Fashion Law vingará* e alcançará a personalidade própria e as pessoas com vida.

De toda feita, antes de adentrar aos pormenores do tema, relevante destacar que o *Fashion Law* não consiste, a rigor, especificamente em um ramo autônomo do universo jurídico. Aliás, nem precisa que assim o seja. Assim como cita Gilberto Mariot em *Fashion Law, a moda nos tribunais*[54],

> Expressões como Direito da Moda, Direito do Entretenimento, Direito Digital, Direito da Sociedade da Informação são apenas formas de organizar um conjunto de leis, jurisprudências e costumes jurídicos pela área de aplicação. É uma característica da globalização e das novas tecnologias que nos obrigam a um nível de especialização cada vez mais específico.

Entretanto, o importante é ter em mente que no Brasil já existe legislação robusta para amparar as vicissitudes que afloram no mundo da Moda, desde a sua produção até a sua comercialização. As normas do âmbito do

---

54 MARIOT, Gilberto. *Fashion Law* – a moda nos tribunais. São Paulo: Estação das Letras e Cores, 2016, p. 13.

trabalho, tributário, constitucional e ambiental também dão relevante suporte ao universo da Moda.

Ocorre que os conflitos mais afetos ao universo da Moda possivelmente sejam aqueles referentes às questões de propriedade intelectual, desaguando mais especificamente em discussões sobre direitos autorais e propriedade industrial. Não à toa muitos dos debates judiciais por vezes entre empresas de elevada magnitude trafegam por essa via de discussão.

Ramos de atuação do *Fashion Law*:

As abordagens mais detidas ao direito da moda dialogam com o direito tributário, o direito do trabalho, o constitucional e o ambiental, conforme afirmado. Porém, provavelmente a área que mais conversa com o direito da moda é aquela referente à propriedade intelectual.

Propriedade intelectual – gênero:

Diga-se, desde logo, que propriedade intelectual é gênero, o qual é composto por algumas espécies como a propriedade industrial (que dentro de si ainda aprisiona as *invenções*, os *modelos de utilidade* e as *marcas*), os direitos autorais (composto pelas obras literárias, científicas e artísticas) e os *softwares*.

Aí, antes de adentrar ao ramo que efetivamente melhor acopla do direito da moda, também é salutar discutir – ainda que de forma ligeiramente superficial –, algumas das espécies e subespécies oferecidas.

Propriedade industrial (espécie do gênero propriedade intelectual):

Os componentes da propriedade industrial são as patentes de *invenções* e as patentes *modelos de utilidade*. Conforme bem orienta o Serviço Brasileiro de Apoio às Micro e Pequenas Empresas – SEBRAE, patente[55] "é um documento formal, expedido por uma repartição pública, por meio do qual se conferem e se reconhecem direitos de propriedade e de uso exclusivo para uma invenção descrita amplamente".

---

55 Disponível em: <http://www.sebrae.com.br/sites/PortalSebrae/artigos/as-patentes-e-a-seguranca-da-invencao,047aa866e7ef2410VgnVCM100000b272010aRCRD>. Acesso em: 9 fev. 2017.

Indo mais a fundo, como bem ensina Gilberto Mariot[56]:

São privilégios temporários garantidos pela lei. Depois de um certo tempo (entre 15 e 20 anos), esses privilégios terminam e as patentes decaem podendo qualquer um reproduzi-las e explorá-las economicamente.

Propriedade industrial – invenção:

Seja como for, tratando da *invenção*, essa não recebe definição normativa textual. A rigor, o que a Lei n. 9.279/96 (Lei de Propriedade Industrial) faz, em seu art. 10, é retratar aquilo que não é invenção, expondo nesse particular as teorias científicas, as descobertas e os métodos matemáticos. Igualmente, as ideias não são passíveis de patente, pois que é necessária uma expressão concreta e materializada.

Ademais, importa salientar que a Lei n. 9.279/96 exclui as obras literárias, artísticas, arquitetônicas e científicas vez que esses itens são bem amparados pela Lei n. 9.610/98 – Lei de Direitos Autorais.

Novamente, o ilustre autor e colega Gilbert Mariot sintetiza o que vem a ser invenção ao dizer:

Todos de fato sabem intuitivamente o que é uma invenção e não há dúvidas quanto aos elementos essenciais que a caracterizam, quais sejam a criação original do espírito humano, a ampliação do domínio que o homem exerce sobre a natureza etc., mas não é fácil estabelecer seus contornos conceituais[57].

Modelo de utilidade:

O ilustre doutrinador Rubens Requião já conceituou e muito bem o que vem a ser o modelo de utilidade. Para o professor vem a ser[58]:

Toda disposição ou forma nova obtida ou introduzida em objetos conhecidos, desde que se prestem a um trabalho ou uso prático. A disposição ou forma nova refere-se a ferramentas, instrumentos de trabalho ou utensílios

---

56 Mariot, Gilberto. *Fashion Law* – a moda nos tribunais. São Paulo: Estação das Letras e Cores. 2016, p. 58.

57 Idem, p. 64.

58 Requião, Rubens. *Curso de direito comercial*. 19. ed. São Paulo: Saraiva, 1989, v. 1, p. 224.

que nele são empregados para aumentar ou desenvolver a sua eficiência ou utilidade.

O *modelo de utilidade*, por seu turno, consiste em novas aplicações elaboradas em um material ou elemento já existente. Na verdade, o *modelo de utilidade* atua como se fosse um tipo de aperfeiçoamento de uma invenção. Sendo mais literal a respeito da temática, define o art. 9º da Lei n. 9.279/96 que o *modelo de utilidade* consiste no "objeto de uso prático, ou parte deste, suscetível de aplicação industrial, que apresente nova forma ou disposição, envolvendo ato inventivo, que resulte em melhoria funcional no seu uso ou em sua fabricação".

Agora, para existir o referido *modelo de utilidade* há que se ter algum tipo de avanço tecnológico, uma vez que a inexistência dessa característica desnuda a lógica de aperfeiçoamento ao objeto.

Desenho industrial:

Já o desenho industrial, conforme determina o art. 95 da Lei n. 9.279/96 vem a ser a "forma plástica ornamental de um objeto ou o conjunto ornamental de linhas e cores que possa ser aplicado a um produto, proporcionando resultado visual novo e original na sua configuração externa e que possa servir de tipo de fabricação industrial".

Para entender melhor o sentido empregado ao *desenho industrial*, novamente Gilberto Mariot tece algumas palavras em sua obra Fashion Law. *In verbis*[59]:

> A sua característica de fundo, que, inclusive, o diferencia dos bens industriais patenteáveis (já que desenho industrial é objeto de registro e não de patente), é a futilidade. Quer dizer, a alteração que o desenho industrial introduz nos objetos não amplia a sua utilidade, apenas o reveste de um aspecto diferente.

Isto é, a diferenciação do *desenho industrial* ao *modelo de utilidade* é justamente procurar a lógica de que o primeiro não oferece a nenhum objeto qualquer nova utilidade ou sentido. Tomem-se como base duas mesas, por

---

59 REQUIÃO, Rubens. Op. cit., p. 69.

exemplo. Aquela que for dotada de uma aliteração ou de um adorno estético não terá qualquer utilidade distinta em relação à segunda mesa, mero objeto de acomodação de materiais. A rigor, ambas servirão ao propósito de acomodar objetos.

O fato, porém, é que o traço de "futilidade" é exatamente o elemento essencial e marcante de um *desenho industrial*, não devendo assim ser feita confusão com um *modelo de utilidade*. É justamente o traço de "futilidade" que assemelha o design da primeira mesa narrada a uma obra de arte. Logo, a "futilidade" se contrapõe à utilidade[60].

Por fim, há elevada gama de elementos que podem, no universo da moda, compor desenhos industriais. Têm-se peças do vestuário, de calçados, de acessórios, de joias entre outros passíveis de registro.

Marcas:

Como dito linhas acima, a espécie *propriedade industrial* era composta por variado número de subespécies como as *invenções*, os *modelos de utilidades* e os *desenhos industriais*. Todas espécies do gênero *propriedade intelectual*.

Agora, para finalizar as subespécies, há a *marca*. *Marca* que a Lei n. 9.279/96, em seu art. 122, é interpretada como o sinal distintivo, sendo suscetível de percepção visual que identifica de forma direta ou indireta produtos ou serviços.

Direitos autorais (espécie do gênero propriedade intelectual):

As discussões acerca dos direitos autorais trafegam desde a própria nomenclatura adstrita ao conjunto de direitos até, por vezes, o próprio conceito e a sua extensão.

Deixando um pouco de lado o primeiro debate, em síntese, os direitos autorais tratam do conjunto de direitos ligados ao autor em virtude uma obra de seu intelecto. Ou seja, a partir do momento em que ele, autor, cria a obra, ele passa a gozar de uma porção de prerrogativas legais em função daquela obra. E desde logo é bom ficar registrado que esse conjunto de

---

60 Como parêntese, não deve ser olvidado que a terminologia "futilidade" aqui empregada guarda toda relação com o ambiente jurídico, na medida em que para todos os efeitos, como bem relembra o nobre autor Gilberto Mariot, "o aformoseamento não está revestido de utilidade".

direitos tem a ver tanto com o seu âmbito de natureza extrapecuniária (por conta do direito imaterial, mas moral) e seu âmbito notadamente patrimonial, que recebe a proteção do direito de propriedade. Reiterando a impressão, o autor Antônio Chaves já declarou a respeito dos direitos autorais que[61]:

> Podemos defini-lo como o conjunto de prerrogativas que a lei reconhece a todo criador intelectual sobre as suas produções literárias, artísticas ou científicas, de alguma originalidade: de ordem extra pecuniária, em princípio, sem limitação de tempo; e de ordem patrimonial, ao autor, durante toda a sua vida, com o acréscimo, para os sucessores indicados na lei, do prazo por ela fixado.

O que acaba sendo muito levado em consideração é o espírito criativo envolto na obra científica, literária, artística e até digital (caso do *software*). Essa criação, que faz nascer os direitos morais e patrimoniais ao seu criador a partir de sua exteriorização material, é tutelada por texto normativo (Lei n. 9.610/98), sendo oponível *erga omnes*.

Ainda nesse particular, há uma questão que gera posicionamentos antagônicos e que a seguir, quando houver a convergência com a temática dos meios extrajudiciais de solução de conflitos, haverá sugestão deveras interessante para os operadores atuantes na área dos MESCs. Trata-se da discussão a respeito da utilização dos direitos autorais no universo da moda.

O embate se faz presente porque ainda é razoavelmente comum notar que algumas decisões dos tribunais são tomadas tendo como base a legislação dos direitos autorais. A linha de raciocínio para os conflitos que partem da concepção, da criação e dos projetos buscam amparo nessa norma.

Ocorre, no entanto, que já vem sendo mais bem visualizada a prerrogativa que liga as questões do mundo da moda ao plano do *desenho industrial*, anteriormente aqui já narrado como subespécie da espécie *propriedade industrial*, essa também com legislação específica e mais adequada, portanto, ao tema. O fato é: a legislação hodierna reserva a lei autoral às artes e a

---

[61] CHAVES, Antônio. *Criador da obra intelectual*. São Paulo: LTr, 1995, p. 28. In: MARIOT, Gilberto. *Fashion Law* – a moda nos tribunais. São Paulo: Estação das Letras e Cores. 2016

literatura em geral, deixando as obras funcionais e utilitárias sob o manto da propriedade industrial.

9.11.1 Disputas judiciais envolvendo o universo da moda

Mais relevante agora é fazer a junção dos elementos narrados, citando o ponto de convergência entre os conteúdos.

Para tanto, importa rapidamente rememorar que os meios extrajudiciais de solução de controvérsias são, em síntese, procedimentos que não apenas servem para desobstruir o Poder Judiciário, mas sim institutos com vida própria, autônomos, dotados de elevado grau de eficácia que procuram se utilizar de um terceiro, imparcial e neutro ao conflito entre as partes, para procurar facilitar a dinâmica de interação entre os litigantes e até mesmo para efetivamente apontar a definição do conflito.

Serão apresentados e discutidos alguns exemplos, a seguir. De todo modo, antes de mais nada, importa parabenizar o grande trabalho efetuado pelo autor Gilberto Mariot que reuniu notável conteúdo nesse sentido em sua obra já relatada.

Como exemplo de disputa nos tribunais há o caso do entrave entre a empresa francesa Hermès Internacional e a empresa Village 284. A discussão se iniciou nos idos de 2010, quando a primeira acusou a segunda de ter fabricado e comercializado uma bolsa aparentemente copiada da Hermès Internacional. O processo ganhou contornos técnicos, mas ao fim e ao cabo a sentença manifestou que de fato existiu a cópia e a imitação do produto relatado pela Village 284.

Igualmente considerável há caso mais antigo, do final dos anos da década de 1990, em ação que tramitou na justiça gaúcha, entre Maria Bernadete Conte e a renomada empresa H Stern.

Diz o histórico do conflito que, no ano de 1994, a Sra. Maria Bernadete teria deixado *sketches* de suas joias em posse da empresa e, algum tempo depois, a empresa teria feito lançamento de coleção tendo como base os desenhos da Sra. Maria Bernadete. Essa ingressou com ação em face da empresa no ano de 1998. A sentença, desfavorável à autora, foi prolatada no ano 2000. Já o Tribunal gaúcho, em sede de apelação, quase uma década após a propositura da ação, reformou a sentença que dava razão à empresa, favorecendo, portanto, a autora dos protótipos, tendo como fundamento os direitos autorais que deveriam ser resguardados[62].

Em tempo, os casos acima relatados – assim como outros –, estão muito bem descritos no brilhante trabalho realizado pelo colega Gilberto Mariot em seu livro *Fashion Law*.

9.11.2 Os MESCs e o *Fashion Law*

Pois bem, mas esse texto, até o presente momento, ocupou-se de fazer certa apresentação do conteúdo dos Meios extrajudiciais de solução de conflitos – MESCs e de, também, discorrer acerca do universo do *Fashion Law*, tratando de forma mais pormenorizada acerca dos assuntos de interesse à *propriedade intelectual* como gênero, além das espécies *propriedade industrial* (e as suas subespécies) e o *direito autoral*. Além disso, enxergou-se algumas situações de conflito do mundo da moda.

Mas notoriamente a maior vantagem pela utilização dos institutos dos MESCs na resolução de conflitos ainda não foi explorada pelos militantes da área. E esse parece ser um desafio encorajador e que promete ser igualmente recompensador.

Conforme dito, os meios extrajudiciais de solução de conflitos oferecem, em suma, maior especialidade técnica por parte de seus envolvidos na resolução do litígio; além de maior celeridade na resolução do entrave; e, também, maior confiança por parte dos conflitantes naqueles que devem solucioná-lo.

Isso porque as partes têm o poder de escolha daqueles que farão a análise do conflito, levando em consideração as suas habilidades técnicas e o conhecimento do assunto a ser resolvido. E também porque existe menor formalismo e menos atos a serem cumpridos quando comparados ao Poder Judiciário.

---

62 O episódio e o caso judicial são mais bem relatados na obra de Gilberto Mariot em *Fashion Law*.

Esses são alguns dos fatores mais elementares que podem e devem justificar além de estimular empresas e pessoas físicas atuantes no universo da moda a buscarem a solução dos seus entraves por intermédio de um dos institutos dos MESCs.

Segundo a Associação Brasileira de Indústria Têxtil e de Confecção, a indústria da moda é atualmente o 2º maior empregador na indústria de transformação e é também o 2º maior gerador do intitulado primeiro emprego. Diga-se que somente no Brasil há mais de 100 escolas de cursos livres, técnicos, de graduação e de pós-graduação.

A rigor, a receita estipulada beira os cerca de R$ 100 bilhões ao ano por meio de mais de 30 mil empresas. São pagos aproximadamente R$ 14 bilhões ao ano em salários a todo esse público envolvido, com investimento médio de R$ 5 bilhões por ano. Isso tudo significou o recolhimento de tributos na faixa dos R$ 7 bilhões em contribuições federais e impostos no ano de 2013.

Olhando um pouco para o efervescente mercado estadunidense, a renomada Universidade de Loyola, em Los Angeles, na Califórnia, estima que naquele país a indústria movimenta aproximadamente 300 bilhões de dólares americanos, empregando quase 170 mil pessoas direta ou indiretamente[63].

Indo mais além, a consultoria empresarial Boston Consulting Group estimou que no ano de 2015 o mercado global de luxo do *Fashion Law*, no segmento de moda e acessórios, foi avaliado de forma a ultrapassar a marca de 1 trilhão de dólares, numerário esse que deverá crescer ainda mais nos próximos anos.

Tudo isso apenas sugere a importância e a magnitude desse segmento e a importância de recebimento de anteparo legal e, principalmente, dos Meios extrajudiciais de solução de conflitos.

Para os que não estão muito familiarizados com a temática dos MESCs, é deveras importante mensurar o quão eficientes e eficazes são.

Em um universo pautado pela necessidade de respostas rápidas e sólidas, é desanimador para as pessoas terem eventual conflito tendo que ser

---

[63] Disponível em: <http://www.lls.edu/academics/centersprograms/thefashionlawproject/>. Acesso em: 5 fev. 2017.

dissolvido de forma lenta e em muitas hipóteses sem o suporte ideal. Muitas são as situações em que conflitantes se deparam com análises judiciais lentas e desprovidas do conhecimento necessário por parte do julgador.

E isso é até natural e não condenável em relação ao Judiciário. São inúmeros os processos que tramitam nos Fóruns e Tribunais.

Tendo como contraponto a arbitragem, em que as partes elegem um terceiro imparcial ao conflito para analisá-lo e defini-lo, é muito complexo para o julgador oferecer o suporte inclusive técnico necessário a cada dos casos, sendo que em muitas ocasiões a matéria a ser discutida requer um tipo de habilidade e conhecimento que aquele julgador naturalmente não possui. O julgador tem conhecimento técnico em lei e muitas vezes não na matéria. Ele pode se valer dos instrumentos que o Estado oferece como o suporte pericial, mas, mesmo assim, é muito mais confiável e dinâmico que a questão seja oferecida ao próprio técnico fazer a sua análise.

E a escolha não retira a possibilidade dos conflitantes, por exemplo, se valerem do aconselhamento de advogados também ao longo do procedimento. De forma alguma se usurpa a possibilidade de o conflitante receber o apoio adequado para o seu caso.

Mas a própria eleição por parte dos litigantes em relação ao julgador garante além do maior conhecimento na matéria, a confiança nas partes de que aquele que fora eleito para "julgar" a questão é pessoa efetivamente de confiança de ambas.

E como se não bastasse, nem se compara o dinamismo do julgamento de um processo judicial ao deslinde do procedimento arbitral. A discussão no Poder Judiciário se prolonga no tempo. Ao longo de anos as partes discutem; contagiam-se; desanimam-se; gastam energia e dinheiro até um desfecho. Em sede arbitral o conflito é sem qualquer dúvida definido de forma muito mais célere, o que traz a resposta mais rápida para as partes e a segurança de poder planejar e executar novas ideias muito antes, que ficariam suspensas na via judicial, não olvidando, sob nenhum aspecto, o principal atributo que recai ao instituto que consiste na confidencialidade.

Olhando também para a mediação e a conciliação – em que, diferentemente da arbitragem, o terceiro imparcial não define a disputa como se fosse um juiz –, o mediador ou o conciliador se preocupam em principalmente melhorar a relação entre as partes e a sua comunicação no primeiro caso. O principal papel do mediador é enxergar os anseios dos envolvidos e trabalhar nos pontos fortes de cada parte. Ele media o que cada um necessita e fazer com que se melhor se enlacem.

O conciliador procura atuar de forma similar, mas ainda é mais participativo, oferecendo efetivamente a sua opinião e conciliando as partes para que alcancem o "denominador comum".

Seja como for, o sucesso por parte desses 2 institutos já tem sido muito observado. Tanto é verdade que o próprio Código de Processo Civil, do ano de 2015, estimula ainda mais ambas as práticas – da mediação e da conciliação –, em suas vertentes judiciais, como modo de facilitar a solução de disputas. Isso mais do que nunca dá bem o tom de como os institutos estão na ordem do dia como meios de resolução de disputas.

Assim sendo, um mercado tão relevante, uma indústria que movimenta tanto dinheiro e que emprega tantas pessoas, de forma direta ou indireta, necessita e muito que os litígios que eventualmente ocorram entre as partes ali presentes tenham as suas soluções mais céleres. São empresas e pessoas físicas que por vezes têm os seus investimentos, planificações, provisões e balanços comprometidos por terem créditos ou débitos conexos a uma forma de resolução mais lenta e que não necessariamente será a mais técnica, como aquela vislumbrada na via judicial.

Daí se faz substancial que esse mercado encontre mecanismos mais robustos, que apresentem respostas mais sólidas para as suas demandas. Como ilustração disso, serve de exemplo o caso aqui tratado entre a Sra. Maria Bernadete Conte ante a empresa H. Stern. Isso porque, em que pese o fato de a decisão em sede de apelação ter se pautado em elementos jurídicos respeitáveis, a finalização da demanda se deu somente 9 anos após o início do processo judicial. Isto é, nove longos anos tanto para a empresa, embebida na discussão, quanto para a pessoa física envolvida. Esse período é demasiadamente longo e custoso para as partes.

Certamente, a mesma demanda, sob a chancela da mediação poderia ter tido um desfecho menos doloroso às partes. Mesmo quando o processo judicial encontra um vencedor, não raras são as vezes em que eventual vitória é muito menos comemorada em virtude do desgaste ao longo dos trabalhos. A mediação pode aproximar muito mais os litigantes de modo a fazê-los encontrar alternativas mais apaziguadoras por meio de um ambiente de reconhecimento das agruras de cada parte e de seus anseios também.

Além disso, a mediação e a conciliação também poderiam ser usadas como modo de resolução dos conflitos. Alguns casos foram discutidos linhas acima. Outro imbróglio judicial foi descrito na obra *Fashion Law* de Gilberto Mariot. Ainda não apresentado, mas não menos importante foi o conflito entre as empresas C&A e a Poko Pano.

A rigor, o conflito se deu porque, em julho do ano de 2003, a coleção da Poko Pano continha uma boneca com determinada estampa. Essa estampa foi a público no evento São Paulo Fashion Week daquele mesmo ano. A empresa C&A, então, teria passado a comercializar peças idênticas às da Poko Pano em suas lojas. A Poko Pano ajuizou ação contra a C&A, que se defendeu afirmando que a estampa não havia sido registrada no Instituto Nacional de Propriedade Industrial – INPI. Já a Poko Pano alegou, entre outros pontos, que já havia feito a requisição do registro. A decisão em primeiro grau deu ganho de causa à Poko Pano mas, já no ano de 2012, as partes transacionaram e o processo foi arquivado.

O fato é: como se depreendeu, mais uma vez um episódio que se iniciou em um determinado ano foi ter o seu desfecho muito tempo a frente. E, no caso em apreço, esse término se deu por meio de um acordo. Ou seja, a mediação e a conciliação são justamente os procedimentos mais adequados para hipóteses como essa.

O instituto da conciliação, ora, não recebe tal nomenclatura à toa. Existe um sentido prático para tanto. Com efeito, a lógica do mecanismo é buscar a melhor relação entre as partes, procurando reconhecer os interesses de cada qual; os pontos de convergência e de distanciamento. E a atuação do conciliador, propondo alternativas, dá-se justamente para frear o conflito e buscar a composição.

No caso da Poko Pano com a C&A, por exemplo, que demandou anos de discussão, sentença, recurso; desgastes e afins, um movimento por uma forma de solução mais amistosa poderia ter abreviado substancialmente a disputa muito tempo antes.

É evidente que não está se falando de questões marginais, supérfluas. Como dito, o ambiente da moda movimenta muitos valores diariamente. Não soa razoável desperdiçar tanto tempo e muitas vezes investimentos com tantas discussões que poderiam ter um término mais célere e que eventualmente podem não ter a melhor apreciação do ponto de vista técnico, sobretudo quando houver elementos igualmente técnicos envolvidos.

Como conclusão ao narrado, o universo da moda reúne personalidades, grandes grifes, marcas e movimenta elevado contingente de pessoas e de capital. Natural que eventualmente existam conflitos entre muitos desses atores. Porém, devido a elevada relevância desse ambiente, é imprescindível que as soluções sejam técnicas, confiáveis e rápidas.

Como já não é mais novidade, já há outras formas de solução de controvérsias que não se valem da via judicial e que apresentam elevado grau de eficácia em seus trabalhos.

Como se não bastasse, o Poder Judiciário, por vezes tão criticado atualmente, encontra-se em estágio de esgotamento dado o grande número de demandas que o alcançam. Para ratificar esse particular, já foi escrito, recentemente, no *Manual* dos MESCs, que esse caminho da via judicial "deixou de ser lógico tendo em vista a sua saturação, na medida em que o aparelho estatal não conseguiu mais dar conta de resolver os inúmeros litígios que com o tempo passaram a se avolumar nos recintos com esse fim"[64].

A obra, inclusive – assim como a vasta gama de outras contribuições elaboradas pelos demais colegas a respeito dos meios extrajudiciais de solução de litígios –, detalha importantes situações sobre o uso da temática e relata desde o plano histórico dos institutos até as lacunas ainda presenciadas no universo jurídico que possibilite e clama pelo uso dos MESCs.

---

64 GUILHERME, Luiz Fernando do Vale de Almeida. *Manual dos MESCs: meios extrajudiciais de solução de conflitos* – arbitragem, mediação, conciliação, negociação, ombudsman e avaliação neutra. São Paulo: Manole, 2016, p. 5.

A partir desse cenário narrado, nada mais justificável do que o universo da moda e o ambiente do *Fashion Law* se valerem de caminhos robustos para procurar resolver as crises e os conflitos que ocorram entre os seus agentes. Nada melhor do que se valerem dos meios extrajudiciais de solução de conflitos para o amparo e solução de suas demandas.

9.12 O uso da arbitragem (e também da mediação) na definição dos valores indenizatórios em caso de desapropriação por utilidade pública

A terminologia *desapropriação*, de origem latina *propriu*, significa a perda da propriedade de alguém. A rigor, a desapropriação, ou a expropriação, é a transferência compulsória da propriedade do particular ao Poder Público, mediante o pagamento justo e prévio de indenização em dinheiro. Tal ato decorre da supremacia do interesse público e é, portanto, a maior forma de expressão de poder do público sobre o particular.

O que se depreende a partir disso é que a supremacia do interesse público sobre o particular faz parte do ordenamento jurídico do Estado, porquanto prestigia o bem-estar de toda a sociedade, tendo em vista o fato de que o Poder Público assim o faz, ou seja, desapropria o particular em função da necessidade pública, utilidade pública ou interesse social, assim como preleciona o art. 5º, XXIV, da Constituição Federal[65].

Notadamente o sentido básico da desapropriação é propiciar o incremento e a modernização da sociedade por intermédio de políticas públicas capazes. Logo, essa forma de tomada do bem particular pelo Estado atende ao bem comum e não atua em detrimento ao direito privado, mas em prol do próprio desenvolvimento da sociedade.

---

65 "Art. 5º Todos são iguais perante a lei, sem distinção de qualquer natureza, garantindo-se aos brasileiros e aos estrangeiros residentes no País a inviolabilidade do direito à vida, à liberdade, à igualdade, à segurança e à propriedade, nos termos seguintes:
(...)
XXIV – a lei estabelecerá o procedimento para desapropriação por necessidade ou utilidade pública, ou por interesse social, mediante justa e prévia indenização em dinheiro, ressalvados os casos previstos nesta Constituição."

Ocorre que, por óbvio, medida tão gravosa quanto essa requer um regramento específico e que, além disso, demanda expediente indenizatório ao particular que teve o seu bem retirado pelo Estado. Mas é aí que de fato por vezes reside o problema. Isso porque, assim como dispõe art. 10-A do longínquo Decreto n. 3.365/40, que dispõe sobre a desapropriação para utilidade pública, "o Poder Público deve notificar o proprietário e apresentar-lhe a oferta de indenização". O problema, naturalmente, é que não raras vezes a oferta apresentada pelo Poder Público não satisfaz o interesse do particular, levando a questão ao Judiciário por intermináveis anos.

Mas com a edição da Lei n. 13.867/2019, o Decreto n. 3.365/40 foi em parte alterado para recepcionar novo regramento, a partir do qual a discussão sobre o *quantum* indenizatório pode ser objeto, agora, de definição tanto por meio de arbitragem assim como por intermédio de mediação – medida que certamente poderá não apenas destravancar os corredores do Judiciário como, em verdade, poderá propiciar resultados mais rápidos e possivelmente melhores aos envolvidos.

A determinação decorre do art. 10-B, incluído ao decreto supramencionado, para assim determinar:

> Art. 10-B. (Decreto n. 3.365/40): Feita a opção pela mediação ou pela via arbitral, o particular indicará um dos órgãos ou instituições especializados em mediação ou arbitragem previamente cadastrados pelo órgão responsável pela desapropriação.
> § 1º A mediação seguirá as normas da Lei n. 13.140, de 26 de junho de 2015, e, subsidiariamente, os regulamentos do órgão ou instituição responsável.
> § 2º Poderá ser eleita câmara de mediação criada pelo poder público, nos termos do art. 32 da Lei n. 13.140, de 26 de junho de 2015.
> § 3º (Vetado).
> § 4º A arbitragem seguirá as normas da Lei n. 9.307, de 23 de setembro de 1996, e, subsidiariamente, os regulamentos do órgão ou instituição responsável.

Ou seja, as partes indicarão o órgão capaz de receber a lide e qualquer dos institutos usados na resolução da contenda deverá respeitar a sua norma própria regulamentadora.

Com isso, o uso da mediação ou da arbitragem ganha mais um contorno e felizmente aponta que o legislador está atento às demandas sociais e igualmente conectado com as medidas que a sociedade vem apresentando para a sua regulação.

9.13 A possibilidade de uso da arbitragem nos contratos de franquia

Alteração das mais recentes e que continua por traduzir a relevância que o legislador nacional tem dado à arbitragem consiste na possibilidade de utilização da arbitragem nos contratos de franquia.

Ainda que não seja objeto central dessa exposição, o contrato de franquia consiste na modalidade contratual pela qual "uma das partes (franqueador ou *franchisor*) concede, por certo tempo, à outra (franqueado ou *franchisee*) o direito de comercializar com exclusividade, em determinada área geográfica, serviços, nome comercial, título de estabelecimento, marca de indústria ou produto que lhe pertence, com assistência técnica permanente, recebendo, em troca, certa remuneração"[66].

A relação negocial na modalidade de franquia, entre os anos de 1994 e 2019, obedeceu aos ditames da Lei n. 8.955/94, sofrendo recente mudança no final de 2019 a partir da edição da Lei n. 13.966, que revogou a antiga norma. Entre outras providências, a lei revogadora incluiu, no § 1º do art. 7º, a possibilidade de as partes elegerem o juízo arbitral para a solução de controvérsia relacionada àquele negócio.

Em que pese o fato de já haver a possibilidade de utilização da arbitragem para fins de dirimir conflitos oriundos de contratos de franquia (uma vez que, a rigor, o objeto do contrato de franquia que tivesse como objeto um direito patrimonial disponível em nada feria a arbitragem) com a inclu-

---

[66] DINIZ, Maria Helena. *Tratado teórico e prático dos contratos*, v. 1. São Paulo: Saraiva, 2006, p. 47.

são do § 1º ao art. 7º da Lei n. 13.966/2019 se teve em primeiro lugar o lembrete ao empresariado acerca da autorização para o uso, assim como, também, teve-se a legitimação da utilização do instituto.

9.14 A arbitragem no direito imobiliário

Temática que já deveria estar sendo mais bem explorada seria a utilização da arbitragem no âmbito imobiliário. Já de longe se reconhecem os possíveis usos do instituto e a sua eficácia, podendo também ser lançado mão do instituto para assuntos relativos, por exemplo, à compra e venda de imóveis.

Só que curiosamente o mecanismo, segundo o próprio Conselho Nacional de Justiça, não tem sido largamente usado para a resolução de conflitos, sendo que a relevância da arbitragem nos expedientes imobiliários não é adstrita apenas aos expressivos valores dos contratos, mas também reside no impacto que a inadimplência no setor gera aos envolvidos.

9.14.1 A arbitragem nas promessas de compra e venda

A promessa de compra e venda assume outra denominação, também intitulada compromisso de compra e venda. E aí, assim como afirma Maria Helena Diniz:

> O compromisso de compra e venda seria uma espécie do gênero promessa de contratar, que se concretizará num pré-contrato ou contrato preliminar (*Vorvertrag*), visto que os contratantes se obrigam a celebrar determinado contrato no momento em que lhes convier. Gera uma obrigação de fazer um contrato definitivo, ou seja, a obrigação de um futuro *contrahere*, isso é, de contrair contrato definitivo, contendo a possibilidade de arrependimento e indenização de perdas e danos[67].

Trocando em miúdos, consiste em um contrato preliminar largamente usado no ambiente dos negócios imobiliários que é realizado entre as par-

---

67 DINIZ, Maria Helena. *Tratado teórico e prático dos contratos*, v. 1, 6. ed. São Paulo: Saraiva, 2006, p. 328.

tes e que, em seguida, deverá ser levado a registro e que, mais tarde, redundará na escritura definitiva de compra e venda.

Nessa promessa de compra e venda são estipuladas as obrigações que cada das partes deverá cumprir e, uma vez adimplidas, gerarão o contrato definitivo. Com isso, mesmo sendo uma avença preliminar, ela confere tanto ao adquirente quanto ao vendedor o direito de pleitear a efetividade do contrato pactuado, de tal sorte que eventual conflito resultante do descumprimento de seus dizeres deverão ser resolvidos pela jurisdição comum. Só que, por óbvio, por se tratar o objeto do contrato de um direito patrimonial disponível, não haveria (como não há) razão para que o litígio não seja resolvido por meio da arbitragem também.

Vale dizer, inclusive, que nesse particular está se tratando de negociações entre particulares em condição de igualdade e não, necessariamente, entre um particular em condição de vulnerabilidade e um fornecedor. Por isso, em se tratando de um contrato paritário e não de um contrato de adesão, ainda mais latente a possibilidade de uso da arbitragem como um meio de resolução de litígio mais rápido e eficaz. Importa notar, inclusive, como cita Gabriela Macedo, que há:

> A possibilidade de propositura de demanda de adjudicação compulsória neste âmbito, como forma de suprir a recusa de uma das partes em firmar o contrato final. A sentença arbitral proferida nos casos de adjudicação compulsória tem eficácia executiva plena perante os Cartórios de Registro de Imóveis, devendo ser registrada de forma substitutiva à escritura definitiva de venda e compra na matrícula do imóvel. Caso o Registro de Imóveis se recuse a efetuar o registro da sentença arbitral, a parte poderá recorrer ao Judiciário para que ordene o registro, de acordo com o § 4º, do art. 22, da Lei 9.307/96"[68].

Portanto, o que se nota é que os litigantes podem, no compromisso de compra e venda, valer-se da cláusula compromissória para determinar que

---

[68] MACEDO, Gabriela. *A arbitragem nos negócios imobiliários*. Disponível em: <https://www.migalhas.com.br/dePeso/16,MI272615,21048-Arbitragem+nos+negocios+imobiliarios>. Acesso em: 15 nov. 2019.

eventual litígio oriundo daquele contrato seja dirimido por meio da arbitragem, trazendo maior presteza e eficácia na decisão.

9.14.2 A utilização da arbitragem no âmbito imobiliário envolvendo relação de consumo

Pois bem, comentou-se a respeito da possibilidade de uso e das vantagens da arbitragem em instrumentos de promessa de compra e venda de imóvel envolvendo particulares em condição de igualdade. Também foi feita a ressalva, para respaldar a utilização, determinando que lá – diferentemente de cá – não haveria óbice quanto ao seu uso e que maior atenção estaria conexa à utilização da arbitragem na seara imobiliária quando se tratasse de relação de consumo. Agora, oferecer maior atenção de longe implica em desistir da possibilidade de uso.

A grande dificuldade de utilização da arbitragem em direito imobiliário, tendo como pano de fundo a relação de consumo não está necessariamente na utilização da arbitragem na seara do direito imobiliário em si. Conforme dito, o objeto do negócio continuaria sendo um bem patrimonial disponível, seguindo os mesmos ditames já tão debatidos nesse *Manual*.

A grande questão, porém, está no fato de as partes envolvidas serem, possivelmente, pessoas que, embora capazes, estejam em condições de contratação deveras distintas. Com isso, volta-se aos cuidados que o Código de Defesa do Consumidor já determinou ao se tentar ter todo e qualquer conflito proveniente de uma relação de consumo sendo dirimido por meio de arbitragem. Há que se ter cuidados especiais para que o consumidor, mais vulnerável em relação ao fornecedor, não seja impelido a aceitar a arbitragem (abrindo mão da jurisdição estatal) sem a sua real ciência das implicações dessa decisão.

Por isso, nos casos envolvendo arbitragem no direito imobiliário, tendo como pano de fundo uma relação de consumo, assim como em qualquer relação de consumo outra, o que se deve tomar maior cuidado é exatamente a obediência aos dizeres do art. 51, VII, da Lei n. 8.078/90 (Código de Defesa do Consumidor), já que o CDC veta terminantemente as cláusulas contratuais que determinem a utilização compulsória da arbitragem. *In verbis*:

Art. 51. São nulas de pleno direito, entre outras, as cláusulas contratuais relativas ao fornecimento de produtos e serviços que:
(...)
VII – determinem a utilização compulsória de arbitragem;

Com isso, a utilização da arbitragem em negócios envolvendo relação de consumo obviamente pode se dar, desde que, porém, seja agora obedecida a própria Lei de Arbitragem, em seu art. 4º, § 2º:

§ 2º Nos contratos de adesão, a cláusula compromissória só terá eficácia se o aderente tomar a iniciativa de instituir a arbitragem ou concordar, expressamente, com a sua instituição, desde que por escrito em documento anexo ou em negrito, com a assinatura ou visto especialmente para essa cláusula.

Como os contratos de adesão, que são aqueles em que uma das partes estipula as regras do jogo e a outra (aderente), apenas adere ao contrato, aceitando tudo o que ele estipula ou simplesmente o rejeita como um todo, são praxe nas relações de consumo, a utilização da arbitragem nessa forma de enlace se dá quando o consumidor tiver a livre-iniciativa de propor a arbitragem ou se, uma vez a ele proposto, seja feito por meio de um documento anexo à estipulação da arbitragem ou se houver, no mínimo, a cláusula compromissória em negrito e com rubrica especialmente a ela dedicada pelas partes.

Logo, o que se nota é que as partes podem, sim, determinar a utilização da arbitragem mesmo nas relações de consumo e mesmo naquelas cujo objeto da demanda envolva a seara imobiliária. Há apenas que se tomar cuidado para que a cláusula compromissória não seja imposta pelo fornecedor ao consumidor, de tal sorte que este, nessa hipótese, poderia requerer junto ao Poder Judiciário a anulação daquela estipulação.

9.15 O desuso da arbitragem

Agora, e se, após todas as considerações realizadas acerca da arbitragem, apontando as suas vantagens e como, depois de décadas de discórdias e de debates até que a sociedade atingisse um grau mínimo de maturidade e de aceitação; e se após as observações a respeito da aceitação pelo Poder Público e pela Administração Pública, nitidamente, de certa maneira, contrariando preceito elementar da Administração (tal qual o princípio da publicidade) vez que a arbitragem pressupõe um expediente sigiloso; enfim, e se apresentados todos esses pontos, esse projeto, a fim de debater e a título de causar a reflexão no leitor, dissesse que a arbitragem já pode estar sendo considerada em desuso? Qual seria o estado de perplexidade de quem acompanhou essa trajetória até aqui?

Pois é, na prática, é o que se considera a partir de agora. Eis que a arbitragem, tão defendida, já está sendo colocada no olho do furacão e vista, também – tal qual o Poder Judiciário – eventualmente como um dispositivo que não está mais tão em compasso com as prerrogativas mais modernas.

A lógica que fundamenta a tese se sustenta no fato de que, cada vez mais, o que se objetiva é a antecipação ao conflito e não se lançar mão de medidas que possam combatê-lo, ainda que seja a partir de um instituto célere e técnico. Mesmo assim, não se evita o próprio conflito em si e as consequências naturais advindas dele. É evidente que tudo o que fora exposto acerca da arbitragem se mantém, dadas as suas características, vantagens e componentes. Isso não se altera.

O que gera maior discussão e já faz relevante parte dos estudiosos da matéria defenderem é que outros métodos de soluções de conflitos autocompositivos, como a negociação, a mediação e a conciliação, procuram oferecer respostas tão rápidas quanto a arbitragem e sem a carga dramática que a decisão final de caráter impositivo traz a uma das partes como no caso das instâncias heterocompositivas. Em resumo, a arbitragem assim como a jurisdição, trazem vencedores e vencidos e toda o peso que essa ideia necessariamente carrega, após um procedimento cansativo. Já a negociação, a mediação e a conciliação podem – uma vez que tenha havido a reaproximação das partes durante o procedimento – entregar a resposta própria à transação que é o acordo, as aceitações mútuas, as concessões e, com isso, maior grau de satisfação para todos.

Exemplo disso está contido no âmbito da negociação. Isso porque, além da própria prática em si, já se percebe a criação de Comitês de Gerenciamento de Pendências (CGPs) que têm o papel de auxiliar os personagens que atuam no mercado na realização de contratos. A rigor, os Comitês são formados por terceiros, isso é, pessoas que não fazem parte dos negociantes do contrato, e esses terceiros assistem as partes na formatação do acordo.

Em regra, os Comitês são formados por três profissionais, sendo que cada parte escolhe um e o último é eleito por ambos, tal qual se verifica numa arbitragem, por exemplo. Depois, o Comitê recebe os documentos do contrato, com planilhas e custos, prazos e propostas e delibera sobre (i) visitas periódicas do Comitê ao local da execução dos serviços; (ii) eventual documentação a ser enviada pelas partes e analisada pelo CGP; (iii) forma de comunicação e pendências; e (iv) determinação de prazos para as decisões do CGP e para a resposta das partes e suas solicitações.

Esse é apenas um dos exemplos de práticas que já vêm sendo utilizadas no ambiente mercadológico e que simboliza a utilização de outros métodos que, antes de mais nada, procuram evitar um conflito que pode nascer da relação entre pessoas.

Não obstante, há, também, os demais usos normais de institutos como a negociação, a conciliação e a mediação que, por todas as características também trazidas a esse *Manual*, orientam as pessoas e fazem com que a atuação de um terceiro, efetivamente decidindo o conflito, não seja mais tão necessária e usada.

10.

ARBITRAGEM
COMENTÁRIOS À LEI DE ARBITRAGEM
(LEI N. 9.307, DE 23-9-1996)

> *Que os primeiros juízes sejam aqueles que o demandante e o demandado tenham eleito, a quem o nome de árbitros convém mais que o de juízes; que o mais sagrado dos Tribunais seja aquele que as partes tenham criado e eleito de comum acordo* (Platão, in *De legibus*, Livros 6 e 12).

A Lei de Arbitragem entrou em vigor em 23 de novembro de 1996, decorrente do Projeto de Lei do Senado Federal n. 78, de 1992, o qual tem como autor o então Senador Marco Maciel. Verifica-se que ficou registrado que para a elaboração do Projeto tinham sido consultadas as mais modernas leis e foram levadas em conta as diretrizes da comunidade internacional, em especial as fixadas pela Organização das Nações Unidas (ONU) na Lei Modelo sobre Arbitragem Internacional formulada pela United Nations Comission on International Trade Law (UNCITRAL) e a Convenção para o Reconhecimento e Execução de Sentenças Arbitrais Estrangeiras firmada em Nova York, em 1958[1], e, por fim, a

---

1 Em julho de 2002 foi promulgado o Decreto n. 4.311 (anexado nesta obra), o qual garante que os laudos arbitrais com partes brasileiras serão executados sem transtorno jurídico tanto no nosso país quanto em território estrangeiro.

A promulgação do acordo vem com atraso de quarenta anos: a Convenção de Nova York foi firmada em 1959, no âmbito da ONU, e já foi assinada por 131 países. O ingresso do Brasil começou a valer internacionalmente em 5 de setembro, noventa dias após a data do depósito da ratificação na ONU, em 7 de junho.

Esse decreto garante a eficácia da Convenção de Nova York. Note-se que a lei em comento incorporou os princípios da Convenção de Nova York em seu Capítulo VI, o qual reconhece a execução das decisões arbitrais proferidas em países estrangeiros, sem a necessidade de homologação pelo Judiciário do país de origem.

Convenção Interamericana sobre Arbitragem Comercial firmada no Panamá².

A Lei de Arbitragem é um diploma dinâmico, enxuto e atual, e surge como ponto de partida para a prática da arbitragem no Brasil. Ademais, a prática de arbitragem traz bons exemplos de justiça, sigilo, celeridade e economia para as partes.

Nesta edição foram incluídas jurisprudências dos Tribunais pátrios e a relação do artigo com o artigo das convenções de arbitragem da CCI, AAA e FIESP.

A Lei de Arbitragem foi alterada pela Lei n. 13.129/2015 e a partir desta edição será comentada, inclusive, porque houve alteração do objeto da arbitragem ampliando-o.

10.1 Capacidade das pessoas. Litígios relativos a direitos disponíveis. Inclusão da Administração Pública direta e indireta

> Art. 1º As pessoas capazes de contratar poderão valer-se da arbitragem para dirimir litígios relativos a direitos patrimoniais disponíveis.
> § 1º A administração pública direta e indireta poderá utilizar-se da arbitragem para dirimir conflitos relativos a direitos patrimoniais disponíveis. (Incluído pela Lei n. 13.129, de 2015)
> § 2º A autoridade ou o órgão competente da administração pública direta para a celebração de convenção de arbitragem é a mesma para a realização de acordos ou transações. (Incluído pela Lei n. 13.129, de 2015)

A personalidade da pessoa física[3] é medida pela capacidade que é reconhecida no art. 1º do CC: "Toda pessoa é capaz de direitos e deveres na ordem civil". Ou, como cita Teixeira de Freitas, a "manifestação do poder de

---

O decreto simplesmente é utilizado para dar vigência a esta Convenção na esfera nacional. Esta adesão possibilita, também, que as decisões proferidas no Brasil sejam executadas no exterior.

2 Anexadas em itens especiais nesta obra.

3 "A personalidade é o conceito básico da ordem jurídica, que a estende a todos os homens, consagrando-a na legislação civil e nos direitos de vida, liberdade e igualdade" (VALLADÃO, Haroldo. Capacidade de direito. *Enciclopédia Saraiva do Direito*, v. 13, p. 34). Cf. DINIZ, Maria Helena. *Curso de direito civil brasileiro* – v. 1. 31. ed. São Paulo: Saraiva, 2014, p. 130.

ação implícito no conceito da personalidade"[4], ou, ainda, como preleciona Maria Helena Diniz, a "capacidade jurídica é a condição ou pressuposto de todos os direitos"[5].

Então, para ser "pessoa" basta que o homem exista, e, para ser "capaz", o ser humano precisa preencher os requisitos necessários para agir por si, como sujeito ativo ou passivo de uma relação jurídica[6].

Já a capacidade genérica das partes contratantes, que seria a capacidade de poder valer-se da arbitragem, ou ainda a capacidade de fato ou de exercício, que seria, na visão de Maria Helena Diniz, a "aptidão de exercer por si atos da vida civil"[7], devem enquadrar-se nos arts. 3º e 4º do CC[8].

Verifica-se que a personalidade civil da "pessoa" começa com o seu nascimento com vida. Tem-se que ela somente adquirirá capacidade na forma da lei civil, ou seja, quando atingir os dezoito anos completos, ficando, assim, apta à prática dos atos da vida civil. Por outro lado, será ela considerada absolutamente incapaz quando atender ao critério objetivo contido no art. 3º do CC, qual seja, ter idade inferior a dezesseis anos. Igualmente, será considerado relativamente incapaz aquele que der vida a qualquer das hipóteses do art. 4º do diploma civilista, sendo tanto o critério objetivo da idade (ter entre dezesseis e dezoito anos) quanto, portanto, qualquer das hipóteses do critério subjetivo (os ébrios habituais e os viciados em tóxico; aqueles que, por causa transitória ou permanente, não puderem exprimir sua vontade, e; por último, os pródigos).

Também é possível que seja cessada a incapacidade da pessoa por meio da emancipação, a qual se dá para os menores nos casos elencados no parágrafo único do art. 5º, os quais são: "I – pela concessão dos pais, ou de um deles na falta do outro, mediante instrumento público, independentemente

---

4 Apud CHAVES, Antônio. Capacidade civil. *Enciclopédia Saraiva do Direito*, v. 13, p. 2.
5 DINIZ, Maria Helena. *Curso de direito civil brasileiro*. v. 1, 31. ed. São Paulo: Saraiva, 2014, p. 131.
6 CHAVES, Antonio. *Capacidade civil*, p. 3.
7 *Código civil anotado*. 5. ed. São Paulo: Saraiva, 1999, p. 4.
8 DINIZ, Maria Helena. *Curso de direito civil brasileiro* – v. 3, 14. ed. São Paulo: Saraiva, 2002, p. 35.

de homologação judicial, ou por sentença do juiz, ouvido o tutor, se o menor tiver 16 anos completos; II – pelo casamento ou união estável; III – pelo exercício de emprego público efetivo; IV – pela colação de grau em curso superior; V – pelo estabelecimento civil ou comercial, ou pela existência de relação de emprego, desde que, em função deles, o menor com 16 anos completos tenha economia própria".

No caso em tela, pode optar pelo juízo arbitral que puder contratar. Somente pessoas que tenham essas condições poderão assinar o compromisso, submetendo suas pendências ao julgamento dos árbitros, ou seja, o art. 1º da Lei n. 9.307/96 assegura o uso da arbitragem para que sejam dirimidos litígios relativos a direitos patrimoniais disponíveis.

Já como define José de Albuquerque Rocha, a arbitragem pode ser "um meio de resolver litígios civis, atuais ou futuros, sobre direitos patrimoniais disponíveis, através de árbitro ou árbitros privados, escolhidos pelas partes, cujas decisões produzem os mesmos efeitos jurídicos das sentenças proferidas pelos órgãos do Poder Judiciário"[9], ou ainda De Plácido e Silva conceitua este procedimento como "o processo que se utiliza, a fim de se dar solução a litígio ou divergência, havida entre duas ou mais pessoas"[10]. Para o Instituto Nacional de Mediação e Arbitragem (INAMA), a arbitragem é definida como "um meio alternativo ao Judiciário para solução de controvérsias, ao qual as partes (pessoas físicas ou jurídicas), livre e voluntariamente (não há lei que obrigue), se submetem, para obter soluções ágeis e de custo reduzido".

Os direitos patrimoniais disponíveis[11] são aqueles os quais seus titulares têm plena disposição e giram em torno da esfera patrimonial. Esses

---

9 *A lei de arbitragem (Lei n. 9.307, de 23-9-1996)*: uma avaliação crítica. São Paulo: Malheiros, 1998, p. 37.

10 *Vocabulário jurídico*. Rio de Janeiro: Forense, 1987, p. 183. Apud PARIZZATTO, João Roberto. *Arbitragem*: comentários à Lei 9.307, de 23-9-1996. Leme: Ed. de Direito, 1997, p. 15.

11 São legalmente indisponíveis aqueles direitos que se refiram a litígios que dependam exclusivamente de sentença judicial, como é o caso do inventário de bens localizados no Brasil (art. 89 do CPC de 1973), daqueles relativos aos processos de insolvência, ao estado e capacidade das pessoas (art. 92 do CPC DE 1973); que tenham natureza alimentar, falimentar, fiscal, causas de interesse da Fazenda Pública, relativas a acidentes do trabalho e a resíduos (§ 1º do art. 3º da Lei n. 9.099/95, que criou os Juizados Especiais Cíveis e Criminais), que façam parte de litígios em

direitos devem ser entendidos como aqueles que possuem por objeto um determinado bem, inerente ao patrimônio de alguém, tratando-se de bem que possa ser apropriado ou alienado[12]. Patrimônio seria um complexo das relações jurídicas de uma pessoa que tenham valor econômico. Incluem-se no patrimônio: a posse, os direitos reais, as obrigações e as ações correspondentes a tais direitos. O patrimônio abrange direitos e deveres redutíveis a dinheiro, consequentemente nele não estão incluídos os direitos de personalidade, os pessoais entre cônjuges, os oriundos do poder familiar e os políticos[13].

A arbitragem na esfera do direito do trabalho, como demonstrado no capítulo sétimo deste *Manual*, sobretudo na parte a respeito de direito patrimonial disponível, por longo período transitou sobre um terreno pantanoso, ora entendendo que podia existir a arbitragem envolvendo matéria trabalhista, ora sendo inaplicável o instituto, excetuando-se os casos envolvendo conflitos coletivos. Na esfera individual, os Tribunais, erroneamente, vinham se expressando contra a arbitragem, não por ser contrária ao art. 1º da lei em comento, mas por ser o empregado hipossuficiente. Veja-se:

I – AGRAVO DE INSTRUMENTO. ARBITRAGEM. INAPLICABILIDADE AO DIREITO INDIVIDUAL DO TRABALHO. Diante de potencial violação do art. 5º, XXXV, da CF, merece processamento o recurso de revista. Agravo de instrumento conhecido e provido.

II – RECURSO DE REVISTA. ARBITRAGEM. INAPLICABILIDADE AO DIREITO INDIVIDUAL DO TRABALHO.

1. Não há dúvidas, diante da expressa dicção constitucional (CF, art. 114, §§ 1º e 2º), de que a arbitragem é aplicável na esfera do direito coletivo do trabalho. O instituto encontra, nesse universo, a atuação das partes em conflito valorizada pelo agregamento sindical.

---

que, necessariamente, interfira o Ministério Público, como nas questões de interesse de incapazes, relativas ao estado das pessoas, poder familiar, tutela, curatela, interdição, casamento, declaração de ausência, disposição de última vontade, ou ainda que se relacionem a ações envolvendo litígios coletivos pela posse de terra rural, ou naquelas em que haja interesse público evidenciado pela natureza da lide ou pela qualidade da parte (art. 82 do CPC de 1973).

12 PARIZZATTO, João Roberto. Op. cit., p. 16.
13 DINIZ, Maria Helena, *Dicionário jurídico*. São Paulo: Saraiva, 1999, t. 3, p. 541.

2. Na esfera do direito individual do trabalho, contudo, outro será o ambiente: aqui, os partícipes da relação de emprego, empregados e empregadores, em regra, não dispõem de igual poder para a manifestação da própria vontade, exsurgindo a hipossuficiência do trabalhador (bastante destacada quando se divisam em conjunção a globalização e tempo de crise). Recurso de revista conhecido e provido[14].

O que se questiona é qual o prejuízo ao empregado. Se existe, deve se analisar a má-fé do empregador pela utilização da arbitragem, mas não pela forma que foi dada a justiça àquele empregado que, mesmo sendo hipossuficiente, pode sim escolher esse meio como solucionador dos conflitos entre ele e seu empregador (art. 4º, § 2º, da Lei n. 9.307/96)[15].

De todo modo, assim como também já trazido no capítulo sétimo deste livro, acerca dos direitos patrimoniais disponíveis, a importante observação nesse particular se deu a partir da Reforma Trabalhista ocorrida no ano de 2017. Assim como anunciado, houve a apresentação de critérios mais práticos que facilitaram a aplicação da arbitragem em matéria trabalhista, sendo possível a sua utilização, a partir de então, quando o colaborador tiver renda mensal superior a duas vezes o teto do Regime Geral da Previdência Social, pois a partir desse critério há o entendimento de que não há a hipossuficiência do colaborador em relação ao empregador, nos termos do art. 507-A da Consolidação das Leis do Trabalho (CLT) incluído pela Lei n. 13.467/2017 (Reforma Trabalhista).

> *§ 1º A administração pública direta e indireta poderá utilizar-se da arbitragem para dirimir conflitos relativos a direitos patrimoniais disponíveis.*

---

14 TST – RRv 1020031-15.2010.5.05.0000, rel. Min. Alberto Luiz Bresciani de Fontan Pereira, j. 23-3-2011.

15 Em julgamento de 1º de março de 2016 o Ministro Luis Felipe Salomão decidiu que não há incompatibilidade entre os arts. 51, VII, do CDC e o § 2º do art. 4º, da Lei n. 9.307/96 e ainda no mesmo voto fundamentou: "Visando conciliar os normativos e garantir a maior proteção ao consumidor é que entende-se que a cláusula compromissória só virá a ter eficácia caso este aderente venha a tomar a iniciativa de instituir a arbitragem, ou concorde, expressamente, com a sua instituição, não havendo, por conseguinte, falar em compulsoriedade. Ademais, há situações em que, apesar de se tratar de consumidor, não há vulnerabilidade da parte a justificar sua proteção" (REsp 1.189.050 SP – 2010/000062200-4).

A formalização do uso da arbitragem no ambiente da Administração Pública significou a primeira grande alteração referendada pela reforma da lei (Lei n. 13.129/2015). Com efeito, a discussão sobre a utilização da arbitragem para as demandas envolvendo a Administração Pública não é recente, sobretudo no que se refere à Administração Pública indireta. Aliás, o aparecimento do instituto no amparo e na definição de litígios que envolviam a Administração Pública já era observado na Lei de Parcerias Públicas e Privadas do ano de 2004 e, ainda mais distante, na Lei de Concessões do longínquo ano de 1995[16].

De todo modo, a reforma da norma trouxe os §§ 1º e 2º já ao art. 1º da Lei.

Por óbvio, além de incluir o instituto na fórmula de resolução de litígios que tenham como parte a Administração Pública, direta ou indireta, o legislador teve o cuidado de reiterar que será objeto da arbitragem meramente os direitos patrimoniais disponíveis, de tal sorte que o conteúdo excluído pela fórmula deverá ser matéria de apuração judicial, se o caso for.

Seja como for, importa citar que, a respeito da temática, a 1ª Jornada de Prevenção e Solução Extrajudicial de Litígio, realizada em Brasília no ano de 2016, apresentou o segundo Enunciado que "ainda que não haja cláusula compromissória, a Administração Pública poderá celebrar compromisso arbitral" e também que nas arbitragens envolvendo a Administração Pública, é permitida a adoção das regras internacionais de comércio e/ ou usos e costumes aplicáveis às respectivas áreas técnicas, conforme o Décimo Primeiro Enunciado.

Ademais, diz o Décimo Terceiro Enunciado que:

Podem ser objeto de arbitragem relacionada à Administração Pública, dentre outros, litígios relativos: I – ao inadimplemento de obrigações

---

16 Conforme o Sexagésimo Enunciado da I Jornada de Prevenção e Solução Extrajudicial de Litígios: "As vias adequadas de solução de conflitos previstas em lei, como a conciliação, a arbitragem e a mediação, são plenamente aplicáveis à Administração Pública e não se incompatibilizam com a indisponibilidade do interesse público, diante do Código de Processo Civil e das autorizações legislativas pertinentes aos entes públicos".

contratuais por qualquer das partes; II – à recomposição do equilíbrio econômico-financeiro dos contratos, cláusulas financeiras e econômicas.

Ainda nesse particular, já o Décimo Oitavo Enunciado aponta que "os conflitos entre a administração pública federal direta e indireta e/ou entes da federação poderão ser solucionados pela Câmara de Conciliação e Arbitragem da Administração Pública Federal – CCAF – órgão integrante da Advocacia-Geral da União, via provocação do interessado ou comunicação do Poder Judiciário". Para complementar a questão, o Décimo Nono sustenta que "o acordo realizado perante a Câmara de Conciliação e Arbitragem da Administração Pública Federal – CCAF – órgão integrante da Advocacia-Geral da União – constitui título executivo extrajudicial e, caso homologado judicialmente, título executivo judicial".

> § 2º A autoridade ou o órgão competente da administração pública direta para a celebração de convenção de arbitragem é a mesma para a realização de acordos ou transações.

Já o § 2º informa que a convenção de arbitragem (seja a cláusula arbitral, seja o compromisso arbitral) será realizada pela mesma autoridade administrativa que tem competência para efetuar a celebração de transações ou acordos.

10.2 Arbitragem de direito ou de equidade. Regras a serem aplicadas. Princípio da publicidade na arbitragem que envolva Administração Pública

> Art. 2º A arbitragem poderá ser de direito ou de equidade, a critério das partes.
> § 1º Poderão as partes escolher, livremente, as regras de direito que serão aplicadas na arbitragem, desde que não haja violação aos bons costumes e à ordem pública.
> § 2º Poderão, também, as partes convencionar que a arbitragem se realize com base nos princípios gerais de direito, nos usos e costumes e nas regras internacionais de comércio.
> § 3º A arbitragem que envolva a administração pública será sempre de direito e respeitará o princípio da publicidade. (Incluído pela Lei n. 13.129, de 2015)

A arbitragem, ou seja, o procedimento utilizado para dirimir e solucionar determinado litígio, poderá ser de direito ou de equidade[17], a critério das partes, presumindo-se, pois, a concordância das mesmas na realização deste processo. Com isso, abre-se espaço para que o árbitro se oriente a partir de preceitos, valores e perspectivas que não necessariamente estejam adstritas ao regramento formal. Nesse diapasão vale o julgado do Tribunal de Justiça do Estado de Goiás:

> APELAÇÃO CÍVEL. AÇÃO ANULATÓRIA DE SENTENÇA ARBITRAL. AUSÊNCIA DE FUNDAMENTAÇÃO. PRELIMINAR AFASTADA. JULGAMENTO FUNDAMENTADO NOS FATOS E PROVAS COLIGIDAS AOS AUTOS. ARBITRAGEM POR EQUIDADE. NÃO CONFIGURADA. REQUISITOS DA SENTENÇA ARBITRAL CUMPRIDOS (ART. 26 DA LEI N. 9.307/96). PREQUESTIONAMENTO. SENTENÇA MANTIDA. (...) 2. Arbitragem por equidade é aquela em que o árbitro decide a controvérsia fora das regras de direito, de acordo com seu real saber e entender, podendo, assim, reduzir os efeitos da lei e decidir de acordo com seu critério de justo 3. Na hipótese em análise, não há falar-se em julgamento por equidade, quando a sentença arbitral se fundamentou nos fatos e provas coligidas aos autos, restando devidamente cumpridos os requisitos do art. 26 da Lei n. 9.307/96, não se enquadrando no caso de nulidade, disposto no inciso III do art. 32 da Lei de Arbitragem, razão pela qual deve ser mantida a sentença, prolatada pela MM. Juíza, que julgou improcedente o pleito de sua anulação[18].

O primeiro parágrafo deste artigo traz uma ressalva para que não haja violação aos bons costumes e à ordem pública.

Os bons costumes são: "Os que se podem inferir dos preceitos da moral, resultantes da aplicação da moral conforme a entendem os povos cultos, o critério para considerar algo ofensivo aos bons costumes deverá basear-se em fatos, ou seja, avaliar o grau médio de moralidade do povo, o de civilização e o desenvolvimento da legislação"[19]. Segundo Clóvis Beviláqua, "são os que estabelecem as normas de proceder nas relações domésticas e

---

17 *Vide* item 8.6.3.
18 TJGO – Agravo em Recurso Especial n. 1.505.201, Des. rel. Luis Felipe Salomão.
19 MACEDO, Silvio de. Bons costumes. *Enciclopédia Saraiva do direito*, v. 12, p. 129.

sociais em harmonia com os elevados fins da vida humana, cuja ofensa mais direta e profunda fere os sentimentos de honestidade e estima recíproca. São preceitos de ordem moral, ligados à honestidade familiar, ao recato do indivíduo e à dignidade social"[20].

A ordem pública, conforme preleciona Maria Helena Diniz, é "o conjunto de normas essenciais à convivência nacional"[21]. Verifica-se que a ordem pública é formada de normas que motivam certa conduta recíproca dos seres humanos, fazendo com que eles se abstenham de certos atos que, por alguma razão, são considerados nocivos à sociedade, e executem outros que, por alguma razão, são considerados úteis à sociedade, perfazendo numa convivência harmônica e pacífica.

A respeito das regras que foram expostas, de se utilizar dos princípios gerais de direito e os costumes dispostas no art. 126 do CPC de 1973, já o CPC de 2015 trouxe a matéria no art. 140, o qual permite que o magistrado, na falta de normas legais, recorra a tanto. A interpretação em conjunto com o art. 4º da LINDB enuncia que "quando a lei for omissa, o juiz decidirá o caso de acordo com a analogia, os costumes e os princípios gerais de direito". No caso da arbitragem, o árbitro poderá utilizar os princípios gerais de direito e os costumes caso tenha sido contratado entre as partes.

Os princípios gerais de direito são normas elementares a serem utilizadas para toda e qualquer ação judicial, sendo os pilares para constituir o direito. Ernani Fidélis dos Santos escreveu que "princípios gerais de direito são os valores que determinam a formação do direito, abrangendo não os ditames do direito positivo, mas o *substractum*, sua própria essência informativa. Para se aplicarem os princípios gerais do direito, deve-se partir do particular para o geral, em método puramente indutivo. Parte-se do fato"[22].

Já os costumes não têm origem certa, nem se localizam ou são suscetíveis de localizarem-se de maneira predeterminada[23]. A grande maioria dos

---

20 Apud DINIZ, Maria Helena. *Lei de Introdução ao Código Civil Brasileiro interpretada*. São Paulo: Saraiva, 2001, p. 370.
21 Idem, p. 460.
22 *Manual de direito processual civil*. São Paulo: Saraiva, 1988, p. 179-180.
23 REALE, Miguel. *Lições preliminares de direito*. 8. ed. São Paulo: Saraiva, 1981, p. 155.

juristas, entre os quais Storn, Windscheid, Gierke, Clóvis Beviláqua, Vicente Ráo, Washington de Barros Monteiro, Maria Helena Diniz, sustenta que o costume jurídico é formado por dois elementos necessários: o uso e a convicção jurídica, sendo, portanto, a norma jurídica que deriva da longa prática uniforme, constante, pública e geral de determinado ato com a convicção de sua necessidade jurídica. Observa Tércio Sampaio Ferraz Jr. que a convicção da obrigatoriedade do costume, a *opinio necessitatis*, funda-se, sociologicamente, no processo de institucionalização que repousa no engajamento pelo silêncio presumidamente aprovador e caracteriza-se, dogmaticamente, como parte integrante do sistema pelas regras estruturais que assim se expressam: "conforme usos e costumes", em "respeito aos bons costumes"[24].

Por fim, o legislador introduziu no corpo do segundo parágrafo deste artigo que as partes poderão convencionar, contratar, que a arbitragem se realize com base nas regras internacionais de comércio. As regras internacionais do comércio, mais conhecidas como *Lex Mercatoria*, são normas que regem o comércio internacional, formada por cinco fontes: os contratos-tipo, as condições gerais de compra e venda, as condições do COMECON, os Incoterms e as leis uniformes.

Os contratos-tipo são uma espécie de tratado entre associações, formadas por comerciantes de um mesmo ramo profissional. Por exemplo, a associação londrina para o comércio de cereais London Corn Trade Association (LCTA), constituída em 1878 e reformada em 1906, quando um grupo de comerciantes desmembrado do LCTA formou a London Cattle Food Association (AGCL), é a mais célere[25]. Em 1971, LCTA e AGCL se fundiram para formar a GAFTA (Grãos e Alimentação da Associação Comercial).

As condições gerais de compra e venda podem ser realizadas pela Organização das Nações Unidas (ONU), por meio da Comissão Econômica para a Europa, sediada em Genebra, por exemplo, onde a Comissão planeja a formulação de um ramo de produção, e as condições gerais de compra e venda que podem vir a ser aceitas e adotadas pelas associações profissionais,

---

24 DINIZ, Maria Helena. *Lei de Introdução ao Código Civil Brasileiro interpretada* cit., p. 119.
25 ENGELBERG, Esther. *Contratos internacionais do comércio*, 1997, p. 28.

ou, ao menos, pelos profissionais com firma sediada na Europa, independentemente de sua posição no contrato (vendedor ou comprador)[26].

As condições gerais do Conselho de Entreajuda Econômica, mais conhecido como COMECON, regem as regras de comércio dos países nele agrupados, que são as ex-Repúblicas comunistas, exceto a China.

A quarta fonte são os Incoterms, que são regras para a interpretação de termos comerciais, resultantes de uma vasta pesquisa feita em plano mundial. Desta pesquisa originou-se a publicação pela Câmara de Comércio Internacional (CCI) localizada em Paris, que dá o significado das abreviaturas das cláusulas e contratos em dezoito países. Os Incoterms são uma brochura editada pela primeira vez em 1936, sendo republicada mais cinco vezes (1967, 1976, 1980, 1990 e, por último, 2000)[27].

E, por último, a Lei Uniforme que é um projeto preparado pelo Instituto Internacional para Unificação do Direito Privado (UNIDROIT), sobre a venda internacional de bens móveis corporais.

Retornando ao tópico referente à arbitragem no âmbito de atuação quando presente a Administração Pública, a reforma na lei trouxe o aparecimento do § 3º no art. 2º. Para fazer constar que, nesse particular, fica vedada a presença da arbitragem por equidade e se faz obrigatória a confidencialidade. Tudo isso como modo de referendar os princípios da legalidade e da publicidade, premissas das mais elementares que amparam as ações da Administração Pública.

10.3 Convenção de arbitragem. Cláusula compromissória e compromisso arbitral

Capítulo II
Da Convenção de Arbitragem e seus Efeitos
Art. 3º As partes interessadas podem submeter a solução de seus litígios ao juízo arbitral mediante convenção de arbitragem,

---

26 Idem, ibidem, p. 29.

27 O propósito do *Incoterms* é fornecer um conjunto de regras internacionais para a interpretação dos termos de comércio mais comumente usados no comércio exterior. Assim, as incertezas de diferentes interpretações de tais termos em países diferentes podem ser evitadas ou pelo menos reduzidas a um grau considerável (*Incoterms* 2000, Introdução, Ed. Aduaneiras, p. 11).

assim entendida a cláusula compromissória e o compromisso arbitral[28].

As partes interessadas são aquelas capazes de contratar, conforme disposto no art. 851 do CC[29]. O juízo arbitral referido neste artigo é aquele que se instaura pela vontade das partes, firmado em compromisso por elas instituído.

10.3.1 Cláusula arbitral ou cláusula compromissória

A rigor, esse conteúdo já fora amplamente debatido capítulo atrás, quando apresentados os elementos constituidores da arbitragem e todo o

---

28 Regulamento de Arbitragem da Câmara de Comércio Internacional (CCI) – Art. 4.1. "A parte que desejar recorrer à arbitragem segundo o Regulamento deverá apresentar o seu Requerimento de Arbitragem (o "Requerimento") à Secretaria em qualquer de seus escritórios especificados no Regulamento Interno. A Secretaria notificará o requerente e o requerido do recebimento do Requerimento e da data de tal recebimento."
Regulamento de Arbitragem da *American Arbitration Association (AAA)* – Art. 1.1. "Quando as partes tiverem acordado submeter disputas à arbitragem conforme este Regulamento de Arbitragem Internacional ("Regulamento"), ou tenham decidido pelo uso da arbitragem para resolver disputa internacional pelo Centro Internacional de Resolução de Disputas (CIRD) ou pela Associação Americana de Arbitragem (AAA), sem designar regras específicas, a arbitragem ocorrerá de acordo com o Regulamento em vigor na data do início da arbitragem, ressalvadas as modificações que as partes possam adotar por escrito. O CIRD será o administrador deste Regulamento."
Regulamento de Arbitragem da FIESP – Art. 1.1. "As partes que avençarem, mediante convenção de arbitragem, submeter qualquer pendência surgida à Câmara de Mediação e Arbitragem de São Paulo, doravante denominada Câmara, seja por intermédio da cláusula-tipo ou de outra forma, aceitam e ficam vinculadas ao presente Regulamento e as Normas de Funcionamento da Câmara. Art. 5.1. O Termo de Arbitragem será elaborado pela Secretaria da Câmara em conjunto com os árbitros e com as partes e conterá os nomes e qualificação das partes, dos procuradores e dos árbitros, o lugar em que será proferida a sentença arbitral, autorização ou não de julgamento por equidade, o objeto do litígio, o seu valor e a responsabilidade pelo pagamento das custas processuais, honorários dos peritos e dos árbitros, bem como a declaração de que o Tribunal Arbitral observará o disposto no Termo e neste Regulamento."
Lei-Modelo da UNCITRAL sobre Arbitragem Comercial Internacional – Art. 7.1. "Convenção de arbitragem" é o acordo pelo qual as partes decidem submeter à arbitragem todos ou alguns dos litígios surgidos entre elas com respeito a determinada relação jurídica, contratual ou extracontratual. Uma convenção de arbitragem pode adotar a forma de uma cláusula compromissória em um contrato ou a de um acordo autônomo."
29 GUILHERME, Luiz Fernando do Vale de Almeida. *Código Civil comentado*. 2. ed. São Paulo: Manole, 2016.

seu regramento. O importante agora é recapitular aquelas interpretações, e apresentar detalhamento maior, inclusive com a demonstração de julgados a respeito da temática.

Sendo assim, a cláusula arbitral é a convenção através da qual as partes em um contrato comprometem-se a submeter à arbitragem[30] os litígios eventualmente derivados do contrato[31]. É, pois, cláusula[32] compromisso, necessariamente escrita, ainda que em forma de pacto adjecto, e dela não poderá a parte fugir em função da conhecida construção do direito tradicional, traduzida no axioma: *pacta sunt servanda*[33]. Prevê ainda a lei que a cláusula compromissória é autônoma em relação ao contrato, de modo que mesmo ocorrendo nulidade ou outros vícios não implicam, necessariamente, nulidade da cláusula compromissória (art. 8º)[34]. A cláusula compromissória transfere algo para o futuro se houver pendência[35]. É o pacto adjeto

---

[30] Pode-se conceituar arbitragem como sendo a decisão pela qual uma terceira pessoa intervém, pondo fim a um litígio entre duas partes. Tal decisão terá caráter obrigatório, tendo os mesmos efeitos de uma decisão judicial.

A arbitragem surge para desafogar o Judiciário e ao mesmo tempo permite às partes a utilização de uma justiça alternativa, fugindo-se da demora no término dos conflitos instaurados na Justiça Comum e dos milhares de tipos de recursos e graus recursais existentes no nosso sistema.

O saudoso Rui Barbosa já advertia que "a justiça atrasada não é justiça, senão injustiça, qualificada e manifesta. Porque a dilação ilegal nas mãos do julgador contraria o direito escrito das partes, e assim, as lesa no patrimônio, honra e liberdade" (BARBOSA, Rui. *Elogios acadêmicos e orações de paraninfo*. Ed. da Revista de Língua Portuguesa, 1924, p. 381).

[31] "Contrato é o acordo de duas ou mais vontades, na conformidade da ordem jurídica, destinado a estabelecer uma regulamentação de interesses entre as partes, com o escopo de adquirir, modificar ou extinguir relações jurídicas de natureza patrimonial" (DINIZ, Maria Helena. *Curso de direito civil brasileiro*, v. 3, p. 31).

[32] "Cláusula é artigo ou preceito que faz parte de um contrato ou de um instrumento público ou particular" (DINIZ, Maria Helena. *Dicionário jurídico*, t. 1, p. 598).

[33] Por este princípio, "as estipulações feitas no contrato deverão ser fielmente cumpridas, sob pena de execução patrimonial contra o inadimplente. O ato negocial, por ser uma norma jurídica, constituindo lei entre as partes o rescindam voluntariamente ou haja a escusa por caso fortuito ou força maior (CC, art. 393, parágrafo único), de tal sorte que não se poderá alterar o conteúdo, nem mesmo judicialmente" (DINIZ, Maria Helena. *Curso de direito civil brasileiro*, v. 3, p. 40).

[34] SILVA, José Anchieta. *Arbitragem dos contratos comerciais no Brasil*. Belo Horizonte: Del Rey, 1997, p. 21.

[35] SANTOS, Marcelo O. F. Figueiredo. O comércio exterior e a arbitragem. *Resenha Tributária*, 1986, p. 65.

em contratos internacionais, civis e mercantis, principalmente os de sociedade, ou em negócios unilaterais, em que se estabelece que, na eventualidade de uma possível e futura divergência entre os interessados na execução do negócio, estes deverão lançar mão do juízo arbitral[36] em detrimento da utilização do Poder Judiciário[37-38].

Pela cláusula compromissória, portanto, submetem-se ao julgamento do árbitro conflitos futuros, que podem nascer do cumprimento ou da interpretação das relações jurídicas estabelecidas por contrato[39].

O Poder Judiciário tem interpretado a cláusula arbitral como sendo uma simples promessa de constituir o juízo arbitral[40]. O Supremo Tribunal Federal também de longe tem proferido o mesmo entendimento adotado pelo Tribunal paulista[41-42].

---

36 Diniz, Maria Helena. *Dicionário jurídico*, v. 1, p. 600.

37 "RECURSO ESPECIAL. DIREITO CIVIL E PROCESSUAL CIVIL. ARBITRAGEM. CLÁUSULA COMPROMISSÓRIA. COMPETÊNCIA DO JUÍZO ARBITRAL. PRINCÍPIO *KOMPETENZ-KOMPETENZ*. PRECEDENTES. DISSÍDIO NOTÓRIO. 1 – Contrato celebrado entre as partes com cláusula compromissória expressa, estabelecendo a arbitragem como instrumento para solução das controvérsias resultantes de qualquer disputa ou reivindicação dele decorrente, e impossibilitando que as partes recorram ao Poder Judiciário para solucionar contenda ao seu cumprimento" (REsp 1.598.220/RN, 3ª Turma, rel. Min. Paulo de Tarso Sanseverino, j. 25-06-2019).

38 Quinto Enunciado da I Jornada de Prevenção e Solução Extrajudicial de Litígios:
"A arguição de convenção de arbitragem pode ser promovida por petição simples, a qualquer momento antes do término do prazo da contestação, sem caracterizar preclusão das matérias de defesa, permitido ao magistrado suspender o processo até a resolução da questão."

39 Rocha, José de Albuquerque. Op. cit., p. 60.

40 "Arbitragem. Cláusula arbitral assumida em contrato anterior ao advento da Lei 9.307/96. Ato que representa a simples promessa de constituir o juízo arbitral, sem força de impedir que as partes pleiteiem seus direitos no Juízo comum. Inteligência do art. 5º, XXXV, da CF" (TJSP, Ap. 083.125-4/2, rel. Des. Ênio Santarelli Zuliani, j. 1º-12-1998).

41 "Arbitragem. Juízo arbitral. Cláusula compromissória. Opção convencionada pelas partes contratantes para dirimir possível litígio oriundo de inadimplemento contratual. Possibilidade de que o contratante, caso sobrevenha litígio, recorra ao Poder Judiciário para compelir o inadimplemento ao cumprimento do avençado que atende ao disposto no art. 5º, XXXV da CF – Juiz estatal que, ao ser acionado para compelir a parte recalcitrante a assinar o compromisso, não decidirá sem antes verificar se a demanda que se concretizou estava ou não abrangida pela renúncia declarada na cláusula compromissória – Interpretação dos arts. 4º, 6º, § único, e 7º da Lei 9.307/96" (SEC 5.847-1, Reino Unido da Grã-Bretanha e da Irlanda do Norte, Sessão Plenária, rel. Min. Maurício Corrêa, j. 1º-12-1999, *DJU* de 17-12-1999).

10.3.2 Compromisso arbitral

Novamente, retomando o que já fora apresentado, o compromisso arbitral (arts. 851 a 853 do CC) é a segunda maneira de manifestar a convenção arbitral. A primeira, vimos acima, a cláusula arbitral, a qual as partes submetem ao julgamento do árbitro conflitos futuros. Já no caso do compromisso, as partes submetem ao julgamento do árbitro um conflito atual.

O compromisso arbitral é a convenção bilateral pela qual as partes renunciam à jurisdição estatal e se obrigam a se submeter à decisão se árbitros por elas indicados[43], ou ainda o instrumento de que se valem os interessados para, de comum acordo, atribuírem a terceiro (denominado árbitro) a solução de pendências entre eles existentes[44].

O compromisso arbitral é muito mais antigo do que a cláusula arbitral, haja vista que os romanos utilizavam o compromisso por ser uma forma mais justa. No direito romano o compromisso era utilizado na justiça privada, em que a execução do direito era feita sem a intervenção da autoridade pública, pois confiava-se a simples indivíduos a missão de solucionar controvérsias surgidas em torno de uma obrigação, caráter que se mantém em todas as legislações contemporâneas[45].

O compromisso arbitral, conforme a Lei n. 9.307/96 e o Código Civil (arts. 851 a 853), pode ser de duas espécies:

a) *judicial*, referindo-se à controvérsia já ajuizada perante a justiça ordinária, celebrando-se, então, por termo nos autos, perante o juízo ou tribunal por onde correr a demanda. Tal termo será assinado pelas próprias partes ou por mandatário com poderes especiais (CC, arts. 851 e 661, § 2º; art. 105, que ainda inclui procuração digital; Lei n. 9.307/96, art. 9º, § 1º).

---

42 "A existência de cláusula compromissória não obsta a execução de título executivo extrajudicial, reservando-se à arbitragem o julgamento das matérias previstas no art. 917, incisos I e VI, do CPC/2015". Décimo Segundo Enunciado da I Jornada de Prevenção e Solução de Litígios Extrajudicial.

43 FIÚZA, César. Op. cit., p. 90.

44 MARCATO, Antonio Carlos. Op. cit., p. 219.

45 DINIZ, Maria Helena. *Curso de direito civil brasileiro*, v. 3, p. 537.

Feito o compromisso, cessarão as funções do juiz togado, pois os árbitros decidirão; e

b) *extrajudicial*, se ainda não existir demanda ajuizada. Não havendo causa ajuizada, celebrar-se-á compromisso arbitral por escritura pública ou particular, assinada pelas partes e por duas testemunhas (CC, art. 851; Lei n. 9.307/96, art. 9º, § 2º)[46].

Finalizando, uma vez que o artigo anterior legitimou a participação da arbitragem na resolução de conflitos que envolvam a Administração Pública, é importante citar que a 1ª Jornada de Prevenção e Solução Extrajudicial de Litígio, realizada em Brasília no ano de 2016, apresentou como seu Segundo Enunciado que "ainda que não haja cláusula compromissória, a Administração Pública poderá celebrar compromisso arbitral". Isso, novamente, denota a relevância da arbitragem e a possibilidade de utilização do instituto nas suas mais variadas formas, ainda que pela Administração Pública, outrora posta de lado em relação ao uso da prática.

10.3.3 Distinção entre compromisso arbitral e cláusula compromissória

A relevância de nova comparação dos instrumentos, aqui, nesse momento, é a de reiterar alguns conteúdos já ofertados a fim de fixar junto ao estudioso a interpretação mais complexa, tendo, inclusive, como alicerce, a letra da lei ao lado e também um conjunto de decisões de tribunais brasileiros a respeito da matéria.

Assim, a cláusula compromissória ou *pactum de compromitendo* é um pacto adjeto dotado de autonomia, conforme dispõem os arts. 8º da Lei n. 9.307/96 e 853 do CC, relativamente aos contratos civil e comercial. Nasce no momento inicial do negócio principal, como medida preventiva dos interessados, com a intenção de assegurar e garantir as partes de um eventual desentendimento futuro[47].

---

46 Idem, p. 531.
47 DINIZ, Maria Helena. *Curso de direito civil brasileiro*, v. 3, p. 533.

É um contrato preliminar (arts. 462 e s. do CC) e não impede que as partes pleiteiem seus direitos de efetuar o compromisso na justiça comum (art. 6º, parágrafo único, da Lei n. 9.307/96)[48].

Os arts. 851 e 853 do CC admitem o uso dessa cláusula, em que as partes, prevendo divergências futuras, remetem sua solução a árbitros por elas indicados, que serão chamados para dirimir eventuais conflitos que surgirem. Já o compromisso é um contrato em que as partes se obrigam a remeter a controvérsia surgida entre elas no julgamento de árbitros. Pressupõe, portanto, contrato perfeito e acabado, sem que as partes tenham previsto o modo pelo qual solucionarão as discórdias futuras. O compromisso é, portanto, específico para a solução de certa pendência, mediante árbitros regularmente escolhidos[49].

Alguns autores mencionam que a principal diferença entre os dois institutos são que a cláusula diz respeito a litígio futuro e incerto e o compromisso, a litígio atual e específico[50].

Finalizando, parece-nos que a principal diferença está, também, na esfera contratual, haja vista que a cláusula compromissória não é um contrato perfeito e acabado, e sim preliminar, futuro e incerto, ou, ainda, uma medida preventiva, em que as partes simplesmente prometem efetuar um contrato de compromisso se surgir desentendimento a ser resolvido. Já o compromisso tem força vinculativa e faz com que as partes se comprometam a submeter certa pendência à decisão de árbitros regularmente louvados.

Abaixo, jurisprudência que corrobora este entendimento.

SENTENÇA ARBITRAL ESTRANGEIRA. HOMOLOGAÇÃO. REQUISITOS. LEI N. 9.307/96 E RESOLUÇÃO N. 9/2005 DO STJ. CONTRATO DE COMPRA E VENDA. CONVENÇÃO DE ARBITRAGEM. EXISTÊNCIA. CLÁUSULA COMPROMISSÓRIA. ANÁLISE DE CONTROVÉRSIA DECORRENTE DO CONTRATO. JUÍZO ARBITRAL. POSSIBILIDADE.

---

48 *RT* 472/127, 434/150, 777/189, 763/210.
49 DINIZ, Maria Helena. *Curso de direito civil brasileiro*, v. 3, p. 534; *RT* 112/530; 145/634.
50 FIÚZA, César. Op. cit., p. 109; e SILVA, José Anchieta da. Op. cit., p. 25.

MÉRITO DA DECISÃO ARBITRAL. ANÁLISE NO STJ. IMPOSSIBILIDADE. AUSÊNCIA DE VIOLAÇÃO À ORDEM PÚBLICA. PRECEDENTES DO STF E STJ. 1. As regras para a homologação da sentença arbitral estrangeira encontram-se elencadas na Lei n. 9.307/96, mais especificamente no seu capítulo VI e na Resolução n. 9/2005 do STJ. 2. As duas espécies de convenção de arbitragem, quais sejam, a cláusula compromissória e o compromisso arbitral, dão origem a processo arbitral, porquanto em ambos ajustes as partes convencionam submeter a um juízo arbitral eventuais divergências relativas ao cumprimento do contrato celebrado. 3. A diferença entre as duas formas de ajuste consiste no fato de que, enquanto o compromisso arbitral se destina a submeter ao juízo arbitral uma controvérsia concreta já surgida entre as partes, a cláusula compromissória objetiva submeter a processo arbitral apenas questões indeterminadas e futuras, que possam surgir no decorrer da execução do contrato[51].

E, ainda, a jurisprudência que trata de contrato firmado anteriormente à Lei Arbitral também é passível de homologação quando há a convenção arbitral.

CONTRATO FIRMADO ANTERIORMENTE À EDIÇÃO DA LEI DE ARBITRAGEM (9.307/96). ACORDO DE CONSÓRCIO INADIMPLIDO. EMPRESA BRASILEIRA QUE INCORPORA A ORIGINAL CONTRATANTE. SENTENÇA HOMOLOGADA.
1. Acordo de consórcio internacional, com cláusula arbitral expressa, celebrado entre empresas francesa e brasileira.
2. A empresa requerida, ao incorporar a original contratante, assumiu todos os direitos e obrigações da cedente, inclusive a cláusula arbitral em questão, inserida no Acordo de Consórcio que restou por ela inadimplido.
3. Imediata incidência da Lei de Arbitragem aos contratos que contenham cláusula arbitral, ainda que firmados anteriormente à sua edição. Precedente da Corte Especial.
4. Sentença arbitral homologada[52].

---

51 SEC 1.210/GB. Sentença estrangeira contestada, rel. Min. Fernando Gonçalves, j. 20-6-2007.
52 STJ – SEC 831, Corte Especial, rel. Min. Arnaldo Esteves Lima, *DJ* de 19-11-2007.

Na mesma vertente:

SENTENÇA ESTRANGEIRA CONTESTADA. CONVENÇÃO DE ARBITRAGEM. LEI N. 9.307/96. REQUISITOS INDISPENSÁVEIS ATENDIDOS.
O reconhecimento da arbitragem vem regulado pela Lei n. 9.307, de 23 de setembro de 1996, em plena vigência. Uma vez atendidos os requisitos exigidos pela Lei de Arbitragem e pelos arts. 5º e 6º da Resolução n. 9 do STJ, há que se deferir o pedido de homologação da sentença estrangeira. Homologação deferida[53].

Portanto, clara fica a importância da autonomia da vontade na arbitragem.

10.4 Cláusula compromissória. Forma. Contratos de adesão

> *Art. 4º A cláusula compromissória é a convenção através da qual as partes em um contrato comprometem-se a submeter à arbitragem os litígios que possam vir a surgir, relativamente a tal contrato.*
> *§ 1º A cláusula compromissória deve ser estipulada por escrito, podendo estar inserta no próprio contrato ou em documento apartado que a ele se refira.*
> *§ 2º Nos contratos de adesão, a cláusula compromissória só terá eficácia se o aderente tomar a iniciativa de instituir a arbitragem ou concordar, expressamente, com a sua instituição, desde que por escrito em documento anexo ou em negrito, com a assinatura ou visto especialmente para essa cláusula[54].*

---

53 STJ – SEC 839, Corte Especial, rel. Min. Cesar Asfor Rocha, *DJ* de 13-8-2007.

54 A arbitragem pode vir a sofrer impacto negativo substancial se for aprovado o Projeto de Lei n. 3.555, do ano de 2004, que até o final dessa edição havia sido aprovado na Comissão de Constituição Justiça e Cidadania da Câmara dos Deputados e havia sido encaminhado ao Senado Federal. Isso porque o PL pretende alterar a norma que regula os contratos de seguros no país. O Projeto busca avançar nos debates sobre contratos de seguros, mas, ao mesmo tempo, significa relevante revés para a arbitragem.

O fato é que o Projeto agride o elemento motriz da arbitragem que consiste na autonomia das partes para contratar, ao menos em sua forma mais pura. A rigor, o PL impede a aplicação do instituto na forma regulada pela Lei de arbitragem quando essa faculta às partes a escolha da lei aplicável, o idioma, a autorização para os árbitros decidirem por equidade ou por meio dos usos e costumes, além das regras internacionais de comércio.

O ramo dos seguros e resseguros é integrado às regras de mercado e a limitação na previsão da arbitragem pelos agentes econômicos além de gerar insegurança ao mercado, já que o Projeto de Lei conflita com a norma arbitral, ainda contribui para o aumento dos custos de transação, na medida em que o mercado de seguros e de resseguros está atrelado ao mercado global. Com

§ 3º *(Vetado). (Incluído pela Lei n. 13.129, de 2015)*
§ 4º *(Vetado). (Incluído pela Lei n. 13.129, de 2015)*

Mesmo já tendo sido feitas anotações a esta cláusula no artigo anterior, restou trazer a notícia histórica sobre o compromisso, que era, nos primórdios do direito romano, um pacto pelo qual os interessados se obrigavam a confiar o julgamento da lide a um terceiro, que era o árbitro. Entretanto, e ao contrário dos dias atuais, a decisão arbitral não tinha força obrigatória, ou seja, não fazia lei entre as partes, de forma que o lesado não possuía meios para exigir a execução forçada do pactuado. As partes estabeleciam, então, no pacto, uma sanção patrimonial, a ser aplicada em caso de inadimplemento obrigacional[55].

Na era de Justiniano a estipulação dessa pena tornou-se desnecessária, pois a decisão do árbitro passou a ser obrigatória para as partes, desde que a tivesse assinado ou não tivessem dela recorrido por dez dias[56].

Era, pois, uma forma de justiça privada, em que a execução do direito se realizava sem a intervenção do Estado, visto que se confiava a simples indivíduos a missão de solucionar as controvérsias surgidas em torno da existência ou da extensão de uma obrigação, caráter que se mantém em todas as legislações atuais[57].

Retornando aos comentários da lei propriamente dita, mais precisamente ao § 1º deste artigo, verifica-se que a cláusula compromissória deve

---

efeito, as seguradoras nacionais naturalmente recorrem a esse mercado mundial quando da repartição de riscos em virtude do valor dos contratos.

A limitação da capacidade negocial que as partes teriam com a utilização plena da arbitragem aumente custos, que a seguir passarão a ser revertidos ao consumidor.

O PL não admite que os agentes, ao escolherem a arbitragem no exterior, indiquem qualquer outra lei que não seja a nacional, o que representa uma postura antiquada.

Na prática, o PL significa um atentado contra grande parte das benesses que o instituto da arbitragem trouxe ao ambiente nacional.

55 BONFANTE, Pietro. *Istituzioni di diritto romano*. 4. ed. Milano: Ed. Vallardi, 1907, p. 448; ULPIANO, Digesto, Liv. 4, Título 8, Lei n. 11, § 2º, apud DINIZ, Maria Helena. *Curso de direito civil brasileiro*, v. 3, p. 528-529.

56 CODOVILLA, Egídio. *Del compromisso e del giudizio arbitrale*. 2. ed. Torino: UTET, 1915, p. 1, apud DINIZ, Maria Helena. *Curso de direito civil brasileiro*, v. 3, p. 528-529.

57 DINIZ, Maria Helena. *Curso de direito civil brasileiro*, v. 3, p. 528-529.

ser estipulada por escrito, cuja existência é feita no sentido de comprovar que houve o compromisso. É, portanto, pressuposto de validade que a cláusula compromissória seja escrita.

A cláusula compromissória pode estar no mesmo contrato, ou seja, no contrato principal, ou como seu anexo, devendo neste caso constar do contrato a existência de outro documento, no caso referido como anexo, onde esteja inserida a referida cláusula.

O § 2º deste artigo refere-se às hipóteses de contratos de adesão. Contratos de adesão são aqueles caracterizados por inexistir a liberdade de convenção, visto que excluem a possibilidade de qualquer debate e transigência entre as partes, uma vez que um dos contratantes se limita a aceitar as cláusulas e condições previamente redigidas e impressas pelo outro[58].

O art. 54 da Lei n. 8.078, de 11-9-1990, conhecida como Código de Defesa do Consumidor, define que "contrato de adesão é aquele cujas cláusulas tenham sido aprovadas pela autoridade competente ou estabelecidas unilateralmente pelo fornecedor de produtos ou serviços, sem que o consumidor possa discutir ou modificar substancialmente seu conteúdo".

Carlos Alberto Bittar preleciona:

> Considera-se de adesão o contrato que nascido, por força do dirigismo econômico e da concentração de capitais em grandes empresas, em especial nos campos de seguros, financiamentos bancários, vendas de imóveis, de bens duráveis e outros, tem a participação volitiva do consumidor reduzida à aceitação global de seu contexto, previamente definido e impresso, em modelos estandardizados, com cláusulas dispostas pelos fornecedores ou resultantes de regulamentação administrativa, ou da sua combinação. Nesses ajustes, em que nem sempre são facilmente legíveis ou inteligíveis os seus termos pelo grande público, as necessidades dos consumidores levam-nos a acolher – muitas vezes sem a leitura do documento impresso, ou do formulário correspondente, ou sem meditação a respeito do real significado das condições nele estampadas – o conteúdo integral da avença,

---

58 Idem, ibidem, p. 90.

predisposto pelo fornecedor para simples assinatura do público, na efetivação (e até mesmo após firmado o contrato)[59].

No caso em tela, para que a cláusula compromissória seja válida e tenha eficácia, o aderente deverá ter a iniciativa de instituir a arbitragem. Terá, ademais, validade a referida cláusula, se o aderente, de forma expressa, concordar com a sua instituição, devendo ser esta estabelecida em documento anexo ou ser feita em negrito, com a assinatura ou visto do aderente. Caso não sejam respeitados estes requisitos, a cláusula não terá eficácia.

Em Sentença Estrangeira Contestada, o Ministro Maurício Corrêa admite a tese de inexigibilidade da cláusula compromissória, para isso põe-se em confronto com o Código Civil, que prevê situações em que o objeto do contrato não é determinado, mas determinável, sendo necessário concretizar a vontade das partes e não substituí-la[60]. Entende Antônio Junqueira Azevedo:

> Em direito, como regra, pouca diferença se faz entre o que é determinado e o que é determinável, eis que, em todo sistema jurídico baseado na lei, há sempre uma margem de indefinição, que deve ser preenchida em cada caso particular; há sempre necessidade de concretização. Também em matéria de negócio jurídico, em especial nos contratos, que constituem um "programa" das partes, para ordenar seu comportamento futuro, existe a mesma indeterminação, e, muitas vezes, por força da própria natureza jurídica dos institutos, como nas obrigações de dar coisa incerta, nas alternativas e na própria compra e venda simples. Não há, pois, como confundir o determinável, que depende somente de concretização, com o indeterminado, que exige acréscimo substancial *ex novo*[61].

Veja-se a jurisprudência:

RECURSO ESPECIAL. PROCESSUAL CIVIL E CONSUMIDOR. CONTRATO DE ADESÃO. AQUISIÇÃO DE UNIDADE IMOBILIÁRIA. CONVENÇÃO DE ARBITRAGEM. LIMITES E EXCEÇÕES. CONTRATOS DE CONSUMO. POSSIBILIDADE DE

---

59 *Direitos do consumidor*. Rio de Janeiro: Forense, 2011, p. 60-61.

60 SEC 5.847-1 Reino da Grã-Bretanha e da Irlanda do Norte, em 1º-12-1999. Disponível em: <www.stf.gov.br>.

61 A arbitragem e o direito do consumidor. In: *Temas atuais de direito*. São Paulo: LTr, 1999, p. 153-154.

USO. AUSÊNCIA DE IMPOSIÇÃO. PARTICIPAÇÃO DOS CONSUMIDORES. TERMO DE COMPROMISSO. ASSINATURA POSTERIOR. (...) 4. É POSSÍVEL A UTILIZAÇÃO DE ARBITRAGEM PARA RESOLUÇÃO DE LITÍGIOS ORIGINADOS DE RELAÇÃO DE CONSUMO QUANDO NÃO HOUVER IMPOSIÇÃO PELO FORNECEDOR, BEM COMO QUANDO A INICIATIVA DA INSTAURAÇÃO OCORRER PELO CONSUMIDOR OU, NO CASO DE INICIATIVA DO FORNECEDOR, VENHA A CONCORDAR OU RATIFICAR EXPRESSAMENTE COM A INSTITUIÇÃO[62].

No caso desta jurisprudência claro está que a arbitragem não pode ser imposta compulsoriamente em contratos de adesão, porém, se atender aos requisitos do art. 4º, § 2º, da lei em comento, a cláusula deixa de ser uma mera cláusula no contrato de adesão para ser uma cláusula por adesão, a qual o consumidor consentiu expressamente, não gerando a nulidade do próprio art. 51 do CDC.

E, ainda:

CLÁUSULA COMPROMISSÓRIA. CONVENÇÃO DE ARBITRAGEM. CONTRATO DE ADESÃO. AUSÊNCIA DE CONCORDÂNCIA EXPRESSA E POR ESCRITO DO CONSUMIDOR. FALTA DE INFORMAÇÃO ADEQUADA. INEFICÁCIA DA PREVISÃO CONTRATUAL. PRELIMINAR AFASTADA. SENTENÇA MANTIDA. (...) 2. Atinado com os efeitos da instituição da cláusula compromissória por implicar a obrigatória sujeição dos litígios derivados do negócio ao juízo arbitral como forma de elucidação dos conflitos, encerrando abdicação da via judicial, o legislador especial fixara que, em se tratando de contrato de adesão, somente terá eficácia se o aderente tomar a iniciativa de instituir a arbitragem ou concordar, expressamente, com a sua instituição, desde que por escrito em documento anexo ou em negrito, com a assinatura ou visto especialmente para essa cláusula (Lei n. 9.307/96, art. 4º, § 2º)[63].

Este artigo sofreria duas alterações, com a inclusão dos §§ 3º e 4º pela Lei n. 13.129/2015, porém foram vetados.

---

62 REsp 1.742.547/MG, rel. Min. Nancy Andrighi, j. 21-6-2019.
63 TJDF – Apelação Cível n. 20150110271598, 1ª Turma Cível, rel. Teófilo Caetano, j. 18-9-2015.

10.5 Órgão arbitral institucional ou entidade especializada. Forma de instituição e processamento da arbitragem

Art. 5º Reportando-se as partes, na cláusula compromissória[64], às regras de algum órgão arbitral institucional ou entidade especializada,

---

64 Modelos de Cláusulas Compromissórias Cheias

As partes que desejarem, antes de nascida a controvérsia, prever a arbitragem em seus contratos, podem fazê-lo pela inserção da chamada "Cláusula Compromissória". A seguir, são apresentados vários modelos de cláusulas compromissórias segundo diferentes centros de arbitragem:

AAA – American Arbitration Association

"Qualquer controvérsia ou demanda que surja do presente contrato ou que com ele se relacione deverá ser resolvida por arbitragem conforme as Regras de Arbitragem Internacional da Associação Americana de Arbitragem (*American Arbitration Association*)."

CBAC – Corte Brasileira de Arbitragem Comercial

"Qualquer dificuldade ou controvérsia que se produza entre os contratantes em relação a aplicação, interpretação, duração, validade ou execução deste contrato ou qualquer outra causa a ele referente será dirimida por arbitragem, segundo o Regulamento Modelo de Arbitragem da Corte Brasileira de Mediação e Arbitragem Empresarial, e administrada por _____ (Câmara de Arbitragem)."

As partes, segundo sua conveniência, são livres para estabelecer complementos à cláusula arbitral, como a quantidade de árbitros, se um ou três, o lugar da arbitragem, o idioma, a norma de direito aplicável ou se será por equidade.

CCI

"Todas as controvérsias que derivem do presente contrato serão resolvidas definitivamente de acordo com o Regulamento de Conciliação e de Arbitragem da Câmara de Comércio Internacional, por um ou mais árbitros nomeados de conformidade com este Regulamento."

CIAC – Comissão Interamericana de Arbitragem Comercial

"Any dispute, controversy, or claim arising from or relating to this contract or the breach, termination or invalidity thereof shall be settled by arbitration in accordance with the Rules of Procedure of the Inter-American Commercial Arbitration Commission in effect on the date of this agreement."

UNCITRAL

"Qualquer disputa, controvérsia ou demanda decorrente ou relativa a este contrato ou à sua infração, extinção ou invalidade, será resolvida através de arbitragem de acordo com as Regras de Arbitragem da UNCITRAL atualmente em vigor."

BID – Banco Interamericano de Desenvolvimento

Qualquer controvérsia decorrente deste Contrato/Convênio que não se resolva por acordo entre as partes, será submetida, incondicional e irrevogavelmente, ao seguinte procedimento e sentença:

(a) Composição do Tribunal – O Tribunal de Arbitragem será composto por 3 (três) membros, designados da seguinte forma: o primeiro pelo Banco, o segundo pelo Beneficiário e o terceiro, denominado "Dirimente", por acordo direto entre as partes ou por intermédio dos respectivos

a arbitragem será instituída e processada de acordo com tais regras, podendo, igualmente, as partes estabelecer na própria

árbitros. Se as partes ou os árbitros não se puserem de acordo sobre a escolha do Dirimente, ou se uma das partes não puder designar árbitros, o Dirimente será designado, a pedido de qualquer das partes, pelo Secretário-Geral da Organização dos Estados Americanos. Se uma das partes não designar árbitro, este será designado pelo Dirimente. Se algum dos árbitros designados ou o Dirimente não quiser ou não puder atuar ou continuar atuando, proceder-se-á à sua substituição de forma idêntica à indicada pela designação original. O sucessor será investido das mesmas funções e atribuições de seu antecessor.

(b) Início do Procedimento – Para submeter a controvérsia à arbitragem, a parte reclamante dirigirá à outra parte uma comunicação escrita expondo a natureza da reclamação, a satisfação ou reparação que reivindica, e o nome do árbitro que designa. A parte que houver recebido tal comunicação deverá, dentro do prazo de 45 (quarenta e cinco) dias, comunicar à parte contrária o nome da pessoa que designar como árbitro. Se, dentro do prazo de 30 (trinta) dias, contados da entrega da citada documentação ao reclamante, as partes não houverem acordado quanto à pessoa do Dirimente, qualquer uma delas poderá recorrer ao Secretário-Geral da Organização dos Estados Americanos, para que proceda à designação.

(c) Constituição do Tribunal – O Tribunal de Arbitragem será constituído em Washington, Distrito de Colúmbia, Estados Unidos da América, na data que o Dirimente designar e, uma vez constituído, funcionará nas datas que o próprio Tribunal fixar.

(d) Procedimento – (i) O Tribunal só será competente para conhecer os pontos da controvérsia. Adotará seu próprio procedimento e, por iniciativa própria, poderá designar os peritos que estime necessários. Em qualquer caso, deverá das às partes a oportunidade de expor suas razões em audiência. (ii) O Tribunal julgará segundo sua consciência, com base nos termos do Contrato/Convênio, e proferirá sua sentença mesmo no caso em que uma das partes seja revel. (iii) A sentença será reduzida a termo e adotada com o voto concorrente de pelo menos dois membros do Tribunal; deverá ser exarada dentro do prazo aproximado de 60 (sessenta) dias a partir da data da designação do Dirimente, a menos que o Tribunal determine que, por circunstâncias especiais e imprevistas, tal prazo deva ser ampliado; serão notificadas às partes mediante comunicação assinada por pelo menos dois membros do Tribunal; deverá ser cumprida dentro de 30 (trinta) dias a partir da data da notificação, terá efeito executivo, e não admitirá qualquer recurso.

(e) Custas – Os honorários de cada árbitro serão cobertos pela parte que o houver designado e os honorários do Dirimente por ambas as partes em proporção igual. Antes de constituir-se o Tribunal, as partes acordarão quanto aos honorários das demais pessoas que, segundo convenham, entendam que devam intervir no procedimento de arbitragem. Se o acordo não ocorrer oportunamente, o próprio Tribunal fixará a compensação que seja razoável para tais pessoas, levando em conta as circunstâncias. Cada parte pagará as próprias despesas no procedimento de arbitragem, mas as custas do Tribunal serão pagas pelas partes em proporção igual. Qualquer dúvida quanto à divisão das custas ou à forma em que devem ser pagas, será resolvida pelo Tribunal de direito a ulterior recurso.

(f) Notificações – Toda notificação relacionada com a arbitragem ou a sentença, será feita segundo a forma prevista neste artigo. As partes renunciam a qualquer outra forma de notificação.

cláusula, ou em outro documento, a forma convencionada para a instituição da arbitragem[65].

Capítulos atrás, já fora comentado a respeito da possibilidade de o litígio objeto da arbitragem ser julgado por um único árbitro ou por um conjunto deles (Tribunal Arbitral). O detalhamento maior a respeito das regras acerca do uso de mais de um deles, dentro de uma instituição especializada, aqui se dá em virtude do fato de a própria lei reservar artigo atinente à hipótese.

Caso as partes decidam utilizar as regras de alguma instituição arbitral, por exemplo AAA ou CCI, a arbitragem se realizará de acordo com tais regras[66].

As cortes arbitrais não solucionam as disputas e sim tentam assegurar o fiel cumprimento de seus regulamentos, os quais são utilizados na arbitragem.

A arbitragem que segue as regras de uma instituição arbitral, onde tudo é estruturado pela instituição, chama-se arbitragem institucional[67].

Já no caso de as partes estabelecerem na própria cláusula a forma convencionada para a instituição da arbitragem, neste caso de organização, a arbitragem denomina-se *ad hoc*, ou seja, é aquela organizada pelas próprias partes.

---

65 Regulamento de Arbitragem da Câmara de Comércio Internacional (CCI) – Art. 33. "Antes de assinar qualquer sentença arbitral, o tribunal arbitral deverá apresentá-la sob a forma de minuta à Corte. A Corte poderá prescrever modificações quanto aos aspectos formais da sentença e, sem afetar a liberdade de decisão do tribunal arbitral, também poderá chamar a atenção para pontos relacionados com o mérito do litígio. Nenhuma sentença arbitral poderá ser proferida pelo tribunal arbitral antes de ter sido aprovada quanto à sua forma pela Corte." E: Art. 6.1. "Quando as partes tiverem concordado em recorrer à arbitragem de acordo com o Regulamento, serão elas consideradas como tendo se submetido *ipso facto* ao Regulamento em vigor na data do início da arbitragem, a não ser que tenham convencionado se submeterem ao Regulamento em vigor na data da convenção de arbitragem."

66 Conforme o Septuagésimo Segundo Enunciado da I Jornada de Prevenção e Solução Extrajudicial de Litígios, "As instituições privadas que lidarem com mediação, conciliação e arbitragem, bem como com demais métodos adequados de solução de conflitos, não deverão conter, tanto no título de estabelecimento, marca ou nome, dentre outros, nomenclaturas e figuras que se assimilem à ideia de Poder Judiciário

67 *Vide* item 8.6.5, sobre arbitragem *ad hoc* e a arbitragem institucional.

10.6 Comunicação da intenção de se proceder à arbitragem. Forma. Efeitos

> Art. 6º Não havendo acordo prévio sobre a forma de instituir a arbitragem, a parte interessada manifestará à outra parte sua intenção de dar início à arbitragem, por via postal ou por outro meio qualquer de comunicação, mediante comprovação de recebimento, convocando-a para, em dia, hora e local certos, firmar o compromisso arbitral[68].
> Parágrafo único. Não comparecendo a parte convocada ou, comparecendo, recusar-se a firmar o compromisso arbitral, poderá a outra parte propor a demanda de que trata o art. 7º desta Lei, perante o órgão do Poder Judiciário a que, originariamente, tocaria o julgamento da causa.

O dispositivo legal em exame determina que a parte interessada notificará o adversário acerca de seu interesse de ver instaurado o juízo arbitral através de qualquer meio de comunicação (todos devem vir acompanhados de demonstração que comprova o envio e sua recepção) que comporte comprovação de recebimento, a fim de que em local, dia e hora predeterminados venha a firmar o compromisso arbitral.

Sobre "firmar compromisso arbitral", Carlos Alberto Carmona preleciona: "Insiste a lei no sentido de que o interessado será instado a comparecer em dia, hora e local certos" para firmá-lo[69].

Continua Carmona fazendo um desabafo sobre o legislador: "Disse o legislador mais do que devia: o compromisso não é imprescritível para a instauração da arbitragem, de tal sorte que bastaria que as partes indicassem o árbitro (ou os árbitros) para que este (ou estes), aceitando o encargo, pudesse(m) dar início ao processo arbitral. Isso dispensaria, inclusive, a reunião das partes em local certo, lugar imposto, em princípio, pelo contratante que tomar a iniciativa de notificar o adversário, o que pode ser fonte de abuso. De fato, podem ocorrer dificuldades operacionais que porão a

---

68 Regulamento de Arbitragem da FIESP – Art. 2.1. "A instauração de procedimento arbitral far-se-á mediante requerimento da parte interessada, indicando, desde logo, a convenção de arbitragem que estabeleça a competência da Câmara, a matéria objeto da arbitragem, o seu valor, o nome e a qualificação completa da(s) outra(s) parte(s), anexando cópia do contrato e demais documentos pertinentes ao litígio."

69 *Arbitragem e processo*: um comentário à Lei 9.307/96. São Paulo: Malheiros, 1998, p. 100.

perder as vantagens da solução arbitral: na arbitragem internacional uma das partes poderá ser sobremaneira prejudicada se tiver de deslocar-se para firmar o compromisso, enquanto na arbitragem nacional pode o interessado notificar o adversário para firmar o compromisso em local de sua exclusiva conveniência, a dano do outro contratante"[70].

Carmona extrai duas conclusões do que foi discutido acima: "primeira, não será necessário firmar compromisso, de sorte que, encontrando as partes um mecanismo de indicação de árbitros, isto bastará para que estes, aceitando o encargo, deem início à arbitragem; ao depois, o local da reunião para a qual será convocada a parte a fim de 'celebrar o compromisso', na dicção da Lei, não poderá ficar ao alvedrio do notificante, de tal forma que, nada prevendo a cláusula (e na falta de melhor critério), deverá ser escolhido um lugar que se situe pelo menos dentro dos limites da comarca onde seria originariamente proposta demanda judicial se não houvesse recurso à arbitragem"[71].

A respeito do ajuizamento da ação judicial, o artigo seguinte estabelecerá. A competência para julgar essa ação é do Poder Judiciário.

Assim a jurisprudência:

CONSTITUCIONAL, PROCESSUAL CIVIL E CRIMINAL. "SENTENÇA" PROFERIDA POR TRIBUNAL DE MEDIAÇÃO E JUSTIÇA ARBITRAL DO DF. PESSOA JURÍDICA DE DIREITO PRIVADO NÃO INVESTIDA DE JURISDIÇÃO, SEM QUALQUER VÍNCULO COM O TRIBUNAL DE JUSTIÇA DO DISTRITO FEDERAL. VERDADEIRO "TRIBUNAL PARTICULAR", OFICIOSO E ILEGAL. (...).

A sentença arbitral não observou sequer os princípios do contraditório e da ampla defesa. (...) É evidente que a parte foi enganada pelos aspectos estéticos e fantasiosos dos "procedimentos" adotados pelo Tribunal de Mediação e Justiça Arbitral do Distrito Federal: tudo dava a entender que estava litigando na esfera do Poder Judiciário. É inviável do leigo o conhecimento dos pressupostos e consequências jurídicas do compromisso de arbitragem[72].

---

70 Idem. Poderá gerar uma Ação de Indenização pelo não cumprimento do contrato avençado.
71 Op. cit., p. 101.
72 AgRg na ApCv 2004.00.1.000132-9, Processo n. 2004.08.1.00 0132-9, rel. Des. Waldir Leôncio Júnior, j. 28-2-2005.

10.7 Citação para lavrar o compromisso. Pedido em juízo. Requisitos. Processamento do pedido. Nomeação de árbitros. Efeitos da sentença

> Art. 7º Existindo cláusula compromissória e havendo resistência quanto à instituição da arbitragem, poderá a parte interessada requerer a citação da outra parte para comparecer em juízo a fim de lavrar-se o compromisso, designando o juiz audiência especial para tal fim [73].
>
> § 1º O autor indicará, com precisão, o objeto da arbitragem, instruindo o pedido com o documento que contiver a cláusula compromissória.
>
> § 2º Comparecendo as partes à audiência, o juiz tentará, previamente, a conciliação acerca do litígio. Não obtendo sucesso, tentará o juiz conduzir as partes à celebração, de comum acordo, do compromisso arbitral.
>
> § 3º Não concordando as partes sobre os termos do compromisso, decidirá o juiz, após ouvir o réu, sobre seu conteúdo, na própria audiência ou no prazo de 10 (dez) dias, respeitadas as disposições da cláusula compromissória e atendendo ao disposto nos arts. 10 e 21, § 2º, desta Lei.
>
> § 4º Se a cláusula compromissória nada dispuser sobre a nomeação de árbitros, caberá ao juiz, ouvidas as partes, estatuir a respeito, podendo nomear árbitro único para a solução do litígio.
>
> § 5º A ausência do autor, sem justo motivo, à audiência designada para a lavratura do compromisso arbitral, importará a extinção do processo sem julgamento de mérito.

---

[73] Regulamento de Arbitragem da Câmara de Comércio Internacional (CCI) – Art. 6.2. "Caso alguma das partes contra a qual uma demanda é formulada não apresente uma resposta, ou formule uma ou mais objeções quanto à existência, validade ou escopo da convenção de arbitragem ou quanto à possibilidade de todas as demandas apresentadas serem decididas em uma única arbitragem, a arbitragem deverá prosseguir e toda e qualquer questão relativa à jurisdição ou à possibilidade de as demandas serem decididas em conjunto em uma única arbitragem deverá ser decidida diretamente pelo tribunal arbitral, a menos que o Secretário Geral submeta tal questão à decisão da Corte de acordo com o artigo 6º(4)." E: Art. 6.8. "Se uma das partes se recusar ou se abstiver de participar da arbitragem, ou de qualquer das suas fases, a arbitragem deverá prosseguir, não obstante tal recusa ou abstenção."

§ 6º *Não comparecendo o réu à audiência, caberá ao juiz, ouvido o autor, estatuir a respeito do conteúdo do compromisso, nomeando árbitro único* [74].

§ 7º *A sentença que julgar procedente o pedido valerá como compromisso arbitral.*

Havendo a cláusula compromissória, conforme o art. 4º da lei em comentário, e havendo resistência quanto à instituição da arbitragem, poderá a parte interessada propor demanda, requerendo em juízo a citação da outra parte para comparecer em juízo a fim de firmar o compromisso arbitral. Nas palavras de Flávio L. Yarshell:

> A tutela jurisdicional que se opera pela prolação de uma sentença substitutiva dos efeitos de declaração de vontade caracteriza-se como típica providência cognitiva, não se revestindo de caráter executivo, exceto se adotada para este último uma perspectiva muito ampla e genérica[75].

A redação deste artigo concede amplos poderes ao magistrado para instituir a arbitragem se houver resistência ou impasse, haja vista que o juiz deverá preencher a lacuna deixada pelas partes, mesmo que estejam faltando dados na cláusula arbitral[76]. Como não poderia deixar de ser, essa é a interpretação que os Tribunais vêm oferecendo à questão[77]. Felizmente, não têm sido muitos os casos de resistência da parte à arbitragem, o que dificulta a apresentação do posicionamento mais atual dos Tribunais,

---

74 Lei-Modelo da UNCITRAL sobre Arbitragem Comercial Internacional – Art. 25.c). "Se uma das partes deixa de comparecer a uma audiência ou de fornecer documentos de prova, o tribunal arbitral pode prosseguir o processo e decidir com base nos elementos da prova de que disponha."

75 *Tutela jurisdicional específica nas obrigações de declaração de vontade*. São Paulo: Malheiros, 1993, p. 25.

76 "Vê-se que tal art. 7º não obriga o juiz a deferir o pedido da parte interessada, impingindo a arbitragem à parte recalcitrante. Pelo contrário, quis o legislador enfatizar que qualquer lesão ou ameaça a direitos, em hipótese alguma, poderá escapar ao controle jurisdicional" (SEC 5.847-1 – Reino Unido da Grã-Bretanha e da Irlanda do Norte, rel. Min. Maurício Corrêa, j. 1º-12-1999). Disponível em: <http://www.stf.gov.br>.

77 Tendo a parte, devidamente notificada, recusado-se a comparecer perante o juízo arbitral para firmar compromisso, compete ao Poder Judiciário processar e julgar a ação de citação prevista no art. 7º da Lei 9.307/93. Apelo provido. Unânime (ApCv 1999.01.1.083360-3, 3ª Turma Cível).

mesmo assim, segue a percepção do Superior Tribunal de Justiça a respeito da matéria:

> LEI DE ARBITRAGEM. INSTITUIÇÃO JUDICIAL DO COMPROMISSO ARBITRAL. OBJETO DO LITÍGIO. INFRINGÊNCIA A CLÁUSULAS CONTRATUAIS. VALIDADE. AUSÊNCIA DE OMISSÃO. I. SE O ACÓRDÃO RECORRIDO ABORDA TODAS AS QUESTÕES SUBMETIDAS À SUA APRECIAÇÃO, NÃO HÁ FALAR EM VIOLAÇÃO AO INCISO II DO ART. 535 DO CÓDIGO DE PROCESSO CIVIL. II. PARA A INSTAURAÇÃO DO PROCEDIMENTO JUDICIAL DE INSTITUIÇÃO DA ARBITRAGEM (ART. 7º DA LEI N. 9.307/96), SÃO INDISPENSÁVEIS A EXISTÊNCIA DE CLÁUSULA COMPROMISSÓRIA E A RESISTÊNCIA DE UMA DAS PARTES À SUA INSTITUIÇÃO, REQUISITOS PRESENTES NO CASO CONCRETO. III. TENDO AS PARTES VALIDAMENTE ESTATUÍDO QUE AS CONTROVÉRSIAS DECORRENTES DOS CONTRATOS DE CREDENCIAMENTO SERIAM DIRIMIDAS POR MEIO DO PROCEDIMENTO PREVISTO NA LEI DE ARBITRAGEM, A DISCUSSÃO SOBRE A INFRINGÊNCIA ÀS SUAS CLÁUSULAS, BEM COMO O DIREITO A EVENTUAL INDENIZAÇÃO, SÃO PASSÍVEIS DE SOLUÇÃO PELA VIA ESCOLHIDA. COM RESSALVAS QUANTO À TERMINOLOGIA, NÃO CONHEÇO DO RECURSO ESPECIAL[78].

Sobre o *caput* do artigo, principalmente sobre a citação, o juiz designará, ajuizado o pedido, data e horário para a audiência, determinando-se a citação da outra parte, para comparecer em tal audiência. Tal citação far-se-á por via postal (arts. 246, I, e 247 do CPC/2015), exceto se o autor a requerer de outra forma, que no CPC/2015 a matéria é tratada no art. 246 e s. Tal carta será registrada para entrega ao citado, exigindo-lhe que o carteiro, ao fazer a entrega, que assine o recibo. Caso o réu seja pessoa jurídica, será válida a entrega a pessoa com poderes de gerência geral ou de administração, conforme os Atos Constitutivos da empresa (art. 248, § 1º, do CPC/2015[79].

Caso a citação seja realizada por oficial de justiça, o mandado que ele tiver que cumprir conterá os requisitos do art. 246 e s. do CPC/2015,

---

78 STJ – REsp 450.881/DF 2002/0079342-1, rel. Min. Castro Filho, j. 11-4-2003, 3ª Turma.
79 PARIZZATTO, João Roberto. Op. cit., p. 32.

aplicáveis à espécie, notadamente o dia, hora e lugar do comparecimento (inciso IV do art. 250, V, do CPC/2015). Caso a falta de algum requisito descrito no referido artigo cause dificuldade ou impossibilidade de defesa para o réu, haverá nulidade.

O § 1º do artigo dispõe sobre como deve ser descrito o objeto da arbitragem na petição inicial, a fim de que o magistrado tome a sua decisão.

Note-se que este parágrafo contém mais um requisito para a petição inicial, além dos prefixados no art. 319 do CPC/2015, haja vista que a imperatividade do tempo verbal ("indicará") faz concluir que este requisito é imprescindível. A sua falta pode ensejar na inaptidão, o que impede o prosseguimento do processo[80].

O § 2º assinala que o juiz tentará, previamente, a conciliação acerca do litígio. A tentativa de conciliar as partes é norma geral prevista no art. 139, V, do CPC/2015[81] (CPC/2015, art. 139, V). Conciliação é a tentativa de harmonização entre as partes conflitantes, visando o magistrado finalizar o processo.

Caso torne impossível a conciliação, tentará o magistrado conduzir as partes à celebração, de comum acordo, do compromisso arbitral. Tal

---

80 NERY JR., Nelson; ANDRADE NERY, Rosa Maria. *Código de Processo Civil comentado*. 3. ed. São Paulo: Revista dos Tribunais, 1997, p. 566.

Joel Dias Figueira Júnior verifica que "não há qualquer inconstitucionalidade ou o mínimo *fumus* de afronta ao princípio da inafastabilidade do controle jurisdicional insculpido no inciso XXXV do art. 5º da CF, sobretudo porque a manifestação favorável do Estado-juiz em instituir compulsoriamente o juízo arbitral dependerá sempre da comprovação cabal de prévia existência de cláusula arbitral firmada pelas partes contratantes.

Note-se que a redação da primeira parte do *caput* do art. 7º e seu § 1º da Lei n. 9.307/96 não deixa qualquer dúvida a seu respeito, no qual a exigência de demonstração de cláusula contratual aparece como verdadeiro pressuposto processual de existência da relação jurídica que o interessado pretende instaurar a fim de obter sentença substitutiva do compromisso" (*Arbitragem, jurisdição e execução*: análise crítica da Lei n. 9.307, de 23-9-1996. 2. ed. São Paulo: Revista dos Tribunais, 1999, p. 167).

81 Nelson Nery Jr. adverte que "a tentativa de conciliar as partes é decorrente do ofício do magistrado (leia-se árbitro), de sorte que não pode ser vista como caracterizadora de suspeição de parcialidade do juiz, nem de prejulgamento da causa. Para tanto deve o juiz fazer as partes anteverem as possibilidades de sucesso e de fracasso de suas pretensões, sem prejudicar a causa e sem exteriorizar o seu entendimento" (NERY JR., Nelson; ANDRADE NERY, Rosa Maria. Op. cit., p. 433). *Vide* Resolução n. 125, de 29-11-2010, sobre conflitos de interesses no âmbito do Poder Judiciário.

hipótese iguala-se em termos à composição, sendo essa uma segunda etapa da audiência designada pelo magistrado[82].

O § 3º reza que caso as partes não concordem sobre os termos do compromisso arbitral, o juiz togado, após ouvir o réu sobre seu conteúdo, na própria audiência ou no prazo de dez dias, respeitadas as disposições da cláusula compromissória e atendendo ao disposto nos arts. 10 e 21, § 2º, da Lei em comento. Deve ser verificado que a sentença que julgar procedente o pedido de instituição de arbitragem é impugnável por apelação (art. 1.008 do CPC/2015), que deve ser recebida apenas no efeito devolutivo (art. 1.012 do CPC/2015[83].

Se a cláusula compromissória nada dispuser sobre a nomeação de árbitros, como dispõe o § 4º do artigo em comento, caberá ao juiz, ouvidas as partes, estatuir a respeito, podendo nomear árbitro único para a solução do conflito. O caso em tela diz respeito a cláusula compromissória vazia (ou incompleta), haja vista que a cláusula cheia é aquela em que as partes, valendo-se da faculdade prevista no art. 5º da Lei de Arbitragem, reportam-se às regras de um órgão arbitral ou entidade especializada, caso em que a arbitragem será instituída e processada de acordo com tais regras; reputa-se vazia a cláusula que não se reporta às citadas regras, nem contenha as indicações para a nomeação de árbitros, de forma a possibilitar a constituição do juízo arbitral, conforme já fora assinalado anteriormente[84].

O § 5º descreve que caso haja ausência do autor sem justo motivo à audiência designada para a lavratura do compromisso arbitral, importará a extinção do processo sem julgamento de mérito, conforme estabelece o art. 485, VII, do CPC/2015, o qual teve a redação alterada por esta lei em comento.

Já o § 6º é incisivo no sentido de, deixando o réu de comparecer a tal audiência, o magistrado ouvirá o autor e nomeará árbitro único para solucionar o litígio.

---

82 Parizatto, João Roberto. Op. cit., p. 34.
83 Barbi Filho, Celso. Execução específica de cláusula arbitral, *RT* 732/64.
84 Carmona, Carlos Alberto. Op. cit., p. 29 e 99; Alvim, J. E. Carreira. *Tratado geral da arbitragem*. Belo Horizonte: Mandamentos, 2000, p. 219-222.

A sentença que julgar procedente o pedido valerá como compromisso arbitral, reza o § 7º. Compromisso arbitral (art. 9º da Lei) é conjuntamente com a cláusula compromissória (art. 4º da Lei) espécie do gênero convenção de arbitragem (art. 3º da Lei). O compromisso arbitral é, por definição legal, a convenção pela qual as partes submetem um litígio à arbitragem de uma ou mais pessoas, podendo ser judicial ou extrajudicial[85].

Abaixo, jurisprudência sobre o artigo em comentário.

PROCESSUAL CIVIL. EMBARGOS DE DECLARAÇÃO NO RECURSO ESPECIAL. RECURSO MANEJADO NA ÉGIDE DO CPC/2015. VIOLAÇÃO DO ART. 1.022 DO CPC/2015. OMISSÃO. DETERMINAÇÃO PARA QUE SEJA INSTITUÍDA A ARBITRAGEM. ART. 7º DA LEI N. 9.307/96. CARACTERIZAÇÃO. EMBARGOS DE DECLARAÇÃO ACOLHIDOS (EDcl no REsp 1.746.049. rel. Min. Moura Ribeiro. Publicado em 13-9-2019).

10.8 Nulidade do contrato. Efeitos com relação à cláusula compromissória

> *Art. 8º A cláusula compromissória é autônoma em relação ao contrato em que estiver inserta, de tal sorte que a nulidade deste não implica, necessariamente, a nulidade da cláusula compromissória*[86].
> *Parágrafo único. Caberá ao árbitro decidir de ofício, ou por provocação das partes, as questões acerca da existência, validade e eficácia da convenção de arbitragem e do contrato que contenha a cláusula compromissória.*

---

85 Art. 9º, *caput*, da Lei n. 9.307/96. Verificar os arts. 5º a 9º da lei.

86 Regulamento de Arbitragem da Câmara de Comércio Internacional (CCI) – Art. 6.4. "Salvo estipulação em contrário, a pretensa nulidade ou alegada inexistência do contrato não implicará a incompetência do tribunal arbitral, caso este entenda que a convenção de arbitragem é válida. O tribunal arbitral continuará sendo competente para determinar os respectivos direitos das partes e para decidir as suas demandas e pleitos, mesmo em caso de inexistência ou nulidade do contrato."

Regulamento de Arbitragem da *American Arbitration Association* (AAA) – Art. 8. "O tribunal terá a faculdade de determinar a existência ou validade de um contrato no qual conste a cláusula compromissória. Tal cláusula será tratada como um acordo independente dos outros termos do contrato. A decisão do tribunal de que o contrato é nulo ou inválido não invalidará a cláusula compromissória somente por tal motivo."

A cláusula compromissória é, por definição legal, a convenção da qual as partes em um contrato comprometem-se a submeter à arbitragem os litígios que possa vir a surgir relativamente a tal contrato[87].

A grande diferença de cláusula compromissória em relação ao compromisso arbitral é que o último somente pode ser verificado havendo um litígio atual e concreto.

J. E. Carreira Alvim diz que:

> Embora a Lei de Arbitragem somente se expresse sobre a autonomia da cláusula compromissória relativamente ao contrato a que adere, não resta dúvida de que essa autonomia se estende também ao compromisso arbitral. Tanto a cláusula compromissória quanto o compromisso são contratos distintos em relação ao contrato principal, embora a primeira tenha a denominação cláusula. Tanto assim é que a arbitragem pode, excepcionalmente, prescindir do compromisso, quando a própria cláusula "valha compromisso", preenchendo os requisitos essenciais que permitam conferir-lhe essa qualidade. O compromisso pode também prescindir da cláusula, quando se permite passar diretamente à arbitragem, o que acontece sempre que a controvérsia não seja fruto de contrato escrito, como nas relações de vizinhança e acidentes de trânsito. Por isso não se exagera quando se diz que o compromisso é 'um contrato fora do contrato', pois a sua origem é litígio entre as partes, funcionando como um verdadeiro ato introdutivo da demanda.
>
> A independência do compromisso em relação ao contrato traduz-se na possibilidade de as partes assinarem um compromisso mesmo quando o contrato tenha se expirado ou, ainda, de ser estendido a litígios que apenas indiretamente poderiam dizer-se resultantes de contrato extinto[88].

Ponto mais relevante do artigo diz respeito ao fato de que, se porventura houver nulidade no contrato que previu a cláusula compromissória, não haveria que se falar em nulidade da própria cláusula uma vez que o expediente que estipula a arbitragem é independente do contrato em que ele, expediente de instituição (cláusula compromissória) está.

---

87 Art. 4º da Lei n. 9.307/96.
88 Op. cit., p. 269-270.

Decisões acerca da existência, validade e eficácia da convenção de arbitragem e do contrato que contenha a cláusula compromissória caberão ao árbitro, podendo este decidir de ofício.

10.9 Compromisso arbitral. Conceito. Forma judicial ou extrajudicial

> Art. 9º O compromisso arbitral é a convenção através da qual as partes submetem um litígio à arbitragem de uma ou mais pessoas, podendo ser judicial ou extrajudicial.
> § 1º O compromisso arbitral judicial celebrar-se-á por termo nos autos, perante o juízo ou tribunal, onde tem curso a demanda.
> § 2º O compromisso arbitral extrajudicial será celebrado por escrito particular, assinado por duas testemunhas, ou por instrumento público.

O compromisso arbitral é a convenção através da qual as partes submetem um litígio à arbitragem de uma ou mais pessoas, podendo ser judicial ou extrajudicial. Judiciais são os atos realizados no Poder Judiciário, extrajudiciais são os realizados fora do juízo estatal.

Por meio do compromisso, insista-se, as partes submetem a juízes privados de sua escolha, e que se denominam árbitros, seus conflitos de interesses. Os juízes togados são afastados, a Justiça Comum é arredada, confiando-se a prestação jurisdicional a juízes particulares, livremente escolhidos pelas próprias partes[89].

O compromisso judicial será celebrado por termo nos autos, perante o juízo ou tribunal, onde tem curso o processo. Tal termo à evidência deverá ser assinado pelas partes ou por mandatário com poderes especiais e por seus respectivos advogados, tratando-se de feito em andamento.

O compromisso extrajudicial será celebrado por escrito particular, assinado pelas partes ou por quem legalmente as represente, estando munido

---

[89] MONTEIRO, Washington de Barros. *Curso de direito civil*. São Paulo: Saraiva, 1962, v. 1, p. 350.

do respectivo mandato com poderes especiais e por duas testemunhas, ou através de instrumento público lavrado em tabelionato[90].

O Código Civil trata em três artigos sobre o compromisso, sendo que o primeiro dispõe: "Art. 851. É admitido compromisso, judicial ou extrajudicial, para resolver litígios entre pessoas que podem contratar".

Este artigo somente repete o que os arts. 1º e o 9º da Lei de Arbitragem rezam.

O segundo artigo descreve que "é vedado compromisso para solução de questões de estado, de direito pessoal de família e de outras que não tenham caráter estritamente patrimonial" (art. 852 do CC). Este artigo faz alusão ao art. 1º da lei em comento.

Finalizando, o terceiro artigo estabelece que "admite-se nos contratos à cláusula compromissória, para resolver divergências mediante juízo arbitral, na forma estabelecida em lei especial" (art. 853)[91].

Veja-se a jurisprudência:

RECURSO ESPECIAL. AÇÃO DECLARATÓRIA DE FALSIDADE CUMULADA COM EXIBIÇÃO DE DOCUMENTOS. CONTRATOS. EXISTÊNCIA, VALIDADE E EFICÁCIA. ASSINATURA. FALSIDADE. ALEGAÇÃO. CONVENÇÃO DE ARBITRAGEM. CLÁUSULA COMPROMISSÓRIA. COMPETÊNCIA. JUÍZO ARBITRAL. *KOMPETENZ-KOMPETENZ*. 1. Cinge-se a controvérsia a definir se o juízo estatal é competente para processar e julgar a ação declaratória que deu origem ao presente recurso especial tendo em vista a existência de cláusula arbitral nos contratos objeto da demanda. 2. A previsão contratual de convenção de arbitragem enseja o reconhecimento da competência do Juízo arbitral para decidir com primazia sobre o Poder Judiciário as questões acerca da existência, validade e eficácia da convenção de arbitragem e do contrato que contenha a cláusula compromissória. 3. A consequência da existência do compromisso arbitral é a

---

90 A 3ª Câmara Cível do Tribunal de Justiça de São Paulo decidiu no AgI 98.781-1 que "o compromisso arbitral, quando particular, exige a assinatura de duas testemunhas e convenção deliberada e firmada com intenção de ser confiada a árbitros a solução de pendências ou controvérsias havidas entre as partes" (*RT* 629/122). Cf. também PARIZATTO, João Roberto. Op. cit., p. 38-39.

91 A lei especial é a Lei n. 9.307/96.

extinção do processo sem resolução de mérito, com base no art. 267, inciso VII, do Código de Processo Civil de 1973. 4. Recurso especial provido[92].

DIREITO PROCESSUAL CIVIL. RECURSO ESPECIAL PREMATURO. REABERTURA DE PRAZO RECURSAL. RATIFICAÇÃO. PARTE SEM PODERES PARA A PRÁTICA DESSE ATO PROCESSUAL. ADITAMENTO DE RECURSO ESPECIAL. IMPOSSIBILIDADE. DIREITO CIVIL. ARBITRAGEM. PRETENSÃO DE INVALIDAÇÃO DO COMPROMISSO ARBITRAL. INADMISSIBILIDADE DE JUDICIALIZAÇÃO PREMATURA DO TEMA. (...) 4. Nos termos do art. 8º, parágrafo único, da Lei de Arbitragem, a alegação de nulidade da cláusula arbitral, bem como do contrato que a contém, deve ser submetida, em primeiro lugar, à decisão arbitral, sendo inviável a pretensão da parte de ver declarada a nulidade da convenção de arbitragem antes de sua instituição, vindo ao Poder Judicial sustentar defeitos de cláusula livremente pactuada pela qual, se comprometeu a aceitar a via arbitral, de modo que inadmissível a prematura judicialização estatal da questão[93].

10.10 Requisitos obrigatórios do compromisso arbitral

> Art. 10. Constará, obrigatoriamente, do compromisso arbitral[94]:
> I – o nome, profissão, estado civil e domicílio das partes;
> II – o nome, profissão e domicílio do árbitro, ou dos árbitros, ou, se for o caso, a identificação da entidade à qual as partes delegaram a indicação de árbitros;
> III – a matéria que será objeto da arbitragem; e
> IV – o lugar em que será proferida a sentença arbitral.

---

92 REsp 1.550.260/RS, 3ª Turma, rel. Min. Ricardo Villas Bôas Cueva, j. 12-12-2017.
93 REsp 1.655.831/SP, rel. Min. Sidnei Beneti, 3ª Turma, j. 19-3-2013.
94 Regulamento de Arbitragem da Câmara de Comércio Internacional (CCI) – Art. 4.3. "1 A parte que desejar recorrer à arbitragem segundo o Regulamento deverá apresentar o seu Requerimento de Arbitragem (o "Requerimento") à Secretaria em qualquer de seus escritórios especificados no Regulamento Interno. A Secretaria notificará o requerente e o requerido do recebimento do Requerimento e da data de tal recebimento. 2 A data de recebimento do Requerimento pela Secretaria deverá ser considerada, para todos os efeitos, como a data de início da arbitragem. 3 O Requerimento deverá conter as seguintes informações: a) nome ou denominação completo, qualificação, endereço e qualquer outro dado para contato de cada parte;

Pontes de Miranda definiu o compromisso arbitral como sendo o contrato pelo qual os figurantes se submetem, a respeito de direito, pretensão, ação ou exceção, sobre que há controvérsia, à decisão de árbitro, incluindo-o na categoria dos contratos que têm por fim a eliminação da incerteza jurídica[95].

Neste contrato as partes devem indicar os árbitros, qualificando-os ou apontar a instituição à qual delegaram a nomeação dos árbitros.

Tendo em vista essa realidade, Pontes de Miranda diz que existem dois negócios jurídicos distintos: o compromisso, através do qual as partes prometem submeter-se ao juízo arbitral, e o contrato arbitral, em que os árbitros designados aceitam o encargo de julgar, estabelecendo relação jurídica entre eles e os comprometentes[96].

O objetivo da regra de qualificar as partes desta forma, diz Carlos Alberto Carmona[97], é apenas o de deixar fora de qualquer dúvida a identificação dos contratantes. Por isso mesmo, não deverá o intérprete prender-se

---

b) nome ou denominação completo, endereço e qualquer outro dado para contato das pessoas que representem o requerente na arbitragem; *c)* descrição da natureza e das circunstâncias do litígio que deu origem às demandas e os fundamentos sob os quais tais demandas são formuladas; *d)* especificação do pedido, incluídos os valores de quaisquer demandas quantificadas e, se possível, uma estimativa do valor monetário das demais demandas; *e)* quaisquer contratos relevantes e, em especial, a(s) convenção(ões) de arbitragem; *f)* quando demandas forem formuladas com base em mais de uma convenção de arbitragem, a indicação da convenção de arbitragem sob a qual cada demanda está sendo formulada; *g)* todas as especificações relevantes e quaisquer observações ou propostas relativas ao número de árbitros e à escolha destes, de acordo com as disposições dos artigos 12 e 13, bem como qualquer designação de árbitro exigida pelos referidos artigos; e *h)* todas as especificações relevantes e quaisquer observações ou propostas relativas à sede da arbitragem, às regras de direito aplicáveis e ao idioma da arbitragem."

Regulamento de Arbitragem da FIESP – Art. 2.2. "A Secretaria da Câmara enviará cópia da notificação recebida à(s) outra(s) parte(s), convidando-a(s) para, no prazo de 15 (quinze) dias, indicar árbitro, consoante estabelecido na convenção de arbitragem, e encaminhará a relação dos nomes que integram seu Quadro de Árbitros, bem como exemplar deste Regulamento e do Código de Ética. A(s) parte(s) contrária(s) terá(ão) idêntico prazo para indicar árbitro." E: Art. 6.1. "Inexistindo cláusula arbitral e havendo interesse das partes em solucionar o litígio por arbitragem, a sua instauração poderá fundar-se em compromisso arbitral acordado pelas Partes."

95 *Comentários ao Código de Processo Civil.* Rio de Janeiro: Forense, 1977, t. XV, p. 228.
96 Idem, p. 241.
97 Op. cit., p. 135.

a especiosismos para tentar extrair do dispositivo legal motivos de nulidade do pacto: se faltar a profissão dos contratantes, por exemplo, haverá, quando muito, mera irregularidade, que não pode afetar a validade do compromisso, a não ser que o requisito faltante seja essencial para a identificação das partes.

Já no caso da qualificação dos árbitros, poderão as partes nomeá-los ou indicar entidade que os nomeará.

Se as partes resolverem desde logo indicar os árbitros, ensina Carmona[98], deverão tomar todos os cuidados em identificá-los adequadamente. A lei determina que lhes seja declinado o nome completo, a profissão e o domicílio, mas a falta de algum desses requisitos (como, por exemplo, o domicílio ou a profissão) não pode levar à nulidade do compromisso, sob pena de levar-se às raias do absurdo as exigências do legislador, esquecendo o motivo que o levou a formulá-las, qual seja, apenas o de identificar de modo inconfundível o(s) julgador(es) eleito(s) pelas partes.

Portanto, são elementos obrigatórios do compromisso arbitral: a) o nome, profissão, estado civil e domicílio das partes; b) o nome, profissão e domicílio do árbitro ou dos árbitros, ou, se for o caso, a identificação da identidade à qual as partes delegaram a indicação de árbitros; c) a matéria que será objeto da arbitragem; e por fim d) o lugar em que será proferida a sentença arbitral[99].

A respeito da matéria, Hamilton de Moraes e Barros[100] observa que a fixação da matéria que será objeto da arbitragem deve ser ampla e completa, sem quaisquer vazios, para evitar o vício da decisão fora ou além do pedido, bem como a perplexidade do árbitro, quando não investido de autoridade para decidir questão não prevista, mas que seja influente no resultado. O compromisso é celebrado, para que seja resolvida uma

---

98 Idem, p. 136.
99 Acórdão inserido na *RJTJESP* 85/153 entendeu ser nulo o laudo, se nulo for o compromisso, frisando que este estará eivado de nulidade, se não contiver o objeto do litígio com todas as suas especificações, inclusivamente o seu valor.
100 *Comentários ao Código de Processo Civil*. Rio de Janeiro: Forense, 1988, p. 481.

pendência. Essa pendência precisa, por isso, ser muito bem conhecida em seu conteúdo e em seus limites. Já Pontes de Miranda[101] diz que bastaria fazer constar do compromisso que os árbitros decidirão sobre todas as pretensões ligadas a determinado contrato, como exemplifica as ações de redibição e de rescisão de contratos entre os figurantes por sócios das coisas vendidas e ainda todas as causas ligadas ao contrato que assinam sobre cerca de imóveis.

A respeito da discussão, o Tribunal de Justiça do Estado do Rio de Janeiro já se posicionou:

> AÇÃO DECLARATÓRIA DE NULIDADE DE SENTENÇA ARBITRAL. COMPROMISSO ARBITRAL. LEI N. 9.307/96. REQUISITOS. PREENCHIMENTO. AUSÊNCIA. (...) (2) Requisitos do compromisso arbitral para eleição do juízo arbitral que não foram atendidos. Testemunhas que não ratificaram o ato de compromisso arbitral extrajudicial. Ausência de delimitação da matéria objeto da arbitragem. (3) Aplicação dos arts. 9º e 10 da Lei n. 9.307/96. (4) Sentença nula nos termos do art. 32, I e IV, da Lei n. 9.307/96[102].

Já o critério utilizado pelo legislador para aferir se a sentença arbitral é nacional ou estrangeira está vinculado ao local em que a decisão for proferida[103]: se em território da República, a sentença arbitral será nacional; se fora dele, tem-se o laudo estrangeiro, submetendo-se a decisão, para ter eficácia no Brasil, à homologação perante o Superior Tribunal Federal[104].

Como já relatado anteriormente, deve constar obrigatoriamente do compromisso, para que se saiba se a arbitragem será nacional ou não, o local onde será proferida a decisão. O compromisso visa, também, a proteger a decisão protegida pelo(s) árbitro(s) escolhido(s) pelas partes.

---

101 Op. cit., p. 279.
102 TJRJ – Apelação n. 0008819-80.2005.8.19.0054 – 7ª Câmara. Des. rel. Caetano Ernesto da Fonseca Costa, j. 22-9-2010.
103 Conforme o art. 34, parágrafo único, da Lei n. 9.307/96.
104 Cf. CARMONA, Carlos Alberto. Op. cit., p. 140, e art. 35 da Lei de Arbitragem.

10.11 Requisitos facultativos do compromisso arbitral

> Art. 11. Poderá, ainda, o compromisso arbitral conter[105]:
>
> I – local, ou locais, onde se desenvolverá a arbitragem;
> II – a autorização para que o árbitro ou os árbitros julguem por equidade, se assim for convencionado pelas partes;
> III – o prazo para apresentação da sentença arbitral;
> IV – a indicação da lei nacional ou das regras corporativas aplicáveis à arbitragem, quando assim convencionarem as partes;
> V – a declaração da responsabilidade pelo pagamento dos honorários e das despesas com a arbitragem; e
> VI – a fixação dos honorários do árbitro, ou dos árbitros.
> Parágrafo único. Fixando as partes os honorários do árbitro, ou dos árbitros, no compromisso arbitral, este constituirá título executivo extrajudicial; não havendo tal estipulação, o árbitro requererá ao órgão do Poder Judiciário que seria competente para julgar, originariamente, a causa que os fixe por sentença.

São elementos facultativos que poderão constar no compromisso arbitral: a) o local, ou locais, onde se desenvolverá a arbitragem; b) a autorização para que o árbitro ou os árbitros julguem por equidade, se assim for convencionado pelas partes; c) o prazo para apresentação da sentença arbitral; d) a indicação da lei nacional ou das regras corporativas aplicáveis à arbitragem, quando assim convencionarem as partes; e) a declaração da responsabilidade pelo pagamento dos honorários e das despesas com a arbitragem; e f) a fixação dos honorários do árbitro, ou dos árbitros.

O local onde se desenvolverá a arbitragem será estipulado no compromisso arbitral, mas verifica-se que é o primeiro elemento facultativo dos outros cinco, que serão analisados a seguir. Por ser elemento facultativo, o local onde se desenvolverá a arbitragem não precisa ser inserido no compromisso, ao contrário do local que será proferido na sentença, visto que a lei em comento faz distinção entre arbitragem nacional e estrangeira tendo

---

[105] Regulamento de Arbitragem da Câmara de Comércio Internacional (CCI) – Art. 20. "Inexistindo acordo entre as partes, o tribunal arbitral determinará o idioma ou os idiomas do procedimento arbitral, levando em consideração todas as circunstâncias relevantes, inclusive o idioma do contrato."

como perímetro o local onde foi proferida a arbitragem e não por onde se desenvolverá a arbitragem. Ademais, nos dias atuais, a arbitragem pode ser desenvolvida com um árbitro nos Estados Unidos, estando as partes no Brasil, por exemplo, sendo que as informações são passadas via *e-mail*, ou seja, é desnecessário que um árbitro e as partes fiquem em um único local para que a arbitragem seja desenvolvida, pois que a arbitragem se tornaria um instituto mais moroso.

O julgamento por equidade é possível, visto que o art. 2º da Lei n. 9.307/96 define que a arbitragem pode ser de direito ou equidade. O art. 1.075, IV, do CPC, revogado pelo art. 44 desta lei, estabelecia que o compromisso poderia conter a autorização aos árbitros para julgarem por equidade, fora das regras e formas de direito. Verifique que sem que haja tal convenção, o julgamento deve ser de direito.

A respeito do prazo para apresentação da sentença arbitral, este constava no art. 1.075, I, do CPC/73, também revogado pela lei, antes mesmo do CPC/2015. Tendo em vista o fator celeridade que deve imperar no instituto, as partes estabelecerão um prazo para a apresentação da respectiva sentença, de modo a não permitir demora na solução da questão[106].

A indicação da lei nacional ou das regras corporativas aplicáveis à arbitragem também é facultativa no compromisso arbitral. Este trabalho traz algumas regras corporativas, como as regras do CCI e do AAA. Essas regras podem ser utilizadas, mas devem ser indicadas no compromisso arbitral. Mesmo que o árbitro não faça parte destes tribunais, as regras podem ser utilizadas.

A declaração da responsabilidade pelo pagamento dos honorários e das despesas com a arbitragem pode ser estipulada no compromisso arbitral declarando quem é responsável pelo pagamento dos honorários e das despesas do(s) árbitro(s).

Por último e de forma facultativa, a fixação dos honorários do(s) árbitro(s) pode ser incluída no compromisso arbitral. Havendo esta fixação, o compromisso arbitral constitui título executivo extrajudicial, conforme

---

106 PARIZATTO, João Roberto. Op. cit., p. 44-45.

o art. 784, XII, do CPC/2015[107], podendo ser executado caso haja o inadimplemento.

10.12 Extinção do compromisso arbitral. Causas

> *Art. 12. Extingue-se[108] o compromisso arbitral:*
> *I – escusando-se qualquer dos árbitros, antes de aceitar a nomeação, desde que as partes tenham declarado, expressamente, não aceitar substituto;*
> *II – falecendo ou ficando impossibilitado de dar seu voto algum dos árbitros, desde que as partes declarem, expressamente, não aceitar substituto; e*
> *III – tendo expirado o prazo a que se refere o art. 11, inciso III, desde que a parte interessada tenha notificado o árbitro, ou o presidente do tribunal arbitral, concedendo-lhe o prazo de 10 (dez) dias para a prolação e apresentação da sentença arbitral.*

A finalização da relação contratual, neste caso, pode dar-se por a) escusa de qualquer dos árbitros, antes de aceitar a nomeação, desde que as partes tenham declarado, expressamente, não aceitar substituto; b) falecendo ou ficando impossibilitado de dar seu voto algum dos árbitros, desde que as partes declarem, expressamente, não aceitar substituto; e c) tendo expirado o prazo a que se refere o art. 11, III (o prazo para apresentação da sentença arbitral).

Este artigo não distingue entre a extinção, o compromisso arbitral e a extinção da própria arbitragem.

Como já analisado, a arbitragem é um juízo fundado na confiança que as partes depositam no(s) árbitro(s) por elas indicado(s), pelo que, ao nomeá-lo(s), devem certificar-se se haverá aceitação, mormente se não forem indicados substitutos. Como se trata de um negócio jurídico (compromisso arbitral) sujeito ao implemento de condição (a aceitação do

---

107 "Art. 585. São títulos executivos extrajudiciais: (...) VIII – todos os demais títulos a que, por disposição expressa, a lei atribuir força executiva."

108 Sinônimos de extinção: fim, cessação, abolição, dissolução, pagamento integral de débito, aniquilamento, ruína, extermínio, término, supressão, perecimento, perda, consumo.

encargo pelo árbitro), pode ser que esta não ocorra, vindo a extinguir-se o compromisso[109].

Falecendo ou ficando impossibilitado de dar seu voto algum dos árbitros, ocorrerá a extinção do compromisso arbitral, desde que as partes declarem, expressamente, não aceitar substituto, haja vista que é uma obrigação[110] personalíssima[111]. Se as partes concordarem em aceitar um novo árbitro ou árbitros, ocorrerá esta e o(s) novo(s) árbitro(s) dará(rão) seu(s) voto(s). Não havendo concordância com a substituição, ocorrerá a extinção do negócio jurídico, no caso do juízo arbitral.

O art. 11, III, da Lei n. 9.307/96 permite que seja estipulado um prazo, que deve ser cumprido pelo árbitro. Na hipótese de expirar tal prazo sem que tenha sido dada uma sentença, ocorre a extinção do compromisso arbitral, "desde que a parte interessada tenha notificado o árbitro, ou o presidente do tribunal arbitral, concedendo-lhe o prazo de dez dias para a prolação e apresentação da sentença arbitral". Caso tenha decorrido este prazo de dez dias sem que tenha sido proferida a sentença, o compromisso arbitral estará extinto. Bom exemplo consiste em julgado do Superior Tribunal de Justiça, em 2017:

> AGRAVO EM RECURSO ESPECIAL N. 1.071.921. AÇÃO DECLARATÓRIA DE EXTINÇÃO DE COMPROMISSO ARBITRAL. EXCESSO DE PRAZO NA PROLAÇÃO DA SENTENÇA. AUSÊNCIA DE PAGAMENTO DE HONORÁRIOS. DECLARATÓRIA DE EXTINÇÃO DE COMPROMISSO ARBITRAL. LEI FEDERAL N. 9.307/96. HIPÓTESES DE EXTINÇÃO. Nos termos do art. 12, inciso III, da Lei n. 9.307/96, extingue-se o compromisso arbitral na hipótese de expiração do prazo a que se refere o art. 11, inciso III, desde que a parte interessada tenha notificado o árbitro, ou o presidente do tribunal arbitral, concedendo-lhe o prazo de dez dias para a prolação e apresentação da sentença arbitral. Tendo a sentença arbitral

---

109 ALVIM, J. E. Carreira. Op. cit., p. 295.

110 "Obrigação é o vínculo de direito pelo qual alguém (sujeito passivo) se propõe a dar, fazer ou não fazer qualquer coisa (objeto), em favor de outrem (sujeito ativo)" (RODRIGUES, Silvio. Direito civil. 32. ed. São Paulo: Saraiva, 2002, p. 3-4).

111 Obrigação personalíssima é aquela que só pode ser realizada pelo devedor, no caso pelo árbitro ou árbitros.

sido prolatada no prazo previsto, inexiste causa a justificar a extinção do compromisso arbitral[112].

O espírito da lei e a percepção da jurisprudência não poderiam ser outros, já que o papel da arbitragem é muito relevante, vez que, assim como na jurisdição estatal, também há a distribuição da justiça. Assim, nada mais razoável que o procedimento arbitral também siga regras formais que tragam a paz social aos litigantes e, uma vez que a regra não é cumprida pelos próprios árbitros, tem-se a extinção do compromisso.

10.13 Árbitro. Pessoa capaz e de confiança das partes. Nomeação do árbitro. Pedido inicial. Presidente do Tribunal Arbitral. Desempenho da função. Adiantamento de verbas para despesas e diligências

> *Art. 13. Pode ser árbitro qualquer pessoa capaz e que tenha a confiança das partes[113].*
>
> *§ 1º As partes nomearão um ou mais árbitros, sempre em número ímpar, podendo nomear, também, os respectivos suplentes[114].*
>
> *§ 2º Quando as partes nomearem árbitros em número par, estes estão autorizados, desde logo, a nomear mais um árbitro. Não havendo acordo, requererão as partes ao órgão do Poder Judiciário a que tocaria, originariamente, o julgamento da causa a nomeação*

---

112 STJ – AREsp 1.071.921 MG, rel. Min. Paulo de Tarso Sanseverino, j. 11-10-2017.

113 Regulamento de Arbitragem da Câmara de Comércio Internacional (CCI) – Art. 12.1. "Os litígios serão decididos por um árbitro único ou por três árbitros." E: Art. 5.2. "A Secretaria poderá conceder ao requerido uma prorrogação de prazo para apresentar a Resposta, desde que o pedido para tal prorrogação contenha as observações ou propostas do requerido relativas ao número de árbitros e à escolha destes, e, quando exigido pelos artigos 12 e 13, a designação de um árbitro. Caso contrário a Corte deverá proceder de acordo com o Regulamento."

114 Regulamento de Arbitragem da FIESP – Art. 2.6. "O Tribunal Arbitral será composto por 3 (três) árbitros, podendo as partes acordar que o litígio seja dirimido por árbitro único, por elas indicado, no prazo de 15 (quinze) dias. Decorrido esse prazo sem indicação, este será designado pelo Presidente da Câmara, preferencialmente dentre os membros do Quadro de Árbitros."

Regulamento de Arbitragem da *American Arbitration Association (AAA)* – Art. 11. "Se as partes não chegarem a um acordo com relação ao número de árbitros, será nomeado um árbitro único, salvo se o Administrador, a seu critério, entender apropriado nomear três árbitros a depender da magnitude, complexidade ou outras circunstâncias do caso."

do árbitro, aplicável, no que couber, o procedimento previsto no art. 7º desta Lei.

§ 3º As partes poderão, de comum acordo, estabelecer o processo de escolha dos árbitros, ou adotar as regras de um órgão arbitral institucional ou entidade especializada[115].

§ 4º ~~Sendo nomeados vários árbitros, estes, por maioria, elegerão o presidente do tribunal arbitral. Não havendo consenso, será designado presidente o mais idoso[116].~~

§ 4º As partes, de comum acordo, poderão afastar a aplicação de dispositivo do regulamento do órgão arbitral institucional ou entidade especializada que limite a escolha do árbitro único, coárbitro ou presidente do tribunal à respectiva lista de árbitros, autorizado o controle da escolha pelos órgãos competentes da instituição, sendo que, nos casos de impasse e arbitragem multiparte, deverá ser observado o que dispuser o regulamento aplicável. (Redação dada pela Lei n. 13.129, de 2015)

§ 5º O árbitro ou o presidente do tribunal designará, se julgar conveniente, um secretário, que poderá ser um dos árbitros[117].

§ 6º No desempenho de sua função, o árbitro deverá proceder com imparcialidade, independência, competência, diligência e discrição[118].

---

115 Lei-modelo da UNCITRAL sobre Arbitragem Comercial Internacional – Art. 10.1. "As partes podem determinar livremente o número de árbitros. E art. 10.2. "Na falta de tal determinação, os árbitros serão em número de três."

Lei-modelo da UNCITRAL sobre Arbitragem Comercial Internacional – Art. 11.2. "As partes podem, por acordo, escolher livremente o processo de nomeação do árbitro ou dos árbitros, sem prejuízo das disposições dos §§ 4 e 5 do presente artigo."

116 Regulamento de Arbitragem da FIESP – Art. 2.4. "O presidente do Tribunal Arbitral será escolhido de comum acordo pelos árbitros indicados pelas partes, preferencialmente dentre os membros do Quadro de Árbitros da Câmara. Os nomes indicados serão submetidos à aprovação do Presidente da Câmara. Os árbitros aprovados serão instados a manifestar sua aceitação e a firmar o Termo de Independência, com o que se considera iniciado o procedimento arbitral. A Secretaria, no prazo de 10 (dez) dias do recebimento da aprovação dos árbitros, notificará as partes para a elaboração do Termo de Arbitragem."

117 Regulamento de Arbitragem da FIESP – Art. 10.1 "Iniciando-se a arbitragem, o Tribunal Arbitral, através da Secretaria da Câmara, poderá convocar as partes para audiência preliminar a ser realizada por meio mais oportuno. Serão as partes esclarecidas a respeito do procedimento, tomando-se as providências necessárias para o regular desenvolvimento da arbitragem."

118 "A investidura do árbitro é derivada da confiança a ele depositada pelas partes ou pela instituição que o escolher, desde o início, com sua nomeação, durante todo o decorrer do procedimento, até seu final, com a elaboração da sentença. Essa confiança a ele delegada é imanente à decisão que será proferida, bem como à sua conduta quanto ao desenrolar de todo o procedimento arbitral, motivo pelo qual o árbitro deverá sempre ser imparcial, no sentido

§ 7º Poderá o árbitro ou o tribunal arbitral determinar às partes o adiantamento de verbas para despesas e diligências que julgar necessárias.

Árbitro é a pessoa física e capaz[119], escolhida pelas partes para resolver conflito que envolva direito disponível. Ser pessoa física ou natural é considerar o ser humano como sendo sujeito de direitos e obrigações.

O texto normativo do art. 1º do CC dispõe que "toda pessoa é capaz de direitos e deveres na ordem civil". Portanto desta análise do art. 1º surge a noção de capacidade, que é a maior ou menor extensão dos direitos de uma pessoa.

De modo que a esta aptidão, oriunda da personalidade, para adquirir direitos e contrair obrigações na vida civil, dá-se o nome de capacidade de gozo ou de direito.

No caso dos árbitros, poderão exercer esta função as pessoas capazes, isto é, aquelas que detêm a plenitude da capacidade de gozo, sendo assim os maiores de 18 anos, não podendo ser ébrios habituais, pródigos ou viciados em tóxicos; e que possam exprimir sua real vontade.

A menoridade, reza o Código Civil, cessa aos 18 anos completos, quando a pessoa fica habilitada à prática de todos os atos da vida civil. Mas cessará, para os menores, a incapacidade: pela concessão dos pais, ou de um deles na falta do outro, mediante instrumento público, independentemente de homologação judicial, ou por sentença, do juiz, ouvido o tutor, se menor de 16 anos completos; pelo casamento; pelo exercício de emprego público efetivo; pela colação de grau em curso de ensino superior; pelo estabelecimento civil ou comercial, ou pela existência de relação de emprego, desde que, em função deles, o menor com 16 anos completos tenha economia própria (art. 5º).

---

de evitar qualquer privilégio a uma das partes em detrimento da outra; independente, entendendo-se não estar vinculado a qualquer das partes envolvidas na controvérsia; competente, no sentido de conhecer profundamente os parâmetros ditados pelas partes para elaboração de sua decisão; e diligente, pressupondo-se que não poupará esforços para proceder da melhor maneira possível quanto à investigação dos fatos relacionados à controvérsia" (in *Código de Ética para Árbitros*).

119 *Vide* comentários ao art. 1º.

Vejamos as pessoas que em razão de regime jurídico especial não podem ser árbitros: os magistrados, os membros do Ministério Público, os Procuradores do Estado, os funcionários públicos, serventuários, insolventes etc. Na arbitragem internacional, a capacidade deve ser aferida em relação à lei pessoal do árbitro. No entanto, nas arbitragens internas, o estrangeiro, sendo nomeado árbitro, deve atender à lei brasileira quanto à capacidade. Finalmente, não podem ser árbitros as pessoas que tenham com as partes, ou com o litígio que lhes for submetido, alguma das relações que caracterizam os casos de impedimento ou suspeição de juízes.

Conforme preleciona José de Albuquerque Rocha, "os impedimentos e suspeições no Código de Processo Civil são relativos, isto é, só valem em relação às pessoas e ao objeto de um litígio concreto. Daí só poderem ser conhecidos em face de casos concretos e nisto se distinguem dos impedimentos precedentemente analisados, ditos absolutos por valerem em qualquer situação, como é o caso dos impedimentos dos magistrados, membros do Ministério Público etc., os quais estão proibidos de exercer a arbitragem de forma absoluta.

Nem todos os impedimentos e suspeições previstos no Código de Processo Civil são aplicáveis à arbitragem. Inicialmente não se aplica aos árbitros o art. 134, inciso II, que se refere a membros de órgãos do segundo grau do Judiciário, que tenham proferido decisão ou sentença no processo em primeiro grau. No entanto, tratando-se de arbitragem organizada por instituições, cujos regulamentos prevejam os julgamentos de primeiro e segundo graus (apelação), incide a regra do art. 314, inciso II, ou seja, árbitros que tenham proferido decisões no processo em primeiro grau estão impedidos de julgá-lo no segundo grau. Quanto à hipótese do art. 134, inciso IV, só se verifica quando o advogado já o era em processo judicial anterior, e as partes escolhem a arbitragem, desistindo do processo judicial, continuando o mesmo advogado no juízo arbitral. Se, porém, o ingresso do advogado é posterior à instauração do juízo arbitral, o impedimento é dele (advogado) e não do árbitro"[120].

---

120 Op. cit., p. 68-69.

Sobre a confiança das partes, é mister dizer que é um dos princípios basilares da arbitragem a confiança das partes no(s) árbitro(s). Nesse particular, vale os dizeres da 3ª Turma do TRF 4ª Região sobre a temática:

> DIREITO ADMINISTRATIVO E PROCESSUAL CIVIL. CEF. FGTS. SAQUE. HIPÓTESES. SENTENÇA ARBITRAL. (...) 2. A lei que disciplina a arbitragem (Lei n. 9.307/96) permite que direitos patrimoniais disponíveis sejam dirimidos por meio da arbitragem (art. 1º), dispondo que a sentença arbitral produz os mesmos efeitos da sentença judicial (art. 31) e que não necessita da homologação do Poder Judiciário para surtir efeitos (art. 18). Para ser árbitro, basta ser capaz (juridicamente) e ter a confiança das partes (art. 13). 3. Da mesma forma que a sentença, não se verifica óbice a que a impetrante, pessoa capaz civilmente, seja incluída no cadastro de árbitros da CEF, para que suas sentenças homologatórias de acordo com a extinção do contrato de trabalho tenham o efeito de autorizar o saque do FGTS do empregado que se submeteu à arbitragem[121].

Sérgio Sahione Fadel, a respeito da nomeação do número de árbitros, preleciona que "em número ímpar existe e deve ser observada, com uma única exceção: se forem dois os nomeados, quando se presumirão autorizados, desde logo, a nomear um terceiro. Não teria qualquer sentido admitir-se a nomeação de um número par de árbitros, porque fatalmente ocorreriam empates e o juízo arbitral nada decidiria. Por igual, a própria nomeação de apenas dois deixa de ser recomendável, haja vista que, embora presumidamente autorizados a nomear um eventual desempatador, poderia ocorrer divergência na escolha deste e o problema ficaria sem solução, já que nessa hipótese o compromisso se extinguiria. Tem-se, então: a) ou as partes nomeiam apenas um árbitro, que dará o seu lado, que deverá ser acatado por elas; b) ou nomeiam dois, admitindo-se nesse caso estejam estes autorizados a escolher um terceiro, caso haja necessidade em razão de divergência; c) ou escolhem mais de dois, sempre, porém, em número ímpar, já que qualquer outro número par será inadmissível"[122].

---

[121] Apelação n. 5049237-56.2016.4.04.7000/PR. 3ª Turma, rel. Des. Marga Inge Barth Tessler, j. 4-6-2019.
[122] *Código de Processo Civil comentado*. Rio de Janeiro: Forense, 1987, v. 3, p. 276.

Ademais, as partes nomearão um ou mais árbitros, sempre em números ímpar, podendo nomear os respectivos suplentes, ou seja, seus substitutos. Na hipótese de as partes nomearem árbitros em número par, e não havendo acordo acerca de tal nomeação, as partes requererão ao Poder Judiciário a nomeação do árbitro, conforme o procedimento previsto no art. 7º da lei comentada.

A nomeação e a fixação dos árbitros são uma das mais importantes atribuições das partes, constando, obrigatoriamente, do compromisso, conforme verificado acima[123].

Note-se que os modos de nomeação obedecem ao princípio geral da vontade das partes, princípio este que consiste no poder de estipular livremente, como melhor lhes convier, mediante acordo de vontades, a disciplina de seus interesses, suscitando efeitos tutelados pela ordem jurídica, envolvendo, além da liberdade de nomeação, a liberdade de nomeação ou não, limitadas pelas normas de ordem pública, pelos bons costumes e pela revisão judicial dos contratos.

Sobre a aceitação da nomeação[124] é necessário que seja dito que a partir disso nasce para os árbitros o poder de decidir a controvérsia entre as partes e demais deveres, direitos e responsabilidades que lhes incumbem. Portanto, a aceitação é a manifestação da vontade, expressa ou tácita, da parte do destinatário de uma proposta, feita dentro do prazo, aderindo a esta em todos os seus termos, tornando o contrato definitivamente concluído, desde que chegue, oportunamente, ao conhecimento do ofertante, no caso em tela das partes[125].

As partes poderão também estabelecer entre escolher os árbitros, de comum acordo, ou adotar as regras de arbitragem de um órgão institucional ou entidade especializada, como AAA, CCI ou FIESP/CIESP, por exemplo[126].

---

123 Arts. 10, II, e 13, § 1º, da Lei de Arbitragem.

124 "Para os autores que consideram a natureza jurídica da arbitragem jurisdicional a aceitação tem a mesma função da apresentação da inicial e da citação no processo judicial" (ROCHA, José de Albuquerque. Op. cit., p. 71).

125 DINIZ, Maria Helena. *Curso de Direito Civil*. v. 3, p. 70.

126 Sobre a diferença entre arbitragem *ad hoc* e arbitragem institucional, *vide* item 8.6.5.

Sendo nomeados de três a mais árbitros, sempre em números ímpares, estes, por maioria, elegerão o presidente do Tribunal Arbitral; caso não haja consenso, será designado o mais idoso.

Fica facultada ao árbitro ou ao presidente do Tribunal Arbitral a designação de um secretário, caso haja necessidade e conveniência para tanto, cuja escolha poderá recair na pessoa de um dos árbitros. Usando-se o vocábulo "poderá", João Roberto Parizatto conclui que o secretário poderá ser um estranho, não necessitando assim ser um dos árbitros[127].

O penúltimo parágrafo deste artigo dispõe que no desempenho de sua função, o árbitro deverá proceder com imparcialidade, independência, competência, diligência e discrição.

Tendo em vista o fator de confiança entre as partes e o árbitro, o último deverá agir com imparcialidade, ou seja, deve decidir não com sua opinião própria, mas sim com a justiça que as partes almejam neste tipo de procedimento.

A independência é outro fator importante que deve imperar no desempenho da função do árbitro. O árbitro não deve estar atrelado com outras ideias que não sejam aquelas compactuadas entre as partes, sendo ele livre para dirigir e praticar os atos referentes à arbitragem a que irá proceder.

Já a competência diz respeito a uma questão mais subjetiva, haja vista que capacidade e aptidão são características intrínsecas à pessoa, portanto o árbitro deve aplicar essas qualidades para realizar a arbitragem.

A diligência é a penúltima característica que o árbitro deve ter para proceder à arbitragem. Diligência seria o cuidado, o empenho, a exatidão que a pessoa deve ter. A ideia de diligência exprime a própria prudência tida na prática, direção e execução de todos os atos e negócios jurídicos realizados na arbitragem.

Por fim, a lei em comento impõe que o árbitro haja com discrição, ou seja, o árbitro deve agir de forma discreta e reservada, guardando para si todos os segredos revelados no procedimento arbitral.

Este artigo traz no seu § 7º, ainda, que o árbitro ou o tribunal arbitral poderá determinar às partes o adiantamento de verbas para despesas e

---

127 Op. cit., p. 52.

diligências que julgar necessárias. Verifica-se que o adiantamento de verbas se dará somente por contrato, devendo ser estabelecido o *quantum* e como ocorrerá o pagamento, sendo que o árbitro deverá prestar contas no final da arbitragem.

Na hipótese de não pagamento, a arbitragem poderá ficar prejudicada, haja vista que em alguns casos a diligência é essencial para a continuação do procedimento.

Importante se faz notar que existe um Projeto de Lei, de autoria do Deputado Alex Canziani, na Comissão de Constituição e Justiça e de Cidadania da Câmara dos Deputados, seguindo parecer do ilustre professor Regis de Oliveira, de n. 5.243/2009, o qual pretende modificar este artigo para inserir a possibilidade de a função de árbitro ser exercida por notários e tabeliões públicos. Seguindo a linha do CBAR entende-se que a modificação é desnecessária, já que o artigo em comento traz a expressão "pessoa capaz" e que tenha a "confiança das partes".

10.14 Motivos de impedimento do árbitro. Recusa do árbitro

> *Art. 14. Estão impedidos de funcionar como árbitros as pessoas que tenham, com as partes ou com o litígio que lhes for submetido, algumas das relações que caracterizam os casos de impedimento ou suspeição de juízes, aplicando-se-lhes, no que couber, os mesmos deveres e responsabilidades, conforme previsto no Código de Processo Civil* [128-131].

---

128 Regulamento de Arbitragem da Câmara de Comércio Internacional (CCI) – Art. 11.1. "Todo árbitro deverá ser e permanecer imparcial e independente das partes envolvidas na arbitragem." E: Art. 11.3. "O árbitro deverá revelar, imediatamente e por escrito, à Secretaria e às partes quaisquer fatos ou circunstâncias de natureza semelhante àquelas previstas no artigo 11(2) relativas à sua imparcialidade ou independência que possam surgir durante a arbitragem."

Regulamento de Arbitragem da *American Arbitration Association (AAA)* – Art. 13.1. "Os árbitros que atuem conforme este Regulamento deverão ser imparciais e independentes e deverão atuar em conformidade com a Notificação de Nomeação enviada pelo Administrador."

§ 1º As pessoas indicadas para funcionar como árbitro têm o dever de revelar, antes da aceitação da função, qualquer fato que denote dúvida justificada quanto à sua imparcialidade e independência[130].
§ 2º O árbitro somente poderá ser recusado por motivo ocorrido após sua nomeação. Poderá, entretanto, ser recusado por motivo anterior à sua nomeação, quando:
a) não for nomeado, diretamente, pela parte; ou
b) o motivo para a recusa do árbitro for conhecido posteriormente à sua nomeação[131].

O artigo em comento traz as hipóteses em que o árbitro ficará impedido de atuar, ou seja, nos casos de impedimento ou de suspeição.

São hipóteses de impedimento, conforme o art. 134 do CPC/73: ser, o juiz, parte do processo onde ele exerce suas funções; em que interveio como mandatário da parte, oficiou como perito, funcionou como órgão do

---

129 Voith Turbo GmbH AG et Co. x SNCFT – França. Parte contesta independência e imparcialidade do árbitro, em razão de haver participado de outro julgamento. Não constatado, ademais, a parte não apresentou tal objeção quando da constituição do tribunal (1ère Chambre da Cour d'Appel de Paris, França, de 28-11-2002);

130 Lei-Modelo da UNCITRAL sobre Arbitragem Comercial Internacional – Art. 12.1. "Quando uma pessoa for indicada com vistas à sua eventual nomeação como árbitro, fará notar todas as circunstâncias que possam suscitar dúvidas fundamentadas sobre sua imparcialidade ou independência. A partir da data da sua nomeação e durante todo o procedimento arbitral, o árbitro fará notar sem demora às partes as referidas circunstâncias, a menos que já o tenha feito."

131 Lei-Modelo da UNCITRAL sobre Arbitragem Comercial Internacional – Art. 12.2. "Um árbitro só pode ser objetado se existirem circunstâncias que possam suscitar dúvidas fundamentadas sobre sua imparcialidade ou independência ou se não possuir as qualificações que as partes acordaram. Uma parte só pode objetar um árbitro nomeado por si, ou em cuja nomeação tiver participado, por um motivo de que tenha tido conhecimento apenas após essa nomeação." Art. 13.2. "Na falta de tal acordo, a parte que tiver intenção de objetar um árbitro, deverá expor por escrito os motivos da objeção ao tribunal arbitral, no prazo de 15 dias a contar da data em que teve conhecimento da constituição do tribunal arbitral ou da data em que teve conhecimento das circunstâncias referidas no artigo 12º, parágrafo 2º. Se o árbitro objetado não renunciar ou se a outra parte não aceitar a objeção, o tribunal arbitral deverá decidir sobre a objeção." E: Art. 13.3. "Se a objeção realizada segundo o procedimento acordado entre as partes ou nos termos do parágrafo 2º do presente artigo não for bem-sucedida, a parte que pretende objetar o árbitro pode, no prazo de 30 (trinta) dias, após ter-lhe sido comunicada a decisão que recusou a objeção, pedir a um tribunal estatal ou a outra autoridade referida no artigo 6º que decida sobre a objeção; essa decisão será insuscetível de recurso; enquanto referido pedido estiver pendente de decisão, o tribunal arbitral, incluindo o árbitro objetado, poderá prosseguir o procedimento arbitral e proferir uma sentença arbitral."

Ministério Público[132]; ou prestou depoimento como testemunha; que conheceu em primeiro grau de jurisdição, tendo-lhe proferido sentença ou decisão[133]; quando nele estiver postulando, como advogado[134] da parte, ou seu cônjuge ou qualquer parente seu, consanguíneo ou afim, em linha reta; ou na linha colateral até o segundo grau; ou quando o cônjuge, parente, consanguíneo ou afim, de alguma das partes, em linha reta ou na colateral até o terceiro grau e quando for órgão de direção ou de administração de pessoa jurídica, parte na causa. Ademais, quando dois ou mais juízes forem parentes, consanguíneos ou afins, em linha reta e no segundo grau na linha colateral, o primeiro, que conhecer da causa no tribunal, impede que o outro participe do julgamento, conforme reza o art. 136 do CPC-73. Com isso, bem a calhar a apreciação da 19ª Câmara de Direito Privado do Tribunal de Justiça do Estado de São Paulo. *In verbis*:

> EXCEÇÃO DE SUSPEIÇÃO. Art. 138, CPC, e art. 14 da Lei n. 9.307, de 29-9-1996. Impedimento. O árbitro eleito (Dr. Paulo XXXXXXX – OAB/SP n. XXX XXX), por ter sido advogado da empresa Apelante e, inclusive, causídico dos sócios proprietários da Apelante, encontrava-se impedido de funcionar como árbitro no juízo arbitral na causa entre as partes litigantes. Por se tratar de nulidade absoluta (arts. 21, § 2º, e 32, incisos II e VIII, ambos da Lei n. 9.307/96) não incide o prazo de noventa dias (art. 33, § 1º, da Lei n. 9.307/96) e, ainda, o impedimento do árbitro só veio a conhecimento da Apelada por ocasião da interposição dos embargos à execução. Recurso não provido[135].

No caso da suspeição, o Código de Processo Civil dispunha em seu art. 135: reputa-se fundada a suspeição de parcialidade do juiz, quando este for:

---

[132] Este caso não se aplica à arbitragem, haja vista que este procedimento somente poderá ocorrer para dirimir conflitos relativos a direitos patrimoniais disponíveis.

[133] Também não se aplica à arbitragem, visto que não há duplo grau de jurisdição no procedimento arbitral.

[134] "O impedimento somente se verifica quando o advogado já estava exercendo o patrocínio da causa; é porém, vedado ao advogado pleitear no processo, a fim de criar o impedimento do juiz (art. 134, parágrafo único, do CPC).

[135] TJSP – APL 7261884900/SP, 19ª Câmara de Direito Privado, rel. Des. Paulo Hatanaka, j. 1º-12-2008.

amigo íntimo ou inimigo capital de qualquer das partes; alguma das partes for credora ou devedora do juiz, de seu cônjuge ou de parentes destes, em linha reta ou na colateral até o terceiro grau; herdeiro presuntivo, donatário ou empregador de alguma das partes; receber dádivas antes ou depois de iniciado o processo, aconselhar alguma das partes acerca do objeto da causa, ou subministrar meios para atender às despesas do litígio; e interessado no julgamento da causa em favor de uma das partes. Por fim, poderá o juiz, ainda, declarar-se suspeito por motivo íntimo, agora é o § 1º do art. 145 do CPC/2015 que será analisado a seguir.

Pela Lei de Arbitragem, estão impedidos de funcionar como árbitros as pessoas que tenham, com as partes ou com o litígio que lhes for submetido, alguma das relações que caracterizam os casos de impedimento ou de suspeição de juízes, portanto alguma das relações acima enumeradas, aplicando-se-lhes os mesmos deveres e responsabilidades, conforme descritos pelo Código de Processo Civil.

As pessoas indicadas para funcionar como árbitro têm o dever de revelar, antes da aceitação da função, qualquer fato que denote dúvida justificada quanto à sua imparcialidade e independência, haja vista o fator confiança ser primordial para instaurar tal procedimento[136].

O árbitro somente poderá ser recusado por motivo ocorrido após sua nomeação, mas existem duas exceções quando for recusado por motivo anterior à sua nomeação. São elas: não for nomeado diretamente pela parte; ou o motivo para sua recusa for conhecido posteriormente à sua nomeação. O artigo seguinte trará o procedimento para a recusa do árbitro.

10.15 Exceção de impedimento ou suspeição. Forma de apresentação

> Art. 15. A parte interessada em arguir a recusa do árbitro apresentará, nos termos do art. 20, a respectiva exceção, diretamente ao árbitro ou ao presidente do tribunal arbitral, deduzindo suas razões

---

136 Havendo recusa feita pelo árbitro, antes da aceitação da nomeação, verificar-se-á o que dispõe o art. 16 da Lei de Arbitragem.

> *e apresentando as provas pertinentes*[137]*.*
> *Parágrafo único. Acolhida a exceção, será afastado o árbitro suspeito ou impedido, que será substituído, na forma do art. 16 desta Lei.*

A exceção de recusa do árbitro deverá ser apresentada por escrito, diretamente a ele ou ao presidente do Tribunal Arbitral[138], na forma que dispõe o art. 20, na primeira oportunidade que a parte tiver de se manifestar, conforme reza o art. 19 do mesmo diploma legal.

A parte deverá apresentar suas razões, ou seja, fundamentar a recusa do árbitro, com a apresentação das provas pertinentes à comprovação do alegado. A prova deverá ser legal ou moralmente legítima, conforme o art. 369 do CPC, e documental, assim como preleciona o art. 212, II, do Código Civil.

Acolhida a exceção, será afastado o árbitro suspeito ou impedido, que será substituído, segundo prevê o art. 16 da Lei n. 9.307/96, assumindo o substituto indicado no compromisso, ou observando os §§ 1º e 2º do referido artigo, caso não haja substituto previamente estipulado no contrato compromissório.

10.16 Escusa do árbitro. Substituição. Pedido inicial

> *Art. 16. Se o árbitro escusar-se antes da aceitação da nomeação, ou, após a aceitação, vier a falecer, tornar-se impossibilitado para o exercício da função, ou for recusado, assumirá seu lugar o substituto indicado no compromisso, se houver*[139]*.*

---

137 Regulamento de Arbitragem da Câmara de Comércio Internacional (CCI) – Art. 14.2. "A impugnação deve, sob pena de rejeição, ser apresentada por uma das partes dentro do prazo de trinta dias seguintes ao recebimento, pelo impugnante, da notificação de nomeação ou confirmação do árbitro, ou dentro de trinta dias a partir da data em que o impugnante tomou conhecimento dos fatos e circunstâncias em que se fundamenta a impugnação, no caso de esta data ser subsequente ao recebimento da referida notificação." E art. 14.3. "Compete à Corte pronunciar-se sobre a admissibilidade e, se necessário, sobre os fundamentos da impugnação, após a Secretaria ter dado a oportunidade, ao árbitro impugnado, à outra ou às outras partes e a quaisquer outros membros do tribunal arbitral de se manifestarem, por escrito, em prazo adequado. Estas manifestações devem ser comunicadas às partes e aos árbitros."

138 Conforme verificado no art. 13, § 4º, da lei em comentário.

139 Regulamento de Arbitragem da Câmara de Comércio Internacional (CCI) – Art. 15.1. "Um árbitro será substituído se vier a falecer, se a Corte aceitar a sua renúncia ou impugnação, ou se a Corte aceitar um pedido de todas as partes."

> § 1º Não havendo substituto indicado para o árbitro, aplicar-se-ão as regras do órgão arbitral institucional ou entidade especializada, se as partes as tiverem invocado na convenção de arbitragem[140].
>
> § 2º Nada dispondo a convenção de arbitragem e não chegando as partes a um acordo sobre a nomeação do árbitro a ser substituído, procederá a parte interessada da forma prevista no art. 7º desta Lei, a menos que as partes tenham declarado, expressamente, na convenção de arbitragem, não aceitar substituto[141].

Existem muitas razões pelas quais a pessoa indicada para exercer a função de árbitro pode escusar o convite. Carlos Alberto Carmona[142] cita algumas razões para isso, dentre elas: a) falta de interesse técnico no assunto sobre o qual controvertem as partes; b) ligação com algum dos contendentes; c) impossibilidade de assumir o compromisso por conta de outras tarefas; d) remuneração pouco atraente; e) complexidade do assunto incompatível com os conhecimentos do indicado; f) escolha pelas partes de idioma que não domina.

Ocorrendo a escusa do árbitro antes da aceitação, assumirá o cargo o seu substituto indicado no compromisso, se houver. Caso não haja, observar-se-ão os §§ 1º e 2º deste artigo.

Regulamento de Arbitragem da FIESP – Art. 7.4. "Se, no curso do procedimento arbitral, sobrevier algumas das causas de impedimento ou suspeição ou ocorrer morte ou incapacidade de qualquer dos árbitros, será ele substituído por outro indicado pela mesma parte e, se for o caso, pelo Presidente da Câmara, na forma disposta neste Regulamento."

Lei-Modelo da UNCITRAL sobre Arbitragem Comercial Internacional – Art. 15. "Quando o mandato de um árbitro terminar, nos termos dos artigos 13º e 14º, ou quando este renunciar às suas funções por qualquer outra razão, ou quando o seu mandato for revogado por acordo entre as partes, ou em qualquer outro caso em que seja posto fim ao seu mandato, será nomeado um árbitro substituto, de acordo com as regras aplicadas à nomeação do árbitro substituído."

140 Regulamento de Arbitragem da FIESP – Art. 2.5. "Se qualquer das partes deixar de indicar árbitro no prazo estabelecido no item 2.2, o Presidente da Câmara fará a nomeação. Caber-lhe-á, igualmente, indicar, preferencialmente dentre os membros do Quadro de Árbitros da Câmara, o árbitro que funcionará como Presidente do Tribunal Arbitral, na falta de indicação."

141 Regulamento de Arbitragem da *American Arbitration Association (AAA)* – Art. 14. "Se a outra parte não estiver de acordo com a impugnação, ou se o árbitro impugnado não se afastar, o Administrador, a seu exclusivo critério, decidirá sobre a impugnação."

142 Op. cit., p. 178.

O primeiro parágrafo trata da hipótese a qual não há substituto indicado para o árbitro, portanto deverá aplicar as regras do órgão arbitral institucional ou entidade especializada, caso as partes as tenham invocado na convenção de arbitragem.

Já o segundo parágrafo trata do caso em que não há nada dispondo na convenção de arbitragem sobre a substituição do árbitro, ademais as partes não chegam a nenhum acordo sobre a nomeação do árbitro a ser substituído.

Ocorrendo este caso, intervirá o magistrado, propondo a parte interessada a demanda de que trata o art. 7º da lei em comento.

10.17 Equiparação dos árbitros aos funcionários públicos

> Art. 17. Os árbitros, quando no exercício de suas funções ou em razão delas, ficam equiparados aos funcionários públicos, para os efeitos da legislação penal.

Os árbitros, tendo em vista a confiança depositada pelas partes, ficam equiparados aos funcionários públicos, quando no exercício de suas funções ou em razão delas. Caso cometam alguma infração, serão processados e responderão pelos crimes tipificados nos arts. 312 a 359 do CP.

Mesmo a Lei n. 9.307/96 não prevendo responsabilidade civil, verifica-se que caso o árbitro venha a decidir, por exemplo, com base na equidade quando o poder não lhe é outorgado pelos compromitentes, ele responde por eventuais prejuízos que causar às partes. Os prejuízos podem ser de ordem temporal, como, por exemplo, demorar mais do que o estipulado, ou de ordem material, como decidir sem fundamentação.

E o órgão institucional, responde por responsabilidade civil? Carlos Alberto Carmona preleciona que:

> Em tema de responsabilidade civil há se ser enquadrada a situação do órgão arbitral institucional: responderá ele também por perdas e danos nos casos de exercício irregular das atividades propostas pelo órgão arbitral: falta de indicação de árbitros que não preencham as qualificações técnicas acordadas entre as partes, indicação de árbitros que não poderiam exercer a função, falta de indicação de árbitros etc. tudo levando a eventual anulação do laudo ou a retardamento na decisão. E mais: alguns órgãos arbitrais

preveem dentre suas funções a de rever o laudo sob o aspecto formal antes de sua publicação (como ocorre com a Corte de Arbitragem da Câmara de Comércio Internacional), o que poderá acarretar a responsabilidade civil do órgão em caso de falha (anulação do laudo por descumprimento das exigências do art. 26 da lei, para dar um exemplo)[143].

Por fim, a parte prejudicada pelo inadimplemento do árbitro e/ou da instituição pode pleitear a resolução do contrato de arbitragem, além do ressarcimento dos prejuízos por perdas e danos.

10.18 Inexistência de recurso contra a sentença arbitral. Desnecessidade de homologação pelo Poder Judiciário

> Art. 18. O árbitro é juiz de fato e de direito, e a sentença que proferir não fica sujeita a recurso ou a homologação pelo Poder Judiciário.

Optando, as partes, pela arbitragem a sentença não fica sujeita ao duplo grau de jurisdição e também não há necessidade de homologação pelo Judiciário.

O art. 32 da lei cuida da nulidade da sentença e o art. 33 dispõe que caso a parte seja prejudicada, ela poderá pleitear ao órgão do Poder Judiciário competente a decretação da nulidade da sentença arbitral.

Veja, como exemplo, a decisão proferida pelo Tribunal de Justiça do Estado de Goiás:

AGRAVO DE INSTRUMENTO. AÇÃO DE EXECUÇÃO DE SENTENÇA ARBITRAL. IMPUGNAÇÃO. DECLARAÇÃO DE NULIDADE DA SENTENÇA ARBITRAL. INOCORRÊNCIA. REQUISITOS DO ART. 32 DA LEI DE ARBITRAGEM NÃO PREENCHIDOS. INCIDÊNCIA DOS EFEITOS DA REVELIA NO PROCEDIMENTO ARBITRAL. DECISÃO MANTIDA. (...) 2. É insubsistente e sem guarida a tentativa dos Executados/Agravantes de verem declarada a nulidade da sentença arbitral, pois, na impugnação ao cumprimento de sentença, não alegaram qualquer motivo apto a ensejar tal anulação (art. 32 da Lei de Arbitragem), mas, tão somente, afirmaram que não foram intimados dela, o que não impede a sua

---

143 Op. cit., p. 182-183.

efetividade, pois, como dito, dela não cabe recurso, apto a reformar o seu mérito, tornando-se, portanto, tão logo prolatada, imutável e indiscutível. 3. Outrossim, embora eles não tenham sido intimados da sentença arbitral, tiveram a oportunidade de arguir a sua nulidade, na impugnação ao cumprimento de sentença, que foi julgada improcedente, tornando exigível o título executivo judicial, no curso da demanda, com base no princípio da instrumentalidade das formas[144].

10.19 Instituição da arbitragem. Elaboração de adendo

> Art. 19. Considera-se instituída a arbitragem quando aceita a nomeação pelo árbitro, se for único, ou por todos, se forem vários.
> ~~Parágrafo único. Instituída a arbitragem e entendendo o árbitro ou o tribunal arbitral que há necessidade de explicitar alguma questão disposta na convenção de arbitragem, será elaborado, juntamente com as partes, um adendo, firmado por todos, que passará a fazer parte integrante da convenção de arbitragem.~~
> § 1º Instituída a arbitragem e entendendo o árbitro ou o tribunal arbitral que há necessidade de explicitar questão disposta na convenção de arbitragem, será elaborado, juntamente com as partes, adendo firmado por todos, que passará a fazer parte integrante da convenção de arbitragem. (Incluído pela Lei n. 13.129, de 2015)
> § 2º A instituição da arbitragem interrompe a prescrição, retroagindo à data do requerimento de sua instauração, ainda que extinta a arbitragem por ausência de jurisdição. (Incluído pela Lei n. 13.129, de 2015)

Aceita a nomeação por um árbitro, se for único, ou por todos, se forem mais de três, considerar-se-á estabelecida a arbitragem, ou seja, instituída.

Depois de instituída a arbitragem, o árbitro ou o tribunal arbitral, sentindo a necessidade de esclarecer alguns pontos dúbios da convenção de arbitragem, requisitará que seja elaborado um aditivo contratual firmado por todos, que passará a fazer parte da convenção de arbitragem.

Os pontos dúbios da convenção arbitral podem ser acerca da língua empregada, ou da sede da arbitragem, por exemplo.

---

144 TJGO – AI 04791667520188090000, 5ª Câmara Cível, rel. Des. Mauricio Porfirio Rosa, j. 13-5-2019.

Dando continuidade ao art. 19, a alteração da norma também mexeu no artigo em comento, mais detidamente no que se refere ao seu parágrafo único que, na prática, tornou-se o § 1º, na medida em que foi criado o 2º parágrafo para destacar que a arbitragem interromperá a prescrição. A questão é que mesmo essa determinação não soluciona de fato a problemática porque ainda se mantém o debate sobre a o real momento de instauração da arbitragem. Isto é, existe a possibilidade de impugnação das partes ante à nomeação dos árbitros pelas partes, o que gera a dúvida acerca do início ou não da arbitragem.

10.20 Oportunidade para arguir questões sobre a competência, suspeição ou impedimento do árbitro ou nulidade, invalidade ou ineficácia da convenção. Acolhimento de arguição. Efeitos. Não acolhimento da arguição

> Art. 20. A parte que pretender arguir questões relativas à competência, suspeição ou impedimento do árbitro ou dos árbitros, bem como nulidade, invalidade ou ineficácia da convenção de arbitragem, deverá fazê-lo na primeira oportunidade que tiver de se manifestar, após a instituição da arbitragem[145].
>
> § 1º Acolhida a arguição de suspeição ou impedimento, será o árbitro substituído nos termos do art. 16 desta Lei, reconhecida a incompetência do árbitro ou do tribunal arbitral, bem como a nulidade, invalidade ou ineficácia da convenção de arbitragem, serão as partes remetidas ao órgão do Poder Judiciário competente para julgar a causa[146].
>
> § 2º Não sendo acolhida a arguição, terá normal prosseguimento a arbitragem, sem prejuízo de vir a ser examinada a decisão pelo

---

145 Regulamento de Arbitragem da Câmara de Comércio Internacional (CCI) – Art. 14.1. "A impugnação de um árbitro por alegada falta de imparcialidade ou independência ou por quaisquer outros motivos deverá ser feita por meio da apresentação de uma declaração por escrito à Secretaria, especificando os fatos e circunstâncias que lhe servem de fundamento."

146 Regulamento de Arbitragem da Câmara de Comércio Internacional (CCI) – Art. 14.3. "Compete à Corte pronunciar-se sobre a admissibilidade e, se necessário, sobre os fundamentos da impugnação, após a Secretaria ter dado a oportunidade, ao árbitro impugnado, à outra ou às outras partes e a quaisquer outros membros do tribunal arbitral de se manifestarem, por escrito, em prazo adequado. Estas manifestações devem ser comunicadas às partes e aos árbitros."

órgão do Poder Judiciário competente, quando da eventual propositura da demanda de que trata o art. 33 desta Lei.

Quanto às questões relativas à competência, suspeição ou impedimento do árbitro ou dos árbitros, bem como nulidade, invalidade ou ineficácia da convenção arbitral, a parte deverá se manifestar na primeira oportunidade que tiver de fazê-lo, após instruída a arbitragem.

A regra do *caput* do art. 20 parece ser de mera ordenação do procedimento. Esta providência deverá ser feita através de exceção dirigida ao árbitro ou ao presidente do tribunal arbitral, em documento escrito com a fundamentação dos motivos que levaram à medida tomada pela parte.

Tendo em vista ser o procedimento arbitral de natureza jurídica contratual, não se mostra coerente que esta regra possa gerar preclusão, conforme dispõe o art. 278 do CPC.

O § 1º reza que acolhida a arguição de suspeição ou impedimento, será o árbitro substituído conforme o art. 16[147]. A segunda parte deste parágrafo diz que caso venha a ser reconhecida a incompetência do árbitro ou do Tribunal Arbitral, bem como a nulidade, invalidade ou ineficácia da convenção de arbitragem, serão as partes remetidas ao órgão do Poder Judiciário competente para julgar a causa.

Nos casos supra-aludidos, referente a nulidade, invalidade ou ineficácia da convenção de arbitragem, tem-se que analisar esses vícios separadamente.

A nulidade é um defeito jurídico que torna o ato sem valor, não pode produzir qualquer espécie de efeito.

Já a invalidade decorre da não observância das regras estipuladas e convencionadas em lei ou no contrato compromissório.

Por último, a inutilidade seria a não utilização do instituto para ressolucionar o conflito.

Portanto, ocorrendo tais vícios serão remetidas as partes ao órgão do Poder Judiciário competente para julgar a causa.

Não acolhida a arguição, terá normal prosseguimento a forma da arbitragem. Não obstante haver o inacolhimento da exceção, a decisão pode vir

---

147 *Vide* anotações ao art. 16 da lei em comento.

a ser examinada pelo órgão do Poder Judiciário competente, na hipótese de eventual propositura de ação anulatória da sentença arbitral prevista no art. 33 da Lei.

10.21 Observância do procedimento estabelecido pelas partes. Observância dos princípios do contraditório, da igualdade das partes, da imparcialidade e do livre convencimento. Postulação através de advogado. Conciliação das partes

> *Art. 21. A arbitragem obedecerá ao procedimento estabelecido pelas partes na convenção de arbitragem, que poderá reportar-se às regras de um órgão arbitral institucional ou entidade especializada, facultando-se, ainda, às partes delegar ao próprio árbitro, ou ao tribunal arbitral, regular o procedimento[148].*
>
> *§ 1º Não havendo estipulação acerca do procedimento, caberá ao árbitro ou ao tribunal arbitral discipliná-lo[149].*
>
> *§ 2º Serão, sempre, respeitados no procedimento arbitral os princípios do contraditório, da igualdade das partes, da imparcialidade do árbitro e de seu livre convencimento[150].*

---

148 Regulamento de Arbitragem da Câmara de Comércio Internacional (CCI) – Art. 19. "O procedimento perante o tribunal arbitral será regido pelo Regulamento, e, no que for omisso, pelas regras que as partes – ou, na falta destas, o tribunal arbitral – determinarem, referindo-se ou não a uma lei nacional processual aplicável à arbitragem."

Lei-Modelo da UNCITRAL sobre Arbitragem Comercial Internacional – Art. 19.1. "Sem prejuízo das disposições da presente Lei, as partes podem, por acordo, escolher livremente o processo a seguir pelo tribunal arbitral." E art. 19.2. "Na falta de tal acordo, o tribunal arbitral pode, sem prejuízo das disposições da presente Lei, conduzir a arbitragem do modo que julgar apropriado. Os poderes conferidos ao tribunal arbitral compreendem o de determinar a admissibilidade, pertinência e importância de qualquer prova produzida."

149 Regulamento de Arbitragem da Câmara de Comércio Internacional (CCI) – Art. 21.1. "As partes terão liberdade para escolher as regras de direito a serem aplicadas pelo tribunal arbitral ao mérito da causa. Na ausência de acordo entre as partes, o tribunal arbitral aplicará as regras que julgar apropriadas."

150 Regulamento de Arbitragem da Câmara de Comércio Internacional (CCI) – Art. 22.4. "Em todos os casos, o tribunal arbitral deverá atuar de forma equânime e imparcial, devendo sempre assegurar que cada parte tenha tido a oportunidade de apresentar as suas razões."

Lei-Modelo da UNCITRAL sobre Arbitragem Comercial Internacional – Art. 18. "As partes devem ser tratadas de forma igualitária e deve ser dada a cada uma delas plena possibilidade de expor seu caso."

> § 3º As partes poderão postular por intermédio de advogado, respeitada, sempre, a faculdade de designar quem as represente ou assista no procedimento arbitral[151].
>
> § 4º Competirá ao árbitro ou ao tribunal arbitral, no início do procedimento, tentar a conciliação das partes, aplicando-se, no que couber, o art. 28 desta Lei.

A escolha do procedimento arbitral já foi tratada em item específico[152].

Caso não esteja estipulado na convenção arbitral o procedimento da arbitragem, o árbitro ou o Tribunal Arbitral poderá discipliná-lo.

O § 2º descreve os princípios que deverão ser respeitados no procedimento arbitral. São eles: o princípio do contraditório, o princípio da igualdade das partes, da imparcialidade do árbitro e de seu livre convencimento.

O princípio do contraditório é assegurado constitucionalmente pelo art. 5º, LV, o qual dispõe: "aos litigantes, em processo judicial ou administrativo, e aos acusados em geral são assegurados o contraditório e a ampla defesa, com os meios e recursos a ela inerentes".

O contraditório, disse Rui Portanova[153], preocupa-se com o fato de estas influírem efetivamente no convencimento do juiz e até de criar dúvida em seu convencimento. Caberá, então, às partes ou ao árbitro estabelecer (ou adotar) um procedimento que possa garantir plenamente a recíproca manifestação dos contendentes a respeito das provas e das razões do adversário, o que significa, também, esclarecer formas efetivas de comunicação dos atos procedimentais e concessão de tempo razoável para as respectivas manifestações, diz Carlos Alberto Carmona[154].

Quanto ao princípio da igualdade, visa estabelecer a paridade entre as partes, dando-lhes, junto ao Tribunal Arbitral ou ao árbitro, igual tratamento durante a arbitragem.

---

151 Regulamento de Arbitragem da FIESP – Art. 8.1. "As partes podem se fazer representar por procurador com poderes suficientes para atuar em seu nome no procedimento arbitral."

152 *Vide* item 8.8.1.

153 *Princípios do processo civil*. Porto Alegre: Livraria do Advogado, 1995, p. 161.

154 Op. cit., p. 204.

A imparcialidade torna o procedimento arbitral idôneo, fazendo com que o árbitro tome a sua decisão pelo convencimento perante o caso apresentado e não por comprometimento a alguma das partes.

Por fim, haverá de ser respeitado o livre convencimento do árbitro. Este princípio está ligado à ideia de liberdade que tem o árbitro de decidir de acordo com sua convicção. De Plácido e Silva elucida que:

> O livre convencimento, assim bem exprime a liberdade atribuída ao juiz para a apreciação do valor ou da força da prova, para que, por sua inteligência, por sua ponderação, por seu bom senso, pela sua acuidade, pela sua prudência, consultando mesmo sua própria consciência, diante das próprias circunstâncias trazidas ou anotadas no correr do procedimento, interprete as mesmas provas, para, sem ofensa ao direito expresso, prolatar seu decisório[155].

O § 3º deste artigo em apreço faculta às partes a postulação por intermédio de advogado. Caso venha a ser postulada por meio de um advogado, sendo que é facultativa, ele deve ser capaz e ter capacidade postulatória, estando munido de mandato para este tipo de procedimento.

Por último, o § 4º trata da conciliação. A conciliação na atividade do árbitro está ínsita à noção de transação (arts. 840-850 do CC). A conciliação é conduta que se impõe como medida prévia à semelhança do impositivo que nesse sentido obriga o juiz estatal. A ideia dessa faculdade está em que a arbitragem pode eventualmente identificar-se com a figura da composição amigável, tarefa que se defere, normalmente, aos árbitros[156].

10.22 Depoimento das partes. Oitiva de testemunhas. Realização de perícias e outras provas. Providências a serem tomadas. Ausência da parte. Ausência da testemunha. Medidas coercitivas ou cautelares. Substituição do árbitro. Repetição de provas

> Art. 22. Poderá o árbitro ou o tribunal arbitral tomar o depoimento das partes, ouvir testemunhas e determinar a realização de perícias

---

155 Op. cit., p. 105.
156 STRENGER, Guilherme Gonçalves. Do juízo arbitral, *RT* 607/30. *Vide* item 9.10 sobre advogado na arbitragem.

ou outras provas que julgar necessárias, mediante requerimento das partes ou de ofício[157].

§ 1º O depoimento das partes e das testemunhas será tomado em local, dia e hora previamente comunicados, por escrito, e reduzido a termo, assinado pelo depoente, ou a seu rogo, e pelos árbitros.

§ 2º Em caso de desatendimento, sem justa causa, da convocação para prestar depoimento pessoal, o árbitro ou o tribunal arbitral levará em consideração o comportamento da parte faltosa, ao proferir sua sentença; se a ausência for de testemunha, nas mesmas circunstâncias, poderá o árbitro ou o presidente do tribunal arbitral requerer à autoridade judiciária que conduza a testemunha renitente, comprovando a existência da convenção de arbitragem.

§ 3º A revelia da parte não impedirá que seja proferida a sentença arbitral.

§ 4º Ressalvado o disposto no § 2º, havendo necessidade de medidas coercitivas ou cautelares, os árbitros poderão solicitá-las ao órgão do Poder Judiciário que seria, originariamente, competente para julgar a causa. (Revogado pela Lei n. 13.129, de 2015)

§ 5º Se, durante o procedimento arbitral, um árbitro vier a ser substituído fica a critério do substituto repetir as provas já produzidas[158-159].

---

157 Lei-Modelo da UNCITRAL sobre Arbitragem Comercial Internacional – Art. 26.1. "Salvo convenção das partes em contrário, o tribunal arbitral: *a*) pode nomear um ou mais peritos encarregados de elaborar um relatório sobre pontos específicos que o tribunal arbitral determinará; *b*) pode pedir a uma das partes que forneça ao perito todas as informações relevantes ou que lhe faculte ou torne acessíveis, para exame, quaisquer documentos, mercadorias ou outros bens relevantes."

158 Regulamento de Arbitragem da Câmara de Comércio Internacional (CCI) – Art. 6.8. "Se uma das partes se recusar ou se abstiver de participar da arbitragem, ou de qualquer das suas fases, a arbitragem deverá prosseguir, não obstante tal recusa ou abstenção."

Regulamento de Arbitragem da *American Arbitration Association (AAA)* – Art. 26.1. "Se uma parte deixar de apresentar sua Resposta dentro do prazo estabelecido pelo Artigo 3, o tribunal arbitral poderá prosseguir com a arbitragem." Art. 26.2. "Se uma parte devidamente notificada conforme este Regulamento não comparecer a uma audiência sem apresentar motivo justificado, o tribunal poderá dar prosseguimento à audiência." E art. 26.3. "Se uma parte devidamente convocada a produzir prova ou a tomar qualquer outra medida no procedimento não o fizer no prazo estabelecido pelo tribunal, sem apresentar motivo justificado, o tribunal poderá proferir sentença com base nas provas que tiverem sido até então produzidas."

159 Regulamento de Arbitragem da *American Arbitration Association (AAA)* – Art. 15.2. "Se um árbitro substituto for nomeado de acordo com este Artigo, a menos que as partes disponham de forma diferente, o tribunal, a seu exclusivo critério, determinará se se devem repetir todas ou parte das provas até então produzidas."

Na atividade arbitral, sendo necessário, poderá o árbitro ou o tribunal tomar o depoimento das partes, ouvir testemunhas e determinar a realização de perícias ou outras provas que julgar necessárias, mediante requerimento das partes ou de ofício, sempre visando à instrução do instituto.

Note-se que os poderes instrutórios dos árbitros são equiparados com os poderes do juiz togado, conforme analisa Carmona:

> (...) equiparar os poderes instrutórios do juiz e do árbitro tem consequências importantes: pode o árbitro requisitar documentos públicos, como faria o juiz, bem como solicitar informações aos órgãos estatais; pode determinar exames e vistorias (se necessário com o concurso do Poder Judiciário); pode determinar oitiva de testemunhas não arroladas pelas partes; pode exigir que as partes apresentem documentos, entre tantas outras possibilidades. E mais: nada impede que o árbitro determine repetição de uma atividade probatória que lhe tenha parecido defeituosa, incompleta ou inconvincente (nova inquirição de testemunha, acareação de testemunhas cujos depoimentos foram conflitantes, nova inquirição de perito, repetição de prova pericial). E, para deixar clara a equiparação entre árbitros e juízes, estabeleceu o § 5º do artigo enfocado que, sendo árbitro substituído, poderá (querendo) mandar repetir as provas produzidas (nos mesmos moldes do que prevê o art. 132, parágrafo único, do Código de Processo Civil)[160].

Verifica-se que não há estipulação de prazo para que a parte faça o requerimento do depoimento pessoal da parte contrária ou arrole testemunhas.

A respeito da prova testemunhal, caberá ao árbitro, e somente a ele, decidir sobre a importância, pertinência e necessidade da prova testemunhal.

Tanto o depoimento das partes como o depoimento das testemunhas serão tomados em local, dia e hora previamente comunicados, por escrito, e reduzidos a termo, assinados pelo depoente (ou a seu rogo) e pelo(s) árbitro(s).

Em caso de desatendimento, sem justa causa, da convocação para prestar depoimento pessoal, dizem o § 2º do artigo em comento, o árbitro ou o Tribunal Arbitral levará em consideração o comportamento da parte faltosa, ao proferir a sentença. Caso haja ausência de testemunha, nas mesmas

---

160 Op. cit., p. 210-211.

circunstâncias, poderá o árbitro ou o tribunal requerer à autoridade judiciária que conduza a testemunha renitente, comprovando a existência da convenção de arbitragem.

A regra que se aplica a este parágrafo é a do art. 451, e seus respectivos parágrafos, do CPC/2015.

O juiz de direito, portanto, pode até determinar a condução coercitiva da testemunha para que ela seja inquirida em outra data.

Caso tenha havido justa causa que impediu a parte ou a testemunha de comparecer para prestar seu depoimento, compete a esta, de imediato, fazer por escrito a devida comunicação ao árbitro ou ao Tribunal Arbitral, comprovando-se o alegado, para, se for o caso, designar-se nova data para tal providência. A teor do que dispõe o art. 183, § 1º, do CPC/73, "reputa-se justa causa o evento imprevisto, alheio à vontade da parte e que a impediu de praticar o ato por si ou por mandatário"[161].

A revelia da parte não impedirá que seja proferida a sentença arbitral.

AGRAVO DE INSTRUMENTO. AÇÃO DE EXECUÇÃO DE SENTENÇA ARBITRAL. IMPUGNAÇÃO. DECLARAÇÃO DE NULIDADE DA SENTENÇA ARBITRAL. INOCORRÊNCIA. REQUISITOS DO ART. 32 DA LEI DE ARBITRAGEM NÃO PREENCHIDOS. INCIDÊNCIA DOS EFEITOS DA REVELIA NO PROCEDIMENTO ARBITRAL. DECISÃO MANTIDA. 1. Os Executados/Agravantes, embora devidamente notificados, da realização da audiência de conciliação, tendo plena consciência de que, naquela oportunidade, designariam a data da instrução arbitral, da sentença arbitral e definiriam os demais procedimentos arbitrais, independente de nova intimação, ainda assim, não se fizeram presentes e, muito menos, justificaram a sua ausência, ou apresentaram defesa, incorrendo nos efeitos da revelia. 2. É insubsistente e sem guarida a tentativa dos Executados/Agravantes de verem declarada a nulidade da sentença arbitral, pois, na impugnação ao cumprimento de sentença, não alegaram qualquer motivo apto a ensejar tal anulação (art. 32 da Lei de Arbitragem), mas, tão somente, afirmaram que não foram intimados dela, o que não impede a sua efetividade, pois, como dito, dela não cabe recurso, apto a reformar o seu mérito, tornando-se,

---

161 PARIZATTO, João Roberto. Op. cit., p. 74.

portanto, tão logo prolatada, imutável e indiscutível. AGRAVO DE INSTRUMENTO CONHECIDO E DESPROVIDO[162].

Além disso, se, durante o procedimento arbitral, um árbitro vier a ser substituído, fica a critério do substituto repetir ou não as provas[163].

Por fim, importante jurisprudência sobre a autonomia do Juízo arbitral:

PRESTAÇÃO DE SERVIÇOS. CONTRATO DE COMPARTILHAMENTO DE INFRAESTRUTURA. ALUGUEL DE POSTES PELA CONCESSIONÁRIA FORNECEDORA DE ENERGIA ELÉTRICA PARA UTILIZAÇÃO POR EMPRESA DE TELEVISÃO A CABO. AÇÃO REVISIONAL JULGADA EXTINTA SEM JULGAMENTO DO MÉRITO. CLÁUSULA COMPROMISSÓRIA. CARÊNCIA DA AÇÃO.
SE OS CONTRATANTES ACORDARAM QUE AS CONTROVÉRSIAS RESULTANTES DO PACTO SERIAM DIRIMIDAS POR MEIO DE ARBITRAGEM, A QUESTÃO NÃO PODE SER SUBMETIDA AO JUDICIÁRIO. APELAÇÃO DESPROVIDA[164].

Seguindo a mesma linha:

JUÍZO ARBITRAL. AUTONOMIA. CONCILIAÇÃO COM O PRINCÍPIO CONSTITUCIONAL. DIREITO DE AÇÃO. DEVIDO PROCESSO LEGAL.
Ressalta-se a autonomia do novo Juízo Arbitral, de acordo com as regras legais que o regem, que se conciliam com o princípio constitucional do livre acesso à Justiça. A sua decisão (sentença/laudo) tem agora força jurisdicional; embora, no final, seja possível ser revista, ainda que em suas condições formais e de observância da livre vontade das partes e até ser assim desconstituída judicialmente.
Com tais considerações, não se poderá dizer que o estabelecimento do Juízo Arbitral e a submissão pelas partes de seus interesses e questões,

---

162 TJGO – AI 04791667520188090000, 5ª Câmara Cível, rel. Des. Mauricio Porfirio Rosa, j. 13-5-2019.

163 "Na livre apreciação da prova, o julgador não se acha adstrito aos laudos periciais, podendo, para o seu juízo, valer-se de outros elementos de prova existente nos autos, inclusive de pareceres técnicos e dados oficiais, sobre o tema objeto da prova, tanto mais quando, como no caso, adota conclusões de um dos laudos, com adaptações determinadas por dados científicos que se acham nos autos" (STJ, AgRg no Ag 27.011-1-RS, 28-11-1992, rel. Min. Dias Trindade).

164 TJSP – Apelação com Revisão 0157656-36.2008.8.26.0100, rel. Márcia Cardoso, j. 19-3-2014.

exclusivamente, por tal procedimento, feriria o princípio de direito de ação ou do devido processo legal, à luz do direito constitucional.

(RemEO em MS 2003.33.00.006297-2/BA).

10.22.1 Das tutelas cautelares e de urgência

> Art. 22-A. Antes de instituída a arbitragem, as partes poderão recorrer ao Poder Judiciário para a concessão de medida cautelar ou de urgência. (Incluído pela Lei n. 13.129, de 2015)

A Reforma na Lei de Arbitragem deu luz a importantes capítulos na norma. O primeiro a ser analisado vem a ser o Capítulo IV-A, "Das Tutelas Cautelares e de Urgência". Na prática, a respeito do tema, o então § 4º do art. 22 era bastante discreto para tratar da matéria. Determinava o antigo regramento que se houvesse a necessidade de uso de medidas coercitivas ou cautelares as partes poderiam solicitá-las ao Poder Judiciário para tanto.

Pois bem, com o novel art. 22-A detalha que as partes poderão, antes de instituída a arbitragem, recorrer ao mesmo Judiciário para a concessão da medida cautelar ou de urgência.

> Parágrafo único. Cessa a eficácia da medida cautelar ou de urgência se a parte interessada não requerer a instituição da arbitragem no prazo de 30 (trinta) dias, contado da data de efetivação da respectiva decisão. (Incluído pela Lei n. 13.129, de 2015)

Dando maior profundidade à questão, o parágrafo único do mesmo artigo informa que a medida perderá eficácia se a parte demandante deixar de instituir a arbitragem no período de 30 dias.

> Art. 22-B. Instituída a arbitragem, caberá aos árbitros manter, modificar ou revogar a medida cautelar ou de urgência concedida pelo Poder Judiciário. (Incluído pela Lei n. 13.129, de 2015)

Em seguida, o art. 22-B acrescenta que a competência para manter, modificar ou revogar a medida cautelar ou de urgência deferida pelo Judiciário será dos próprios árbitros após o início da arbitragem, conforme se depura do texto.

Mesmo assim, de fato é importante relatar que, apesar de o árbitro ter investido a si poderes capazes de fazê-lo revogar a medida cautelar ou de urgência concedida à parte pelo Poder Judiciário, não se discute na jurisprudência a extensão da competência do árbitro uma vez que em decisão recente do Superior Tribunal de Justiça se entendeu que o árbitro não tem poder coercitivo direto diferentemente do juiz para impor ao devedor, contra a sua vontade, restrições ao seu patrimônio. *In verbis*:

> RECURSO ESPECIAL. PREQUESTIONAMENTO. AUSÊNCIA. SÚM. 282/STF. AÇÃO DE EXECUÇÃO DE TÍTULO EXTRAJUDICIAL. PENHORA DE DIREITO LITIGIOSO NO ROSTO DOS AUTOS. ATO DE AVERBAÇÃO. PROCEDIMENTO DE ARBITRAGEM. POSSIBILIDADE. CONFIDENCIALIDADE. PRESERVAÇÃO. ORDEM DE PREFERÊNCIA DA PENHORA. EXCESSIVA ONEROSIDADE NÃO DEMONSTRADA. JULGAMENTO: CPC/2015. (...) 7. A recente alteração trazida pela Lei n. 13.129/2015 à Lei 9.307/96, a despeito de evidenciar o fortalecimento da arbitragem, não investiu o árbitro do poder coercitivo direto, de modo que, diferentemente do juiz, não pode impor, contra a vontade do devedor, restrições ao seu patrimônio. (...) 9. Respeitadas as peculiaridades de cada jurisdição, é possível aplicar a regra do art. 674 do CPC/73 (art. 860 do CPC/2015), ao procedimento de arbitragem, a fim de permitir que o juiz oficie o árbitro para que este faça constar em sua decisão final, acaso favorável ao executado, a existência da ordem judicial de expropriação, ordem essa, por sua vez, que só será efetivada ao tempo e modo do cumprimento da sentença arbitral, no âmbito do qual deverá ser também resolvido eventual concurso especial de credores, nos termos do art. 613 do CPC/73 (parágrafo único do art. 797 do CPC/2015)[165].

> *Parágrafo único. Estando já instituída a arbitragem, a medida cautelar ou de urgência será requerida diretamente aos árbitros. (Incluído pela Lei n. 13.129, de 2015)*

E por fim, esclarecendo um aspecto relevante, o parágrafo único do art. 22-B explicita que os árbitros serão igualmente competentes para

---

165 STJ – REsp n. 1.678.224/SP, 3ª Câmara, rel. Min. Nancy Andrighi, j. 7-5-2019.

determinar eventuais tutelas de urgência ou medidas cautelares quando já inicializada a arbitragem.

Na atividade arbitral, quando necessário, poderá o árbitro ou o tribunal tomar o depoimento das partes, ouvir testemunhas e determinar a realização de perícias ou outras provas que julgar necessárias, mediante requerimento das partes ou de ofício, sempre visando a instrução no instituto.

O art. 22 da Lei de Arbitragem estabelece:

> Poderá o árbitro ou o tribunal arbitral tomar o depoimento das partes, ouvir testemunhas e determinar a realização de perícias ou outras provas que julgar necessárias, mediante requerimento das partes ou de ofício.
> (...)
> § 4º Ressalvado o disposto no § 2º, havendo necessidade de medidas coercitivas ou cautelares, os árbitros poderão solicitá-las ao órgão do Poder Judiciário que seria, originariamente, competente para julgar a causa.

Carlos Alberto Carmona, um dos integrantes da Comissão Relatora do projeto que deu origem à redação da Lei de Arbitragem (Lei n. 9.307/96), parte do princípio que, de modo geral, esta faculdade de concessão de medidas cautelares pertence aos árbitros, e não ao juiz togado, não obstante a redação da lei, a qual considera evasiva.

De acordo com Selma Ferreira Lemes[166], "as medidas cautelares são providências de urgência adotadas para assegurar um direito, propostas antes ou no curso do processo arbitral ou judicial, quando presentes as condições legais, tais como o perigo de dano com a demora e a probabilidade da existência do direito invocado.

A legislação anterior não previa a possibilidade de o árbitro atuar na área, que dependia do Judiciário para decretar e executar a medida cautelar. Porém, com a nova sistemática introduzida pela Lei n. 9.307/96 o árbitro passou a contar com a possibilidade de decretá-la. Todavia, não pode executá-las, pois é atividade adstrita ao juiz estatal. O árbitro tem jurisdição, mas não pode exercer a constrição peculiar de um juiz. Diante da

---

166 Coordenadora e professora do Curso LLM – Direito Arbitral do IbmecLaw, São Paulo. Membro da Comissão Relatora da Lei de Arbitragem. Advogada e Mestre em Direito Internacional pela Faculdade de Direito da Universidade de São Paulo.

necessidade de se obter uma medida cautelar de urgência, a parte pode solicitá-la ao árbitro, mas se houver resistência no acatamento do determinado, o árbitro deverá encaminhar solicitação de execução ao juiz togado. A relação que se estabelece entre o juiz togado e o árbitro não é de subordinação, mas de complementação e colaboração.

A forma de operacionalizar essa solicitação seria como se o árbitro enviasse um ofício, ou como ocorre quando um juiz de uma comarca solicita ao juiz de outra localidade, que proceda à citação do réu ou que adote alguma providência na área de sua jurisdição.

Pode ocorrer que essa medida cautelar de urgência precise ser adotada na fase prévia da arbitragem, quando ainda não foi solicitada a instauração do processo, ou quando o tribunal arbitral ainda não esteja constituído. Neste caso, a parte interessada encaminhará solicitação diretamente ao juiz estatal, que poderá apreciar a solicitação e o seu deferimento. Em seguida, notando que a lei determina a propositura da ação principal no prazo de trinta dias, deverá, em consequência, propor a demanda arbitral. A solicitação prévia da medida cautelar não representará renúncia à arbitragem nem é incompatível com ela.

Há dispositivo na Lei de Arbitragem que suscita equívoco, mas que deve ser dissipado com o bom senso necessário para interpretar a lei. Refere-se ao artigo da lei que determina que a arbitragem está instituída quando o árbitro exara sua aceitação. Todavia, pode ocorrer que as providências iniciais para instituir a arbitragem tenham sido adotadas, mas o prazo de trinta dias tenha escoado, em decorrência das providências e dificuldades em indicar e nomear árbitro, pois a lei exige o cumprimento de certos requisitos que pode demandar algum tempo, ocorrendo, às vezes, substituições.

Todavia, a Lei de Arbitragem ao dispor que a arbitragem está instituída a partir da aceitação dos árbitros está a se projetar, a princípio, para o futuro, não para o passado. Desde que adotadas as providências para instaurar a arbitragem, o provimento judicial que concedeu a medida liminar perdura, pois a par do que ocorre na demanda judicial é com a propositura da ação que este requisito está preenchido. Assim, a medida cautelar terá eficácia mesmo que o tribunal arbitral não esteja constituído naquele prazo. Ademais, a parte não pode ser prejudicada por um fato que foge ao seu controle.

No direito comparado, situação peculiar ocorre na Espanha, em que a Lei de Arbitragem nada dispõe sobre as cautelares prévias ou coletâneas com o procedimento arbitral. O Judiciário daquele país ao receber solicitação de medida cautelar a defere normalmente, mesmo na ausência de lei específica, aplicando os princípios jurídicos do seu ordenamento legal. Considera, o Judiciário espanhol, que a arbitragem constitui opção consensual das partes, com o fim de resolver a controvérsia e não há razão que justifique tornar pior a condição a quem assume referida opção, impedindo-as de obter a tutela judicial em relação a medidas assecuratórias do resultado do procedimento arbitral.

Assim é que o renomado professor francês Bruno Oppetit, em estudo comparativo entre a justiça estatal e a justiça arbitral, observou que entre elas há 'dualidade de legitimidade, mas comunhão de ética e de fim; diversidade de vias e de meios, mas unidade funcional; paralelismo, mas também convergência'".

A pragmática do uso da cautelar seria o presidente do Tribunal Arbitral solicitar via ofício que o magistrado adotasse uma medida coercitiva de sua competência, sendo certo que este não tem competência para analisar o mérito da questão.

10.22.2 Da carta arbitral

> *Art. 22-C. O árbitro ou o tribunal arbitral poderá expedir carta arbitral para que o órgão jurisdicional nacional pratique ou determine o cumprimento, na área de sua competência territorial, de ato solicitado pelo árbitro. (Incluído pela Lei n. 13.129, de 2015)*
> *Parágrafo único. No cumprimento da carta arbitral será observado o segredo de justiça, desde que comprovada a confidencialidade estipulada na arbitragem. (Incluído pela Lei n. 13.129, de 2015)*

A carta arbitral é a solicitação de tutela pelo árbitro realizada em prol do procedimento arbitral, para tanto ela já nasce com segredo de justiça, já que o parágrafo único evoca o princípio da confidencialidade da arbitragem. O que se discutirá será a carta arbitral na arbitragem envolvendo administração pública, já que esta última está pautada em princípio da publicidade.

> *Art. 22-C. O árbitro ou o tribunal arbitral poderá expedir carta arbitral para que o órgão jurisdicional nacional pratique ou determine o cumprimento, na área de sua competência territorial, de ato solicitado pelo árbitro.*

Se as Tutelas Cautelares e de Urgência mereceram atenção de tamanha monta a ponto de receberem capítulo próprio a partir da alteração da norma, dada a sua relevância, outro assunto também motivou o legislador a inaugurar capítulo. Consiste no Capítulo IV-B, dedicado à Carta Arbitral. A rigor, há somente o art. 22-C no referido capítulo, e a Carta Arbitral é um elemento que poderá carregar consigo mais segurança aos litigantes em relação ao cumprimento de medidas necessárias para a garantia da efetividade de seus interesses.

A Carta significa uma solicitação de abrigo do árbitro em relação ao Judiciário para receber auxílio no cumprimento de algum ato importante em sede de arbitragem. Referido ato poderá tratar de vários aspectos como a expedição de carta rogatória, a condução coercitiva de testemunha, o cumprimento de obrigação de fazer, e também ordem de sequestro ou penhora.

> *Parágrafo único. No cumprimento da carta arbitral será observado o segredo de justiça, desde que comprovada a confidencialidade estipulada na arbitragem.*

Imperioso destacar que o parágrafo único do mesmo art. 22-C consagra o direito ao segredo de justiça quando comprovada a confidencialidade da arbitragem, o que deve ocorrer. Isto é, o instituto tem como um de seus principais ativos justamente a confidencialidade geralmente inerente à sua própria existência. Assim, nem mesmo a Carta Arbitral e a consequente participação do juiz togado alteraria a máxima do instituto.

10.23 Prazo para ser proferida a sentença arbitral. Prorrogação

> *Capítulo V*
> *Da Sentença Arbitral[167]*
> *Art. 23. A sentença arbitral será proferida no prazo estipulado pelas partes. Nada tendo sido convencionado, o prazo para a apresentação da sentença é de seis meses, contado da instituição da arbitragem ou da substituição do árbitro.*

---

167 Regulamento de Arbitragem da Câmara de Comércio Internacional (CCI) – Art. 30.2. "A Corte poderá prorrogar esse prazo, atendendo a um pedido justificado do tribunal arbitral ou por iniciativa própria, se julgar necessário fazê-lo."

~~Parágrafo único. As partes e os árbitros, de comum acordo, poderão prorrogar o prazo estipulado.~~
§ 1º Os árbitros poderão proferir sentenças parciais. (Incluído pela Lei n. 13.129, de 2015)
§ 2º As partes e os árbitros, de comum acordo, poderão prorrogar o prazo para proferir a sentença final. (Incluído pela Lei n. 13.129, de 2015)

Caso não haja prazo para estipulação de sentença arbitral, o prazo limítrofe será o de seis meses contado a partir da data que for constituída a arbitragem, conforme o art. 19 da lei em comento.

Como o instituto da arbitragem tem natureza contratual e todos os seus atos são praticados sob a anuência das partes, caso o árbitro necessite de mais tempo para prolatar a sentença, poderão as partes e o árbitro prorrogar o prazo estipulado, mas para isso será necessário que se faça um contrato entre eles.

A lei alterada não modificou em nada o que já existia na prática e o que sempre tentou-se trazer que foi o princípio da autonomia da vontade das partes e do tribunal arbitral. Agora os árbitros poderão proferir sentenças parciais e as partes e os árbitros, de comum acordo, poderão prorrogar o prazo para proferir a sentença final, em sessão especialmente marcada para isso e se possível demonstrando a complexidade do caso.

10.24 Decisão expressa em documento escrito. Decisão por maioria

Art. 24. A decisão do árbitro ou dos árbitros será expressa em documento escrito[168].

---

168 Regulamento de Arbitragem da *American Arbitration Association (AAA)* – Art. 30.1. "A sentença arbitral será proferida por escrito pelo tribunal arbitral, devendo ser final e vinculante para as partes. O tribunal deve envidar seus melhores esforços para deliberar e preparar a sentença arbitral o mais rápido possível após a audiência. Salvo acordo em contrário das partes, disposição legal ou caso determinado pelo Administrador, a sentença final deve ser proferida em até 60 dias a contar da data do encerramento da instrução. As partes comprometem-se a cumprir de imediato a sentença arbitral e, na falta de disposição em contrário, renunciam, na medida em que seja permitido renunciar validamente, de forma irrevogável, ao direito a qualquer forma de recurso, revisão ou apelação a qualquer corte ou outra autoridade judicial. O tribunal deverá motivar a sentença arbitral, salvo se as partes acordarem que tal motivação seja desnecessária."

> § 1º Quando forem vários os árbitros, a decisão será tomada por maioria. Se não houver acordo majoritário, prevalecerá o voto do presidente do tribunal arbitral[169].
> § 2º O árbitro que divergir da maioria poderá, querendo, declarar seu voto em separado[170].

A sentença arbitral deve conter os requisitos do art. 26 da lei em comento e também ter forma escrita, conforme reza o *caput* deste artigo. Será expressa em documento escrito, e tem por finalidade obrigar as partes a cumprir o avençado.

O § 1º cuida da hipótese de ter vários árbitros decidindo o conflito. Neste caso, a decisão será tomada por maioria, mas, não havendo acordo majoritário, prevalecerá o voto do presidente do Tribunal Arbitral. Note-se que a segunda parte deste parágrafo nunca ocorrerá, visto que as partes devem nomear um ou mais árbitros, sempre em número ímpar, conforme reza o parágrafo primeiro do art. 13º da Lei, portanto não existe empate no procedimento arbitral.

O árbitro que divergir, ou seja, tiver entendimento diverso da maioria dos demais árbitros, poderá, querendo, declarar seu voto em separado. Portanto, é intrínseco e subjetivo ao árbitro divergente declarar, ou não, seu voto.

---

169 Regulamento de Arbitragem da Câmara de Comércio Internacional (CCI) – Art. 31.1. "Quando o tribunal arbitral for composto por mais de um árbitro, a sentença arbitral será proferida por decisão da maioria. Se não houver maioria, a sentença arbitral será proferida pelo presidente do tribunal arbitral sozinho."
Regulamento de Arbitragem da FIESP – Art. 15.4. "A sentença arbitral será proferida por maioria de votos, cabendo a cada árbitro um voto. Se não houver acordo majoritário, prevalecerá o voto do Presidente do Tribunal Arbitral. A sentença arbitral será reduzida a escrito pelo Presidente do Tribunal Arbitral e assinada por todos os árbitros. Caberá ao Presidente do Tribunal Arbitral, na hipótese de algum dos árbitros não poder ou não querer assinar a sentença, certificar tal fato."
Lei-Modelo da UNCITRAL sobre Arbitragem Comercial Internacional – Art. 29. "Em um procedimento arbitral com mais de um árbitro, qualquer decisão do tribunal arbitral será tomada pela maioria dos seus membros, salvo acordo das partes em contrário. Todavia, as questões do procedimento podem ser decididas pelo árbitro presidente, se estiver autorizado para tanto pelas partes ou por todos os membros do tribunal arbitral."
170 Regulamento de Arbitragem da FIESP – Art. 15.3. "O árbitro que divergir da maioria poderá fundamentar o voto vencido, que constará da sentença arbitral."

Como a arbitragem é um procedimento estabelecido pela confiança que as partes depositam no árbitro, deve o divergente declarar seu voto, até por uma questão de boa-fé (arts. 113 e 422 do CC).

Carlos Alberto Carmona, ao analisar esse dispositivo, preleciona que:

> Nada impede que as partes prevejam, em sua convenção de arbitragem, recurso semelhante ao dos embargos infringentes disciplinados no Código de Processo Civil[171].

As partes na convenção podem contratar todos os recursos cabíveis no Código de Processo Civil, mas acarreta na desvirtuação do instituto arbitral que desde sempre preserva a celeridade e a resolução do conflito.

10.25 Controvérsia acerca de direitos indisponíveis. Remessa das partes ao Poder Judiciário. Questão prejudicial

> Art. 25. Sobrevindo no curso da arbitragem controvérsia acerca de direitos indisponíveis e verificando-se que de sua existência, ou não, dependerá o julgamento, o árbitro ou o tribunal arbitral remeterá as partes à autoridade competente do Poder Judiciário, suspendendo o procedimento arbitral. (Revogado pela Lei n. 13.129, de 2015)
> Parágrafo único. Resolvida a questão prejudicial e juntada aos autos a sentença ou acórdão transitados em julgado, terá normal seguimento a arbitragem. (Revogado pela Lei n. 13.129, de 2015)

Este artigo traz uma questão prejudicial à arbitragem: surgindo controvérsia (questão) acerca de direitos indisponíveis, o(s) árbitro(s) deverá(ão) suspender o procedimento, transformar esta questão em causa, para que seja dirimido o litígio pela via judicial.

Direitos indisponíveis são aqueles dos quais as partes não podem dispor, como, por exemplo, direitos da personalidade (arts. 11 a 21 do CC).

Resolvida a questão prejudicial e juntada aos autos a sentença ou o acórdão transitado em julgado, a arbitragem que estava suspensa terá normal seguimento.

---

171 Op. cit., p. 231.

10.26 Requisitos da sentença arbitral. Relatório. Fundamentação da decisão. Dispositivo. Data e lugar em que foi proferida. Assinatura do(s) árbitro(s)

> *Art. 26. São requisitos obrigatórios da sentença arbitral:*
> *I – o relatório, que conterá os nomes das partes e um resumo do litígio;*
> *II – os fundamentos da decisão, onde serão analisadas as questões de fato e de direito, mencionando-se, expressamente, se os árbitros julgaram por equidade[172];*
> *III – o dispositivo, em que os árbitros resolverão as questões que lhes forem submetidas e estabelecerão o prazo para o cumprimento da decisão, se for o caso; e*
> *IV – a data e o lugar em que foi proferida[173].*
> *Parágrafo único. A sentença arbitral será assinada pelo árbitro ou por todos os árbitros. Caberá ao presidente do tribunal arbitral, na hipótese de um ou alguns dos árbitros não poder ou não querer assinar a sentença, certificar tal fato[174].*

Este artigo traz os requisitos que deve conter a sentença arbitral para que ela seja considerada válida.

A sentença arbitral deve ser clara e precisa, não se admitindo que o árbitro possa produzir sentença ininteligível, ambígua, incerta ou dúbia.

O primeiro requisito é o relatório, que deve conter os nomes das partes e um resumo do litígio. A ausência deste requisito, conforme reza o art. 32

---

[172] Lei-Modelo da UNCITRAL sobre Arbitragem Comercial Internacional – Art. 31.2. "A sentença será fundamentada, salvo se as partes convencionarem que não haverá lugar à fundamentação ou se se tratar de uma sentença proferida com base num acordo das partes nos termos do art. 30."

[173] Regulamento de Arbitragem da FIESP – Art. 15.4. "A sentença arbitral conterá, necessariamente: a) relatório com o nome das partes e resumo do litígio; b) os fundamentos da decisão, que disporá quanto às questões de fato e de direito, com esclarecimento, quando for o caso, de ter sido proferida por equidade; c) o dispositivo com todas as suas especificações e prazo para cumprimento da sentença, se for o caso; d) o dia, o mês, o ano e o lugar em que foi proferida, observado o item 15.5. a seguir."

[174] Lei-Modelo da UNCITRAL sobre Arbitragem Comercial Internacional – Art. 31.1. "A sentença arbitral será feita por escrito e assinada por um ou mais árbitros. Em um procedimento arbitral com mais de um árbitro, serão suficientes as assinaturas da maioria dos membros do tribunal arbitral, desde que seja mencionada a razão da omissão das restantes."

da lei em tela, torna nula a sentença. A nulidade é insanável, já que o relatório é condição de validade do ato arbitral.

O segundo requisito da sentença arbitral é a fundamentação, onde o árbitro exporá as questões de fato e de direito sobre o qual irá julgar.

Carlos Alberto Carmona[175] traduz em sua obra as constatações feitas por José Rogério Cruz e Tucci acerca dos escopos da motivação das sentenças que também são adequadas e importantes para as decisões arbitrais. A motivação, na visão de Cruz e Tucci, serve para demonstrar primeiro ao próprio órgão julgador – e depois de vencido – a *raptio scripta* que legitima o decisório; tecnicamente, o órgão julgador, ao externar os motivos de sua decisão, passa a permitir o controle crítico da sentença, revelando eventuais falhas, lapsos ou enganos; por derradeiro, o escopo de ordem pública repousa na garantia concedida às partes de serem ouvidas e de verem apreciadas pelo julgador as razões por elas expendidas. Note-se que mesmo em matéria arbitral é importante o controle crítico que a motivação permite, não tanto sob o aspecto da imputação da decisão (eis que já se sabe que tal controle é exercido – fora da esfera arbitral – apenas sob o aspecto formal), mas especialmente sob o ponto de vista da capacidade profissional do árbitro. Um laudo mal fundamentado será – *ipso facto* – sujeito a anulação.

Encerrando a fase de motivação, o árbitro decide. Esta última fase é aquela em que os árbitros resolverão as questões que lhes forem submetidas e estabelecerão o prazo para o cumprimento da decisão, sendo o caso.

O árbitro deve decidir dentro dos limites fixados na convenção de arbitragem. O laudo arbitral não deve outorgar nem mais nem menos do que pleiteado.

O artigo em comento traz em seu inciso IV que devem constar na sentença a data e o lugar em que foi proferida, devendo estar assinada pelo árbitro ou pelos árbitros e em hipótese de um ou alguns árbitros não poder assinar a sentença, o presidente do Tribunal Arbitral certificará tal fato, conforme o parágrafo único do mesmo artigo.

---

175 Op. cit., p. 239-240. Cf. também CRUZ E TUCCI, José Rogério. *A motivação da sentença no processo civil*. São Paulo: Saraiva, 1987, p. 21-24.

Amílcar de Castro anotou que:

> O árbitro, embora não sendo juiz, deve proceder como se fosse, relatando os fatos alegados, apreciando juridicamente a questão como entender de justiça, e apontando os motivos de decidir. Deve examinar cuidadosamente os fatos provados, para compreendê-los e determiná-los (questão de fato), e concomitantemente apreciá-los por critério jurídico oficial (questão de direito), dando razão a um dos comprometentes, pela procedência de sua pretensão, e eventual execução do laudo, ou absolvendo a parte contrária. Para chegar a qualquer desses resultados, substitui a atividade dos interessados pela sua, de terceiro desinteressado, sem ter jurisdição, porque age exclusivamente por vontade das partes, mas nem por isso pode deixar de dar conta do que fez, mostrando por que modo chegou à conclusão proclamada. Por essa forma, os interessados divergem e o árbitro responde julgando em juízo de verificação, e pronunciando-se sobre as despesas do juízo arbitral, a cargo de um dos comprometentes, ou de ambos[176].

Nota-se, com isso, como não poderia ser diferente, que a sentença arbitral apresenta os seus requisitos, sendo que esses são, inclusive, bastante similares aos encontrados na sentença judicial.

10.27 Responsabilidade das partes acerca das custas e despesas. Litigância de má-fé

> Art. 27. A sentença arbitral decidirá sobre a responsabilidade das partes acerca das custas e despesas com a arbitragem, bem como sobre verba decorrente de litigância de má-fé, se for o caso, respeitadas as disposições da convenção de arbitragem, se houver[177].

---

176 *Comentários ao Código de Processo Civil*, v. IX, t. II.

177 Regulamento de Arbitragem da *American Arbitration Association (AAA)* – Art. 3.1. "Dentro de 30 dias contados do início da arbitragem, o Demandado apresentará, por escrito, ao Demandante, a qualquer outra parte e ao Administrador, sua Resposta à Notificação de Arbitragem."
Regulamento de Arbitragem da FIESP – Art. 15.6. "Da sentença arbitral constará, também, a fixação dos encargos, das despesas processuais, dos honorários advocatícios, bem como o respectivo rateio."

A primeira parte do *caput* do art. 20 do CPC prevê que "a sentença condenará o vencido a pagar ao vencedor as despesas que antecipou e os honorários advocatícios" (§ 2º do art. 82 do CPC/2015).

Da mesma forma que o artigo do Código Processual Civil dispõe a respeito da responsabilidade das partes acerca das custas e despesas nos processos em geral, o art. 27 da Lei n. 9.307/96 reza sobre a responsabilidade tida com a arbitragem.

Os arts. 16 a 18 do CPC (novos 79 a 81) tratam da responsabilidade das partes por danos processuais. Parece ser importante demonstrar que os casos de litigância de má-fé, dispostos no art. 17 (novo 80) do Código Processual, podem ocorrer no procedimento arbitral. São eles: *deduzir pretensão ou defesa contra texto expresso de lei ou fato incontroverso; alterar a verdade dos fatos; usar do processo para conseguir objetivo ilegal; opor resistência injustificada ao andamento do processo; proceder de modo temerário em qualquer incidente ou ato do processo; provocar incidente manifestamente infundados; e, por fim, interpor recurso com intuito manifestamente protelatório.*

10.28 Conciliação das partes no curso da arbitragem. Providência a ser tomada

> Art. 28. Se, no decurso da arbitragem, as partes chegarem a acordo quanto ao litígio, o árbitro ou o tribunal arbitral poderá, a pedido das partes, declarar tal fato mediante sentença arbitral, que conterá os requisitos do art. 26 desta Lei[178].

---

178 Regulamento de Arbitragem da Câmara de Comércio Internacional – Art. 26. "Se as partes chegarem a um acordo após o envio dos autos ao tribunal arbitral, nos termos do artigo 16 do presente Regulamento, este acordo deverá ser homologado na forma de uma sentença arbitral por acordo das partes, se assim a solicitarem as partes e com a concordância do tribunal arbitral."

Regulamento de Arbitragem da FIESP – Art. 14.1. "Se, durante o procedimento arbitral, as partes chegarem a um acordo quanto ao litígio, o Tribunal Arbitral poderá proferir sentença homologatória."

Lei-Modelo da UNCITRAL sobre Arbitragem comercial Internacional – Art. 30.1. "Se, no decurso do processo arbitral, as partes se puserem de acordo quanto à decisão do litígio, o tribunal arbitral porá fim ao processo arbitral e, se as partes lho solicitarem e ele não tiver nada a opor, constatará o fato através de uma sentença arbitral proferida nos termos acordados pelas partes." E art. 30.2. "A sentença proferida nos termos acordados entre as partes será elaborada em conformidade com as disposições do artigo 31º e mencionará o fato de que se trata de uma senten-

Pode o árbitro, no decurso da arbitragem e nos limites convencionados na convenção arbitral, homologar acordo a que eventualmente cheguem as partes, para que este produza os mesmos efeitos da sentença arbitral[179].

O árbitro, antes mesmo de resolver o litígio por meio da arbitragem, pode tentar conciliar as partes. Tal acordo avençado será reduzido a escrito e deverá ser assinado pelas partes, por seus representantes legais e por duas testemunhas, tendo em vista que a consolidação de seus entendimentos tem a forma de um título executivo extrajudicial, podendo ou não sofrer a intervenção do árbitro.

A estrutura desta sentença homologatória de acordo terá os requisitos dispostos no art. 26 da lei em comento.

10.29 Término da arbitragem com a sentença arbitral. Remessa de cópia às partes. Forma de remessa

> *Art. 29. Proferida a sentença arbitral, dá-se por finda a arbitragem, devendo o árbitro, ou o presidente do tribunal arbitral, enviar cópia da decisão às partes, por via postal ou por outro meio qualquer de comunicação, mediante comprovação de recebimento, ou, ainda, entregando-a diretamente às partes, mediante recibo*[180].

ça. Esse tipo de sentença tem o mesmo status e o mesmo efeito que qualquer outra sentença arbitral proferida sobre o mérito da disputa."

179 Conciliação Prévia. Arbitragem. Renúncia de direitos. Ato nulo. O procedimento de arbitragem adotado pelo TAESP – Tribunal de Arbitragem do Estado de São Paulo, que consigna a quitação geral e irrestrita do extinto contrato de trabalho, bem como impede o ingresso de ação na Justiça do Trabalho ante o simples pagamento das verbas rescisórias, configura repugnante e fraudulenta manobra que impõe ao trabalhador a inaceitável renúncia de direitos. A irregularidade do ato praticado pela reclamada, em conluio com o TAESP, configuram violação aos artigos 477 da CLT e 5º, inciso XXXV, da Constituição Federal de 1988, além de colidir com o princípio protetor que norteia o Direito do Trabalho. A medida que objetiva fraudar direitos não tem acolhida no ordenamento jurídico, em face da aplicação do art. 9º da CLT, segundo o qual são nulos os atos praticados com o objetivo de desvirtuar, impedir ou fraudar a aplicação dos preceitos contidos na Consolidação das Leis do Trabalho (Processo TRT/SP n. 00241.2003.003.02.00-8).

180 Regulamento de Arbitragem da FIESP – Art. 15.7. "Proferida a sentença arbitral, dar-se-á por finda a arbitragem, devendo o Presidente do Tribunal Arbitral encaminhar a decisão para a Secretaria da Câmara para que esta a envie às partes, por via postal ou por outro meio de comu-

Com a sentença arbitral proferida pelo árbitro e as partes intimadas, o árbitro finda sua função jurisdicional.

A sentença deverá ser comunicada às partes por via postal ou por qualquer outro meio de comunicação onde comprove que foi entregue, ou, ainda, o árbitro poderá intimar as partes para entregar a sentença pessoalmente.

As partes, recebendo a sentença, podem cumprir a decisão, propor uma demanda anulatória perante o juízo comum ou a parte vitoriosa pode executar a sentença, tendo em vista ser esse título executivo.

10.30 Correção de erro material. Obscuridade, dúvida ou contradição na sentença arbitral. Pronúncia sobre ponto omitido. Providência a cargo da parte. Prazo para ser requerido. Prazo para ser decidido

> ~~Art. 30. No prazo de cinco dias, a contar do recebimento da notificação ou da ciência pessoal da sentença arbitral, a parte interessada, mediante comunicação à outra parte, poderá solicitar ao árbitro ou ao tribunal arbitral que:~~
> Art. 30. No prazo de 5 (cinco) dias, a contar do recebimento da notificação ou da ciência pessoal da sentença arbitral, salvo se outro prazo for acordado entre as partes, a parte interessada, mediante comunicação à outra parte, poderá solicitar ao árbitro ou ao tribunal arbitral que: (Redação dada pela Lei n. 13.129, de 2015)
> I – corrija qualquer erro material da sentença arbitral;
> II – esclareça alguma obscuridade, dúvida ou contradição da sentença arbitral, ou se pronuncie sobre ponto omitido a respeito do qual devia manifestar-se a decisão.
> ~~Parágrafo único. O árbitro ou o tribunal arbitral decidirá, no prazo de dez dias, aditando a sentença arbitral e notificando as partes na forma do art. 29.~~
> Parágrafo único. O árbitro ou o tribunal arbitral decidirá no prazo de 10 (dez) dias ou em prazo acordado com as partes, aditará a sen-

---

nicação, mediante comprovação de recebimento, ou, ainda, entregando-a diretamente às partes, mediante recibo."

Lei-Modelo da UNCITRAL sobre Arbitragem comercial Internacional – Art. 32.1. "O procedimento arbitral termina quando for proferida a sentença final ou quando for ordenado o encerramento do procedimento pelo tribunal arbitral nos termos do parágrafo 2º do presente artigo."

tença arbitral e notificará as partes na forma do art. 29. (Redação dada pela Lei n. 13.129, de 2015)

No prazo de 5 (cinco dias), a contar do recebimento da notificação ou da ciência pessoal da sentença arbitral, a parte interessada, mediante comunicação à outra parte, poderá solicitar ao árbitro ou ao Tribunal Arbitral que corrija qualquer erro material da sentença arbitral.

Erros materiais, para Wellington Moreira Pimentel[181], são os equívocos flagrantes, como aqueles decorrentes de lapsos ortográficos ou de cálculo aritmético.

Ademais, poderá a parte solicitar ao árbitro ou ao Tribunal Arbitral que esclareça alguma obscuridade, dúvida ou contradição da sentença arbitral, ou se pronuncie sobre o ponto omitido a respeito do qual devia manifestar-se a decisão.

Tanto no caso do erro material como para correção de omissão, contradição ou obscuridade, a parte poderá utilizar-se de um remédio semelhante aos embargos de declaração no prazo de cinco dias.

Recebidos os "embargos de declaração no procedimento arbitral", o árbitro verificará se são tempestivos ou não. Caso tido pelo árbitro como tempestivo, o recurso não será conhecido.

Caso haja o conhecimento do recurso, pode seu provimento acarretar modificação do laudo, por isso espera-se que a outra parte se manifeste apresentando razões para que o árbitro mantenha sua decisão.

O árbitro ou o Tribunal Arbitral terá o prazo de dez dias para prolatar nova decisão, a qual será aditada na sentença arbitral e notificará as partes na forma do art. 29.

10.31 Efeitos da sentença arbitral. Título executivo

Art. 31. A sentença arbitral produz, entre as partes e seus sucessores, os mesmos efeitos da sentença proferida pelos órgãos do

---

181 *Comentários ao Código de Processo Civil.* São Paulo: Revista dos Tribunais, 1979, v. III, p. 545.

Poder Judiciário e, sendo condenatória, constitui título executivo[182].

A sentença arbitral produz efeitos entre as partes, estendendo-se tais efeitos a seus sucessores.

Havendo condenação de uma das partes, tem-se um título executivo judicial.

Na mesma vertente:

CIVIL E PROCESSUAL CIVIL. AÇÃO DESCONSTITUTIVA DE NEGÓCIOS JURÍDICOS. PROCEDÊNCIA DO PEDIDO. DUPLO APELO. DESPROVIMENTO. OBEDIÊNCIA AO QUE RESTOU DECIDIDO NA SENTENÇA ARBITRAL. EXISTÊNCIA DE VÍCIOS FORMAL E MATERIAL NAS ASSEMBLEIAS GERAIS EXTRAORDINÁRIAS CONVOCADAS. OFENSA AO OBJETO SOCIAL E À LEI DAS SOCIEDADES ANÔNIMAS. NULIDADE DOS CONTRATOS FIRMADOS. INCIDÊNCIA DO ARTIGO 166, INCISOS IV E V DO CÓDIGO CIVIL. EFEITOS *EX TUNC*. REESTABELECIMENTO DAS PARTES AO *STATUS QUO ANTE*. RECURSOS AOS QUAIS SE NEGA PROVIMENTO. DECISÃO UNÂNIME. 1. Com o advento da Lei n. 9.307/96, o legislador conferiu à decisão arbitral o *status* de sentença, conferindo ao árbitro poderes para fazer coisa julgada, constituindo-se o *decisum* arbitral um título executivo judicial, sendo prescindível a homologação da sentença arbitral pelo Poder Judiciário. 2. O vício formal consistiu no fato de que em que pese as convocações para a realização das assembleias gerais tenham sido publicadas 3 (três) vezes em jornais de grande circulação como exige e determina o art. 124 da Lei das Sociedades Anônimas (Lei n. 6.404/76), tais publicações não ocorreram em dias distintos, mas, sim no mesmo dia, o que inviabilizou a ciência inequívoca da realização das assembleias por parte dos acionistas interessados, violando assim o direito à ampla divulgação do edital de convocação. O vício material, por sua vez, existiu na medida em que houve flagrante abuso de poder, desvio de finalidade e quebra da boa-fé por parte de acionista da companhia, ten-

---

[182] "Com o advento da Lei n. 9.307, de 23-9-1996, o laudo arbitral, sendo condenatório, passou a equivaler a título executivo judicial, nos termos do art. 31" (SEC 5.847-1 – Reino Unido da Grã-Bretanha e da Irlanda do Norte, rel. Min. Maurício Corrêa, j. 1º-12-1999. Disponível em: <http://www.stf.gov.br>).

do ele praticado atos em benefício próprio e em detrimento dos interesses da própria sociedade[183].

E ainda:

Execução de sentença arbitral que julgou procedente ação de despejo por falta de pagamento cumulada com cobrança. Agravo contra decisão que rejeitou impugnação ao cumprimento de sentença. Sentença arbitral é título executivo judicial, quando, como neste caso, conjuga os atributos de certeza, liquidez e exigibilidade. Impertinência de alegação de falta de prova de destruição do imóvel, diante da inexistência de discussão a tanto relativa, na execução. Agravo não provido[184].

Tem-se, em resumo, conforme dito, que a sentença arbitral oferece a mesma segurança que a sentença judicial, produzindo título executivo.

10.32 Hipóteses em que a sentença arbitral é nula. Nulidade do compromisso. Sentença emanada de quem não podia ser árbitro. Falta dos requisitos legais. Prolação fora dos limites da convenção de arbitragem. Sentença que não tenha decidido todo o litígio. Prevaricação, concussão ou corrupção passiva. Sentença

> Art. 32. É nula a sentença arbitral se:
> I – for nulo o compromisso;
> I – for nula a convenção de arbitragem; (Redação dada pela Lei n. 13.129, de 2015)
> II – emanou de quem não podia ser árbitro;
> III – não contiver os requisitos do art. 26 desta Lei;
> IV – for proferida fora dos limites da convenção de arbitragem;
> V – não decidir todo o litígio submetido à arbitragem; (Revogado pela Lei n. 13.129, de 2015)
> VI – comprovado que foi proferida por prevaricação, concussão ou corrupção passiva;

---

183 TJPE – Apelação 4.223.874, 5ª Câmara Cível, rel. Jovaldo Nunes Gomes, j. 18-5-2016.
184 TJSP – 22316497220178260000 SP 2231649-72.2017.8.26.0000, rel. Silvia Rocha, j. 21-2-2018, 29ª Câmara de Direito Privado.

> VII – *proferida fora do prazo, respeitado o disposto no art. 12, inciso III, desta Lei; e*
> VIII – *forem desrespeitados os princípios de que trata o art. 21, § 2º, desta Lei.*

Este artigo trata da nulidade da sentença arbitral.

A primeira hipótese é se for nulo o compromisso. A nulidade do compromisso, para Carmona[185], está diretamente ligada à falta de algum dos elementos essenciais previstos no art. 10 da lei, ou seja, antes de mais nada, a questão tange à forma do ato que tende a instituir a arbitragem. Mas não é só, diz o mestre das Arcadas, será nulo o compromisso se seu objeto versar sobre matéria que não pode ser submetida à arbitragem (direito indisponível) ou se qualquer um dos compromitentes for incapaz. E mais: considerando-se que a nulidade de que trata o inciso I encampa também a cláusula, seria de reputar nulo o pacto arbitral se não ficar garantida a imparcialidade do árbitro.

O segundo caso descreve o fato de a sentença arbitral ser proferida por quem não podia ser árbitro. Os árbitros impedidos de funcionar como tal, os incapazes e aqueles que tenham com as partes relação que caracterize qualquer um dos casos de impedimento ou suspeição minuciosamente relacionados nos arts. 144 e 145 do CPC/2015.

Não basta que o árbitro seja capaz no momento da decisão: é preciso que a capacidade perdure durante todo o arco do procedimento, desde a data da aceitação[186] até a intimação das partes quando o laudo é proferido.

Outra hipótese de nulidade, trazida por Carlos Alberto Carmona, diz respeito à nomeação de árbitro de modo diferente daquele estipulado na convenção de arbitragem[187].

O inciso III diz respeito a nulidade da sentença arbitral no caso de a sentença não conter os requisitos do art. 26. Somente para relembrar, são requisitos obrigatórios da sentença arbitral: *o relatório, que deverá conter os nomes das partes e um resumo do litígio; os fundamentos da decisão, onde serão*

---

185 Op. cit., p. 262.
186 Idem, p. 263.
187 Idem, p. 264.

analisadas as questões de fato e de direito, mencionando-se, expressamente, se os árbitros julgaram por equidade; o dispositivo, em que os árbitros resolverão as questões que lhes forem submetidas e estabelecerão o prazo para o cumprimento da decisão, se for o caso; e a data e o lugar em que foi proferida.

Caso seja proferida fora dos limites da convenção de arbitragem, a sentença também será considerada nula. O árbitro não pode decidir fora dos termos convencionados pelas partes, nem *ultra petita* nem *extra petita*.

Ademais, a sentença será nula se for *citra petita*. O árbitro deverá manifestar-se sobre toda a matéria em litígio que lhe seja submetida, não podendo deixar de decidir a respeito de todas as questões que formam o mérito do procedimento arbitral.

É nula a sentença arbitral, também, se comprovado que foi proferida por prevaricação, concussão ou corrupção ativa.

Prevaricação, descreve o art. 319 do CP, consiste em "retardar ou deixar de praticar, indevidamente, ato de ofício, ou praticá-lo contra disposição expressa em lei, para satisfazer interesse ou sentimento pessoal".

A concussão, segundo o art. 316 do mesmo diploma, consiste em "exigir, para si ou para outrem, direta ou indiretamente, ainda que fora da função ou antes de assumi-la, mas em razão dela, vantagem indevida".

Por fim, a corrupção caracteriza-se, conforme reza o art. 317 do diploma penal, pelo ato de "solicitar ou receber para si ou para outrem, direta ou indiretamente, ainda que fora da função ou antes de assumi-la, mas em razão dela, vantagem indevida, ou aceitar promessa de tal vantagem".

Caso a sentença arbitral seja proferida fora do prazo, também será caso para a nulidade da sentença arbitral, tendo em vista ser o procedimento arbitral relacionado com o fator celeridade. Mas deve-se respeitar o disposto no art. 12, III, da Lei n. 9.307/96, com a providência ali destacada, verificando que é causa da extinção do compromisso arbitral o término do prazo para prolação da sentença arbitral, desde que a parte interessada tenha notificado o árbitro, ou o presidente do Tribunal Arbitral, concedendo-lhe o prazo de dez dias para a prolação da sentença arbitral.

Finalizando o comento deste artigo, será nula a sentença que desrespeitar os princípios descritos no art. 21, § 2º. São eles: o princípio do contraditório, o princípio da igualdade das partes, o princípio da imparcialidade do árbitro e do seu livre convencimento.

Esta proteção trazida pela Lei de Arbitragem garante que o procedimento arbitral será justo.

Sobre o tema, as jurisprudências. Em primeiro lugar, do Superior Tribunal de Justiça:

> RECURSO ESPECIAL. AÇÃO ANULATÓRIA DE SENTENÇA ARBITRAL. CONFLITO DE INTERESSES DIRIMIDO PELO TRIBUNAL ARBITRAL, SURGIDO NO BOJO DE CONTRATO DE CESSÃO DE QUOTAS SOCIAIS. (...) 4. ALEGAÇÃO DE VIOLAÇÃO A PRINCÍPIO DE ORDEM PÚBLICA (BOA-FÉ OBJETIVA). PRETENSÃO DE REVISAR A JUSTIÇA DA DECISÃO ARBITRAL. IMPOSSIBILIDADE. RECURSO ESPECIAL IMPROVIDO. 1. O excepcional controle judicial promovido por meio de ação anulatória, prevista no art. 33 da Lei n. 9.307/96, não pode ser utilizado como subterfúgio para se engendrar o natural inconformismo da parte sucumbente com o desfecho conferido à causa pelo Juízo arbitral, como se de recurso tratasse, com o simples propósito de revisar o mérito arbitral. 1.1. A ação anulatória de sentença arbitral há de estar fundada, necessariamente, em uma das específicas hipóteses contidas no art. 32 da Lei n. 9.307/96, ainda que a elas seja possível conferir uma interpretação razoavelmente aberta, com o propósito de preservar, em todos os casos, a ordem pública e o devido processo legal e substancial, inafastáveis do controle judicial[188].

A seguir, a interpretação do Tribunal de Justiça do Estado de Goiás:

> AGRAVO DE INSTRUMENTO. AÇÃO DE EXECUÇÃO DE SENTENÇA ARBITRAL. 1. AUSÊNCIA DE FUNDAMENTAÇÃO DA DECISÃO. PRELIMINAR REJEITADA. O dever de fundamentação das decisões judiciais decorre dos próprios textos constitucional (art. 93, IX, CF) e infraconstitucional (art. 11, *caput*, CPC). Assim, restando demonstrando que o juízo declinou os motivos de sua conclusão, apontando as razões fáticas e jurídicas que justificaram o seu convencimento, não há se falar em nulidade do *decisum*. 2. IMPUGNAÇÃO. TRANSCURSO DO PRAZO DECADENCIAL PARA DECLARAÇÃO DE NULIDADE DE SEN-

---

[188] STJ – REsp 1.660.963/SP. 3ª Câmara, rel. Min. Marco Aurélio Bellizze, j. 26-3-2019.

TENÇA ARBITRAL. A nulidade da sentença arbitral pode ser objeto de análise pelo Poder Judiciário, quando da impugnação ao cumprimento de sentença, desde que observado o prazo decadencial de 90 dias previsto no art. 33, §§ 1º e 3º, da Lei n. 9.307/96. *In casu*, a impugnação ao cumprimento de sentença foi apresentada após a consumação do prazo decadencial para alegar nulidades da sentença arbitral. RECURSO CONHECIDO E DESPROVIDO[189].

Novamente o Tribunal goiano:

APELAÇÃO CÍVEL. AÇÃO ANULATÓRIA DE SENTENÇA ARBITRAL. PARCIALIDADE DO JULGADOR. INEXISTÊNCIA. VIOLAÇÃO DO PRINCÍPIO DO CONTRADITÓRIO. NECESSIDADE DE PERÍCIA CONTÁBIL. PAGAMENTO DE OITENTA POR CENTO DO DÉBITO. POSSIBILIDADE DE ADIMPLEMENTO SUBSTANCIAL. SENTENÇA NULA. 1. O julgamento contrário às teses defendidas pela apelante não induz à declaração de parcialidade do árbitro. 2. Cumpridos todos os requisitos de validação do compromisso arbitral, nos moldes delineados pelo art. 4º, § 2º, da Lei de Arbitragem, como a anuência específica e expressa desta convenção, não há se falar em nulidade desta cláusula. 3. A sentença arbitral é nula quando configurada uma das situações descritas no art. 32 da Lei n. 9.307/96. Embora não permitida a análise do mérito da sentença arbitral pelo Poder Judiciário, mostra-se viável a apreciação de eventual nulidade no procedimento. 4. A declaração de nulidade, em razão do descumprimento do princípio do contraditório, é medida que se impõe quando indeferida a perícia contábil essencial a comprovar ou não a alegada inexistência da dívida. RECURSO PARCIALMENTE PROVIDO[190].

No mesmo sentido, as impressões do Tribunal de Justiça do Estado de São Paulo:

AÇÃO ANULATÓRIA DE SENTENÇA ARBITRAL MOVIDA PELOS FIADORES DE CONTRATO DE LOCAÇÃO PROCEDIMENTO INSTAURADO

---

189 TJGO – AI 05027091020188090000, rel. Norival de Castro Santomé, j. 22-2-2019, 6ª Câmara Cível, DJ 22-2-2019.
190 TJGO – AC: 653454020148090051, 3ª Câmara, rel. Des. Fernando de Castro Mesquita, j. 7-6-2016.

COM INOBSERVÂNCIA DAS DISPOSIÇÕES DA LEI N. 9.307/96. AUSÊNCIA DA CELEBRAÇÃO DE COMPROMISSO ARBITRAL. AFRONTA AOS PRINCÍPIOS DA ISONOMIA E DEVIDO PROCESSO LEGAL. VIOLAÇÃO DO ART. 32, I E VIII, DA LEI DE ARBITRAGEM. RECONHECIMENTO. SENTENÇA ARBITRAL DECLARADA NULA. AÇÃO PROCEDENTE. SENTENÇA MODIFICADA. RECURSO PROVIDO[191].

Finalmente, vale destacar parte do último julgado:

2) AÇÃO ANULATÓRIA DE SENTENÇA ARBITRAL. CERCEAMENTO DE DEFESA INEXISTENTE. OMISSÃO NO JULGADO. RECURSO PRÓPRIO PREVISTO NO ART. 30 DA LEI DE ARBITRAGEM. AUSÊNCIA DAS SITUAÇÕES ELENCADAS NO ART. 32 DA LEI N. 9.307/96.

O indeferimento de produção de prova pericial não viola direito de defesa, pois do mesmo modo que na jurisdição estatal, os árbitros que atuam perante o Tribunal Arbitral têm a faculdade de decidir sobre a produção das provas necessárias ao deslinde da lide, nos termos do art. 22 da Lei de Arbitragem. Não havendo recurso, uma vez proferida, a sentença arbitral haverá transitado em julgado, nos limites do que for da competência do árbitro. Feito o compromisso arbitral, as partes a ele se submetem, só podendo a sentença arbitral ser anulada nos casos previstos no art. 32 da Lei n. 9.307/96.[192]

Com isso se tem os mais diversos julgados para exemplificar as hipóteses constantes do art. 32 da Lei de Arbitragem para respaldar as possibilidades de nulidade da sentença arbitral.

10.33 Decretação da nulidade da sentença arbitral. Procedimento. Prazo. Efeitos da sentença. Embargos do devedor. Requerimento de prolação de sentença arbitral complementar

> *Art. 33. A parte interessada poderá pleitear ao órgão do Poder Judiciário competente a declaração de nulidade da sentença arbi-*

---

191 TJSP – APL 00008914920098260602 SP 0000891-49.2009.8.26.0602, 30ª Câmara de Direito Privado, rel. Des. Andrade Neto, j. 15-4-2015.

192 ApCv 1.0701.05.108975-6/002-1, rel. Valdez Leite Machado, j. 19-3-2009.

tral, nos casos previstos nesta Lei. (Redação dada pela Lei n. 13.129, de 2015)

§ 1º A demanda para a decretação de nulidade da sentença arbitral seguirá o procedimento comum, previsto no Código de Processo Civil, e deverá ser proposta no prazo de até noventa dias após o recebimento da notificação da sentença arbitral ou de seu aditamento.

§ 1º A demanda para a declaração de nulidade da sentença arbitral, parcial ou final, seguirá as regras do procedimento comum, previstas na Lei n. 5.869, de 11 de janeiro de 1973 (Código de Processo Civil), e deverá ser proposta no prazo de até 90 (noventa) dias após o recebimento da notificação da respectiva sentença, parcial ou final, ou da decisão do pedido de esclarecimentos. (Redação dada pela Lei n. 13.129, de 2015)

§ 2º A sentença que julgar procedente o pedido:
I – decretará a nulidade da sentença arbitral, nos casos do art. 32, incisos I, II, VI, VII e VIII;
II – determinará que o árbitro ou o tribunal arbitral profira novo laudo, nas demais hipóteses.

§ 2º A sentença que julgar procedente o pedido declarará a nulidade da sentença arbitral, nos casos do art. 32, e determinará, se for o caso, que o árbitro ou o tribunal profira nova sentença arbitral. (Redação dada pela Lei n. 13.129, de 2015)

§ 3º A decretação da nulidade da sentença arbitral também poderá ser arguida mediante ação de embargos do devedor, conforme o art. 741 e seguintes do Código de Processo Civil, se houver execução judicial. (Vide Lei n. 13.105, de 2015)

§ 3º A declaração de nulidade da sentença arbitral também poderá ser arguida mediante impugnação, conforme o art. 475-L e seguintes da Lei n. 5.869, de 11 de janeiro de 1973 (Código de Processo Civil), se houver execução judicial. (Redação dada pela Lei n. 13.129, de 2015)

§ 3º A decretação da nulidade da sentença arbitral também poderá ser requerida na impugnação ao cumprimento da sentença, nos termos dos arts. 525 e seguintes do Código de Processo Civil, se houver execução judicial. (Redação dada pela Lei n. 13.105, de 2015)

§ 4º A parte interessada poderá ingressar em juízo para requerer a prolação de sentença arbitral complementar, se o árbitro não decidir todos os pedidos submetidos à arbitragem. (Incluído pela Lei n. 13.129, de 2015)

O mecanismo para impugnar a sentença arbitral foi estruturado pelo legislador como sendo ação anulatória, sendo o objetivo da demanda a destruição da sentença arbitral com a possibilidade em algumas hipóteses de encaminhar ao árbitro a causa para nova decisão (art. 32, III, IV e V).

A ação anulatória de sentença arbitral deverá ser ajuizada no prazo de noventa dias após o recebimento da notificação da sentença arbitral ou de aditamento, conforme fora verificado nos arts. 29 e 30 e seu parágrafo único.

O prazo de noventa dias disposto no § 1º deste artigo é decadencial[193], conforme Pedro A. Batista Martins172: *a imobilidade do interessado levá-lo-á decair do direito existente e, no seu rastro, da ação que visa protegê-lo.*

A competência para julgar tal ação é do juiz estatal, tendo em vista ser o juiz estatal o conhecedor originário do litígio.[194]

Também é importante comentar que "os árbitros ou instituições arbitrais não possuem legitimidade para figurar no polo passivo da ação prevista no art. 33, *caput*, e § 4º, da Lei 9.307/1996, no cumprimento de sentença arbitral e em tutelas de urgência"[195].

---

193 Este tema não é unânime na doutrina pátria. Clávio de Melo Valença Filho diverge por entender que "a natureza do prazo constante no artigo em comento é prescricional por dois motivos: de início, porque as partes não decaem do direito de invocar qualquer dos vícios de nulidade ou de inexistência jurídica da sentença arbitral, contidos no art. 32 da Lei de Arbitragem. Em casos assim, o transcurso do prazo de noventa dias fulmina apenas o direito de agir por via da ação prevista no art. 33, do mesmo documento. Permanece íntegro o direito de a parte invocar a nulidade ou a inexistência jurídica da sentença arbitral por outra via processual, seja direita, seja de exceção. Nos demais casos, isto é, naqueles em que os incisos violados ensejam sempre rescindibilidade da sentença, o transcurso do prazo de noventa dias não implica decadência do direito substancial à anulação; ao contrário, o que se observa é justamente a concretização dos efeitos da prescrição sobre os atos anuláveis. Explique-se: a impossibilidade de invocar vício anulatório da sentença arbitral após o decurso do prazo prescricional de noventa dias decorre, em verdade, do efeito ratificador que a prescrição exerce sobre os atos meramente anuláveis. Não ocorre a decadência do direito de invocar o vício rescisório; ocorre sim, o saneamento e a extinção da própria causa de anulação" (*Poder Judiciário e sentença arbitral*. Curitiba: Juruá, 2002, p. 144-145).
194 Apud VALENÇA FILHO, Clávio de Melo. Op. cit., p. 144.
195 Sétimo Enunciado da I Jornada de Prevenção e Solução Extrajudicial de Litígios.

O § 2º prevê que a sentença que julgar procedente o pedido de anulação: a) decretará a nulidade da sentença arbitral nos seguintes casos: nulidade no compromisso arbitral; sentença emanada por quem não podia ser árbitro; comprovação de que a sentença foi proferida por prevaricação, concussão ou corrupção passiva; sentença proferida fora do prazo; tendo expirado o prazo de apresentação da sentença arbitral, e por fim desrespeito aos seguintes princípios: do contraditório, da igualdade das partes, da imparcialidade do árbitro e do seu livre convencimento; ou b) determinará que o árbitro ou o Tribunal Arbitral profira novo laudo nas seguintes hipóteses: não contiver os requisitos obrigatórios da sentença arbitral: *o relatório, que deverá conter os nomes das partes e um resumo do litígio; os fundamentos da decisão, onde serão analisadas as questões de fato e de direito, mencionando-se, expressamente, se os árbitros julgaram por equidade; o dispositivo, em que os árbitros resolverão as questões que lhes forem submetidas e estabelecerão o prazo para o cumprimento da decisão, se for o caso; e a data e o lugar em que foi proferida*; for proferida fora dos limites da convenção de arbitragem e não decidir todo o litígio submetido à arbitragem.

Por fim, caso não seja proposta a ação anulatória no prazo decadencial, resta ainda ao vencido a possibilidade de impugnar a sentença arbitral (desde que condenatória): havendo execução, continuará aberta ao vencido a via dos embargos do devedor, onde este poderá, além das matérias do art. 741 do CPC/73, alegar também qualquer um dos vícios relacionados no art. 32 da Lei.

Ademais a propositura, sem sucesso, da ação anulatória, para Carmona[196], não impedirá a oposição de embargos do devedor. Se a sentença da ação anulatória não tocar o mérito (extinção do processo por carência da ação ou por falta de pressuposto processual), nada impedirá o pleno manejo dos embargos; se a sentença for de mérito, somente quanto à causa de pedir exposta pelo autor é que estará bloqueada a via dos embargos (suponha-se demanda anulatória proposta com base no desrespeito aos princí-

---

196 CARMONA, Carlos Alberto. Op. cit., p. 278.

pios do contraditório e da imparcialidade: nada impedirá embargos que tratem de outros vícios relacionados no art. 32 da lei).

10.34 Sentença arbitral estrangeira. Reconhecimento e execução no Brasil

Capítulo VI

Do Reconhecimento e Execução de Sentenças Arbitrais Estrangeiras[197]

Art. 34. A sentença arbitral estrangeira será reconhecida ou executada no Brasil de conformidade com os tratados internacionais com eficácia no ordenamento interno e, na sua ausência, estritamente de acordo com os termos desta Lei[198].

Parágrafo único. Considera-se sentença arbitral estrangeira a que tenha sido proferida fora do território nacional.

---

197 Às vésperas de que se complete a primeira década da entrada em vigor da Lei de Arbitragem (Lei n. 9.307/96) – que revolucionou a prática desse método extrajudicial de solução de controvérsias no Brasil – o Superior Tribunal de Justiça – na Resolução 22 – que dispõe sobre a EC n. 45/2004 referente à transferência do Supremo Tribunal Federal para o Superior Tribunal de Justiça da competência para conceder o *exequatur* e homologar sentenças estrangeiras e sentenças arbitrais estrangeiras, acrescendo-se ao inciso I do art. 105 da Constituição da República, a alínea *i*. Como resultado dessa mudança de competência, em fevereiro, o Ministro Celso de Mello reconheceu a cessação da competência originária do STF para apreciar a ação de homologação de sentença estrangeira, determinando a remessa dos autos ao STJ, em razão do art. 105, I, *i*, da CF, redação dada pela EC n. 45/2004 (SEC 5.778). Em maio, o STJ deferiu a homologação da primeira sentença arbitral estrangeira, que prevê a obrigatoriedade de a empresa brasileira Têxtil União, com sede no Ceará, pagar mais de US$ 900 mil à empresa suíça L'Aiglon, referente a descumprimento parcial do contrato de compra e venda de algodão cru (SEC 856). Em agosto, a Corte Especial do STJ homologou sentença arbitral estrangeira cuja homologação era contestada em razão da suposta violação da ordem pública por negativa da aplicação da lei brasileira, o que não foi reconhecido pela Corte. A arbitragem envolvendo a administração pública também recebeu novo incentivo em 2005, dando prosseguimento à tradição brasileira de considerar arbitrável questões envolvendo o Estado. Em outubro, o STJ (REsp 612.439-RS) reconheceu a validade da cláusula compromissória em um contrato administrativo, resultante de um procedimento licitatório relativo a uma sociedade de economia mista – a Companhia Estadual de Energia Elétrica – com a AES Uruguaiana. Disponível em: <www.consultorjuridico.com.br>.

198 Lei-Modelo da UNCITRAL sobre Arbitragem Comercial Internacional – Art. 35.1. "A sentença arbitral, independentemente do país em que tenha sido proferida, será reconhecida como tendo força obrigatória e, mediante solicitação dirigida por escrito ao tribunal competente, será executada, sem prejuízo das disposições do presente artigo e do art. 36."

A sentença arbitral estrangeira, ou seja, aquela que foi proferida fora do território nacional[199], é reconhecida e executada no Brasil por força:

a) do art. 105, I, *i*, da CF[200];

b) dos arts. 34 a 40 da Lei n. 9.307/96;

c) dos arts. 960 ao 965 do CPC;

d) do art. 15 do Decreto-lei n. 4.657/42;

e) da Convenção de Nova York;

f) do Decreto n. 4.311, de 23-7-2002; e por fim

g) do Regimento Interno do Supremo Tribunal Federal (anteriormente à EC n. 45) e Resolução n. 22 do Superior Tribunal de Justiça.

A respeito do conceito de sentença arbitral estrangeira este não é uníssono. Soares faz uma distinção apontando duas particularidades básicas para caracterizar uma arbitragem como nacional:

> (...) a incidência para todo o fenômeno, unitariamente percebido, das leis de um único sistema jurídico e a inexistência de conflitos de jurisdição interna ou internacional para a obtenção de *exequatur* do laudo ou para a eventual obtenção de medidas cautelares; já a arbitragem internacional envolveria a *dépeçage*, ou o despedaçamento, segundo o qual cada elemento da arbitragem (capacidade das partes, competência dos árbitros, arbitrabilidade do litígio, entre outros) seria registrado por uma lei diferente[201].

---

199 O legislador brasileiro preferiu definir objetivamente, de forma mais simples, embora tecnicamente criticável, conforme se verifica nos ensinamentos de Guido Fernando Silva Soares, baseando-se apenas no local onde foi proferida a sentença arbitral (parágrafo único do artigo em comento).

O art. 1º, 3, da Lei-Modelo da UNCITRAL dispõe que "a arbitragem é internacional se: as partes numa convenção de arbitragem tiverem, no momento da conclusão desta Convenção, o seu estabelecimento em Estados diferentes; ou um dos lugares a seguir referidos estiver situado fora do Estado no qual as partes têm o seu estabelecimento: (i) o lugar da arbitragem, se estiver fixado na convenção de arbitragem ou for determinável de acordo com esta; (ii) qualquer lugar onde deva ser executada uma parte substancial das obrigações resultantes da relação comercial ou o lugar com o qual o objeto do litígio se ache mais estreitamente conexo; ou (iii) as partes tiverem convencionado expressamente que o objeto da convenção da arbitragem tem conexões com mais de um país".

200 O artigo da Constituição Federal não trata propriamente da sentença arbitral, mas depois do advento da Lei n. 9.307/96, pode utilizar a palavra sentença tanto para aquela proferida por um órgão jurisdicionado como para a arbitral.

201 Arbitragens comerciais internacionais no Brasil – vicissitudes, *RT* 641/33.

10.35 Homologação pelo Superior Tribunal de Justiça

> ~~Art. 35. Para ser reconhecida ou executada no Brasil, a sentença arbitral estrangeira está sujeita, unicamente, à homologação do Supremo Tribunal Federal.~~
>
> Art. 35. Para ser reconhecida ou executada no Brasil, a sentença arbitral estrangeira está sujeita, unicamente, à homologação do Superior Tribunal de Justiça. (Redação dada pela Lei n. 13.129, de 2015)

Já introduzido anteriormente, a homologação[202] de sentença estrangeira passou a ser de competência exclusiva do Superior Tribunal de Justiça, a partir da EC n. 45/2004, que alterou o art. 105, I, *i*, da CF.

O art. 15 da LINDB[203] dispõe:

> Será executada no Brasil a sentença proferida no estrangeiro, que reúna os seguintes requisitos:
>
> *a*) haver sido proferida por juiz competente;
>
> *b*) terem sido as partes citadas ou haver-se legalmente verificado a revelia;
>
> *c*) ter passado em julgado e estar revestida das formalidades necessárias para a execução no lugar em que foi proferida[204];
>
> *d*) estar traduzida por intérprete autorizado;
>
> *e*) ter sido homologada pelo Supremo Tribunal Federal".

Tal homologação deve estar de acordo com a Resolução n. 22 do Superior Tribunal de Justiça.

10.36 Aplicação no que couber do CPC/2015

> Art. 36. Aplica-se à homologação para reconhecimento ou execução de sentença arbitral estrangeira, no que couber, o disposto nos arts. 483 e 484 do Código de Processo Civil.

---

202 Homologar, para Pontes de Miranda, é "tornar o ato, que se examina, semelhante, adequado ao ato que deveria ser".

203 Atual denominação da ementa do Decreto-lei n. 4.657, de 4-9-1942.

204 A Súmula 420 do STF dispõe: "Não se homologa sentença proferida no estrangeiro sem prova do trânsito em julgado".

O art. 483 do CPC dispunha: "A sentença proferida por tribunal estrangeiro não terá eficácia no Brasil senão depois de homologada pelo Supremo Tribunal Federal".

O art. 484 da mesma Carta Processual previa: "A execução far-se-á por carta de sentença extraída dos autos da homologação e obedecerá às regras estabelecidas para a execução da sentença nacional da mesma natureza".

O artigo em comento determina que sejam aplicados os dois dispositivos do Código de Processo Civil, no que se refere ao pedido de homologação de sentença arbitral ao Supremo Tribunal Federal, que a partir da EC n. 45 se realizará pelo Superior Tribunal de Justiça.

Os arts. 483 e 484 do CPC de 1973 que se referem a este artigo em comento são agora tratados pelo CPC/2015, comentados abaixo.

> Art. 961. A decisão estrangeira somente terá eficácia no Brasil após a homologação de sentença estrangeira ou a concessão do exequatur às cartas rogatórias, salvo disposição em sentido contrário de lei ou tratado.

Salvo disposição em sentido contrário, a decisão estrangeira só surtirá efeitos no Brasil se a mesma for homologada pelo Superior Tribunal de Justiça ou, sendo o caso de carta rogatória, for concedido o *exequatur* pelo mesmo tribunal, eis que se trata de uma chancela de que está de acordo com os requisitos formais exigidos pela legislação brasileira. No CPC anterior, já havia a previsão, contudo, o responsável à época era o Supremo Tribunal Federal, conforme art. 483 do CPC/1973, competência modificada por ocasião da Emenda Constitucional 45/2004.

> § 1º É passível de homologação a decisão judicial definitiva, bem como a decisão não judicial que, pela lei brasileira, teria natureza jurisdicional.

Pode ser homologada decisão judicial de caráter definitivo, já transitada em julgado (já que em relação à decisão interlocutória, o trâmite se dá via carta rogatória, nos termos do art. 960, § 1º, desta Lei), bem como a decisão de caráter não jurisdicional no local de origem (emanada de autoridade administrativa, por exemplo), mas que pela lei brasileira seria dotada de caráter jurisdicional.

> § 2º A decisão estrangeira poderá ser homologada parcialmente.

A decisão jurisdicional ou não jurisdicional, mas que assumiria tal contorno na legislação brasileira, bem como a sentença arbitral, poderão ser homologadas apenas parcialmente, afastando-se aquilo que estiver em desacordo. A previsão também se encontra no art. 216-G, do Regimento Interno do Superior Tribunal de Justiça.

> 216-G. Admitir-se-á a tutela de urgência nos procedimentos de homologação de sentença estrangeira.

Sendo necessário que se pratiquem atos urgentes, ou atos de execução provisória, estes serão deferidos e praticados pela autoridade brasileira no bojo do processo de homologação da decisão estrangeira.

> § 4º Haverá homologação de decisão estrangeira para fins de execução fiscal quando prevista em tratado ou em promessa de reciprocidade apresentada à autoridade brasileira.

Se houver previsão em tratado ou for apresentada promessa de reciprocidade por via diplomática, prevista no art. 26, § 1º, deste CPC, a decisão estrangeira com fins de execução fiscal poderá ser homologada no Brasil.

> § 5º A sentença estrangeira de divórcio consensual produz efeitos no Brasil, independentemente de homologação pelo Superior Tribunal de Justiça.

O divórcio consensual proferido em país alienígena produzirá efeitos imediatos e automáticos no Brasil, não necessitando se submeter ao rito de homologação da sentença estrangeira, podendo ser diretamente averbada em cartório brasileiro. Em relação ao divórcio consensual qualificado, como aquele que além do divórcio disponha, por exemplo, sobre a guarda de filhos menores, o Conselho Nacional de Justiça já definiu que deverá haver, nesse caso, a submissão ao regime de homologação perante o Superior Tribunal de Justiça, a teor do art. 1º, § 3º, do Provimento 53/2016 do CNJ[1].

> § 6º Na hipótese do § 5º, competirá a qualquer juiz examinar a validade da decisão, em caráter principal ou incidental, quando essa questão for suscitada em processo de sua competência.

Sendo o caso de divórcio consensual, embora não se submeta ao crivo da homologação, poderá ser avaliada, em termos de validade, em caráter principal ou incidental, a decisão estrangeira, desde que a validade seja questionada em processo submetido à sua esfera de competência.

Jurisprudência sobre o artigo em comentário:

> Direito processual civil. Recurso especial. Litispendência. Embargos do devedor. Ação de nulidade de compromisso arbitral. Não há litispendência entre ação declaratória de compromisso arbitral e embargos do devedor objetivando a desconstituição da sentença arbitral. Embora exista coincidência entre alguns fundamentos jurídicos apresentados em ambas as ações, é inviável reconhecer a litispendência, pois seria necessária não apenas semelhança, mas identidade entre as causas de pedir. Não é possível a análise do mérito da sentença arbitral pelo Poder Judiciário, sendo, contudo, viável a apreciação de eventual nulidade no procedimento arbitral. O Tribunal de origem, na hipótese, apenas deferiu a produção de provas para que pudesse analisar a ocorrência ou não de nulidade no procedimento arbitral. Recurso especial não conhecido (STJ, REsp 693.219, rel. Min. Nancy Andrighi, *DJ* 6-6-2005).

Art. 962. É passível de execução a decisão estrangeira concessiva de medida de urgência.

Quando a decisão estrangeira conceder medida de urgência, esta poderá ser executada no Brasil, de modo que seja efetivamente cumprido o provimento jurisdicional alienígena.

§ 1º A execução no Brasil de decisão interlocutória estrangeira concessiva de medida de urgência dar-se-á por carta rogatória.

Já quando a medida de urgência for concedida no país estrangeiro por decisão interlocutória, como uma tutela antecipada, sua execução se fará mediante carta rogatória.

§ 2º A medida de urgência concedida sem audiência do réu poderá ser executada, desde que garantido o contraditório em momento posterior.

A medida de urgência poderá ser efetivada *inaudita altera pars*, desde que em momento posterior se efetive a garantia do contraditório na execução da decisão estrangeira, eis que se trata de matéria cara e indispensável no ordenamento brasileiro, a teor do art. 5º, LV da Constituição Federal de 1988.

> § 3º O juízo sobre a urgência da medida compete exclusivamente à autoridade jurisdicional prolatora da decisão estrangeira.

Não caberá à autoridade judiciária brasileira adentrar no mérito da decisão estrangeira a ser executada, mesmo a proferida em caráter de urgência, já que é de competência exclusiva da autoridade estrangeira sua apreciação.

> § 4º Quando dispensada a homologação para que a sentença estrangeira produza efeitos no Brasil, a decisão concessiva de medida de urgência dependerá, para produzir efeitos, de ter sua validade expressamente reconhecida pelo juiz competente para dar-lhe cumprimento, dispensada a homologação pelo Superior Tribunal de Justiça.

No caso de ficar dispensada a homologação para validade da sentença estrangeira, a decisão que concedeu a medida de urgência deverá ter sua validade reconhecida pelo juiz de primeira instância competente para dar cumprimento a decisão, nos termos do art. 109, X da Constituição Federal de 1988, ficando dispensada a homologação pelo Superior Tribunal de Justiça.

> Art. 963. Constituem requisitos indispensáveis à homologação da decisão:

Para que seja homologada a decisão estrangeira, requisito para a mesma seja válida no território nacional, a teor do art. 961 desta Lei, existem certos requisitos indispensáveis, que deverão se fazer presentes no caso concreto, a teor dos seguintes incisos. Os requisitos se assemelham à previsão do art. 15 da Lei de Introdução às normas do Direito Brasileiro (Decreto-lei 4.657 de 1942).

> I – ser proferida por autoridade competente;

A decisão a ser homologada deverá em seu local de origem ter sido proferida por autoridade competente, nos termos da legislação local.

II – ser precedida de citação regular, ainda que verificada a revelia;

Em homenagem à oportunidade da defesa e do contraditório a citação deverá ser regular, ainda que parte se abstenha e se verifique a revelia.

III – ser eficaz no país em que foi proferida;

A decisão deverá ser também eficaz no país em que foi proferida, pois caso contrário não poderá surtir efeitos no Brasil.

IV – não ofender a coisa julgada brasileira;

A decisão não poderá ofender a coisa julgada a coisa brasileira, eis que esta tem garantia constitucional, consubstanciada no art. 5º, XXXVI, da Constituição Federal de 1988.

V – estar acompanhada de tradução oficial, salvo disposição que a dispense prevista em tratado;

Além disso, deve ser acompanhada de tradução oficial, por tradutor juramentado, a não ser em caso de expressa dispensa em tratado internacional.

VI – não conter manifesta ofensa à ordem pública.

Por fim, a decisão estrangeira, para que passe a valer em território nacional, não poderá ofender a ordem pública de forma manifesta.

> *Parágrafo único. Para a concessão do exequatur às cartas rogatórias, observar-se-ão os pressupostos previstos no* caput *deste artigo e no art. 962, § 2º.*

No caso da carta rogatória para cumprimento de decisões interlocutórias, deverão se fazer presentes os requisitos previstos neste artigo. Se a medida for de urgência, concedida sem a oitiva do réu, o contraditório deverá se efetivar em momento posterior.

> *Art. 964. Não será homologada a decisão estrangeira na hipótese de competência exclusiva da autoridade judiciária brasileira.*

Quando a autoridade estrangeira proferir decisões que seriam de competência exclusiva da autoridade brasileira, a exemplo dos temas tratados no art. 23 deste CPC, a decisão estrangeira não será homologada, pois caso contrário restaria usurpada a competência brasileira.

> *Parágrafo único. O dispositivo também se aplica à concessão do exequatur à carta rogatória.*

Nos casos de cumprimento de carta rogatória, também não deverá o Superior Tribunal de Justiça conceder o *exequatur* se a decisão proferida, em verdade, for de competência exclusiva da autoridade judiciária brasileira.

> *Art. 965. O cumprimento de decisão estrangeira far-se-á perante o juízo federal competente, a requerimento da parte, conforme as normas estabelecidas para o cumprimento de decisão nacional.*

A teor do art. 109, X, da Constituição Federal de 1988, compete à Justiça Federal de primeira instância as disposições relativas ao cumprimento da decisão estrangeira, após homologação ou concessão de *exequatur*, pelo Superior Tribunal de Justiça. Conforme o princípio da inércia da jurisdição, o cumprimento se dará mediante provocação da parte.

> *Parágrafo único. O pedido de execução deverá ser instruído com cópia autenticada da decisão homologatória ou do exequatur, conforme o caso.*

Requerido o pedido de execução, nos termos do *caput* deste artigo, este deverá ser instruído com cópia homologada da decisão homologatória ou do *exequatur* se tratar-se de carta rogatória.

10.37 Requerimento para homologação da sentença arbitral. Requisitos da petição inicial. Documentos que devem acompanhar o pedido. Indeferimento da inicial

> *Art. 37. A homologação de sentença arbitral estrangeira será requerida pela parte interessada, devendo a petição inicial conter as indicações da lei processual, conforme o art. 282 do Código de Processo Civil, e ser instruída, necessariamente, com:*
> *I – o original da sentença arbitral ou uma cópia devidamente certificada, autenticada pelo consulado brasileiro e acompanhada de tradução oficial;*
> *II – o original da convenção de arbitragem ou cópia devidamente certificada, acompanhada de tradução oficial.*

A homologação será requerida, pela parte interessada, ao Superior Tribunal de Justiça, devendo a petição inicial conter as indicações constantes da lei processual, e ser instruída com a certidão ou cópia autêntica do texto integral da sentença estrangeira e com outros documentos indispensáveis, a sentença arbitral, a convenção de arbitragem, devidamente traduzidos, juramentados por um tradutor e autenticados pelo consulado ou embaixada brasileira no exterior[205].

PEDIDO DE HOMOLOGAÇÃO DE SENTENÇA ARBITRAL ESTRANGEIRA. CONTESTAÇÃO. DESNECESSÁRIA A CHANCELA DO ÓRGÃO JUDICIÁRIO DO PAÍS DE ORIGEM. CUMPRIMENTO DOS REQUISITOS DA RESOLUÇÃO STJ 9/2005. HOMOLOGAÇÃO. (...) 4. No mais, verifica-se que a sentença a ser homologada foi proferida por autoridade competente, devidamente traduzida por tradutor público e possui chancela consular, havendo indicação, ainda, de seu trânsito em julgado. 5. Enfim, atendidos os requisitos da Resolução STJ 9/2005 e ausente o risco de afronta à ordem pública, à soberania nacional e aos bons costumes, há que se homologar a sentença arbitral estrangeira. 7. Sentença arbitral estrangeira homologada[206].

10.38 Hipóteses em que poderá ser negada a homologação. Demonstrações a cargo do réu. Incapacidade das partes na arbitragem. Invalidade da convenção de arbitragem. Falta de notificação da designação do árbitro ou do procedimento de arbitragem. Violação do contraditório, impossibilitando a ampla defesa. Sentença arbitral proferida fora dos limites da

---

205 Luiz Olavo Baptista faz breves comentários sobre o formalismo cartorial, que, nas palavras de Carlos Alberto Carmona, estorva nossa vida em sociedade: "os reconhecimentos de firma, autenticações, certidões e outras formas tabelioas ou cartorárias, vazias de sentido e de duvidosa utilidade, representam, inobstante, obstáculo à realização do Direito. O princípio da desconfiança impera e a presunção é de que todos são culpados, até prova em contrário; recorre-se, por isso, a formalidades e rituais, com conotações quase mágico-religiosas, como exorcismo contra supostas e esperadas fraudes" (BAPTISTA, Luiz Olavo. Homologação de laudos arbitrais estrangeiros no direito brasileiro. In: *Arbitragem comercial*. São Paulo: Livr. Freitas Bastos, 1986, p. 95).

206 STJ – rel. Min. Herman Benjamin, j. 7-6-2017.

convenção. Desacordo da instituição de arbitragem com o compromisso arbitral ou cláusula compromissória. Sentença arbitral que não tenha se tornado obrigatória para as partes. Anulação ou suspensão da sentença

> Art. 38. Somente poderá ser negada a homologação para o reconhecimento ou execução de sentença arbitral estrangeira, quando o réu demonstrar que:
> I – as partes na convenção de arbitragem eram incapazes;
> II – a convenção de arbitragem não era válida segundo a lei à qual as partes a submeteram, ou, na falta de indicação, em virtude da lei do país onde a sentença arbitral foi proferida;
> III – não foi notificado da designação do árbitro ou do procedimento de arbitragem, ou tenha sido violado o princípio do contraditório, impossibilitando a ampla defesa;
> IV – a sentença arbitral foi proferida fora dos limites da convenção de arbitragem, e não foi possível separar a parte excedente daquela submetida à arbitragem;
> V – a instituição da arbitragem não está de acordo com o compromisso arbitral ou cláusula compromissória;
> VI – a sentença arbitral não se tenha, ainda, tornado obrigatória para as partes, tenha sido anulada, ou, ainda, tenha sido suspensa por órgão judicial do país onde a sentença arbitral for prolatada.

O artigo em tela descreve as hipóteses em que poderá ser negada a homologação para o reconhecimento ou execução de sentença arbitral estrangeira[207].

---

207 A Convenção de Nova York, recém-promulgada pelo Decreto n. 4.311/2002, dispõe no art. 5º: "1. O reconhecimento e a execução da sentença poderão ser indeferidos, a pedido da parte contra a qual ela é invocada, unicamente se esta parte fornecer à autoridade competente onde se tenciona o reconhecimento e a execução, prova de que: a) as partes do acordo a que se refere o Artigo II estavam, em conformidade com a lei a elas aplicável, de algum modo incapacitadas, ou que tal acordo não é válido nos termos da lei à qual as partes submeteram, ou na ausência de indicação sobre a matéria, nos termos da lei do país onde a sentença foi proferida; ou b) a parte contra a qual a sentença é invocada não recebeu notificação apropriada acerca da designação do árbitro ou do processo de arbitragem, ou lhe foi impossível, por outros razões, apresentar seus argumentos; ou c) a sentença se refere a uma divergência que não está prevista ou que não se enquadra nos termos da cláusula de submissão à arbitragem, ou contém decisões acerca de matérias que transcendem o alcance da cláusula de submissão, contanto que, se as decisões sobre matérias suscetíveis de arbitragem puderem ser separadas daquelas não suscetíveis, a parte da sentença que contém decisões sobre matérias suscetíveis possa ser reconhecida e executada; ou d) a composição da autoridade arbitral ou procedimento arbitral não se deu em conformidade com o acordado pelas partes, ou, na ausência de tal acordo, não se deu em conformidade com a

Note-se que, após a promulgação da Convenção de Nova York, para o reconhecimento e execução de laudos estrangeiros, este artigo deverá ser analisado em conjunto com a Convenção, haja vista que o art. 5º da Convenção também traz hipóteses sobre o indeferimento do reconhecimento e execução da sentença estrangeira.

Os casos arrolados neste artigo ficam restringidos ao campo de defesa do réu, tendo em vista que o sucesso da impugnação dependerá da demonstração pelo réu de algum dos casos dispostos neste artigo.

O primeiro requisito de validade de qualquer contrato está ligado à capacidade dos contratantes. Não seria diferente no caso da convenção de arbitragem.

Verificando que as partes não têm capacidade, a convenção será inválida, ficando a arbitragem prejudicada.

Vários são os sistemas adotados em direito internacional privado a respeito da capacidade, como dispõe Carlos Alberto Carmona:

> O direito local (segundo o qual o juiz qualificará os litigantes apenas pelo *ius fori*, ou seja, de conformidade com o ordenamento jurídico do próprio juiz), o do *ius loci actus* (será observado o direito do lugar onde o ato foi realizado), o do *ius causae* (para aferição da capacidade será empregado o mesmo direito que regerá o negócio jurídico), o do direito nacional (será observado, na aferição da capacidade, o direito do Estado a que a pessoa esteja ligada por laços de nacionalidade) e o do *ius domicilii* (a capacidade

---

lei do país em que a arbitragem ocorreu; ou *e*) a sentença ainda não se tornou obrigatória para as partes ou foi anulada ou suspensa por autoridade competente do país em que, ou conforme a lei do qual, a sentença tenha sido proferida. 2. O reconhecimento e a execução de uma sentença arbitral também poderão ser recusados caso a autoridade competente do país em que se tenciona o reconhecimento e a execução constatar que: *a*) segundo a lei daquele país, o objeto da divergência não é passível de decisão mediante arbitragem; ou *b*) no reconhecimento ou execução da sentença seria contrário à ordem pública daquele país".

Já o art. 6º da mesma Convenção dispõe: "Caso a anulação ou a suspensão da sentença tenha sido solicitada à autoridade competente mencionada no Artigo 5º, 1, e, a autoridade perante a qual a sentença está sendo invocada poderá, se assim julgar cabível, adiar a decisão quanto a execução da sentença e poderá, igualmente, a pedido da parte que reivindica a execução da sentença, ordenar que a outra parte forneça garantias apropriadas" (*vide* Anexo II).

será medida segundo os critérios da lei do lugar em que a pessoa estiver domiciliada)[208].

O art. 7º da LINDB cuida do assunto quando dispõe: "A lei do país em que for domiciliada a pessoa determina as regras sobre o começo e o fim da personalidade, o nome, a capacidade e os direitos de família".

O segundo requisito de validade é sobre a invalidação da convenção de arbitragem.

Sobre a invalidação, deve-se demonstrar que a convenção de arbitragem não era válida segundo a lei à qual as partes se submeteram, ou, na falta de indicação, em virtude da lei do país onde a sentença arbitral foi proferida.

A convenção deverá ser analisada do ponto de vista da legalidade, neste caso. Por exemplo, no Brasil, o compromisso arbitral deve ter uma determinada forma: escritura pública ou documento particular assinado por duas testemunhas; a ausência destes requisitos poderá ser motivo para a denegação da homologação[209].

O terceiro requisito que poderá ensejar a negação da homologação para o reconhecimento ou execução de sentença arbitral estrangeira pelo Supremo Tribunal Federal é não notificar a designação do árbitro ou do procedimento de arbitragem, ou tenha sido violado o princípio do contraditório, impossibilitando a ampla defesa, conforme reza o inciso III do artigo em comento.

O procedimento arbitral exige que seja mantido o direito ao contraditório, a fim de que não seja prejudicado o direito de defesa[210].

Verifica-se que deverá ser analisado se foi concedido o direito de defesa à parte, tratando de demonstrar se os atos procedimentais foram

---

[208] Op. cit., p. 296.

[209] Op. cit., p. 300.

[210] Nos autos de homologação da SE 3.236-8/TP, julgado pelo Plenário do STF, o Ministro Oscar Corrêa salientou que: "O pressuposto para a homologação de sentença estrangeira, que dá o *exequatur* a laudo arbitral, é que exista no país de origem um procedimento jurisdicional, que assegure às partes o contraditório" (RT 588/216).

regularmente informados às partes, se foi notificada a designação do árbitro e se foi informado o procedimento de arbitragem.

O quarto requisito é se a sentença foi *extra petita* ou *ultra petita*.

Conforme já analisado, a competência do árbitro é delimitada pela convenção arbitral, de forma que a sentença deve conter nem mais nem menos do que a matéria referida na cláusula ou no compromisso arbitral.

O quinto requisito é a respeito da instituição da arbitragem que não está de acordo com o compromisso arbitral ou com a cláusula compromissória.

A convenção arbitral especificará como deverá ser constituído o Tribunal Arbitral. Caso não sejam obedecidos os ditames lá expressos, o réu poderá requerer que seja negada a homologação do reconhecimento ou da execução da sentença arbitral estrangeira no Brasil, passando, assim, a não produzir nenhum efeito dentro do território nacional.

Por fim, o último requisito versa sobre sentença arbitral que não tenha tornado obrigatória para as partes, ou tenha sido anulada, ou ainda suspensa por órgão judicial do país onde a sentença arbitral foi proferida.

Conforme já se analisou acima, o Supremo Tribunal Federal sumulou que somente se homologa sentença prolatada no estrangeiro com prova de trânsito em julgado (Súmula 420). Portanto, a prova de trânsito em julgado é um dos requisitos para que seja homologada a sentença arbitral estrangeira no Brasil.

A partir da EC n. 45/2004, a homologação de sentença estrangeira compete ao Superior Tribunal de Justiça.

Assim se posicionou o referido Tribunal:

HOMOLOGAÇÃO DE SENTENÇA ESTRANGEIRA. SENTENÇA ARBITRAL. PROCEDIMENTO ARBITRAL QUE TEVE CURSO À REVELIA DO REQUERIDO. CONVENÇÃO ARBITRAL. INEXISTÊNCIA.
1. Para a homologação de sentença de arbitragem estrangeira proferida à revelia do requerido, deve ele, por ser seu o ônus, comprovar, nos termos do inciso III do art. 38 da Lei n. 9.307/96, que não foi devidamente comunicado da instauração do procedimento arbitral.
2. Homologação deferida[211].

---

211 STJ – SEC 877, Corte Especial, rel. Min. João Otávio de Noronha, *DJ* 3-4-2006.

10.39 Denegação da sentença arbitral. Hipóteses a serem verificadas pelo Superior Tribunal de Justiça. Objeto do litígio insuscetível de ser resolvido por arbitragem. Ofensa à ordem pública nacional

> ~~Art. 39. Também será denegada a homologação para o reconhecimento ou execução da sentença arbitral estrangeira, se o Supremo Tribunal Federal constatar que:~~
> Art. 39. A homologação para o reconhecimento ou a execução da sentença arbitral estrangeira também será denegada se o Superior Tribunal de Justiça constatar que: (Redação dada pela Lei n. 13.129, de 2015)
> I – segundo a lei brasileira, o objeto do litígio não é suscetível de ser resolvido por arbitragem;
> II – a decisão ofende a ordem pública nacional.
> Parágrafo único. Não será considerada ofensa à ordem pública nacional a efetivação da citação da parte residente ou domiciliada no Brasil, nos moldes da convenção de arbitragem ou da lei processual do país onde se realizou a arbitragem, admitindo-se, inclusive, a citação postal com prova inequívoca de recebimento, desde que assegure à parte brasileira tempo hábil para o exercício do direito de defesa.

A competência para homologar sentenças estrangeiras passou a ser do **Superior Tribunal de Justiça**, devido à alteração do art. 105, *i*, da CF pela EC n. 45/2004.

O artigo continua cuidando de casos em que será denegada a homologação para o reconhecimento ou execução da sentença estrangeira.

O primeiro caso trata do objeto do litígio. Caso o objeto não se refira a direitos patrimoniais disponíveis, conforme dispõe o art. 1º da lei em comento, o Superior Tribunal de Justiça não poderá homologar a sentença.

O segundo caso cuida sobre decisão que ofende a ordem pública nacional.

Ordem pública nacional é, para Vicente Greco Filho, "o conjunto de princípios e normas consideradas como essenciais à convivência nacional"[212].

---

[212] *Direito processual civil brasileiro*. São Paulo: Saraiva, 1996, v. 2, p. 415. O art. 2º, § 1º, da lei em comento observa que a ordem pública é condição à arbitragem.

Note-se que o parágrafo único esclarece a hipótese, em que não será considerada ofensa à ordem pública nacional a efetivação da citação da parte residente ou domiciliada no Brasil, nos moldes da convenção de arbitragem ou da lei processual do país onde se realizou a arbitragem, admitindo-se, inclusive, a citação postal com prova inequívoca de recebimento, desde que assegure à parte brasileira tempo hábil para o exercício do direito de defesa.

Parece que o legislador neste caso tentou preservar a possibilidade do direito de defesa.

Portanto, como bem definiu a antiga orientanda Heloisa Tessler[213]: "O pedido de homologação deverá ser julgado por meio do chamado juízo de delibação, ou seja, só poderão ser analisadas as questões de ordem formal, não cabendo a análise do mérito".

10.40 Denegação da homologação por vícios formais. Renovação do pedido

> Art. 40. A denegação da homologação para reconhecimento ou execução de sentença arbitral estrangeira por vícios formais, não obsta que a parte interessada renove o pedido, uma vez sanados os vícios apresentados.

Vícios formais ou vício de forma indica o defeito, ou a falta que se anota em um negócio jurídico, ou no instrumento, em que se materializou, pela omissão de requisito, ou desatenção à solenidade, que se prescreve como necessária à sua validade ou eficácia jurídica[214].

Caso seja denegado o pedido para reconhecimento ou execução de sentença estrangeira pelos vícios acima descritos, não obsta que a parte renove o seu pedido, mas para isso deverá sanar os vícios apresentados.

Por fim, Carlos Alberto Carmona lembra que:

> Dentre os motivos de denegação de homologação expressamente relacionados pela Lei apenas aquele previsto no inciso VI do art. 38 permite a repropositura da demanda homologatória: reconhecido no Supremo Tribunal

---

213 TESSLER, Heloisa Pereira. *A homologação da sentença arbitral estrangeira no Brasil*. UPM, 2009.
214 Definição dada por De Plácido e Silva in PARIZATTO, João Roberto. Op. cit., p. 126.

Federal que o laudo arbitral estrangeiro ainda não é definitivo, será a homologação negada (neste caso, por falta de um a das condições da ação) e poderá o interessado, tão logo o laudo não seja mais impugnável, propor novamente ação homologatória[215].

Portanto, a parte, sanados todos os vícios apontados no acórdão, poderá requerer a homologação da sentença arbitral.

10.41 Nova redação dos arts. 267, VII, 301, IX, e 584, III, do CPC. Análise dos artigos com base no CPC/2015

Capítulo VII
Disposições Finais

Art. 41. Os arts. 267, inciso VII; 301, inciso IX; e 584, inciso III, do Código de Processo Civil passam a ter a seguinte redação:
"Art. 267. (...)
VII – pela convenção de arbitragem;
Art. 301. (...)
IX – convenção de arbitragem;
Art. 584. (...)
III – a sentença arbitral e a sentença homologatória de transação ou de conciliação".

Os artigos descritos acima são correspondidos pelos a seguir comentados:

Art. 485. O juiz não resolverá o mérito quando:

Enquanto o art. 162, § 1º, do CPC/73 definia sentença como ato do juiz que implicasse algumas das situações previstas nos arts. 267 (sem resolução de mérito) ou 269 (com resolução de mérito), o CPC/2015 optou por uma definição mais precisa. Assim, sentença é o pronunciamento do juiz que tem o condão de encerrar a fase de cognição ou a execução, a teor do art. 203, § 1º, do CPC/2015, seja este pronunciamento de mérito, nos termos do art. 487 desta mesma Lei, ou meramente processual ou terminativo, conforme exposto no artigo em comento. Tem-se assim que o conceito

---

215 Op. cit., p. 314.

de sentença é restritivo, taxativo, enquanto o do agravo de instrumento, por exemplo, é ampliativo, como se depreende do art. 203, § 2º, deste CPC/2015. Contra a sentença, proferida nos termos deste ou do art. 487, cabe o recurso de Apelação (art. 1.009 do CPC/2015).

> *VII – acolher a alegação de existência de convenção de arbitragem ou quando o juízo arbitral reconhecer sua competência;*

Havendo convenção de arbitragem, nos termos do art. 3º da Lei n. 9.307/96, ou quando o juízo arbitral reconhecer sua competência, a matéria não deve ser submetida, em regra, a apreciação do Poder Judiciário.

10.42 Inclusão de mais um inciso ao art. 520 do CPC

> *Art. 42. O art. 520 do Código de Processo Civil passa a ter mais um inciso, com a seguinte redação:*
> *"Art. 520. [...]*
> *VI – julgar procedente o pedido de instituição de arbitragem".*

Sabe-se que o recurso de apelação, como regra geral, é recebido no duplo efeito: suspensivo e devolutivo.

Verifica-se que o inciso VI incluído ao art. 520 do CPC descreve que a apelação será recebida somente no seu efeito devolutivo, haja vista que o legislador teve interesse em dar imediata eficácia à decisão de primeiro grau que julgar a demanda de instituição judicial da arbitragem prevista no art. 7º da lei em comento, e coerentemente com a celeridade protagonizada pelo procedimento ali estipulado. Em outras palavras, instituída judicialmente a arbitragem, mesmo que haja apelação, deverá o árbitro desde logo dar início à sua atividade. Caso seja provida a apelação, desconstituir-se-á o Tribunal Arbitral, resolvendo-se em perdas e danos[216] eventuais prejuízos causados ao apelante vencedor com as atividades do árbitro[217].

---

216 "Perdas e danos representam o equivalente ao prejuízo ou dano suportado pelo credor, em virtude do devedor não ter cumprido, total ou parcialmente, absoluta ou relativamente, a obrigação, expressando-se numa soma de dinheiro correspondente ao desequilíbrio sofrido pelo lesado" (Caio Mario da Silva Pereira, apud DINIZ, Maria Helena, *Dicionário jurídico*, t. 3, p. 568).
217 CARMONA, Carlos Alberto. Op. cit., p. 320.

10.43 Entrada em vigor da Lei n. 9.307, de 23-9-1996

> Art. 43. Esta Lei entrará em vigor 60 (sessenta) dias após a data de sua publicação.

Tendo em vista a regra do art. 1º da LINDB, o qual dispõe "salvo disposição em contrária, a lei começa a vigorar em todo país 45 (quarenta e cinco) dias depois de oficialmente publicada", o legislador estabeleceu o prazo de sessenta dias para a divulgação da Lei da Arbitragem. A lei comentada foi publicada no *Diário Oficial da União* de 24 de setembro de 1996, e passou a vigorar em 23 de novembro do mesmo ano.

10.44 Revogação dos arts. 1.037 a 1.048 do CC e 101 e 1.072 a 1.102 do CPC

> Art. 44. Ficam revogados os arts. 1.037 a 1.048 da Lei n. 3.071, de 1º de janeiro de 1916, Código Civil Brasileiro[218]; os arts. 101 e 1.072 a 1.102 da Lei n. 5.869, de 11 de janeiro de 1973, Código de Processo Civil; e demais disposições em contrário.
> Brasília, 23 de setembro de 1996; 175º da Independência e 108º da República.
>
> Fernando Henrique Cardoso

Houve revogação expressa de tais dispositivos, tendo em vista que a Lei n. 9.307/96 passou a regulamentar de forma definitiva a matéria.

O § 1º do art. 2º da LINDB prevê: "A lei posterior revoga a anterior quando expressamente o declare, quando seja com ela incompatível ou quando regule inteiramente a matéria de que tratava a lei anterior".

---

[218] Revogado pela Lei n. 10.406/2002.

11.

ANÁLISE DA EXPOSIÇÃO
DE MOTIVOS DO CPC/2015 À LUZ DOS MESCS

Todas as análises aqui expostas procuraram evidenciar a relevância dos meios extrajudiciais de solução de controvérsias, cada qual com as suas características, eventuais passivos e seguros e previsíveis aspectos positivos. Foram apresentadas explanações dotadas de conteúdo doutrinário a respeito das temáticas, e outras, também, com material eminentemente normativo, para bem revelar e corroborar a máxima da larga aceitação dos institutos, inclusive por parte do escopo legislativo. Mas há, ainda, um conteúdo legal, indispensável e que não poderia deixar de ser mencionado, que não apenas flerta como também explicita, da maneira mais textual, a relevância dos institutos defendidos neste *Manual*. Trata-se do Código de Processo Civil – CPC/2015.

Por si só, o CPC/2015 significou grande avanço para a comunidade jurídica no Brasil, mas também um passo importante para a sociedade civil, carente de um diploma normativo que disciplinasse de forma a contemplar as principais alterações sociais e instrumentais presenciadas em mais de quatro décadas, desde a instauração da codificação processual civilista predecessora.

Em que pese os desequilíbrios vislumbrados no novo diploma, naturais a qualquer criação humana, o CPC/2015 é a codificação surgida ante um Estado Democrático de Direito, diferentemente ao anterior, ainda sob a égide de um regime de exceção. Naquele período, de ditadura de militar, diga-se, o avanço econômico e o desenvolvimento industrial fantasiavam e ocultavam a sensação de insegurança em todos os âmbitos, não ficando de fora o ambiente jurídico. Isso porque direitos e garantias, tanto material quanto processual, ficaram fragilizados.

Com o passar do tempo, mesmo após a queda do regime ditatorial, conforme a sociedade se transformou o universo jurídico precisou mudar também. E os seus expoentes principais passaram a buscar, da forma mais conveniente que fosse, retratar as alterações sociais. Sem uma codificação que rompesse de maneira mais abrupta com o aparato técnico apresentado, mas sim com toques e retoques, o Código de Processo Civil de 1973 foi se transformando em um diploma repleto de incongruências e sujeito a críticas mil.

É válido destacar que muitas das alterações propostas foram das mais louváveis e trouxeram certamente elevado grau de modernização do instrumento. Porém, cada vez mais aquele Código se aproximou de um divórcio com a coesão e a coerência em suas manifestações.

Anos se passaram e, finalmente, em 2015, foi aprovado o texto legal que instaurou o chamado Código de Processo Civil. O texto do CPC/2015 se dedicou, também, a deixar claro a sua preocupação com a defesa dos princípios e do enredo constitucionais. Isso quer dizer que o CPC/2015 sublima as garantias e os direitos narrados no aclamado art. 5º da Constituição Federal. Além disso, o também descreveu uma Parte Geral, abraçando valores e elementos principiológicos que permeiam, em última análise, todo o diploma legal.

Como dito, natural a qualquer realização do homem, o CPC/2015 já carece de observações e correções, mas a percepção majoritária foi no sentido de que existe a preocupação e a promoção da segurança jurídica. Isso se reflete em muitos expedientes formais, como a dinâmica vislumbrada na Repercussão Geral, ou a sistemática dos Recursos Repetitivos ou também no sistema recém-criado e intitulado Incidente de Resolução de Demandas Repetitivas. Cada qual procurando, a partir de suas peculiaridades, oferecer decisões mais coerentes umas com as outras, afastando posicionamentos jurisprudenciais repletos de distinções para situações deveras semelhantes.

Outra preocupação recorrente do novo Código se deu em virtude de uma clara inclinação mais beligerante da sociedade em geral. Por um lado, isso demonstra certo avanço, na medida em que transparece uma sociedade civil mais sabedora de seus direitos e que se vale do Poder Judiciário para fazer vale-los. Por outro, obviamente, percebe-se também um aumento crescente dos conflitos em geral, gerando assim a aproximação ao aparato estatal para solvê-los.

E aqui se formaliza o elogio primeiro feito em prol dessa codificação, quando o CPC/2015 não apenas anuncia como também estimula a utilização de meios considerados alternativos à justiça. Claro que o diploma muito mais considera o uso de métodos que sejam alternativos ao processo judicial que contemplam, de todo modo, instrumentos também judiciais. Mesmo assim, já existe a clara preocupação do legislador com a mediação e a conciliação, institutos aplaudidos e certamente ainda mais bem explorados pelos meios extrajudiciais de solução de controvérsias.

Em relação aos recursos, é possível sedimentar que houve o avanço no sentido da facilitação da sistemática. Isso porque o agravo de instrumento, tão usual à pratica judicial, teve as suas hipóteses de cabimento melhor saneadas. Já o retido, foi defenestrado. Isso quer dizer que as decisões outrora passíveis de agravo na forma retida são agora atacáveis pelo seu irmão, agravo de instrumento, devendo ser discutidas em sede de apelação, de forma preliminar.

Outro expediente extirpado foi o da reconvenção como peça processual autônoma. Assim, o réu que vir a hipótese de "inversão" e de ataque ao autor deve fazê-lo na própria contestação e não em um instrumento próprio, como ocorreria anteriormente.

Mas as tentativas de criação de um conjunto mais orgânico e simples não pararam por aí, já que, por exemplo, também se evidenciou a unificação de rito, com a existência apenas do procedimento comum e o declínio do sumário. Os prazos processuais também foram definidos basicamente em 15 dias para os recursos.

Tudo isso bem revela a preocupação do legislador e também dos operadores do direito com a criação de uma Codificação que premiasse as práticas mais transparentes e um processo sensivelmente mais humano. Esses ingredientes, juntos, tendem a pôr na mesa a seguir um prato mais saboroso e inclusive com a sua chegada mais célere. Isso traz naturalmente maior satisfação ao seu apreciador, porque, antigamente, mesmo que o resultado ao fim fosse aquele pretendido pela parte, o próprio decurso do tempo demasiado fazia com que esse interessado não pudesse ter o deleite de seu sabor.

Outro fator relevante alardeado foi a presença de um juiz ainda mais ativo e cooperativo, pesando, porém, o equilíbrio de sua presença com a das partes e também dos advogados. Aliás, é importante destacar que o equilíbrio irradia em todos os componentes e atores do processo. Trata-se de um equilíbrio entre o Judiciário e os jurisdicionados, entre as partes, entre aquilo que está sendo instaurado e o mecanismo anterior – agentes todos esses que se obstinam a alcançar a justiça propriamente dita.

Todos esses esforços – produto de muita reflexão e trabalho duro por parte de uma Comissão de Juristas –, ao fim e ao cabo, apenas procuram inserir o sistema processual civil nacional nos moldes mais modernos e em compasso com o dia a dia de uma sociedade em transformação constante e que clama por respostas eficientes.

O fato é, todo esse discurso ganha mais sentido justamente quando se traça um paralelo entre o Código de Processo Civil com aquilo que ele oferece em prol dos meios extrajudiciais de solução de conflitos. Isso porque, conforme dito, o CPC/2015 tende a estimular a utilização de meios alternativos para a solução de conflitos. E essa alternatividade se dá com ao estímulo à utilização de expedientes que buscam evitar um processo judicial longo e extenso, até as suas fases derradeiras. Mas mesmo o CPC/2015 vai além, dando um passo no sentido das intenções mais modernas que é o estímulo, também, ao uso dos meios extrajudiciais de solução de conflitos, como a arbitragem.

Veja, o art. 3º do novo diploma processualista determina que "não se excluirá da apreciação jurisdicional ameaça ou lesão a direito". A rigor, o artigo basicamente reitera posicionamento já contido no texto constitucional, elevado o princípio da inafastabilidade da jurisdição para fazer crer que qualquer lesão a um direito ou a sua mera ameaça já são os catalisadores para fazer agir o Poder Judiciário. Nesse ponto, tem-se que o Estado atua substituindo o detentor do direito, agindo em nome e em prol dele.

Dito isso, surge a arbitragem. Isso porque o instituto, sustentado pela Lei n. 9.307/96, se beneficia do fato de que a jurisdição, em que pese o monopólio estatal, não tem o monopólio em seu exercício, de modo que a arbitragem também pode se expressar nas hipóteses de lesão ou de ameaça de lesão a direito, desde que haja a concordância entre as partes.

Logo em seguida, o § 1º do mesmo art. 3º do Código determina que "é permitida a arbitragem, na forma da lei". Esse é um dos pontos mais cultuados dessa explanação, na medida em que se percebe a clara inclinação do ordenamento para valorizar a arbitragem. Assim, ao lado da mediação e da conciliação, assim como dos demais meios extrajudiciais de solução de controvérsias, o legislador se preocupou em determinar a importância de institutos autônomos, com vida própria e capazes de distribuir a justiça.

Dando prosseguimento a essa interpretação, o parágrafo a seguir do novo Código, isto é, o segundo do art. 3º, afirma que "o Estado promoverá, sempre que possível, a solução consensual dos conflitos". Pelo preceito e conforme a Resolução n. 125 do ano de 2010 do CNJ, o que se tem é a reiteração da preocupação com a solução de litígios por vias menos tormentosas, como, novamente, com a conciliação e mediação, tendo em vista o caráter de pacificação social que ambas carregam.

Seguindo a linha, aliás, mesmo os Juizados Especiais Cíveis, datados de meados da década dos anos de 1990, já fora positivada a audiência preliminar de conciliação, funcionando como um dos principais artifícios para resolver questões geralmente de matéria de direito do consumidor. Está se falando de situação abraçada há mais de duas décadas, e que àquele tempo já se mostrava necessária a eficiente.

Como resultado disso, o § 3º do referido art. 3º do CPC/2015 determina que "a conciliação, a mediação e outros métodos de solução consensual de conflitos deverão ser estimulados por juízes, advogados, defensores públicos e membros do Ministério Público, inclusive no curso do processo judicial". Esse é, possivelmente, um dos principais expoentes legais que sustentam a relevância dos institutos. E pelo novo diploma, quando se tratar da utilização de um dos meios de solução consensual vivenciado no processo judicial, há inclusive a possibilidade de mais de uma sessão de conciliação e de mediação.

Há ainda a previsão para a formação de centros judiciários de solução consensual de conflitos para a realização de audiências de mediação e de conciliação. Percebe-se, portanto, o fomento à prática e à resolução de conflitos pela forma menos danosa e desgastante, a partir da criação de organismos especializados no assunto.

E, apenas para concluir muito do que já fora demasiadamente tratado neste *Manual*, reiterando alguns pontos, o art. 485 do novo Código Civil, em seu inciso VII, determina que o juiz não resolverá o mérito quando "acolher a alegação de existência de convenção de arbitragem ou quando o juízo arbitral reconhecer a sua competência". Logo, conforme já anunciado, isso significa que existindo a convenção de arbitragem, nos exatos termos do art. 3º da Lei de arbitragem, ou quando o juízo arbitral reconhecer a sua competência, a matéria não é submetida ao Poder Judiciário.

Dito isso, vale olhar com um pouco mais de serenidade para parte considerável das situações em que o Código de Processo Civil se dedicou a dispor a respeito da mediação e da conciliação.

Em primeiro lugar, conforme já exposto, logo no art. 3º, § 3º, do CPC/2015, o legislador se dedicou a destacar o estímulo ao uso da mediação, da conciliação e de demais meios consensuais de resolução de conflitos por juízes, defensores públicos, Ministério Público, inclusive no curso do processo judicial:

> Art. 3º Não se excluirá da apreciação jurisdicional ameaça ou lesão a direito.
> (...)
> § 3º A conciliação, a mediação e outros métodos de solução consensual de conflitos deverão ser estimulados por juízes, advogados, defensores públicos e membros do Ministério Público, inclusive no curso do processo judicial.

> **Pesquisa do Editorial**
>
> Veja também Doutrina:
>
> Movimento conciliatório e a Câmara de Conciliação e a Arbitragem Federal (CCAF), de José Antonio Dias Toffoli, *RArb* 12/47.

Dando prosseguimento, no art. 165 do mesmo diploma, há a previsão da criação dos centros judiciários de solução consensual de conflitos, que se responsabilizam pela realização de audiências de conciliação e de mediação, tal qual trazido no capítulo dedicado à mediação, sobretudo no que se referiu à atuação do CNJ por meio de resoluções:

> Art. 165. Os tribunais criarão centros judiciários de solução consensual de conflitos, responsáveis pela realização de sessões e audiências de conciliação e mediação e pelo desenvolvimento de programas destinados a auxiliar, orientar e estimular a autocomposição.

No mesmo sentido, o art. 174 determina que a União, os Estados, o Distrito Federal e os Munícios efetivamente criarão câmaras de mediação e de conciliação direcionadas à solução consensual de conflitos já em âmbito administrativo:

> Art. 174. A União, os Estados, o Distrito Federal e os Municípios criarão câmaras de mediação e conciliação, com atribuições relacionadas à solução consensual de conflitos no âmbito administrativo, tais como:
> I – dirimir conflitos envolvendo órgãos e entidades da administração pública;
> II – avaliar a admissibilidade dos pedidos de resolução de conflitos, por meio de conciliação, no âmbito da administração pública;
> III – promover, quando couber, a celebração de termo de ajustamento de conduta.

Mais adiante, o art. 166 do CPC/2015 traz os princípios formadores da mediação e da conciliação:

> Art. 166. A conciliação e a mediação são informadas pelos princípios da independência, da imparcialidade, da autonomia da vontade, da confidencialidade, da oralidade, da informalidade e da decisão informada.

No mesmo artigo, mas em seu § 4º, é descrito que a conciliação e a mediação são regidas pela autonomia da vontade das partes, inclusive no que se refere à instauração da definição das regras de procedimentos:

> § 4º A mediação e a conciliação serão regidas conforme a livre autonomia dos interessados, inclusive no que diz respeito à definição das regras procedimentais.

Dando maior respaldo à questão da autonomia da vontade, o art. 168 do mesmo CPC/2015 destaca que as partes podem escolher tanto o conciliador/mediador quanto a câmara privada de mediação ou de conciliação:

Art. 168. As partes podem escolher, de comum acordo, o conciliador, o mediador ou a câmara privada de conciliação e de mediação.

O artigo seguinte do CPC/2015 (art. 167), na mesma via daquilo que pretendeu a Lei de Mediação e daquilo que pretendeu, também, o CNJ com a edição da Resolução n. 125/2010, determinou que mediadores, conciliadores e as câmaras privadas de conciliação passariam a ser inscritos em um cadastro nacional e em um cadastro de Tribunal de Justiça ou de Tribunal Federal para manter o registro dos profissionais habilitados, sempre como modo de se ter não apenas o melhor controle como também a ordem na prática dos institutos. *In verbis*:

Art. 167. Os conciliadores, os mediadores e as câmaras privadas de conciliação e mediação serão inscritos em cadastro nacional e em cadastro de tribunal de justiça ou de tribunal regional federal, que manterá registro de profissionais habilitados, com indicação de sua área profissional.

Mais adiante, tratando das punições ao mediador ou ao conciliador que transgredir regramento, diz o art. 173:

Art. 173. Será excluído do cadastro de conciliadores e mediadores aquele que:
I – agir com dolo ou culpa na condução da conciliação ou da mediação sob sua responsabilidade ou violar qualquer dos deveres decorrentes do art. 166, §§ 1º e 2º;
II – atuar em procedimento de mediação ou conciliação, apesar de impedido ou suspeito.

O que se nota é a mais evidente proteção tanto à sociedade quanto àqueles que se dispõem a terem os seus conflitos resolvidos por meio da mediação ou da conciliação. Assim, quando verificada a hipótese de atuação com dolo ou culpa – o que redunda em uma responsabilidade de caráter subjetivo – o mediador ou o conciliador ficam excluídos do cadastro de conciliadores e de mediadores. Outrossim, recebem a mesma punição aqueles mediadores/conciliadores que violarem quaisquer dos deveres decorrentes do art. 166, §§ 1º e 2º, do CPC/2015. E por último, também recebe a exclusão aquele mediador/conciliador que atuar em procedimento de mediação ou de conciliação mesmo estando impedido ou suspeito.

Já o § 2º do mesmo art. 173 determina que tanto mediador quanto conciliador podem ser afastados do procedimento no qual estejam atuando se verificada participação inadequada:

> § 2º O juiz do processo ou o juiz coordenador do centro de conciliação e mediação, se houver, verificando atuação inadequada do mediador ou conciliador, poderá afastá-lo de suas atividades por até 180 (cento e oitenta) dias, por decisão fundamentada, informando o fato imediatamente ao tribunal para instauração do respectivo processo administrativo.

Adentrando no âmbito do processo judicial em si, dentro do Capítulo II do CPC/2015, ao tratar do procedimento de tutela antecipada requerida em caráter antecedente, diz o inciso II do art. 303 que o réu será citado e intimado para a audiência de conciliação ou de mediação na forma do art. 334 da mesma lei:

> Art. 303. Nos casos em que a urgência for contemporânea à propositura da ação, a petição inicial pode limitar-se ao requerimento da tutela antecipada e à indicação do pedido de tutela final, com a exposição da lide, do direito que se busca realizar e do perigo de dano ou do risco ao resultado útil do processo.
> § 1º Concedida a tutela antecipada a que se refere o *caput* deste artigo:
> I – o autor deverá aditar a petição inicial, com a complementação de sua argumentação, a juntada de novos documentos e a confirmação do pedido de tutela final, em 15 (quinze) dias ou em outro prazo maior que o juiz fixar;
> II – o réu será citado e intimado para a audiência de conciliação ou de mediação na forma do art. 334;
> III – não havendo autocomposição, o prazo para contestação será contado na forma do art. 335.

Já no Capítulo III, a respeito do procedimento da tutela cautelar requerida em caráter antecedente, uma vez efetivada, o pedido principal terá de ser formulado pelo autor dentro do prazo de 30 dias e, apresentado este, as partes serão intimadas para a audiência de conciliação e de mediação, na forma do art. 334, por seus advogados ou pessoalmente, sem a necessidade de nova citação do réu:

> Art. 308. Efetivada a tutela cautelar, o pedido principal terá de ser formulado pelo autor no prazo de 30 (trinta) dias, caso em que será apresentado nos mesmos autos em que deduzido o pedido de tutela cautelar, não dependendo do adiantamento de novas custas processuais.
> § 1º O pedido principal pode ser formulado conjuntamente com o pedido de tutela cautelar.
> § 2º A causa de pedir poderá ser aditada no momento de formulação do pedido principal.
> § 3º Apresentado o pedido principal, as partes serão intimadas para a audiência de conciliação ou de mediação, na forma do art. 334, por seus advogados ou pessoalmente, sem necessidade de nova citação do réu.
> § 4º Não havendo autocomposição, o prazo para contestação será contado na forma do art. 335.

O CPC/2015 se mostrou preocupado com a utilização da mediação e da conciliação já nas tratativas que versam sobre a petição inicial do autor, que buscará dar início à jurisdição. Com isso, no art. 319, em seu inciso VII, o legislador determinou que a petição inicial deverá indicar:

> Art. 319. A petição inicial indicará:
> (...)
> VII – a opção do autor pela realização ou não de audiência de conciliação ou de mediação.

Maior atenção deve ser dada ao art. 334 do CPC/2015, que trata da audiência de conciliação ou de mediação. Diz o artigo:

> Art. 334. Se a petição inicial preencher os requisitos essenciais e não for o caso de improcedência liminar do pedido, o juiz designará audiência de conciliação ou de mediação com antecedência mínima de 30 (trinta) dias, devendo ser citado o réu com pelo menos 20 (vinte) dias de antecedência.

Note a intenção do legislador em procurar resolver de pronto os litígios havidos entre partes, fazendo constar que, se a petição inicial de fato der início à jurisdição, o juiz designará a audiência de conciliação ou de mediação com o fito de desde logo interromper a animosidade que assola as partes, devendo tal audiência ter antecedência mínima de 30 dias, com a citação do réu com a antecedência mínima de 20 dias em relação à audiência.

O conciliador ou o mediador devem atuar na audiência sempre observando as regras dispostas no CPC/2015 assim como as disposições da Lei de Organização Judiciária, tal qual determinado no § 1º do seu art. 334:

> § 1º O conciliador ou mediador, onde houver, atuará necessariamente na audiência de conciliação ou de mediação, observando o disposto neste Código, bem como as disposições da lei de organização judiciária.

Também interessa olhar o parágrafo seguinte:

> § 2º Poderá haver mais de uma sessão destinada à conciliação e à mediação, não podendo exceder a 2 (dois) meses da data de realização da primeira sessão, desde que necessárias à composição das partes.

Logo, percebe-se que mais de uma sessão de conciliação e de mediação podem fazer parte do processo, sempre tendo como ideia se promover a solução mais pacífica e rápida, ainda que eventualmente possa se aguardar até quase dois meses entre uma sessão e outra. O fato é que o deslinde sem o uso dos meios consensuais de solução de conflitos pode alcançar período muito superior a esse.

Já o § 7º do CPC/2015 põe no papel expediente já trazido, que trata da mediação em formato digital:

> § 7º A audiência de conciliação ou de mediação pode realizar-se por meio eletrônico, nos termos da lei.

Já como resposta ao ingresso da ação pelo autor, o réu pode apresentar a sua defesa em sede de contestação, no prazo de 15 dias, cujo termo inicial será a data da audiência de conciliação ou de mediação, ou da última sessão de conciliação, quando qualquer parte não comparecer ou, comparecendo, não houver autocomposição; ou, ainda, o termo inicial será do protocolo do pedido de cancelamento de audiência de conciliação ou de mediação apresentado pelo réu, quando se der a hipótese prevista no art. 334, § 4º, I. Para tanto, leia o art. 335, incisos I e II, do CPC/2015:

> Art. 335. O réu poderá oferecer contestação, por petição, no prazo de 15 (quinze) dias, cujo termo inicial será a data:

I – da audiência de conciliação ou de mediação, ou da última sessão de conciliação, quando qualquer parte não comparecer ou, comparecendo, não houver autocomposição;

II – do protocolo do pedido de cancelamento da audiência de conciliação ou de mediação apresentado pelo réu, quando ocorrer a hipótese do art. 334, § 4º, inciso I.

Já no capítulo a respeito da audiência de instrução e julgamento, diz o art. 359:

> Art. 359. Instalada a audiência, o juiz tentará conciliar as partes, independentemente do emprego anterior de outros métodos de solução consensual de conflitos, como a mediação e a arbitragem.

Significa dizer que na audiência de instrução o juiz sempre tentará conciliar as partes, independentemente do uso ou não de outros meios de solução de conflitos. O que chama a atenção, porém, é o fato de que não é feita referência à conciliação pelo legislador quando ele diz que o juiz tentará conciliar as partes independentemente do uso de outros meios de solução consensual como a arbitragem e a mediação. E chama mais atenção ainda o fato de ele, legislador, ter textualmente chamado a arbitragem de meio consensual de conflitos – visto ela se tratar de um método heterocompositivo em que não se presume, necessariamente, o consenso – e, ainda, porque como bem se sabe, aqueles que determinam que o seu litígio será resolvido por arbitragem não poderão levar à jurisdição estatal a sua lide a não ser em caso de nulidade da sentença arbitral. Assim, não faz sentido dizer que o juiz irá procurar conciliar as partes independentemente de ter havido, no caso, a arbitragem anterior ao procedimento judicial, uma vez que se o litígio for para a via arbitral não poderá, depois, ser rediscutido na via judicial.

Já o art. 694, ao tratar de ações de família, diz:

> Art. 694. Nas ações de família, todos os esforços serão empreendidos para a solução consensual da controvérsia, devendo o juiz dispor do auxílio de profissionais de outras áreas de conhecimento para a mediação e conciliação.

Com isso, o que se tem é que os meios consensuais de solução de litígios já são extremamente explorados normalmente, mas, em se tratando de questões envolvendo família, são ainda mais estimulados uma vez que no âmbito familiar vale muito mais a pena procurar resolver o conflito pela via mais amistosa e menos tortuosa do que os meios consensuais promovem quando comparados ao processo judicial.

Logo, o que se tem, é que os meios consensuais de conflitos, estando ou não presentes no processo judicial, estão na ordem do dia daqueles que buscam a pacificação social e ficaram presenciados atos e estímulos tanto por parte do legislador quanto de órgãos de contribuição e de controle judiciário a fim de se garantir a proliferação dos meios consensuais e, em última análise, o acesso àquilo que é socialmente mais justo.

REFERÊNCIAS

ALMEIDA, Amador Paes de. *Curso de falência e concordata*. 20. ed. São Paulo: Saraiva, 2002.

ALMIRON, Daniela P. (coord). *La mediación a la luz de las nuevas tecnologías*. Buenos Aires: Erreius, 2019.

ALVES, José Carlos Moreira. A importância do direito romano na integração jurídica dos países do Cone Sul da América Latina. *Revista da Escola Paulista da Magistratura*. São Paulo: Imprensa Oficial do Estado, 1993.

ANDRADE, Agenor Pereira de. *Manual de direito internacional público*. 5. ed. São Paulo: Sugestões Literárias.

ACQUAVIVA, Marcus Cláudio. *O advogado perfeito* – atualização profissional e aperfeiçoamento moral do advogado. São Paulo: Jurídica Brasileira, 2002.

ARENDT, Hannah. *A condição humana*. Rio de Janeiro: Forense-Universitária, 1987.

AZEVEDO, Antônio Junqueira. A arbitragem e o direito do consumidor. In: *Temas atuais de direito*. São Paulo: LTr, 1999.

BANDEIRA DE MELLO, Celso Antônio. *Elementos do direito administrativo*. São Paulo: Malheiros, 2015.

BAPTISTA, Luiz Olavo. Homologação de laudos arbitrais estrangeiros no direito brasileiro. In: *Arbitragem comercial*. São Paulo: Livr. Freitas Bastos, 1986.

BARBERO, Domenico. *Il sistema di diritto privado*. Milano: UTET, 1993.

BARBI FILHO, Celso. Execução específica de cláusula arbitral, *RT* 732/64.

BARBOSA, Águida Arruda; VIEIRA, Claudia Stein (coord.). *Direito de família*. São Paulo: Revista dos Tribunais, 2008.

BARBOSA, Rui. *Elogios acadêmicos e orações de paraninfo*. São Paulo: Ed. da Revista da Língua Portuguesa, 1924.

BARROCAS, Manuel Pereira. *Lei de arbitragem comentada*. Coimbra: Edições Almedina, 2013.

BARROS, Hamilton de Moraes e. *Comentários ao Código de Processo Civil*. Rio de Janeiro: Forense, 1988.

BETTI, Emilio. *Teoria geral do negócio jurídico*. Coimbra: Coimbra Ed., 1969.

BLACK'S LAW DICTIONARY. 17. ed. St. Paul: West Group, 1999.

BITTAR, Carlos Alberto. *Direitos do consumidor*. Rio de Janeiro: Forense, 2011.

BOBBIO, Norberto. *A era dos direitos*. Rio de Janeiro: Campus, 1992.

_____. *Teoria do ordenamento jurídico*. Brasília: UnB, 1996.

_____. *Teoria da norma jurídica*. Bauru: Edipro, 2001.

BONFANTE, Pietro. *Istituzioni di diritto romano*. 4. ed. Milano: Ed. Vallardi, 1907.

BONFIM, Ana Paula Rocha do; MENEZES, Hellen Monique Ferreira de. *MESCs – Manual de mediação, conciliação e arbitragem*. Rio de Janeiro: Lumen Juris, 2008.

BRUGI, Biagio. *Instituciones de derecho civil*. Cidade do México: Union Tipográfica Editorial Hispano-Americana, 1946.

BUENO, Cassio Scarpinella. *Código de Processo Civil anotado*. São Paulo: Saraiva, 2015.

BULOS, Uadi Lammêgo. *Constituição Federal anotada*: jurisprudência e legislação infraconstitucional em vigor. São Paulo: Saraiva, 2000.

CAHALI, Francisco José. *Curso de arbitragem* – mediação e conciliação. 2. ed. São Paulo: Revista dos Tribunais, 2002.

_____. *Curso de arbitragem*, 5. ed. São Paulo: Revista dos Tribunais, 2015.

CALAMANDREI, Piero. *Introdución al estúdio sistemático de las providencias cautelares*. Buenos Aires: Librería El Foro. 1996.

CAMILLO, Carlos Eduardo Nicoletti; TALAVERNA, Glauber Moreno; FUJITA, Jorge Shiguemitsu; SCAVONE JR., Luiz Antonio. *Comentários ao Código Civil*. São Paulo: Revista dos Tribunais, 2006.

CARMONA, Carlos Alberto. *Arbitragem e processo*: um comentário à Lei 9.307/96. São Paulo: Malheiros, 1998.

_____. *Arbitragem e processo:* um comentário à Lei n. 9.307/96. 3. ed. rev. atual. e ampl. São Paulo: Atlas, 2009.

CARNELUTTI, Francesco. *Sistema del diritto processuale civile.* Milano, 1936.

_____. Sulla causa de la transazione, *Rivista del Diritto Commerciale*, v. 12, pt. 2, Milano, 1914.

CARVALHOSA, Modesto; EIZIRIK, Nélson. *A nova lei das sociedades anônimas.* São Paulo: Saraiva, 2001.

CARREIRA ALVIM, J. E. *Tratado geral de arbitragem.* Belo Horizonte: Mandamentos, 2000.

_____. Cláusula compromissória estatutária. In: *Reforma da lei das sociedades anônimas.* Rio de Janeiro: Forense, 2002.

CARVALHOSA, Modesto; EIZIRIK, Nelson. *A nova lei das S/A.* São Paulo: Saraiva, 2002.

CHAVES, Antônio. Capacidade civil. *Enciclopédia Saraiva do direito*, v. 13.

_____. *Criador da obra intelectual.* São Paulo: LTr, 1995.

CHIESI FILHO, Humberto. *Um novo paradigma de acesso à justiça.* D'Plácido: São Paulo.

COSSÍO, Alfonzo de. *Instituciones de derecho civil.* Madrid: Alianza Editorial S/A, 1975.

DAVID, R. *L'arbitrage dans le commerce international.* Paris: Economica, 1982.

DÍEZ-PICAZO, Luiz; GULLON, Antonio. *Sistema de derecho civil.* Madrid: Editorial Tecnos, 1979.

DINAMARCO, Cândido Rangel. *A arbitragem na teoria geral do processo.* São Paulo: PC Editorial, 2013.

_____. *Instituições de direito processual civil.* 8. ed. São Paulo: Malheiros.

DINIZ, Maria Helena. *Código Civil anotado.* 5. ed. São Paulo: Saraiva, 1999.

_____. *Curso de direito civil brasileiro –* v. 3. 14. ed. São Paulo: Saraiva, 2002.

_____. *Curso de direito civil brasileiro –* v. 3. 30. ed. São Paulo: Saraiva, 2014.

_____. *Curso de direito civil brasileiro –* v. 5. São Paulo: Saraiva, 2014.

_____. *Curso de direito civil brasileiro –* v. 4. 13. ed. São Paulo: Saraiva, 2002.

_____. *Curso de direito civil brasileiro* – v. 1. 13. ed. São Paulo: Saraiva, 2002.

_____. *Curso de direito civil brasileiro* – v. 1. 31. ed. São Paulo: Saraiva, 2014.

_____. *Curso de direito civil brasileiro* – v. 7. 12. ed. São Paulo: Saraiva, 2002.

_____. *Dicionário jurídico*. São Paulo: Saraiva, 1999. t. 1 a 4.

_____. *Lei de introdução ao Código Civil Brasileiro interpretada*. São Paulo: Saraiva, 2001.

_____. *Tratado teórico e prático dos contratos*, v. 1. 6. ed. São Paulo: Saraiva, 2006.

DOLINGER, Jacob. *Direito internacional privado*. 6. ed. Rio de Janeiro: Renovar, 2001.

ENGELBERG, Esther. *Contratos internacionais do comércio*, 1997.

FADEL, Sérgio Sahione. *Código de Processo Civil comentado*. Rio de Janeiro: Forense, 1987.

FARIA, José Eduardo. *O direito na economia globalizada*. São Paulo: Malheiros, 2001.

_____. Prefácio. In: MACEDO JR., Ronaldo Porto. *Contratos relacionais e defesa do Consumidor*. São Paulo: Max Limonad, 1998.

FAZZALARI, Elio. *La giustizia civile nei paesi comunitari*. Padova: Cedam, 1994.

FERRAZ JR., Tércio Sampaio. O destino do contrato. *Revista do Advogado*, ano III, n. 9.

FERREIRA, Waldemar. *Tratado de direito comercial*. São Paulo: Saraiva, 1965.

FIUZA, Ricardo (coord.). *Novo Código Civil comentado*. São Paulo: Saraiva, 2002.

FIÚZA, César. *Teoria geral da arbitragem*. Belo Horizonte: Del Rey, 1995.

FOLBERG, J.; TAYLOR, A. *Mediacíon – resolucíon de conflictos sin litigio*. Buenos Aires: Ed. Noriega, 1984.

FOUCHARD, Ph. *L'arbitrage commercial international*. Paris: Dalloz, 1965.

FRANÇA, R. Limongi. *Instituições de direito civil*. São Paulo: Saraiva, 1988.

FURTADO, Paulo. *Juízo arbitral*. 2. ed. Salvador: Ed. Nova Alvorada, 1995.

GARCEZ, José Maria Rossani. *Negociação, ADRS, mediação, conciliação e arbitragem*. Rio de Janeiro: Lumen Juris, 2004.

_____. *Técnicas de negociação*. Resolução alternativa de conflitos: ADRs, mediação, conciliação e arbitragem. Rio de Janeiro: Forense, 1999.

GOODMAN, Joseph W. Os prós e os contras das resoluções on line de disputas. Uma leitura da mediação cibernética. *Duke Law and Technology Review.* Durham, v. 2, 2003.

GRECO FILHO, Vicente. *Direito processual civil brasileiro.* 6. ed. São Paulo: Saraiva, 1989, v. 1 a 3.

GUILHERME, Luiz Fernando do Vale de Almeida. *Arbitragem.* São Paulo: Quartier Latin, 2003.

_____. *Código Civil comentado e anotado.* 2. ed. São Paulo: Manole, 2016.

_____. *Distinção entre cláusula compromissória e compromisso arbitral.* Disponível em: <http://www.jus.com.br>.

_____. Juiz, um breve relato sobre a prestação jurisdicional e a lógica utilizada por esse operador do direito. *Revista do Instituto Internacional de Direito.* São Paulo: Saraiva, 2004.

_____. *Manual de arbitragem.* 3. ed. São Paulo: Saraiva, 2012.

_____. *Manual de direito.* 3. ed. (prelo). Barueri: Manole, 2020.

_____. *Manual dos MESCs: Meios extrajudiciais de solução de conflitos* – arbitragem, mediação, conciliação, negociação, ombudsman e avaliação neutra. São Paulo: Manole, 2016.

_____. *Meios extrajudiciais de soluções de controvérsias.* Belo Horizonte: Letramento, 2016, v. 1.

_____. *Meios extrajudiciais de soluções de controvérsias.* Belo Horizonte: Letramento, 2017, v. 2.

_____. *Meios extrajudiciais de soluções de controvérsias.* Belo Horizonte: Letramento, 2018, v. 3.

_____. *Meios extrajudiciais de soluções de controvérsias.* Belo Horizonte: Letramento, 2018, v. 4.

_____. *Meios extrajudiciais de soluções de controvérsias.* Belo Horizonte: Letramento, 2019, v. 5.

_____. (coord.). *Novos rumos da arbitragem no Brasil,* Fiuza: São Paulo, 2004.

_____. (org.). *Soluções extrajudiciais de controvérsias empresariais,* v. 5. Belo Horizonte, Letramento, 2019.

HIRONAKA, Giselda Maria F. Novaes. *Estudos de direito civil.* Belo Horizonte: Del Rey, 2000.

INCONTERMS 2000. São Paulo: Aduaneiras, 2000.

JARROSSON, Ch. *La notion d´arbitrage*. Paris: LGDJ, 1987.

JOSSERAND, Louis. *Derecho civil*. Buenos Aires: Bosch y Cia. Editores, 1950.

KELSEN, Hans. *Teoria geral do direito e do Estado*. São Paulo: Martins Fontes, 1995.

LACERDA, J. C. Sampaio de. *Manual de direito falimentar*. 5. ed. Rio de Janeiro: Freitas Bastos.

LAPORTA, Celeida Maria Celentano; BORGES, Sabrina Nagib de Sales (org.). *Mediação de conflitos na prática* – estudo de casos concretos. Rio de Janeiro: Lumen Juris, 2019.

LARENZ, Karl. *Derecho de obligaciones*. Madrid: Revista de Derecho Privado, 1958.

LEAL, Rosemiro Pereira. Teoria geral do processo: primeiros estudos. Porto Alegre: Síntese, 2001.

LEMES, Selma Maria Ferreira. *Árbitros*. Princípio da independência e da imparcialidade. São Paulo: LTr, 2001.

LIEBMAN, Enrico Tullio. *Corso di diritto processuale civile*. Milano, 1952.

LOTUFO, Renan (coord.). *Cadernos de direito civil constitucional* (caderno 1). São Paulo: Max Limonad, 1999.

_____. *Cadernos de direito civil constitucional* (caderno 2). Curitiba: Juruá, 2001.

_____. *Curso avançado de direito civil*. São Paulo: Revista dos Tribunais, 2002, v. 1.

MACEDO, Gabriela. A arbitragem nos negócios imobiliários. Disponível em: <https://www.migalhas.com.br/dePeso/16,MI272615,21048-Arbitragem+nos+negocios+imobiliarios>. Acesso em: 15 nov. 2019.

MACEDO, Silvio de. Bons costumes. *Enciclopédia Saraiva do direito*, v. 12.

MAGALHÃES, Rodrigo Almeida. *Formas alternativas de resolução de conflitos*. Belo Horizonte: RHJ, 2008.

MARCATO, Antônio Carlos. *Procedimentos especiais*. São Paulo: Malheiros, 1995.

MARIOT, Gilberto. *Fashion law* – a moda nos tribunais. São Paulo: Estação das Letras e Cores. 2016.

MARQUES, José Frederico. *Ensaio sobre jurisdição voluntária*. Campinas: Millennium, 2000.

MESSINEO, Francesco. *Doctrina general del contrato*. Buenos Aires: Ediciones Juridicas Europa-América, 1952.

MONDIN, Battista. *O homem, quem ele é?* São Paulo: Paulinas, 1986.

MONTEIRO, Washington de Barros. *Curso de direito civil*. São Paulo: Saraiva, 1962, v. 1.

MORAES, Alexandre de. *Constituição do Brasil interpretada e legislação constitucional*. São Paulo: Atlas, 2002.

MOREIRA, José Carlos Barbosa. *Comentários ao Código de Processo Civil*. 12. ed. Rio de Janeiro: Forense, 2005. v. 5.

_____. O futuro da Justiça: alguns mitos. *Revista da Escola Paulista da Magistratura*. São Paulo: Imprensa Oficial do Estado, 1993.

NERY JR., Nelson; ANDRADE NERY, Rosa Maria. *Código de Processo Civil comentado*. 3. ed. São Paulo: Revista dos Tribunais, 1997.

NIETZSCHE, Friedrich. *Humano, demasiado humano*: um livro para espíritos livres. São Paulo: Companhia das Letras, 2000.

PARIZATTO, João Roberto. *Arbitragem:* comentários à Lei 9.307, de 23-09-96. Leme: Ed. de Direito, 1997.

PASQUINO, Gianfranco et al. *Dicionário de política*. Brasília: UnB, 2000.

PERLINGIERI, Pietro. *Perfis do direito civil: introdução ao direito civil constitucional*. 2. ed. São Paulo-Rio de Janeiro: Renovar, 2002.

PINHEIRO, Luís de Lima. *Direito internacional privado:* competência internacional e reconhecimento de decisões estrangeiras. Coimbra: Almedina, 2002. v. 3.

PIRES, Antonio Cecílio Moreira; TANAKA, Sônia Yuriko Kanashiro (coord.). *Direito administrativo*. 2008.

PLATÃO. In: *De legibus*, livros 6 e 12.

PONTES DE MIRANDA, Francisco Cavalcanti. *Comentários ao Código de Processo Civil*. Rio de Janeiro: Forense, 1977.

PORTANOVA, Rui. *Princípios do processo civil*. Porto Alegre: Livraria do Advogado, 1995.

PRADO, Lídia Reis de Almeida. *O juiz e a emoção*. Campinas: Millennium, 2003.

PRATA, Ana. *A tutela constitucional da autonomia privada*. Coimbra: Livr. Almedina, 1982.

PUCCI, Adriana Noemi (coord.). *Aspectos atuais da arbitragem*. Rio de Janeiro: Forense, 2001.

PUGLIESI, Márcio. *Conflito, estratégia, negociação*: o direito e sua teoria. São Paulo: Ed. WVC, 2001.

RAMOS, Augusto Cesar. Mediação e arbitragem na Justiça do Trabalho. *Jus Navigandi*, Teresina, ano 6, n. 54, fev. 2002. Disponível em: <http://jus2.uol.com.br/doutrina/texto.asp?id=2620>. Acesso em: 18 out. 2010.

REALE, Miguel. *Lições preliminares de direito*. 8. ed. São Paulo: Saraiva, 1981.

REQUIÃO, Rubens. *Curso de direito comercial*. 19. ed. São Paulo: Saraiva, 1989. v. 1.

RIZZARDO, Arnaldo. *Direito de família:* Lei n. 10.406, de 10-1-2002. Rio de Janeiro: Forense, 2007.

ROCHA, José de Albuquerque. *A lei de arbitragem (Lei n. 9.307, de 23-9-1996)*: uma avaliação crítica. São Paulo: Malheiros, 1998.

RODRIGUES, Silvio. *Direito civil*. 32. ed. São Paulo: Saraiva, 2002.

ROPPO, Enzo. *O contrato*. Coimbra: Livr. Almedina, 1988.

ROSO, Jayme Vita. *Auditoria jurídica para a sociedade democrática*. São Paulo: Escolas Profissionais Salesianas, 2001.

RUGGIERO, Roberto de. *Instituições de direito civil*. São Paulo: Livraria Acadêmica Saraiva, 1934.

SCAVONE JR., Luiz Antonio. *Comentários ao Código Civil*. São Paulo: Revista dos Tribunais, 2006.

_____. *Manual de arbitragem*. 2. ed. São Paulo: Revista dos Tribunais, 2008.

SANTOS, Ernani Fidélis dos. *Manual de direito processual civil*. São Paulo: Saraiva, 1988.

SANTOS, Marcelo O. F. Figueiredo. O comércio exterior e a arbitragem. *Resenha Tributária*, 1968.

SANTOS, Moacyr Amaral. *Primeiras linhas de direito processual civil*. 20. ed. São Paulo: Saraiva, 1998.

SERPA, Maria Nazareth. *Mediação, processo judicioso de resolução de conflitos*. Belo Horizonte: Faculdade de Direito UFMG, 1997.

SILVA, De Plácido e. *Vocabulário jurídico*. Rio de Janeiro: Forense, 1987.

SOARES, Guido F. S. A arbitragem e sua conaturalidade com o comércio internacional. *Aspectos atuais da arbitragem*. Rio de Janeiro: Forense, 2001.

_____. Arbitragens comerciais internacionais no Brasil: vicissitudes. *Revista dos Tribunais*, v. 641.

_____. *Common law:* introdução ao direito nos EUA. São Paulo: Revista dos Tribunais, 1999.

STRENGER, Guilherme Gonçalves. Do juízo arbitral. São Paulo: Revista dos Tribunais, v. 607.

TAVARES, Fernando Horta. *Mediação e conciliação*. Belo Horizonte: Mandamentos, 2002.

TENÓRIO, Oscar. *Direito internacional privado*. 8. ed. Rio de Janeiro: Freitas Bastos, 1965. v. 1.

_____. *Direito internacional privado*. 11. ed. Rio de Janeiro: Freitas Bastos, 1976. v. 3.

TEODORO, Viviane Rosolio, *Revista de Arbitragem e Mediação – RArb*, 13/51, 2016.

TEPEDINO, Gustavo (coord.). *Problemas de direito civil-constitucional*. São Paulo-Rio de Janeiro: Renovar, 2000.

_____. *Temas de direito civil*. 2. ed. rev. e atual. São Paulo-Rio de Janeiro: Renovar, 2001.

TESSLER, Heloisa Pereira. *A homologação da sentença arbitral no Brasil*. UPM, 2009.

TURA, Adevanir. *Arbitragem nacional e internacional*. São Paulo: JH Mizuno, 2007.

TURA, Marco Antônio Ribeiro. *Arbitragem e mediação* – Leis n. 9.307/96 e 13.140/2015. São Paulo: JusPodivm, 2019.

VALENÇA FILHO, Clávio de Melo. *Poder Judiciário e sentença arbitral:* de acordo com a nova jurisprudência constitucional. Curitiba: Juruá, 2002.

VALLADÃO, Haroldo. Capacidade de direito. *Enciclopédia Saraiva do direito*, v. 13.

VEZZULLA, Juan Carlos. *Teoria e prática da mediação*. Paraná: Instituto de Mediação e Arbitragem do Brasil, 1998.

VIEIRA JÚNIOR, Antônio Laért. *Responsabilidade civil do advogado*. Rio de Janeiro, 2003.

VILLAS BOAS, R. M.; MENEZES, M. H. Os MESCS – Métodos Extrajudiciais de solução de controvérsias. In: *MESCs: Manual de mediação* – conciliação e arbitragem. Rio de Janeiro: Lumen, 2008.

WAMBIER, Luiz Rodrigues (coord.). *Teoria geral do processo e processo de conhecimento*. São Paulo: Revista dos Tribunais, 1999.

WARAT, Luiz Alberto. O ofício do mediador. Florianópolis: Habitus, 2001.

YARSHELL, Flávio L. *Tutela jurisdicional específica nas obrigações de declaração de vontade*. São Paulo: Malheiros, 1993.

ZERBINI, Eugenia C.G. de Jesus. *O regime internacional dos investimentos* – sistemas regional, multilateral, setorial e bilateral (balanço da década de 1990, seguido do estudo de dois casos: o Mercosul e o projeto da ALCA). Tese (Doutorado) – FADUSP, 2003.

Sítios:

<http://www.abdpc.org.br/abdpc/artigos/Sergio%20Arenhart%20-%20formatado.pdf>

<http://www.adamsistemas.com/wp-content/uploads/adam-_manual_med_adv.pdf>

<https://www.bn.gov.br/es/node/253https://www.cnj.jus.br/mediacao-digital/>

<http://www.conima.org.br/regula_modmed>

<http://www.marketing500.com.br/arquivos_internos/downloads/GESTAODECONFLITOSETECNICASDENEGOCIACAO.pdf>

<https://www.mediate.com/divorce/pg21.cfm>

<https://www.migalhas.com.br/coluna/migalhas-consensuais/347920/a-convencao-de-singapura-sobre-acordos-em-mediacao>

<https://www.migalhas.com.br/dePeso/16,MI272615,21048-Arbitragem+nos+negocios+imobiliarios>

<http://www.sebrae.com.br/sites/PortalSebrae/artigos/as-patentes-e-a-seguranca-da-invencao,047aa866e7ef2410VgnVCM100000b272010aRCRD>

Universidade de Loyola – Los Angeles, Estados Unidos:

<http://www.lls.edu/academics/centersprograms/thefashionlawproject/>

ANEXOS

Anexo I

Convenção de Nova Iorque, de 10 de junho de 1958

CONVENÇÃO SOBRE O RECONHECIMENTO E A EXECUÇÃO DE SENTENÇAS ARBITRAIS ESTRANGEIRAS

Elaborada em Nova York, em 10 de junho de 1958.

Artigo I

1. A presente Convenção aplicar-se-á ao reconhecimento e à execução de sentenças arbitrais estrangeiras proferidas no território de um Estado que não o Estado em que se tencione o reconhecimento e a execução de tais sentenças, oriundas de divergências entre pessoas, sejam elas físicas ou jurídicas. A Convenção aplicar-se-á igualmente a sentenças arbitrais não consideradas como sentenças domésticas no Estado onde se tencione o seu reconhecimento e a sua execução.

2. Entender-se-á por "sentenças arbitrais" não só as sentenças proferidas por árbitros nomeados para cada caso, mas também aquelas emitidas por órgãos arbitrais permanentes aos quais as partes se submetam.

3. Quando da assinatura, ratificação ou adesão à presente Convenção, ou da notificação de extensão nos termos do Artigo X, qualquer Estado poderá, com base em reciprocidade, declarar que aplicará a Convenção ao reconhecimento e à execução de sentenças proferidas unicamente no território de outro Estado signatário. Poderá igualmente declarar que aplicará a

Convenção somente a divergências oriundas de relacionamentos jurídicos, sejam eles contratuais ou não, que sejam considerados como comerciais nos termos da lei nacional do Estado que fizer tal declaração.

Artigo II

1. Cada Estado signatário deverá reconhecer o acordo escrito pelo qual as partes se comprometem a submeter à arbitragem todas as divergências que tenham surgido ou que possam vir a surgir entre si no que diz respeito a um relacionamento jurídico definido, seja ele contratual ou não, com relação a uma matéria passível de solução mediante arbitragem.

2. Entender-se-á por "acordo escrito" uma cláusula arbitral inserida em contrato ou acordo de arbitragem, firmado pelas partes ou contido em troca de cartas ou telegramas.

3. O tribunal de um Estado signatário, quando de posse de ação sobre matéria com relação à qual as partes tenham estabelecido acordo nos termos do presente artigo, a pedido de uma delas, encaminhará as partes à arbitragem, a menos que constate que tal acordo é nulo e sem efeitos, inoperante ou inexequível.

Artigo III

Cada Estado signatário reconhecerá as sentenças como obrigatórias e as executará em conformidade com as regras de procedimento do território no qual a sentença é invocada, de acordo com as condições estabelecidas nos artigos que se seguem. Para fins de reconhecimento ou de execução das sentenças arbitrais às quais a presente Convenção se aplica, não serão impostas condições substancialmente mais onerosas ou taxas ou cobranças mais altas do que as impostas para o reconhecimento ou a execução de sentenças arbitrais domésticas.

Artigo IV

1. A fim de obter o reconhecimento e a execução mencionados no artigo precedente, a parte que solicitar o reconhecimento e a execução fornecerá, quando da solicitação:

a) a sentença original devidamente autenticada ou uma cópia da mesma devidamente certificada;

b) o acordo original a que se refere o Artigo II ou uma cópia do mesmo devidamente autenticada.

2. Caso tal sentença ou tal acordo não for feito em um idioma oficial do país no qual a sentença é invocada, a parte que solicitar o reconhecimento e a execução da sentença produzirá uma tradução desses documentos para tal idioma. A tradução será certificada por um tradutor oficial ou juramentado ou por um agente diplomático ou consular.

Artigo V

1. O reconhecimento e a execução de uma sentença poderão ser indeferidos, a pedido da parte contra a qual ela é invocada, unicamente se esta parte fornecer, à autoridade competente onde se tenciona o reconhecimento e a execução, prova de que:

a) as partes do acordo a que se refere o Artigo II estavam, em conformidade com a lei a elas aplicável, de algum modo incapacitadas, ou que tal acordo não é válido nos termos da lei à qual as partes o submeteram, ou, na ausência de indicação sobre a matéria, nos termos da lei do país onde a sentença foi proferida; ou

b) a parte contra a qual a sentença é invocada não recebeu notificação apropriada acerca da designação do árbitro ou do processo de arbitragem, ou lhe foi impossível, por outras razões, apresentar seus argumentos; ou

c) a sentença se refere a uma divergência que não está prevista ou que não se enquadra nos termos da cláusula de submissão à arbitragem, ou contém decisões acerca de matérias que transcendem o alcance da cláusula de submissão, contanto que, se as decisões sobre as matérias suscetíveis de arbitragem puderem ser separadas daquelas não suscetíveis, a parte da sentença que contém decisões sobre matérias suscetíveis de arbitragem possa ser reconhecida e executada; ou

d) a composição da autoridade arbitral ou o procedimento arbitral não se deu em conformidade com o acordado pelas partes, ou, na ausência de tal acordo, não se deu em conformidade com a lei do país em que a arbitragem ocorreu; ou

e) a sentença ainda não se tornou obrigatória para as partes ou foi anulada ou suspensa por autoridade competente do país em que, ou conforme a lei do qual, a sentença tenha sido proferida.

2. O reconhecimento e a execução de uma sentença arbitral também poderão ser recusados caso a autoridade competente do país em que se tenciona o reconhecimento e a execução constatar que:

a) segundo a lei daquele país, o objeto da divergência não é passível de solução mediante arbitragem; ou

b) o reconhecimento ou a execução da sentença seria contrário à ordem pública daquele país.

Artigo VI

Caso a anulação ou a suspensão da sentença tenha sido solicitada à autoridade competente mencionada no Artigo V, 1. (e), a autoridade perante a qual a sentença está sendo invocada poderá, se assim julgar cabível, adiar a decisão quanto à execução da sentença e poderá, igualmente, a pedido da parte que reivindica a execução da sentença, ordenar que a outra parte forneça garantias apropriadas.

Artigo VII

1. As disposições da presente Convenção não afetarão a validade de acordos multilaterais ou bilaterais relativos ao reconhecimento e à execução de sentenças arbitrais celebrados pelos Estados signatários nem privarão qualquer parte interessada de qualquer direito que ela possa ter de valer-se de uma sentença arbitral da maneira e na medida permitidas pela lei ou pelos tratados do país em que a sentença é invocada.

2. O Protocolo de Genebra sobre Cláusulas de Arbitragem de 1923 e a Convenção de Genebra sobre a Execução de Sentenças Arbitrais Estrangeiras de 1927 deixarão de ter efeito entre os Estados signatários quando, e na medida em que, eles se tornem obrigados pela presente Convenção.

Artigo VIII

1. A presente Convenção estará aberta, até 31 de dezembro de 1958, à assinatura de qualquer Membro das Nações Unidas e também de qualquer outro Estado que seja ou que doravante se torne membro de qualquer órgão especializado das Nações Unidas, ou que seja ou que doravante se torne parte do Estatuto da Corte Internacional de Justiça, ou qualquer outro Estado convidado pela Assembleia Geral das Nações Unidas.

2. A presente Convenção deverá ser ratificada e o instrumento de ratificação será depositado junto ao Secretário-Geral das Nações Unidas.

Artigo IX

1. A presente Convenção estará aberta para adesão a todos os Estados mencionados no Artigo VIII.

2. A adesão será efetuada mediante o depósito de instrumento de adesão junto ao Secretário-Geral das Nações Unidas.

Artigo X

1. Qualquer Estado poderá, quando da assinatura, ratificação ou adesão, declarar que a presente Convenção se estenderá a todos ou a qualquer dos territórios por cujas relações internacionais ele é responsável. Tal declaração passará a ter efeito quando a Convenção entrar em vigor para tal Estado.

2. A qualquer tempo a partir dessa data, qualquer extensão será feita mediante notificação dirigida ao Secretário-Geral das Nações Unidas e terá efeito a partir do nonagésimo dia a contar do recebimento pelo Secretário-Geral das Nações Unidas de tal notificação, ou a partir da data de entrada em vigor da Convenção para tal Estado, considerada sempre a última data.

3. Com respeito àqueles territórios aos quais a presente Convenção não for estendida quando da assinatura, ratificação ou adesão, cada Estado interessado examinará a possibilidade de tomar as medidas necessárias a fim de estender a aplicação da presente Convenção a tais territórios, respeitando-se a necessidade, quando assim exigido por razões constitucionais, do consentimento dos Governos de tais territórios.

Artigo XI

No caso de um Estado federativo ou não unitário, aplicar-se-ão as seguintes disposições:

a) com relação aos artigos da presente Convenção que se enquadrem na jurisdição legislativa da autoridade federal, as obrigações do Governo federal serão as mesmas que aquelas dos Estados signatários que não são Estados federativos;

b) com relação àqueles artigos da presente Convenção que se enquadrem na jurisdição legislativa dos estados e das províncias constituintes que, em virtude do sistema constitucional da confederação, não são obrigados a adotar medidas legislativas, o Governo federal, o mais cedo possível, levará tais artigos, com recomendação favorável, ao conhecimento das autoridades competentes dos estados e das províncias constituintes;

c) um Estado federativo Parte da presente Convenção fornecerá, atendendo a pedido de qualquer outro Estado signatário que lhe tenha sido transmitido por meio do Secretário-Geral das Nações Unidas, uma declaração da lei e da prática na confederação e em suas unidades constituintes com relação a qualquer disposição em particular da presente Convenção, indicando até que ponto se tornou efetiva aquela disposição mediante ação legislativa ou outra.

Artigo XII

1. A presente Convenção entrará em vigor no nonagésimo dia após a data de depósito do terceiro instrumento de ratificação ou adesão.

2. Para cada Estado que ratificar ou aderir à presente Convenção após o depósito do terceiro instrumento de ratificação ou adesão, a presente Convenção entrará em vigor no nonagésimo dia após o depósito por tal Estado de seu instrumento de ratificação ou adesão.

Artigo XIII

1. Qualquer Estado signatário poderá denunciar a presente Convenção mediante notificação por escrito dirigida ao Secretário-Geral das Nações Unidas. A denúncia terá efeito um ano após a data de recebimento da notificação pelo Secretário-Geral.

2. Qualquer Estado que tenha feito uma declaração ou notificação nos termos do Artigo X poderá, a qualquer tempo a partir dessa data, mediante notificação ao Secretário-Geral das Nações Unidas, declarar que a presente Convenção deixará de aplicar-se ao território em questão um ano após a data de recebimento da notificação pelo Secretário-Geral.

3. A presente Convenção continuará sendo aplicável a sentenças arbitrais com relação às quais tenham sido instituídos processos de reconhecimento ou de execução antes de a denúncia surtir efeito.

Artigo XIV

Um Estado signatário não poderá valer-se da presente Convenção contra outros Estados signatários, salvo na medida em que ele mesmo esteja obrigado a aplicar a Convenção.

Artigo XV

O Secretário-Geral das Nações Unidas notificará os Estados previstos no Artigo VIII acerca de:

    a) assinaturas e ratificações em conformidade com o Artigo VIII;

    b) adesões em conformidade com o Artigo IX;

    c) declarações e notificações nos termos dos Artigos I, X e XI;

d) data em que a presente Convenção entrar em vigor em conformidade com o Artigo XII;

e) denúncias e notificações em conformidade com o Artigo XIII.

Artigo XVI

1. A presente Convenção, da qual os textos em chinês, inglês, francês, russo e espanhol são igualmente autênticos, será depositada nos arquivos das Nações Unidas.

2. O Secretário-Geral das Nações Unidas transmitirá uma cópia autenticada da presente Convenção aos Estados contemplados no Artigo VIII.

Anexo I.I

(A Convenção de Nova Iorque, de 1958, somente foi promulgada e reconhecida no ano de 2002, após a sanção da Lei n. 9.307/96, mesmo tendo sido base para tal em conjunto com a Lei Modelo.)

Decreto n. 4.311, de 23 de julho de 2002

Promulga a Convenção sobre o Reconhecimento e a Execução de Sentenças Arbitrais Estrangeiras.

O PRESIDENTE DA REPÚBLICA, no uso da atribuição que lhe confere o art. 84, inciso VIII, da Constituição;

Considerando que o Congresso Nacional aprovou o texto da Convenção sobre o Reconhecimento e a Execução de Sentenças Arbitrais Estrangeiras, por meio do Decreto Legislativo n. 52, de 25 de abril de 2002;

Considerando que a Convenção entrou em vigor internacional em 7 de junho de 1959, nos termos de seu art. 12;

DECRETA:

Art. 1º A Convenção sobre o Reconhecimento e a Execução de Sentenças Arbitrais Estrangeiras, apensa por cópia ao presente Decreto, será executada e cumprida tão inteiramente como nela se contém.

Art. 2º São sujeitos à aprovação do Congresso Nacional quaisquer atos que possam resultar em revisão da referida Convenção, assim como quaisquer ajustes complementares que, nos termos do art. 49, inciso I, da

Constituição, acarretem encargos ou compromissos gravosos ao patrimônio nacional.

Art. 3º Este Decreto entra em vigor na data de sua publicação.

Brasília, 23 de julho de 2002; 181º da Independência e 114º da República.

Fernando Henrique Cardoso

Celso Lafer

Anexo II

Lei-Modelo da UNCITRAL[1] sobre Arbitragem Comercial Internacional, de 21 de junho de 1985

(Esta Lei-modelo é uma das mais utilizadas no mundo no caso de arbitragem ad hoc; junto com ela são modelos para consulta as Regras de Arbitragem do AAA e do CCI. A importância de se anexar a Lei Modelo da Uncitral e a Convenção de Nova Iorque nada mais é que com elas nasce o espírito social de se fazer a Lei n. 9.307/96.)

Capítulo I
DISPOSIÇÕES GERAIS

Artigo 1º
Campo de Aplicação

1. A presente Lei aplica-se à arbitragem comercial internacional; ela não contende com qualquer acordo multilateral ou bilateral a que o presente Estado se encontra vinculado.

2. As disposições da presente Lei, à exceção dos arts. 8º, 9º, 35 e 36, só se aplicam se o lugar da arbitragem estiver situado no território do presente Estado.

3. Uma arbitragem é internacional se:

a) as partes numa convenção de arbitragem tiverem, no momento da conclusão desta Convenção, o seu estabelecimento em Estados diferentes; ou

---

[1] A Comissão das Nações Unidas para o Direito Comercial Internacional é o órgão jurídico central do sistema das Nações Unidas no campo do direito do comércio internacional. Seu propósito é remover os obstáculos jurídicos ao comércio internacional, modernizando e harmonizando progressivamente o direito comercial (disponível no *site* da UNCITRAL).

b) um dos lugares a seguir referidos estiver situado fora do Estado no qual as partes têm o seu estabelecimento:

I) o lugar da arbitragem, se estiver fixado na convenção de arbitragem ou for determinável de acordo com esta;

II) qualquer lugar onde deva ser executada uma parte substancial das obrigações resultantes da relação comercial ou o lugar com o qual o objeto do litígio se ache mais estreitamente conexo; ou

c) as partes tiverem convencionado expressamente que o objeto da convenção da arbitragem tem conexões com mais de um país.

4. Para fins do § 3º do presente artigo:

a) se uma parte tiver mais de estabelecimento, o estabelecimento a tomar em consideração é aquele que tem a relação mais estreita com a convenção de arbitragem;

b) se uma parte não tiver estabelecimento, revela para este efeito a sua residência habitual.

5. A presente Lei não contende com qualquer outra Lei do presente Estado em virtude da qual certos litígios não possam ser submetidos à arbitragem ou apenas o possam ser por aplicação diferentes das da presente Lei.

Artigo 2º
Definições e Regras de Interpretação

Para os fins da presente Lei:

a) o termo "arbitragem" designa toda e qualquer arbitragem, quer a sua organização seja ou não confiada a uma instituição permanente de arbitragem;

b) a expressão "tribunal arbitral" designa um árbitro único ou um grupo de árbitros;

c) o termo tribunal designa um organismo ou órgão do sistema judiciário de um Estado;

d) quando uma disposição da presente Lei, com exceção do art. 28, deixa às partes a liberdade de decidir uma certa questão, esta liberdade compreende o direito de as partes autorizarem um terceiro, aí incluída uma instituição, a decidir essa questão;

e) quando uma disposição da presente Lei se refere ao fato de as partes terem convencionado ou poderem vir a chegar a acordo a respeito de certa questão, ou de qualquer outra maneira se refere a um acordo das partes, tal acordo engloba qualquer regulamento de arbitragem aí referido;

f) quando uma disposição da presente Lei, com exceção do art. 25, alínea *a*, e do art. 32, § 2º, alínea *a*, se refere a um pedido, esta disposição aplica-se igualmente a um pedido reconvencional, e quando ela se refere a alegações de defesa, aplica-se igualmente às alegação de defesa relativas a um pedido reconvencional.

Artigo 3º
Recepção de Comunicações Escritas

1. Salvo convenção das partes em contrário,

a) considera-se recebida qualquer comunicação escrita se ela foi entregue quer à pessoa do destinatário, quer no seu estabelecimento, na sua residência habitual ou no seu endereço postal; se nenhum destes locais puder ser encontrada após uma indagação razoável, considera-se recebida uma comunicação escrita se ela foi enviada para o estabelecimento, residência habitual ou endereço posta do destinatário por último conhecidos, através de carta registrada ou de qualquer outro meio que prove que se procurou fazer a entrega;

b) a comunicação considera-se recebida no dia em que assim for entregue.

2. As disposições do presente artigo não se aplicam às comunicações feitas no âmbito de processos judiciais.

Artigo 4º
Renúncia ao Direito de Oposição

Considera-se que renunciou ao seu direito de oposição qualquer parte que, embora sabendo que uma das disposições da presente Lei que as partes podem derrogar ou qualquer condição enunciada na convenção de arbitragem não foi respeitada, prossegue apesar disso a arbitragem sem deduzir oposição de imediato, ou, se estiver previsto um prazo para este efeito, no referido prazo.

Artigo 5º
Âmbito de Intervenção dos Tribunais

Em todas as questões regidas pela presente Lei, os tribunais só podem intervir nos casos que esta o prevê.

Artigo 6º
Tribunal ou Outra Autoridade Encarregada de Certas
Funções de Assistência e de Controle no Quadro da Arbitragem

As funções mencionadas nos arts. 11, §§ 3º e 4º, 13, § 3º, 14, 16, § 3º, e 34, § 2º, são confiadas... (cada Estado, ao adotar a Lei-modelo, indica o tribunal, os tribunais ou, para os casos em que esta lei o admitir, uma outra autoridade competente para desempenhar essas funções).

Capítulo II
CONVENÇÃO DE ARBITRAGEM

Artigo 7º
Definição e Forma da Convenção de Arbitragem

1. "Convenção de arbitragem" é uma convenção pela qual as partes decidem submeter à arbitragem todos ou alguns dos litígios surgidos ou a surgir entre elas com respeito a uma determinada relação jurídica, contratual ou extracontratual. Uma convenção de arbitragem pode revestir a forma de uma cláusula compromissória num contrato ou a de uma convenção autônoma.

2. A convenção de arbitragem deve ser reduzida a escrito. Considera-se que uma convenção tem forma escrita quando constar de um documento assinado pelas partes ou de uma troca de cartas, telex, telegramas ou qualquer outro meio de telecomunicação que prove a sua existência, ou ainda da troca de alegações referentes à petição e à contestação na qual a existência de uma tal convenção for alegada por uma parte e não seja contestada pela outra. A referência num contrato a um documento que contenha uma cláusula compromissória equivale a uma convenção de arbitragem, desde que o referido contrato revista a forma escrita e a referência seja feita de tal modo que faça da cláusula uma parte integrante do contrato.

Artigo 8º
Convenção de Arbitragem e Ações Propostas Quanto ao Fundo do Litígio num Tribunal

1. O tribunal no qual foi proposta uma ação relativa a uma questão abrangida por uma convenção de arbitragem, se uma das partes o solicitar até o momento em que apresentar as suas primeiras alegações quanto ao fundo do litígio, remeterá as partes para a arbitragem, a menos que constate que a referida convenção se tronou caduca ou insuscetível de ser executada.

2. Quando tiver sido proposta num tribunal uma ação referida no § 1º do presente artigo, o processo arbitral pode, apesar disso, ser iniciado ou prosseguir, e ser proferida uma sentença, enquanto a questão estiver pendente no tribunal.

Artigo 9º
Convenção de Arbitragem e Medidas Provisórias
Tomadas por um Tribunal

Não é incompatível com uma convenção de arbitragem a solicitação de medidas provisórias ou conservatórias feita por uma das partes a um tribunal, antes ou durante o processo arbitral, bem como a concessão de tais medidas pelo tribunal.

Capítulo III
COMPOSIÇÃO DO TRIBUNAL ARBITRAL

Artigo 10
Número de Árbitros

1. As partes podem determinar livremente o número de árbitros.
2. Na falta de tal determinação, os árbitros serão em número de três.

Artigo 11
Nomeação de Árbitros

1. Ninguém poderá, em razão da sua nacionalidade, ser impedido de exercer funções de árbitro, salvo convenção em contrário das partes.

2. As partes podem, por acordo, escolher livremente o processo de nomeação do árbitro ou dos árbitros, sem prejuízo das disposições dos §§ 4º e 5º do presente artigo.

3. Na falta de um tal acordo,

a) no caso de uma arbitragem com três árbitros, cada uma das partes nomeia um árbitro e dois árbitros assim nomeados escolhem o terceiro árbitro; se uma das partes não nomear no prazo de trinta dias a contar da recepção de um pedido feito nesse sentido pela outra parte, ou se os dois árbitros não se puserem de acordo quanto à escolha do terceiro árbitro dento de trinta dias a contar da respectiva designação, a nomeação é feita a pedido de uma das partes, pelo tribunal ou outra autoridade referidos no art. 6º;

b) no caso de uma arbitragem com um único árbitro, se as partes não poderem pôr-se de acordo sobre a escolha do árbitro, este será nomeado, a pedido de uma das partes, pelo tribunal ou outra autoridade referidos no art. 6º.

4. Quando, durante um processo de nomeação convencionado pelas partes,

a) uma parte não agir em conformidade com o referido processo, ou

b) as partes, ou dois árbitros, não puderem chegar a um acordo nos termos do referido processo, ou

c) um terceiro, aí incluída uma instituição, não cumprir uma função que lhe foi confiada, qualquer das partes pode pedir ao tribunal ou a outra autoridade referidos no art. 6º que tome medida pretendida, a menos que o acordo relativo ao processo de nomeação estipule outros meios de assegurar esta nomeação.

5. A decisão de uma questão confiada ao tribunal ou outra autoridade referidos no art. 6º, nos termos dos §§ 3º e 4º, do presente artigo, é insuscetível de recurso. Quando nomear um árbitro, o tribunal terá em conta as qualificações exigidas a um árbitro pelo acordo das partes e tudo aquilo que for relevante para garantir a nomeação de um árbitro independente e imparcial e, quando nomear um árbitro único ou um terceiro árbitro, ele terá igualmente em consideração o fato de que poderá ser desejável a nomeação de um árbitro de nacionalidade diferente da das partes.

Artigo 12
Fundamentos de Recusa

1. Quando uma pessoa for sondada com vista à sua eventual nomeação como árbitro, ele fará notar todas as circunstâncias que possam levantar fundadas dúvidas sobre a sua imparcialidade ou independência. A partir da data da sua nomeação e durante todo o processo arbitral, o árbitro fará notar sem demora às partes as referidas circunstâncias, a menos que já o tenha feito.

2. Um árbitro só pode ser recusado se existirem circunstâncias que possam levantar fundadas dúvidas sobre a imparcialidade ou independência, ou se ele não possuir as qualificações que as partes convencionaram. Uma parte só pode recusar um árbitro que tiver nomeado ou em cuja nomeação tiver participado por uma causa de que apenas tenha tido conhecimento após esta nomeação.

Artigo 13
Processo de Recusa

1. Sem prejuízo das disposições do § 3º do presente artigo, as partes podem, por acordo, escolher livremente o processo de recusa do árbitro.

2. Na falta de tal acordo, a parte que tiver intenção de recusar um árbitro deverá expor por escrito os motivos da recusa ao tribunal arbitral, no prazo

de quinze dias a contar da data em que teve conhecimento da constituição do tribunal arbitral ou da data em que teve conhecimento das circunstâncias referidas no art. 12, § 2º. Se o árbitro recusado não se demitir das suas funções ou se a outra parte não aceitar a recusa, o tribunal arbitral decidirá sobre a recusa.

3. Se a recusa não puder ser obtida segundo o processo convencionado pelas partes ou nos termos do § 2º do presente artigo, a parte que recusa o árbitro pode, no prazo de trinta dias após lhe ter sido comunicada a decisão que rejeita a recusa, pedir ao tribunal ou outra autoridade referidos no art. 6 que tome uma decisão sobre a recusa, decisão que será insuscetível de recurso; na pendência deste pedido, o tribunal, aí incluído o árbitro recusado, pode prosseguir o processo arbitral e proferir uma sentença.

Artigo 14
Inação de um Árbitro

1. Quando um árbitro se encontrar impossibilitado, de direito ou de fato, de cumprir a sua missão ou, por outras razões, não se desincumbir das suas num prazo razoável, o seu mandato termina se ele se demitir das suas funções ou se as partes convencionarem em lhes pôr fim. No caso de subsistir desacordo quanto a algum destes motivos, qualquer das partes pode pedir ao tribunal ou outra autoridade referidos no art. 6 que tome uma decisão sobre a cessação do mandato, decisão que será insuscetível de recurso.

2. Se, nos termos deste artigo ou do art. 13, § 2º, um árbitro se demitir das suas funções ou se uma das partes aceitar a cessação do mandato de um árbitro, isso não implica o reconhecimento dos motivos mencionados no art. 12, § 2º, ou no presente artigo.

Artigo 15
Nomeação de Um Árbitro Substituto

Quando o mandato de um árbitro terminar, nos termos dos arts. 13 e 14, ou quando este se demitir das suas funções por qualquer outra razão, ou quando o seu mandato for revogado por acordo das partes, ou em qualquer outro caso em que seja posto fim ao seu mandato, será nomeado um árbitro substituto, de acordo com as regras aplicadas à nomeação do árbitro substituto.

Capítulo IV
COMPETÊNCIA DO TRIBUNAL ARBITRAL

Artigo 16
Competência do Tribunal Arbitral para
Decidir sobre a sua Própria Competência

1. O tribunal arbitral pode decidir sobre a sua própria competência, aí incluída qualquer exceção relativa à existência ou à validade da convenção de arbitragem. Para este efeito, uma cláusula compromissatória que faça parte de um contrato é considerada como uma convenção distinta das outras cláusulas do contrato. A decisão do tribunal arbitral que considere nulo o contrato não implica automaticamente a nulidade da cláusula compromissatória.

2. A exceção de incompetência do tribunal arbitral pode ser arguida o mais tardar até à apresentação das alegações de defesa. O fato de uma parte ter designado um árbitro ou ter participado na sua designação, não a priva do direito de arguir esta exceção. A exceção baseada no excesso de poderes do tribunal será arguida logo que surja no decurso do processo arbitral a questão que se considera exceder esses poderes. O tribunal arbitral pode, em ambos os casos, admitir uma exceção arguida após o prazo previsto, se considerar justificada a demora.

3. O tribunal arbitral pode decidir sobre a exceção referida no § 2º do presente artigo, que enquanto questão prévia, quer na sentença sobre o fundo. Se o tribunal arbitral decidir, a título de questão prévia, que é competente, qualquer das partes pode, num prazo de trinta dias após ter sido avisada desta decisão, pedir ao tribunal referido no art. 6º que tome um decisão sobre este ponto, decisão que será insuscetível de recurso; na pendência deste pedido, o tribunal arbitral pode prosseguir o processo arbitral e proferir a sentença.

Artigo 17
Poder do Tribunal Arbitral Ordenar Medidas Provisórias

Salvo em convenção em contrário das partes, o tribunal arbitral pode, a pedido de uma parte, ordenar a qualquer delas que tome as medidas provisórias ou conservatórias que o tribunal arbitral considere necessário tomar em relação ao objeto do litígio. O tribunal arbitral pode exigir a qualquer das partes que, em conexão com essas medidas, preste uma garantia adequada.

Capítulo V
CONDUÇÃO DO PROCESSO ARBITRAL

Artigo 18
Igualdade de Tratamento das Partes

As partes devem ser tratadas em pé de igualdade e devem ser dadas a cada uma delas as possibilidades de fazerem valer os seus direitos.

Artigo 19
Determinação das Regras de Processo

1. Sem prejuízo das disposições da presente Lei, as partes podem, por acordo, escolher livremente o processo a seguir pelo tribunal arbitral.

2. Na falta de tal acordo, o tribunal arbitral pode, sem prejuízo das disposições da presente Lei, conduzir a arbitragem do modo que julgar apropriado. Os poderes conferidos ao tribunal arbitral compreendem o de determinar a admissibilidade, pertinência e importância de qualquer prova produzida.

Artigo 20
Lugar da Arbitragem

1. As partes podem decidir livremente sobre o lugar da arbitragem. Na falta de tal decisão, este lugar será fixado pelo tribunal arbitral, tendo em conta as circunstâncias do caso, aí incluída a conveniência das partes.

2. Não obstante as disposições do § 1º do presente artigo, o tribunal arbitral pode, salvo convenção das partes em contrário, reunir-se em qualquer lugar que julgue apropriado para consultas entre os seus membros, para audição de testemunhas, de peritos ou das partes, ou para o exame de mercadorias, outros bens ou documentos.

Artigo 21
Início do Processo Arbitral

Salvo convenção das partes em contrário, o processo arbitral relativo a um determinado litígio começa na data em que o pedido de sujeição deste litígio à arbitragem é recebido pelo demandado.

Artigo 22
Língua

1. As partes podem, por acordo, escolher livremente a língua ou línguas a utilizar no processo arbitral. Na falta de um tal acordo, o tribunal arbitral

determinará a língua ou línguas a utilizar no processo. Este acordo, ou esta determinação, a menos que tenha sido especificado de modo diverso, aplicam-se a qualquer declaração escrita de uma das partes, a qualquer procedimento oral e a qualquer sentença, decisão ou outra comunicação do tribunal arbitral.

2. O tribunal arbitral pode ordenar que qualquer peça processual seja acompanhada de uma tradução na língua ou línguas convencionadas pelas partes ou escolhidas pelo tribunal arbitral.

Artigo 23
Articulados do Demandante e do Demandado

1. No prazo convencionado pelas partes ou fixados pelo tribunal arbitral, o demandante enunciará os fatos que baseiam o seu pedido, os pontos litigiosos e o objeto do pedido e o demandado enunciará a sua defesa a propósito destas questões, a menos que outra tenha sido a convenção das partes quanto aos elementos a figurar nas alegações. As partes podem fazer acompanhar as suas alegações de quaisquer documentos que julguem pertinentes ou nelas mencionar documentos ou outros meios de prova que virão apresentar.

2. Salvo convenção das partes em contrário, qualquer das partes pode modificar ou completar o seu pedido ou a sua defesa no decurso do processo arbitral, a menos que o tribunal arbitral considere que não deve autorizar uma tal alteração em razão do atraso com que é formulada.

Artigo 24
Procedimento Oral e Escrito

1. Salvo convenção das partes em contrário, o tribunal decidirá se o processo deve comportar fases orais para a produção da prova ou para a exposição oral dos argumentos, ou se o processo deverá ser conduzido na base de documentos ou outros materiais. Contudo, a menos que as partes tenham convencionado que não haverá lugar a um tal procedimento, o tribunal arbitral organizará um procedimento oral num estádio apropriado do processo arbitral, se uma das partes assim o requerer.

2. As partes serão notificadas com antecedência suficiente de todas as audiências e reuniões do tribunal arbitral realizadas com finalidade de examinar mercadorias, outros bens ou documentos.

3. Todas as alegações, documentos ou informações que uma das partes forneça ao tribunal devem ser comunicados à outra parte. Deve igualmente ser

comunicado às partes qualquer relatório ou documento apresentado como prova que possa servir de base à decisão do tribunal.

Artigo 25
Falta de Cumprimento de Uma das Partes

Salvo convenção das partes em contrário, se, sem invocar impedimento bastante,

a) o demandante não apresenta o seu pedido em conformidade com o art. 23, § 1, o tribunal arbitral porá fim ao processo arbitral:

b) o demandado não apresenta a sua defesa em conformidade com o art. 23, § 1º, o tribunal arbitral prosseguirá o processo arbitral sem considerar esta falta em si mesma como uma aceitação das alegações do demandante;

c) uma das partes deixa de comparecer a uma audiência ou de fornecer documentos de prova, o tribunal arbitral pode prosseguir o processo e decidir com base nos elementos de prova de que disponha.

Artigo 26
Perito Nomeado pelo Tribunal

1. Salvo convenção das partes em contrário, o tribunal arbitral:

a) pode nomear um ou mais peritos encarregados de elaborar um relatório sobre pontos específicos que o tribunal arbitral determinará;

b) pode pedir a uma das partes que forneça ao perito todas as informações relevantes ou que lhe faculte ou torne acessíveis, para exame, quaisquer documentos, mercadorias ou outros bens relevantes.

2. Salvo convenção das partes em contrário, se uma das partes o solicitar ou se o tribunal arbitral o julgar necessário, o perito, após apresentação do seu relatório escrito ou oral, participará numa audiência em que as partes o podem interrogar e na qual podem fazer intervir, na qualidade de testemunhas, peritos que deponham sobre as questões em análise.

Artigo 27
Assistência dos Tribunais na Obtenção de Provas

O tribunal arbitral, ou uma parte com aprovação do tribunal arbitral, pode solicitar assistência para obtenção de provas a um tribunal competente do presente Estado. O tribunal pode corresponder à solicitação nos limites da sua competência e de acordo com as suas próprias regras relativas à obtenção de provas.

Capítulo VI
SENTENÇA ARBITRAL E ENCERRAMENTO DO PROCESSO

Artigo 28

Regras Aplicáveis ao Fundo da Causa

1. O tribunal arbitral decide o litígio de acordo com as regras de direito escolhidas pelas partes para serem aplicadas ao fundo da causa. Qualquer designação da lei ou do sistema jurídico de um determinado Estado será considerada, salvo indicação expressa em contrário, como designado diretamente as regras jurídicas materiais deste Estado e não as suas regras de conflito de leis.

2. Na falta de uma tal designação pelas partes, o tribunal arbitral aplicará a lei designada pela regra de conflitos de lei que ele julgue aplicável na espécie.

3. O tribunal arbitral decidirá *ex aequo et bono* ou na qualidade de *amiable compositeur* apenas quando as partes a isso expressamente o autorizarem.

4. Em qualquer caso, o tribunal arbitral decidirá de acordo com as estipulações do contrato e terá em conta os usos do comércio aplicáveis à transação.

Artigo 29

Decisão Tomada por Vários Árbitros

Num processo arbitral com mais de um árbitro, qualquer decisão do tribunal arbitral será tomada pela maioria dos seus membros, salvo convenção das partes em contrário. Todavia, as questões do processo podem ser decididas por um árbitro presidente, se estiver autorizado para o efeito pelas partes ou por todos os membros do tribunal arbitral.

Artigo 30

Decisão por Acordo das Partes

1. Se, no decurso do processo arbitral, as partes se puserem de acordo quanto à decisão do litígio, o tribunal arbitral porá fim ao processo arbitral e, se as partes lho solicitarem e ele não tiver nada a opor, constatará o fato através de uma sentença arbitral proferida nos termos acordados pelas partes.

2. A sentença proferida nos termos acordados pelas partes será elaborada em conformidade com as disposições do art. 31 e mencionará o fato de que se trata de uma sentença. Uma tal sentença tem o mesmo estatuto e o mesmo efeito que qualquer outra sentença proferida sobre o fundo da causa.

Artigo 31
Forma e Conteúdo da Sentença

1. A sentença será conduzida e assinada pelo árbitro ou árbitros. No processo arbitral com mais de um árbitro, serão suficientes as assinaturas da maioria dos membros do tribunal arbitral, desde que seja mencionada a razão da omissão das restantes.

2. A sentença será fundamentada, salve se as partes convencionarem que não haverá lugar à fundamentação ou se se tratar de uma sentença proferida com base num acordo das partes nos termos do art. 30.

3. Proferida a sentença, será enviada a cada uma das partes uma cópia assinada pelo árbitro ou árbitros, nos termos do § 1º do presente artigo.

Artigo 32
Encerramento do Processo

1. O processo arbitral termina quando for proferida a sentença definitiva ou quando for ordenado o encerramento do processo pelo tribunal arbitral nos termos do § 2º do presente artigo.

2. O tribunal arbitral ordenará o encerramento do processo arbitral quando:

a) o demandante retire o seu pedido, a menos que o demandado a tanto se oponha e o tribunal arbitral reconheça que este tem um interesse legítimo em que o litígio seja definitivamente resolvido;

b) as partes concordem em encerrar o processo;

c) o tribunal arbitral constate que a prossecução do processo se tornou por qualquer ou razão, supérflua ou impossível.

3. O mandato do tribunal arbitral finda com o encerramento do processo arbitral, sem prejuízo das disposições do art. 33 e do § 4º do art. 34.

Artigo 33
Ratificação e Interpretação da Sentença e Sentença Adicional

1. Nos trinta dias seguintes à recepção da sentença, a menos que as partes tenham convencionado outro prazo,

a) uma das partes pode, notificando a outra, pedir ao tribunal arbitral que retifique no texto da sentença qualquer erro de cálculo ou tipográfico ou qualquer erro de natureza idêntica;

b) se as partes assim convencionarem, uma pode, notificando a outra, pedir ao tribunal arbitral que interprete um ponto ou passagem precisa da sentença.

Se o tribunal arbitral considerar o pedido justificado, fará a retificação ou interpretação nos trinta dias subsequentes à recepção do pedido. A interpretação fará parte integrante da sentença.

2. O tribunal arbitral pode, por sua iniciativa, retificar qualquer erro do tipo referido na alínea a do § 1º do presente artigo, nos trinta dias seguintes à data da sentença.

3. Salvo convenção das partes em contrário, uma das partes pode, notificando a outra, pedir ao tribunal arbitral, nos trinta dias seguintes à recepção da sentença, que profira uma sentença adicional sobre certos pontos do pedido expostos no decurso do processo arbitral, mas omitidos na sentença. Se julgar o pedido justificando, o tribunal proferirá a sentença adicional dentro de sessenta dias.

4. O tribunal arbitral pode prolongar, se for necessário, o prazo de que dispõe para retificar, interpretar ou completar a sentença, nos termos dos §§ 1º ao 3º do presente artigo.

5. As disposições do art. 31 aplicam-se à retificação ou à interpretação da sentença, ou à sentença adicional.

Capítulo VII
RECURSO DA SENTENÇA

Artigo 34
O Pedido de Anulação como Recurso Exclusivo da Sentença Arbitral

1. O recurso de uma sentença arbitral interposto num tribunal só pode revestir a forma de um pedido de anulação, nos termos dos §§ 2º e 3º do presente artigo.

2. A sentença arbitral só pode ser anulada pelo tribunal referido no art. 6º se
a) a parte que faz o pedido fornecer a prova de:

I) que uma parte na convenção de arbitragem referida no art. 7º estava ferida de uma incapacidade; ou que a dita convenção não é válida nos termos da lei a que as partes a tenham subordinado ou, na falta de qualquer indicação a este propósito, nos termos da lei do presente Estado; ou

II) que ela não foi devidamente informada da nomeação de um árbitro ou do processo arbitral, ou lhe foi impossível fazer valer os seus direitos por qualquer outra razão: ou

III) que a sentença tem por objeto um litígio não referido no compromisso ou não abrangido pela previsão da cláusula compromissória, ou que contém decisões que ultrapassam os termos do compromisso ou cláusula compromissória, entendendo-se contudo que, se as disposições da sentença relativas a questões submetidas à arbitragem, unicamente poderá ser anulada a parte da sentença que contenha decisões sobre as questões não submetidas à arbitragem; ou

IV) que a constituição do tribunal arbitral ou o processo arbitral não estão conformes à convenção das partes, a menos que esta convenção contrarie disposição da presente Lei que as partes não possam derrogar, ou que, nas falta de uma tal convenção, não estão conformes à presente Lei; ou

b) o tribunal constatar:

I) que o objeto do litígio não é suscetível de ser decidido por arbitragem nos termos da lei do presente Estatuto; ou

II) que a sentença contraria a ordem pública do presente Estado.

3. Um pedido de anulação não pode ser apresentado após o decurso de um prazo de três meses a contar da data em que a parte que faz este pedido recebeu comunicação da sentença ou, se tiver sido feito um pedido nos termos do art. 33, a partir da data em que o tribunal tomou a decisão sobre este pedido.

4. Quando lhe for solicitado que anule uma sentença, o tribunal pode, se for caso disso e a pedido de uma das partes, suspender o processo de anulação durante o período de tempo que ele determinar, a fim de dar ao tribunal arbitral a possibilidade de retomar o processo arbitral ou de tomar qualquer outra medida que o tribunal arbitral julgue suscetível da anulação.

Capítulo VIII
RECONHECIMENTO E EXECUÇÃO DAS SENTENÇAS

Artigo 35
Reconhecimento e Execução

1. A sentença arbitral, independentemente do país em que tenha sido proferida, será reconhecida como tendo força obrigatória e, mediante solicitação dirigida por escrito ao tribunal competente, será executada, sem prejuízo das disposições do presente artigo e do art. 36.

2. A parte que invocar a sentença ou que pedir a respectiva execução deve fornecer o original da sentença devidamente autenticado ou uma cópia certificada conforme, bem como o original da convenção de arbitragem referida no art. 7º ou uma cópia certificada conforme. Se a dita sentença ou convenção

não estiver redigida numa língua oficial do presente Estado, a parte fornecerá uma tradução devidamente certificada nesta língua.

Artigo 36
Fundamentos de Recusa do Reconhecimento ou da Execução

1. O reconhecimento ou a execução de uma sentença arbitral, independentemente do país em tenha sido proferida, só pode ser recusado:

a) a pedido da parte contra a qual for invocado, se essa parte fornecer ao tribunal competente a que é pedido o reconhecimento ou a execução a prova de:

I) que uma das partes na convenção de arbitragem referida no art. 7º estava ferida de uma capacidade; ou que a dita convenção não é válida nos termos da lei a que as partes a tenham subordinado ou, na falta de indicação a este propósito, nos termos da lei do país onde a sentença foi proferida; ou

II) que a parte contra a qual a sentença é invocada não foi devidamente informada da nomeação de um árbitro ou do processo arbitral, ou que lhe foi impossível fazer valer os seus direitos por qualquer outra razão; ou

III) que a sentença tem por objeto um litígio não referido no compromisso ou não abrangido pela previsão da cláusula compromissória, ou que contém decisões que ultrapassam os termos do compromisso ou da cláusula compromissória, entendendo-se contudo que, se as disposições da sentença relativas a questões submetidas à arbitragem puderem ser dissociadas das que não estiverem submetidas à arbitragem, unicamente poderá ser anulada a parte da sentença que contenha decisões sobre as questões não submetidas à arbitragem;

IV) que a constituição do tribunal arbitral ou o processo arbitral não estão conformes à convenção das partes ou, na falta de tal convenção, à lei do país onde a arbitragem teve lugar; ou

V) que a sentença se não tenha tornado ainda obrigatória para as partes ou tenha sido anulada ou suspensa por um tribunal do país no qual, ou em virtude da lei do qual, a sentença tenha sido proferida; ou

b) se o tribunal constatar:

I) que o objeto do litígio não é suscetível de ser decidido por arbitragem nos termos da lei do presente Estado; ou

II) que o reconhecimento ou a execução da sentença contraria a ordem pública do presente Estado.

2. Se um pedido de anulação ou de suspensão de uma sentença tiver sido apresentado a um tribunal referido no § 1º, alínea *a*, subalínea V deste artigo, o tribunal ao qual foi pedido o reconhecimento de execução pode, se o julgar apropriado, adiar a sua decisão e pode também, a requerimento da parte que pede o reconhecimento ou a execução da sentença, ordenar à outra parte que preste garantias adequadas.

Anexo III

CONVENÇÃO DE SINGAPURA[2]

CONTEÚDO

RESOLUÇÃO DA ASSEMBLEIA GERAL 73/198

Artigo 1. Âmbito de aplicação

Artigo 2. Definições

Artigo 3. Princípios gerais

Artigo 4. Requisitos de confiança nos Termos dos Acordos

Artigo 5. Motivos de recusa de concessão de assistência jurídica

Artigo 6. Aplicações ou requerimentos paralelos

Artigo 7. Outras leis ou tratados

Artigo 8. Reservas

Artigo 9. Efeito nos termos de acordos

Artigo 10. Depositário

Artigo 11. Assinatura, ratificação, aceitação, aprovação, adesão

Artigo 12. Participação de organizações regionais de integração econômica

Artigo 13. Sistemas jurídicos não unificados

Artigo 14. Entrada em vigor

Artigo 15. Alteração

Artigo 16. Denúncias

Resolução adotada pela Assembleia Geral em dezembro de 2018
A Assembleia Geral,

---

[2] Tradução livre feita pelo autor.

Reiterando a Resolução 2205(XXI), de 17 de dezembro de 1966, através da qual se estabeleceu a Comissão das Nações Unidas sobre Direito Internacional Comercial com mandato para promover a progressiva harmonização e unificação do Direito Internacional Comercial e, a esse respeito, ter em mente os interesses de todos os povos, em particular dos países emergentes, e com grande desenvolvimento no comércio internacional,

Reiterando, também, a Resolução 57/18, de 19 de novembro de 2002, na qual se nota a adoção pela Comissão da Lei Modelo sobre Conciliação Internacional Comercial e se expressa a convicção de que a Lei Modelo, conjuntamente com as Regras de Conciliação da Comissão, recomendada em sua Resolução 35/52, de 4 de dezembro de 1980, contribuem significativamente para o estabelecimento da ordem legal harmônica, leal e eficiente nos termos de acordos de disputas oriundas das relações internacionais comerciais,

Reconhecendo o valor da mediação como método de solução amigável de resolução de disputas surgidas no contexto das relações comerciais internacionais,

Convencidos de que a adoção de uma convenção sobre termos de acordos internacionais, resultantes de mediação, seria aceita por Estados com diferentes sistemas jurídicos, sociais e econômicos, complementando o modelo jurídico existente na mediação internacional contribuindo para o desenvolvimento das relações econômicas,

Observando que a decisão da Comissão de preparar simultaneamente uma convenção sobre termos de acordos internacionais resultantes da mediação e uma emenda à Lei Modelo de Conciliação Comercial Internacional, visava acomodar os diferentes níveis da prática com mediação em diferentes jurisdições, fornecendo aos Estados consistentes normas sobre a aplicação transfronteiriça de termos de acordos internacionais resultantes da mediação, sem criar expectativa de que os Estados envolvidos pudessem adotar um ou outro dispositivo,

Observando com satisfação que a preparação do projeto da convenção foi objeto de devida deliberação e que o projeto da convenção se beneficiou de consultas aos governos e organizações intergovernamentais e não governamentais,

Tomando nota da decisão da Comissão, em sua Quinquagésima Primeira Sessão, de submeter à consideração da Assembleia Geral o projeto da convenção,

Tomando nota com satisfação do projeto da convenção aprovado pela Comissão,

Expressando o agradecimento ao Governo de Singapura por sua oferta de sediar a cerimônia de assinatura da Convenção em Singapura,

1. Felicita a Comissão das Nações Unidas para o Direito Internacional Comercial pela preparação do projeto da convenção sobre termos de acordos internacionais resultantes de mediação;

2. As Nações Unidas aprovam a Convenção sobre Termos de Acordos Internacionais resultantes de Mediação, constante do anexo à presente resolução;

3. Autoriza uma cerimônia para a abertura da assinatura da Convenção, a ser realizada em Cingapura, em 7 de agosto de 2019, e recomenda que a Convenção seja conhecida como "Convenção de Cingapura sobre Mediação";

4. Convida os governos e organizações regionais de integração econômica, os quais desejarem fortalecer o quadro jurídico em solução de controvérsias internacionais a considerar a possibilidade de se tornarem parte da Convenção.

62ª reunião plenária
20 de dezembro de 2018

Preâmbulo

As Partes na presente Convenção,

Reconhecendo o valor da mediação para o comércio internacional como um método de liquidação das disputas comerciais, através do qual as partes em litígio solicitam uma terceira pessoa ou pessoas para ajudá-las em sua tentativa de resolver a disputa de forma amigável,

Observando que a mediação é cada vez mais usada na prática comercial internacional e doméstica como alternativa ao litígio,

Considerando que o uso da mediação resulta em benefícios significativos, tais como a redução dos casos nos quais a disputa leva ao término do relacionamento comercial, a facilitação na administração de transações internacionais entre parceiros comerciais, bem como diminui gastos na administração da Justiça pelos Estados,

Convencidos de que o estabelecimento de um ordenamento concebido para termos de acordos internacionais resultantes de mediação é aceitável para Estados com diferentes sistemas jurídicos, sociais e econômicos contribuindo para o desenvolvimento de relações econômicas internacionais harmoniosas,

Acorda-se a seguir:

Artigo 1.
Âmbito de aplicação

1. A presente Convenção se aplica a acordo resultante de mediação, concluído por escrito pelas partes, como resolução proveniente de disputa comercial ("Termos de Acordos") que no momento de sua conclusão seja internacional na medida em que:

(a) Pelo menos duas partes no Termo de Acordo têm seus locais de negócios em diferentes Estados; ou

(b) O Estado em que as partes do Termo de Acordo tenham sede social é diferente de:

(i) O Estado em que uma parte substancial das obrigações decorrentes do termo de acordo é realizada; ou

(ii) O Estado com o qual o objeto do Termo de Acordo está mais estreitamente conectado.

2. A presente Convenção não se aplica aos termos de acordos:

(a) Concluídos para resolver uma disputa decorrente de transações realizadas por uma das partes (um consumidor) para fins pessoais, familiares ou domésticos;

(b) Relacionados a família, herança ou lei trabalhista.

3. A presente Convenção não se aplica a:

(a) Termos de Acordos:

(i) Que tenham sido aprovados por um tribunal ou concluídos no decurso de um processo perante um tribunal; e

(ii) Que sejam executáveis como sentença no Estado daquele tribunal;

(b) Termos de Acordos que foram registrados e são executáveis como sentença arbitral.

Artigo 2.
Definições

1. Para os fins do artigo 1, parágrafo 1:

(a) Se uma parte tiver mais de uma sede comercial, a sede comercial pertinente será aquela com o vínculo comercial mais próximo ao objeto do Termo do Acordo, considerando as circunstâncias conhecidas ou contempladas pelas partes na hora da conclusão do Termo do Acordo;

(b) Se uma parte não tiver uma sede social, deve ser feita referência à residência habitual da parte.

2. Considera-se "por escrito" um acordo quando seu conteúdo for documentado de alguma forma. Considera-se válido um acordo, via comunicação eletrônica, quando as informações nele contidas puderem ser utilizadas na sequência como referência.

3. "Mediação" significa um processo, independentemente da expressão usada ou da base na qual o processo é realizado, através do qual as partes tentam chegar a um acordo amigável para sua disputa, com a assistência de uma terceira pessoa ou pessoas ("o mediador") sem autoridade para impor às partes uma solução para o conflito.

Artigo 3.
Princípios gerais

1. Cada Parte da Convenção deverá executar um termo de acordo em consonância com seus regulamentos internos, observadas as condições estabelecidas na presente Convenção.

2. Se uma disputa surgir sobre uma questão reclamada pela parte, já resolvida no termo de acordo, a Parte signatária da Convenção deverá permitir à outra parte invocar os termos do acordo, observando as regras de procedimento, bem como as condições assentadas nesta Convenção, para comprovar que a questão já tenha sido resolvida.

Artigo 4.
Requisitos necessários para termos de acordos

1. A parte que recorrer ao Termo do Acordo, na base no texto da presente Convenção, deverá providenciar à autoridade competente desta Convenção no local onde foi solicitada a assistência:

(a) O Termo do Acordo assinado pelas partes;

(b) Evidência de que o Termo do Acordo resultou de mediação, tais como:

(i) A assinatura do mediador no Termo de Acordo;

(ii) O documento assinado pelo mediador indicando que a mediação foi realizada;

(iii) Declaração da instituição onde aconteceu a Mediação; ou

(iv) Na ausência de (i), (ii) ou (iii), qualquer outra evidência aceitável pela autoridade competente.

2. O requerimento de que o Termo de Acordo deverá ser assinado pelas partes ou, onde se aplicar, pelo mediador será atendido através de comunicação eletrônica se:

(a) Um método for utilizado para identificar as partes ou o mediador e para indicar a intenção das partes ou do mediador em relação às informações contidas na comunicação eletrônica; e

(b) O método utilizado é também:

(i) Tão confiável quanto apropriado à finalidade para a qual a comunicação eletrônica foi gerada ou notificada, à luz de todas as circunstâncias, incluindo qualquer acordo relevante; ou

(ii) Prova do fato ter cumprido as funções descritas na alínea (a) acima mencionada, por si só, ou em conjunto com outras evidências.

3. Se o acordo não estiver em uma língua oficial da Parte na Convenção em que for solicitada a assistência jurídica, a autoridade competente poderá solicitar uma tradução para esse idioma.

4. A autoridade competente pode exigir qualquer documento necessário para verificar se os requisitos da Convenção foram cumpridos.

5. Ao considerar o pedido de assistência, a autoridade competente deve agir rapidamente.

Artigo 5.
Motivos da recusa do requerimento

1. A autoridade competente do País da Convenção, quando acionada nos termos do artigo 4, poderá recusar a concessão a pedido da parte contra a qual a assistência jurídica é solicitada somente se essa parte fornecer à autoridade competente a prova de que:

(a) Uma parte do Termo do Acordo portava uma incapacidade;

(b) O Termo de Acordo que buscou ser invocado:

(i) É nulo e sem efeito, inoperante ou incapaz de ser executado de acordo com a lei a que as partes o sujeitaram validamente ou, na falta de qualquer indicação, nos termos da lei considerada aplicável pela autoridade competente da Parte na Convenção onde ocorreu o requerimento para assistência jurídica, sob o fundamento do artigo 4;

(ii) Não é vinculante ou não é definitivo, de acordo com seus próprios termos; ou

(iii) Foi modificado posteriormente.

(c) As obrigações do Termo do Acordo:

(i) Foram realizadas; ou

(ii) Não são claras ou compreensíveis;

(d) A concessão do pedido para assistência jurídica seria contrária às disposições do Termo do Acordo;

(e) Houve uma séria violação por parte do mediador dos padrões aplicáveis ao mediador ou à mediação, sem a qual tal parte não teria fechado o Termo de Acordo; ou

(f) Houve falha do mediador na divulgação para as partes de circunstâncias que provocaram dúvidas justificáveis quanto à imparcialidade ou independência do mediador, e essa falha na divulgação acarretou impacto material, ou influência indevida sobre uma parte, a qual não teria celebrado o Termo do Acordo se não fosse pela falha do mediador.

2. A autoridade competente da Parte na Convenção, onde o pedido for requerido nos termos do artigo 4, também poderá recusar a concessão, se considerar que:

(a) A concessão do pedido seria contrária à ordem pública dessa Parte; ou

(b) O objeto da controvérsia não pode ser resolvido por mediação nos termos da lei dessa Parte.

Artigo 6.
Aplicações ou reivindicações paralelas

Se uma solicitação ou reclamação relacionada ao Termo de Acordo tiver sido apresentada a um tribunal de justiça, um tribunal arbitral ou qualquer outra autoridade competente que possa afetar a medida solicitada nos termos do artigo 4, a autoridade competente da Parte da Convenção onde o pedido foi requerido pode, se considerar pertinente, adiar a decisão como também pode, a pedido de uma das partes, exigir à outra parte a prestação de garantia.

Artigo 7.
Outras leis ou tratados

A presente Convenção não privará qualquer parte interessada de qualquer direito que possa ter para aproveitar um Termo de Acordo da forma e na medida permitidas pela lei, ou pelos tratados da Parte na Convenção onde o Termo de Acordo foi pedido ser invocado.

Artigo 8.
Reservas

1. A Parte da Convenção pode declarar que:

(a) Não se aplicará a presente Convenção aos termos de acordos dos quais seja parte, ou aos quais qualquer órgão governamental ou qualquer pessoa que atue em nome de um órgão governamental sejam partes, na medida especificada na declaração de reserva;

(b) Aplica-se a presente Convenção somente na medida em que as partes no Termo de Acordo tenham concordado com a aplicação da Convenção.

2. Nenhuma reserva é permitida, exceto as expressamente autorizadas neste artigo.

3. As reservas podem ser feitas por uma Parte da Convenção a qualquer momento. As reservas feitas no momento da assinatura estarão sujeitas a confirmação mediante ratificação, aceitação ou aprovação. Essas reservas entrarão em vigor, simultaneamente, com o início da vigência da presente Convenção em relação à Parte na Convenção a quem interessa. As reservas feitas no momento da ratificação, aceitação ou aprovação da presente Convenção, ou adesão a ela, ou no momento de fazer uma declaração nos termos do artigo 13, entrarão em vigor, simultaneamente, com a entrada em vigência da presente Convenção, nesse contexto, para Parte da Convenção a quem interessa. As reservas depositadas posteriormente à entrada em vigor da Convenção, para essa Parte na Convenção, passarão a vigorar seis meses após a data do depósito.

4. As reservas e suas confirmações deverão ser assentadas junto ao depositário.

5. Qualquer Parte da Convenção que faça uma reserva nos termos da presente Convenção poderá retirá-la a qualquer momento. Tais retiradas devem ser assentadas junto ao depositário e entrarão em vigor seis meses após o depósito.

Artigo 9.
Efeito nos termos de acordos

A Convenção e qualquer reserva, ou revogação desta, deverão ser aplicadas apenas aos termos de acordos concluídos após a data em que a Convenção, a reserva ou a revogação entrarem em vigor em relação à Parte a quem interessa.

Artigo 10.
Depositário

O Secretário-Geral das Nações Unidas é designado como depositário da presente Convenção.

Artigo 11.
Assinatura, ratificação, aceitação, aprovação, adesão

1. Esta Convenção está aberta para assinatura a todos os Estados presentes em Cingapura, em 7 de agosto de 2019, e, posteriormente, na Sede das Nações Unidas em Nova York.

2. A presente Convenção está sujeita a ratificação, aceitação ou aprovação pelos signatários.

3. A presente Convenção está aberta à adesão de todos os Estados que não são signatários a partir da data em que estiver aberta para assinatura.

4. Os instrumentos de ratificação, aceitação, aprovação ou adesão devem ser assentados junto ao depositário.

Artigo 12.
Participação de organizações regionais de integração econômica

1. Uma organização regional de integração econômica que seja constituída por Estados soberanos e tenha competência sobre certos assuntos regidos por esta Convenção poderá igualmente assinar, ratificar, aceitar, aprovar ou aderir a esta Convenção. A organização regional de integração econômica terá, nesse caso, os direitos e obrigações de uma Parte na Convenção, na medida em que essa organização tenha competência sobre assuntos regidos por esta Convenção. Quando o número de Signatários for relevante nesta Convenção, a organização regional de integração econômica não será incluída como Parte da Convenção, além de seus Estados-membros, os quais são Partes da Convenção.

2. No momento da assinatura, ratificação, aceitação, aprovação ou adesão, a organização regional de integração econômica fará uma declaração ao depositário especificando os assuntos regidos por esta Convenção com relação aos quais a competência foi transferida para essa organização por seus Estados-membros. A organização regional de integração econômica notificará prontamente o depositário de quaisquer alterações na distribuição de competência, incluindo novas transferências de competência, especificadas na declaração prevista neste parágrafo.

3. Qualquer referência a uma "Parte da Convenção", "Partes da Convenção", um "Estado" ou "Estados" nesta Convenção se aplica igualmente a uma organização regional de integração econômica onde o contexto o exija.

4. A presente Convenção não prevalecerá sobre regras conflitantes de uma organização regional de integração econômica, independentemente de tais

regras terem sido adotadas ou entradas em vigor antes ou depois da presente Convenção: (a) se, nos termos do artigo 4, se buscar assistência judicial em um Estado-membro de tal organização e todos os Estados relevantes nos termos do artigo 1, parágrafo 1, são membros de tal organização; ou (b) no que se refere ao reconhecimento ou execução de sentenças judiciais entre os Estados-membros de tal organização.

Artigo 13.
Sistemas jurídicos não unificados

1. Se uma Parte da Convenção tiver duas ou mais unidades territoriais em que diferentes sistemas de leis sejam aplicáveis em relação aos assuntos tratados nesta Convenção, poderá, no momento da assinatura, ratificação, aceitação, aprovação ou adesão, declarar que esta Convenção se estenderá a todas as suas unidades territoriais ou apenas a uma ou mais delas e poderá alterar sua declaração mediante a apresentação de outra declaração a qualquer momento.

2. Essas declarações devem ser notificadas ao depositário e devem indicar expressamente as unidades territoriais às quais a Convenção se estende.

3. Se uma Parte da Convenção tiver duas ou mais unidades territoriais nas quais diferentes sistemas de leis são aplicáveis em relação aos assuntos tratados nesta Convenção:

(a) Qualquer referência à lei ou regra de procedimento de um Estado deve ser interpretada como uma referência, quando apropriado, à lei ou regra de procedimento em vigor na unidade territorial relevante;

(b) Qualquer referência ao local de negócios em um Estado deve ser interpretada como uma referência, quando apropriado, ao local de negócios na unidade territorial relevante;

(c) Qualquer referência à autoridade competente do Estado deve ser interpretada como uma referência, quando apropriado, à autoridade competente da unidade territorial relevante.

4. Se uma Parte da Convenção não fizer uma declaração nos termos do parágrafo 1 deste artigo, a Convenção deverá se estender a todas as unidades territoriais desse Estado.

Artigo 14.
Entrada em vigor

1. A presente Convenção entrará em vigor seis meses após o depósito do terceiro instrumento de ratificação, aceitação, aprovação ou adesão.

2. Quando um Estado ratificar, aceitar, aprovar ou aderir a esta Convenção após o depósito do terceiro instrumento de ratificação, aceitação, aprovação ou

adesão, esta Convenção entrará em vigor em relação a esse Estado seis meses após a data do depósito do seu instrumento de ratificação, aceitação, aprovação ou adesão. A Convenção entrará em vigor, para uma unidade territorial à qual a Convenção tenha sido estendida em conformidade com o artigo 13, seis meses após a notificação da declaração mencionada nesse artigo.

Artigo 15.
Emenda

1. Qualquer Parte da Convenção poderá propor uma emenda à presente Convenção, submetendo-a ao Secretário-Geral das Nações Unidas. O Secretário--Geral comunicará a emenda proposta às Partes da Convenção, solicitando que indiquem se são favoráveis a uma conferência das Partes da Convenção com o objetivo de considerar e votar a proposta. No caso de, no prazo de quatro meses a contar da data de tal comunicação, pelo menos um terço das Partes da Convenção favorecer tal conferência, o Secretário-Geral convocará a conferência sob os auspícios das Nações Unidas.

2. A conferência das Partes da Convenção fará todos os esforços para obter consenso sobre cada emenda. Se todos os esforços de consenso forem esgotados e nenhum consenso for alcançado, a emenda exigirá, como último recurso para sua adoção, o voto da maioria de dois terços das Partes da Convenção presentes e votando na conferência.

3. Uma emenda adotada deve ser submetida pelo depositário a todas as Partes da Convenção para ratificação, aceitação ou aprovação.

4. Uma emenda adotada entra em vigor seis meses após a data do depósito do terceiro instrumento de ratificação, aceitação ou aprovação. Quando uma emenda entrar em vigor, será vinculativa para as Partes da Convenção que tenham expressado consentimento em ficarem vinculadas por ela.

5. Quando uma Parte da Convenção ratificar, aceitar ou aprovar uma emenda após o depósito do terceiro instrumento de ratificação, aceitação ou aprovação, a emenda entrará em vigor em relação a essa Parte da Convenção seis meses após a data do depósito de seu instrumento de ratificação, aceitação ou aprovação.

Artigo 16.
Denúncias

1. Uma Parte na Convenção poderá denunciá-la mediante notificação formal por escrito dirigida ao depositário. A denúncia pode ser limitada a

certas unidades territoriais de um sistema jurídico não unificado ao qual esta Convenção se aplica.

2. A denúncia produz efeitos 12 meses após o recebimento da notificação pelo depositário. Quando um período mais longo para que a denúncia entre em vigor seja especificado na notificação, a denúncia entrará em vigor após o término desse período mais longo depois que a notificação for recebida pelo depositário. A Convenção continuará a ser aplicada aos termos de acordos celebrados antes que a denúncia entre em vigor.

FEITO em um único original, dos quais os textos em árabe, chinês, inglês, francês, russo e espanhol são igualmente autênticos.